こう直さなければ
裁判員裁判は
空洞になる

五十嵐 二葉

現代人文社

●刊行にあたって

　この本の校正中に、裁判員制度に関わる大きな３つの報道があった。

　①４月８日に、客観的証拠が全く無く被告が冤罪を主張する「今市女児殺害事件」で、宇都宮地裁が無期懲役を言い渡し、判決後の会見で裁判員らが「決定的な証拠がなかったが、録音・録画で判断が決まった」と話したこと。録音・録画の記録媒体は、供述調書の補助証拠（任意性・信用性判断）として取り調べられたにも拘わらず裁判員らは実質証拠として判断し、弁護側が自白強要と見て同意した場面も「真犯人が自白をためらっている場面」と受け取られ、弁護団はもとより、裁判員事件の可視化に期待してきた弁護士界にショックを与えた（終章３に今後の対策案）。

　②５月10日に福岡地裁小倉支部の裁判員裁判の後で、被告組員の関係者が裁判員２人に「（被告は）友達だからよろしく」と声をかけた事件。声を掛けた２人が裁判員法違反で逮捕・起訴されるのは当然の経緯だが報道は大騒ぎで、市民参加司法への外部からの干渉は判決内容の公正さ担保が目的なのに「裁判員を守る観点から見過ごせない」（朝日新聞６月18日付）と識者談話も、地検も既に裁判員ら４人の辞退を認めている裁判所に、事件を裁判員対象から外すよう請求。ともに「裁判員の迷惑」に矮小化して、制度の萎縮に向かう動きだ。

　③６月16日最高裁が、犯行時少年だった被告の上告を棄却して死刑判決が確定したこと。一審の裁判員法廷が、タイトな公判日程の中で少年記録の証拠調べを30分で済ますなど、少年事件に必要な公判が行われたのか、裁判官が裁判員にどこまで少年法の目的や特殊性について説示をしたのか（本文第３部第３章３参照）、疑問に応えないままの確定判決で、メディアも「最高裁議論の中身示せ」（毎日新聞17日付）「少年事件論議を」（同朝日）と疑問をあらわにした。

　①と③の２事件であらわになった問題点は、この裁判員制度が、市民参加として、刑事裁判としてこれで良いのかを問い直すべき重大な契機を示しているのだが、しかしこれまでもさまざまな事件で提起された問題点同様、制度改革論に進むことはないまま終わっていくようだ。

　本年５月21日で導入６年となった裁判員制度についても同様で、報道の論評はほとんど「延びる審理増える辞退」（読売新聞同月20，21日付。本文序章頁参照）

と死刑判決に関わった裁判員の心の重圧（読売新聞同月22日付、朝日新聞4月22日付）に集中する中、「求刑上回る判決急減　最高裁判断影響か」の見出しで読売新聞20日付が、昨年から各地裁の裁判官が「裁判員に先例の重要性などを十分説明できているか」「検証を開始」「先例について裁判員に説明を遠慮する傾向」が変わって「説明の必要性が浸透してきた」結果では、と解説し、制度運営に踏み込んでいた数少ない記事だった。

　現代人文社の成澤壽信さんに、今裁判員の本に出版環境は厳しいと言われた。

　しかし今の裁判員法は、戦後初めて国民が司法に参加する制度であるのに、国民がほとんど知らない間に法務・司法官僚の間で合意され、短期間で立案、僅か2時間半の国会審議で成立した制度だ（第4部第1章）。市民の意見を正しく裁判に反映させる制度としては、本書で不十分ながら拾い上げただけでも、本質的な問題点を無数に抱えている。さらにその後も、冒頭にあげた①～③のように不断に問題が露呈しているのに、制度改革論はどこからも起らず、法曹界や学会では、裁判員制度論に関心を持つ人が少なくなっているのだという。

　国民の側は統計上はっきりと、発足当初の関心が減退し、裁判員制度が「縮んでいく」現象が見える（序章）。

　このままいけば、政府の狙い通り「司法に対する国民の理解の増進と信頼の向上に資する」（裁判員法1条）ものとして、形だけ存在し続けて、実質は空洞化していくことになるのではないか。

　そんな思いから『法と民主主義』誌に連載してきた論稿を中心に集めて、あえて出版していただくことにした。雑誌論文として読み切り用にその論点に必要な情報を入れていた結果、他の章とダブる情報もあるが、章単位で読んでくださる方もあるかと、そのままにした。また2010年から書き溜めたものなので、統計数字などはその時点のものだが、問題点は現在も解決されていないので、特に必要な事項については付記したが、数字などは原則そのままとし、各章の末尾に出典と初出の時期を示した。新聞等の引用は、特定の地方の事件での地元紙以外の中央紙は、断らない限り首都版を用いている。

　最後に厳しい出版環境の中で出版してくださった成澤さんに感謝する。

　また表紙にすばらしい写真を使わせてくださったアラスカの写真家・松本紀生さんにお礼を申しあげる。

（本文中敬称略）

2016年6月20日

五十嵐　二葉

目次 こう直さなければ裁判員裁判は空洞になる

刊行にあたって　ii

序章　裁判員裁判が直面している2つの危機　3

1 縮んでいく裁判員裁判 3
 (1)「なりたくない」「ならない」 3
 (2) 数字が示す国民の「なりたくない」「ならない」意志 3
2 なぜ縮んでいく 4
 (1) なぜ裁判員法がつくられたのか 4
 (2) 市民参加の形さえつくればいい 5
3 見えてきた裁判員制度による危機 5
4 適正手続の破壊はこうして起こった 6
 (1)「負担軽減」だけが合言葉 6
 (2) 負担軽減で適正手続を破壊する 6
  1) 審理の短縮・制限 7
  2) 公判前整理手続の問題 8
  3) 伝聞法則の破壊「検察官の意見」が証拠になる 9
  4) 新たな調書裁判化 9
5 裁判員法に内在する市民参加制度の危機 10
 (1)「人はなぜ人を裁くのか」 10
 (2)「在る市民」が「在るべき市民」になるために 10
 (3) 市民に量刑を行わせる危険 11
6 裁判員裁判をどう直すか 12
 (1) 裁判員制度は「いらない」か 12
  1) 裁判員裁判であることによって出された正しい判決 12
  2)「勾留請求の却下急増」 13
  3) 裁判員経験者による刑事手続改善運動 13
 (2) こう直さなければ 14

第1部 裁判員裁判はどう行われているか
——その実態と問題点

第1章 鹿児島地裁判決は市民参加の成果か ················· 19
1 はじめに ··· 19
2 判決後会見での裁判員 ·· 20
3 事件と証拠 ··· 21
4 鹿児島地裁判決のねじれた事実認定 ································ 23
5 奇妙な判決の原因 ·· 26
6 　鹿児島地裁判決は市民目線の判決か ······························ 27
7 裁判官の経験則の限界 ·· 29

第2章 事実認定とは何かを改めて考える
——最三判平22・4・27と鹿児島地判平22・12・10を素材に ········· 32
1 裁判員裁判で「事実認定」が問題化 ································· 32
2 状況証拠による事実認定の構造 ······································ 35
3 事実認定はどのように行われているか ···························· 37
　(1) 同じ証拠が載せているどの情報に依拠するかの違い ········· 37
　(2) 認定に援用する「他の証拠」の違いによる違い ··············· 38
　(3)「経験則」の違い ··· 39
4 鹿児島地裁判決は大阪母子殺害最三判の「基準」を守れたか ······ 40
5 事実認定を決定するもは何か ··· 41

第2部 裁判員裁判で適正手続が壊されて行く

第1章 保釈と自白の新たな関連 ································· 45
1 「保釈基準」は緩和されたのか ·· 45
2 保釈と自白の関係 ·· 46
3 裁判員裁判での保釈 ··· 48
4 「罪証隠滅のおそれ」という特異な法制 ·························· 49

第2章　被告側に自白を迫る「予定主張明示」 51

1 間接事実のみか補助事実や弾劾事実まで主張明示を強制された事例 51

2 問題点 52

 (1) 被告・弁護側の「予定主張明示」義務規定の違憲問題 52

 (2) 主張・立証の事前開示についての原理 52

3 現行刑訴の基本型 53

4 刑訴法316条の17への対応実態 53

 (1) 弁護士界の対応 53

 (2) 裁判員裁判での運用 54

 (3) 裁判所の公式姿勢 54

3 人権擁護・真相解明を追求する弁護実践に期待 54

第3章　裁判員裁判のためにつくられた 世界に例のない「開示制限」制度 56

1 市民を誤判に加担させるか 56

2 証拠開示原理と立法 57

3 第二次大戦直後開示のまま 60

4 現行開示制度の特異さ 61

 (1) 3分割された検察側開示と弁護内容の開示 62

  1) 1段階目の検察開示   62

  2) 2段階目の検察開示   62

  3) 弁護方針の開示   63

  4) 三段階目の開示   64

  5) 裁判官の開示命令   64

 (2) 日本に固有の「証拠調べ請求の制限」 64

 (3) 世界に例のない開示制限制度 65

5 誰が「開示制限制度」をつくったか 65

第4章　裁判員のPTSDが示す制度の基本問題 68

1 訴が提起した問題と論調 68

2 裁判員はこの証拠を見せられる必要はなかった ················ 69

   ⑴ 制度として ·· 69

      1)第一段階　アレインメント　　　　　　　69

      2)第二段階　トライアル(trial)正式公判　　　　70

      3)第三段階　量刑裁判　　　　　　　　　70

   ⑵ 現在の裁判員制度を前提にしても ······················· 71

3 証拠を見せる方法の「工夫」の危険性 ······················ 72

4 悲惨な証拠、死刑判決の心的外傷 ························· 74

5 死刑事件への参加 ·· 74

第5章　DNA鑑定（科学鑑定）と裁判員 ················ 76

1 DNAが冤罪をつくる ·· 76

   ⑴ 事例①　足利事件 ·· 76

   ⑵ 事例②　飯塚事件 ·· 77

2 誤鑑定は故意か過失か ······································ 78

   ⑴ 2つの検証報告書 ·· 78

   ⑵ 飯塚事件の経緯では疑いは一層強い ···················· 81

   ⑶ 事例③　鹿児島老夫婦殺事件 ···························· 81

3 科学鑑定と「依頼人」 ·· 82

4 最高裁「科学証拠と裁判」指令 ······························ 83

5 裁判員裁判とDNA鑑定 ····································· 85

6 裁判を誤らせるDNA鑑定 ··································· 87

第6章　裁判員判決への検察控訴 ······················ 89

1 無罪は裁判員制度の成果と評価 ···························· 89

2 市民参加判決での上訴制限 ································· 90

3 日本の特異な三審制の原因 ································· 92

4 三審制は被告のためか ······································ 93

5 裁判員無罪4事件の検察の対応 ···························· 94

   ⑴ 立川支部事件 ·· 94

   ⑵ 千葉覚せい剤密輸等事件 ·································· 96

⑶ 東京・葛飾放火事件 ································· 96

　⑷ 鹿児島老夫婦強盗殺人事件 ················· 97

6　検察はなぜ控訴したか ····························· 98

7　裁判員制度で欠けた改革 ························· 100

8　裁判所の姿勢 ··· 101

9　三年後検証に向けて ······························· 105

第7章　検察審査会をどうするか ··············· 107

1　はじめに ··· 107

2　「きわめて特異な」制度 ····························· 107

3　不起訴の種類 ··· 109

4　「嫌疑不十分」事件で検審は何をするのか ····· 110

5　「起訴猶予」事件で検審は何をするのか ········· 111

6　「嫌疑不十分」と「起訴猶予」の混じり合い ····· 112

7　検察が検審を動かす ······························· 114

8　検審をどうするか ··································· 116

第3部　市民の意見で判決されているか

第1章　裁判員裁判と合わない判決書 ··············· 121

1　市民参加の判決スタイル ························· 122

　⑴ イギリスの陪審裁判の判決 ················· 122

　⑵ アメリカの陪審裁判の判決 ················· 123

　⑶ フランスの陪審裁判の判決 ················· 123

　⑷ ロシアの陪審裁判の判決 ···················· 124

　⑸ ドイツの参審裁判の判決 ···················· 125

2　市民参加で判決理由を書けるのか ············ 126

3　人はどこで判決を決めるのか ·················· 128

4　市民参加に自然な理由の表示 ·················· 131

第2章　裁判員に量刑をさせるな …………………………………132

1　根本問題への関心 ……………………………………………………132

2　裁判員の量刑への戸惑い ……………………………………………133

3　量刑をどう説明しているのか ………………………………………134

4　何によって刑を決めるのか …………………………………………135

5　市民に量刑をさせるとは ……………………………………………138

6　司法改革審が決めてよいのか ………………………………………139

7　量刑に積極な裁判員は ………………………………………………140

第3章　裁判員裁判の死刑判決 …………………………………144

1　はじめに ………………………………………………………………144

2　はじめての裁判員裁判批判 …………………………………………145

3　今の裁判員裁判で少年事件を扱って良いのか ……………………146

4　裁判員裁判で量刑判断ができるのか ………………………………147

5　「短期集中審理」で判断できるのか …………………………………149

6　裁判員裁判は死刑判決をできるのか ………………………………150

　⑴　多数決での評決で良いか …………………………………………150

　⑵　何を証拠とするか …………………………………………………151

　⑶　なぜ死刑を選択 ……………………………………………………152

第4章　まず市民が「判断」する前提条件を
──評議・評決の問題点 ………………………………………153

1　市民の意見とは ………………………………………………………153

　⑴　「在る市民」としての日本人 ………………………………………153

　⑵　「在る市民」を「在るべき市民」に ………………………………155

2　「在るべき市民」にするための裁判所の仕事 ……………………156

　⑴　積み上げられた説示集 ……………………………………………156

　⑵　情報のインプットとアウトプット ………………………………156

　⑶　積極的なインプット ………………………………………………157

　⑷　インプットの遮断 …………………………………………………157

(5) すでにインプットされている情報、思考方法の除去 ……………… 158

(6) アウトプットの消極　判決前 ……………………………………… 158

(7) アウトプットの積極　判決後 ……………………………………… 159

3　裁判員法ではどうなっているか …………………………………… 159

(1) アウトプットの規制に偏った裁判員法 …………………………… 159

(2) 裁判員への情報のインプット規定の空白 ………………………… 160

(3) インプットの遮断についての偏り ………………………………… 161

(4) すでにインプットされている情報、思考方法の除去ができるのか …… 162

4　問題な裁判員への情報 ……………………………………………… 163

(1) 「在るべき市民」にするための情報のインプットの不足 ………… 164

(2) 内容が問題なインプット＝不正な説明 …………………………… 167

(3) 日本独自のインプットの問題点 …………………………………… 168

(4) インプット規制の偏り ……………………………………………… 171

(5) インプットされた情報を除去できるのか ………………………… 171

5　評議は市民参加になっているか …………………………………… 172

(1) 「裁判員裁判：評議の進め方に不満」……………………………… 172

(2) 「引っ張る」手法 …………………………………………………… 172

(3) 参審制の合意形成とは？ …………………………………………… 173

(4) 心理学者先行の評議・評決デザイン ……………………………… 174

(5) 市民参加型の公判前整理・評議・評決、判決の提案 …………… 174

第4部　裁判員制度発足と「三年後検証」を検証する

第1章　裁判員制度はこうして始められた
──市民参加・官僚と国民の見方 ………………………………… **177**

1　はじめに──見る視点ごとの食い違い …………………………… 177

2　国家の視点 …………………………………………………………… 178

(1) 2001 年刑事「司法改革」の視点 …………………………………… 178

(2) 裁判員制度への法務・検察（警察）の視点 ……………………… 180

(3) 裁判員制度についての裁判所の視点──「核心司法」と評議ルールの欠如 …… 182

3　国民が「裁判員制度」を見る視点──行きたくない、いらない、そして …… **184**

(1) 行きたくない …………………………………………………………… 184

⑵「いらない」運動 ··186

⑶ それでも「市民」は存在する ·······················186

第2章　裁判員制度検証の物差しは何か ·····188

1　物差しは何か ···188

2　国民的導入ではなかった ·······························190

3　弁護士、刑訴法の異常さに気付く ·················191

⑴ 弁護士にも多様な立場 ······························191

⑵ 日弁連の「意見書」 ·································192

⑶ 残された論点 ···192

⑷ 戦後刑訴法からの問題点を抱えて ···············193

4　裁判所・蜜月、「市民判断」尊重の行方 ··········195

⑴ 裁判所が司法改革に望んだもの ··················195

⑵ 蜜月の中 ··196

⑶ 市民感覚尊重の行方 ··································197

⑷ 直接主義・口頭主義の後退 ························198

⑸ 評議・評決の検証 ·····································199

第3章　裁判員制度で司法は良くなかったか
──「裁判員制度の運用に関する意識調査」·····200

1　「国民の検証」は？ ·······································200

2　国民の反応？ ···201

3　「経験者の声」は「経験者による検証」と違う ·····204

第4章　メディアの「3年後検証」を検証する·····206

1　マスメディアに見える裁判員裁判は金環食 ·····206

2　メディアの「検証」に欠けているもの ···········207

3　メディアの「経験者意見」 ·····························208

⑴ 公判のスケジュール ··································209

⑵ 公判運営 ··209

⑶ 事実認定 ··· 210

　⑷ 量刑 ··· 211

　⑸ 評議・評決 ··· 211

　⑹ 守秘義務 ··· 212

　⑺ 参加の意義 ··· 212

　⑻ 自分が被告人なら ··· 212

4　メディアの三年後検証 ··· 213

　⑴「記者会見」 ··· 213

　⑵ 社説 ··· 214

　⑶ 無罪評価 ··· 215

第5章　検証されない基本的な問題点 ─────────── 217

1　「裁判員＝国民」か ··· 217

　⑴ とくに法律知識の排除 ··· 217

　⑵ なぜ排除するのか ··· 218

　⑶ 法的知識独占で何が起こるか ··· 219

2　説示なしでは ··· 220

第5部　日本的司法の中で裁判員制度は

第1章　司法とは何だ　そこで裁判員は何をするのか ······· 225

1　司法とは何か ··· 225

2　最高裁の憲法判断 ··· 226

　⑴ 婚外子の相続分差別違憲訴訟 ··· 226

　　1）遅すぎた司法判断　　　　　　　　　　226

　　2）「統制なき保守」　　　　　　　　　　　227

　　3）最高裁の遠慮　　　　　　　　　　　　227

　⑵「性変更の夫は父」判決 ··· 228

　　1）第3小法廷の誤判　　　　　　　　　　228

　　2）第3小法廷誤判の思想　　　　　　　　229

　⑶ 一票の格差違憲訴訟 ··· 230

1) 違憲と言えない	230	
2)「状態」とは「一歩手前」	231	

2 「司法国家」 ·· 231

3 統治行為、政治問題と言わない理由 ························ 232

4 下級審 ·· 233

(1) 一票の格差違憲訴訟（参院選）···························· 233

1) 見直す必要性を否定する者	233
2)「急いだ」大法廷の意図	234
3) 違憲無効判決	234
4) 高裁判事らの処世	235

(2) 判例拘束性ではなく「空気」·························· 235

1) 高裁らの判決理由	235
2) 先例拘束か	236
3) 先例拘束の覊束力	238

5 諫早湾干拓・政権者と司法の迷走 ·························· 238

(1)「国」の迷走 ··· 239

(2)「国」の迷走はなぜ起こるか ······························ 240

(3) 司法の迷走 ·· 240

6 「司法権」を認めない政府　日本的司法国家はここまで来ている ·· 243

(1) 司法の自己規制 ·· 243

(2)「国」は気に入らない判決には従わない ················ 244

(3) 最高裁長官に何が望まれるか ···························· 246

7 外国とどこが違うか ··· 247

(1) 司法の自覚 ·· 247

(2) 国民からの批判と司法の反省 ···························· 248

(3)「奇岩城」··· 250

第2章　そこで裁判員は何をするのか ·················· 251

1 刑事司法の特質 ·· 251

(1) 得意客 ·· 251

(2) 歴史的環境 ·· 253

(3) 準司法官 ·· 253

(4) 準司法のブラックボックス ·· 254

    1)「起訴猶予」の暗数　　　　　　　　　　　　255

    2) 無罪率を決めるのは準司法官か　　　　　　　255

    3) 暗数の他の意味　　　　　　　　　　　　　　256

(5) 逆立ちする無罪理由 ·· 256

(6) 証拠の検察独占 ·· 259

    1) 1つの証拠が有罪無罪を分ける　　　　　　259

    2) 開示制度の基本理念　　　　　　　　　　　259

    3) 公判前整理の開示の実態　　　　　　　　　260

(7) 行政に浸食された司法 ·· 262

2　司法風土の中の裁判「員」制度 ·· 262

(1)「市民の判断」は目的ではない ··· 262

    1) 裁判員法1条は言う　　　　　　　　　　　262

    2)「員」と名付けられた　　　　　　　　　　263

(2) 裁判員制度は陪審か参審か ·· 264

    1) 陪審から始まった　　　　　　　　　　　　264

    2) 陪審と参審を分ける基本的要素　　　　　　265

    3) 変形型陪審制　　　　　　　　　　　　　　266

3　裁判員に「できる」のは？ ·· 267

(1) 裁判員法のいう「権限」 ·· 267

(2)「法令に従う」のと裁判員法の違い ·· 268

(3) 事実認定と法令の解釈 ·· 270

    1) その不可分性と日本の審級制　　　　　　　270

    2) 解釈をどこで「示される」か　　　　　　　270

(4) 陪審裁判体の判断事項 ·· 271

(5) 評議は市民を尊重しているか ·· 272

(6) 評決は市民を尊重しているか ·· 273

(7) 裁判員は必要な情報を受けているか ·· 274

    1) 直接主義・口頭主義は後退した　　　　　　274

    2) 裁判員が望む量刑情報　　　　　　　　　　274

(8) 参加市民は制度発展を期待されているか ·· 275

第3章 裁判員はどこへ行くのか 276

1 やりたくない 276
(1) 候補者らの拒絶 276
(2) 裁きたい者が裁く 277
(3) 国民の拒絶 278
(4) なぜ嫌われるのか 279
(5) 司法不信の原因を 280
(6) 裁判員制度への失望 281

2 見えてきた不具合 281
(1) 長官談話の翳り 282
(2) 事実認定と「上訴審との関係」 283
1) チョコレート缶事件 283
2) 市民の判断尊重か 284
3) チョコレート缶最高判は継承されたか 286
4) その他の裁判員判決否定 288
5) 一審の事実認定は市民参加に対応しているか 289
(3) 量刑と民意 289
1) 「民意」は厳罰主義か 289
2) 性犯罪の重罰化 290
3) 子ども虐待致死 291
4) 裁判員判決の重罰化 291
5) 裁判員の量刑はどこに行くのか 293
(4) 公判法の実質的改変 294
1) キイワードで直接主義・口頭主義が後退 294
2) 伝聞法則の潜脱 295

3 裁判員はどこへ行くのか 295
(1) 欠陥法のための3年後検証と政府案 295
(2) すべての問題点を無視した法案 297
(3) 検察だけで作られた法案 298
(4) 行政が立法をする 299
1) 裁判所・裁判官 300
2) 弁護士会・弁護士 300
(5) 裁判員はどこへ行くのか 301

終章　裁判員制度　ここを直さなければ、市民参加司法にならない 302

1　はじめに 302

2　刑事手続を改める 303

　　① 被告の裁判を受ける権利 304

　　② 直接主義・口頭主義 304

　　③ 捜査制度についての最小限の改革 305

　　④ 証拠開示 306

　　⑤ 公判前整理手続 306

　　⑥ 裁判員判決を含む一審判決への検察控訴 307

3　裁判員法を改める 307

　　① 制度の目的規定 307

　　② 対象事件 307

　　③ 区分判決条項の削除 307

　　④ 裁判員の選任 307

　　⑤ 審理日程 308

　　⑥ 裁判員への情報管理 308

　　⑦ 評議 309

　　⑧ 有罪・無罪の評決 309

　　⑨ 量刑の評決 310

　　⑩ 判決書 310

　　⑪ 守秘義務 310

　　⑫ 日本の司法を直さなければ 310

巻末資料

　資料1　国際規約人権委員会第6回政府報告書審査総括所見
　　　　（2014年7月24日〔刑事関係部分〕） 311

　資料2　日弁連第62回定期総会「取調べの可視化を実現し刑事司法の抜本的改革を求める決議」
　　　　（2011年5月27日） 312

　資料3　裁判員制度と周辺環境における提言書（2012年） 313

　資料4　「市民参加で裁判員制度をより良くするための提言書」（2012年10月1日） 318

＊本書では、「被告人」を「被告」と表記している。日本では刑事だけ「被告人」と「人」をつけるが、英語もフランス語も accused accusé と、民事でも刑事でも「訴えられた者」という同じ呼称、ドイツは公訴 Anklagen と私訴 Beklagen が別の言葉だが、「された者」にする語尾は同じ gte で差別はない。

　日本で「人」は江戸時代から「訴人」のように官に対して民の立場を示す時に用いられてきたが、現代では民事訴訟では「被告」であるのに、刑事だけ区別するのは、罪人、咎人、の係累の感じを残して無罪推定原則にそぐわない。最近はメディアも刑事でも「被告」と表記することがあって、それでよいと思っている。

こう直さなければ
裁判員裁判は
空洞になる

五十嵐 二葉

序章

裁判員裁判が直面している2つの危機

1 縮んでいく裁判員裁判

　裁判員事件は2010年（年間統計の揃った最初の年）の1,797件から、年々減り続けて2014年（最新の統計）には1,393件になった。ただこれは日本の犯罪そのものが減っているからで、現在では、初期にはあった検察の「罪名落ち」（裁判員裁判を避けようと、その対象にならないように罪名を落とす）のせいではない。

(1) 「なりたくない」「ならない」
最高裁の統計である「裁判員裁判の実施状況について」を見よう。
① 　まず手続の最初に、選挙人名簿で候補者に選定されたが、送られてきた調査票への回答で辞退が認められる者が、2010年には62.6%だったのが、年々増えて2014年には71%になっている。
② 　辞退を認められなかった者は候補者として期日に裁判所に出席しなければならないのだが、実際に出席した率は2010年には80.6%あったのが、こちらは年々下落して2014年には64.4%になった。
③ 　逆に、出席した上で辞退を認められた者は2010年が53.0%、2014年には64.4%と増えている。

(2) **数字が示す国民の「なりたくない」「ならない」意志**
　以上のような国民の「なりたくない」「ならない」意志に対して裁判所はどうしたか。
　法律では②の出席を求められた者が正当な理由なく出席しなければ処罰を受

けることになっているのだが、制度発足から2015年5月までの累計で70,795人に上る違反者があるのだが、これまで処罰された者は1人もいない。

呼び出された当日出席した上で辞退を申し出る①の者だが、報道でも、裁判員経験者の話でも、裁判所が「そんな理由ではダメだ」と言って辞退を認めない例は聞かれない。

最高裁の対応は、ただただ、最初の選挙人名簿からの候補者選定数を多くして歩留りを保つことだけで、2010年には84.0％だった候補者選定率が、2015年5月には115.5％になっている。

それでこの制度をつくった者の「自分の目の黒いうちは」賄えるのかもしれない。その人たちにとって、裁判員制度はつぶれないで、存在しさえすればいいのだろう。

2 なぜ縮んでいく

(1) なぜ裁判員法がつくられたのか

12世紀にイギリスで芽生え、18世紀末のフランス革命で確立して、全ヨーロッパ、やがてアメリカ大陸へも広がった陪審制度＝「司法への市民参加」は、王などの支配者の支配のために裁かれることを拒否して、市民の法秩序によって、同輩市民が裁く制度をという市民の側からの要求で始められた。

だから司法への市民参加は民主主義の不可欠の要素として、維持されてきた。

しかし日本では、裁判員制度は、市民からの要求など全くなしに官制の企画として立法され、施行された。当時旧陪審制の復活などを勉強する民間団体が3つほどあって、筆者もその1つに属していたが、参加者の誰も「自分の目の黒いうちに市民参加が実現する」とは思っていなかった。

司法への市民参加は、アメリカ財界からの要求と言われたが、1980年代の「牛肉オレンジ自由化」、2010年代のTPP参加のように、強い圧力があったわけではない。日本の裁判所は市民参加に反対だと言われていたのに突然バタバタと実施に移されたことは謎だったのだが――。

「トップの刑事系裁判官たちが、民事系に対して長らく劣勢にあった刑事系裁判官の基盤を再び強化し、同時に人事権を掌握しようと考えたことにある」というのが公然の秘密なのだという（瀬木比呂志『絶望の裁判所』〔講談社、2014年〕67頁。5刷の帯には「『司法制度改革』の謀略に法曹界騒然」とある）。それを実行したのが竹﨑前最高裁長官で、この動きによって自らも「ごぼう抜き」で、異例

4 序章　裁判員裁判が直面している2つの危機

の高裁判事からの最高裁長官就任も遂げた（67頁）。

裁判所内の反対に配慮しながら、時機を逃すまいと急いでの立法であった事情を知れば、「裁判官裁判との連続性」（三島聡「裁判員制度の意義」三島聡編『裁判員裁判の評議デザイン』〔日本評論社、2015年〕第1部第1章）を第1にして、市民参加の実質は意図しない裁判員法の本質が良く理解できる。

(2)　市民参加の形さえつくればいい

であってみれば、当然、これまでの裁判官法廷そのままの中に市民を「参加させる」形、そして裁判の手続である刑事訴訟法は、裁判官裁判のまま維持され、市民が公判に参加し、判決を形成するために必要な制度改正は一切行われなかった。

逆に、市民参加を口実に、裁判の「迅速化」・管理強化を図る条項＝公判前整理手続や証拠の目的外使用禁止などが加えられた（2015年の「刑事訴訟法等一部改正法案」にさいして、公判前整理手続を裁判員事件以外でも適用してほしいとの弁護士の要求が出た。整理手続で迅速処理のため条文化された限定的な証拠開示すら行われない現行の開示実務の異常さを示している）。

比較法的に異常なこれまでの日本の刑事裁判法制、さらに異常な裁判実務慣行（第5部「日本的司法の中で裁判員制度は」参照）の中に、ただ市民を「参加」させてしまう、市民参加の意義からすれば暴挙というべきことが行われた。

裁判員法1条に正直に文章化されているように、「司法に対する国民の理解の増進とその信頼の向上に資することにかんがみ、……必要な事項」だけを定めたのだ。

「市民が司法を行う」「市民の意見を入れて司法を行う」ことはおろか、マスメディアが言い始めたように「市民感覚を司法に生かす」ことすら、立法者は予定していなかった。

市民参加は形だけ作ればよく、存在すればいいのだ。

3　見えてきた裁判員制度による危機

このように立法され、施行されて6年、縮んでいく中で、運用が慣習的に固定していく、その過程で次第に制度の危機が露わになってきた。大別すると2つになる。

第1は適正手続の破壊で、なぜ第1にあげるのかというと、これは刑事裁判

の中で年間2～3％程度の裁判員裁判だけでなく、実務慣行として、他の全ての刑事裁判に及んでいく性質のものだからだ。

第2に、裁判員裁判の市民参加制度としての危機、つまり市民の意見を司法に反映させる制度として作られなかった裁判員法の不備が、固定化し、市民参加がますます形骸化・空洞化する危機だ。

それがなぜ、どのように起こったかは、第2部で具体的事件を例にレポートしているが、ここで総括的に要約すれば次のようになる。

4　適正手続の破壊はこうして起こった

⑴　「負担軽減」だけが合言葉

裁判員制度を作った側からは、「市民参加」は、形として存在しさえすればいい。

とは言っても、候補者選定率が200％、300％になり、辞退率が100％に迫るのは避けたい。そこで合言葉になったのが「裁判員の負担軽減」だ。合言葉（？）誰と誰の（？）、裁判所とマスメディアだ。

マスメディアがなぜ最高裁と合言葉を（？）分析するとマスメディア論として面白いのだが長くなるので、裁判所側だけに限って問題点を考えていく。

裁判員の負担を少なくすれば辞退率が増えるのを抑えられる。

その単純な発想ですべてを賄えるわけではないことくらい、最高裁はわかっているだろう。しかしそう設定しなければ、裁判員制度の問題点を洗い出し、法改正を求める声に根拠を与えることになる。

そうならないために、裁判員制度を今のまま続けるために——。

見えてしまった問題の全てを裁判員の負担と矮小化し、その「軽減に努める」ことにするのが、裁判所内外の誰をも傷つけず、裁判員制度を、平穏に存在させていく途だ。

——と裁判所は考えたようだ。マスメディアはそれを無批判になぞっている。

⑵　負担軽減で適正手続を破壊する

その「負担軽減」、その一種である「分かりやすさ」がキイワードになって刑事手続の事実上の改変が進行してきた。

英米の裁判官は、公判ごとに陪審員に適正手続を説示する日々の中で、また説示内容を定期的に見直す裁判官会議の議論の中で、適正手続を裁判官自ら確

認し続ける（拙著『説示なしでは裁判員制度は成功しない』〔現代人文社、2007年〕「第3章　英米陪審制度の説示モデル」38頁以下）。

　市民参加が、適正手続の発展の原動力であり、その維持の砦になっているのだ。

　日本では、新たに市民を参加させる裁判を始めるのだから、最高裁は、公判手続を見直し、市民参加によって必要となる適正手続規定を刑訴法に加える立法に動かなければならず、少なくとも従来の適正手続のレベルを逸脱しない実務を維持するべく、裁判員法廷をどう運営するかの具体的方針を立てて、実務を担う地裁に徹底させなければならなかったはずだ。

　しかし、上記のような事情で制度を導入した竹﨑元最高裁長官は、むしろ従来のままの実務ですむ「裁判官裁判との連続性」を保障することで、裁判官らの導入への抵抗を抑えたのだろう。

　そもそも、日本の裁判所は、従来から適正手続の意義をどの程度重視してきたのかから疑問なのだが。

　裁判員法廷で、裁判員の宣誓の前に読み聞かされるだけで、多くの経験者が内容も覚えていないと言う最高裁「39条説明例」はわずかＡ４判で２頁、〈無罪推定の原則〉もない。

　そんな制度設計の下で、裁判員に「なりたくない」傾向が強まる中、裁判員とうまくやれない裁判官は上から良く思われないと言われ、ひたすら「負担軽減」「分かりやすさ」を心がける個々の裁判官が、厳密に適正手続を守ろうとすれば「負担軽減」や「分かりやすさ」の妨げになるのではとおそれた結果という面もある。

　こうした裁判員裁判の運用によって、破壊される適正手続は概観すれば以下のようになる。

1）審理の短縮・制限

　裁判員になるのを嫌がるのは、何よりも長期間・長時間拘束されるからだ。そして職場を休む人は、勤務先との関係で１度決めた審理日程を変えられるのは困る、と考えた裁判所は、裁判の日数はなるべく少なく、審理の継続時間は短くする、分刻みの「審理予定表」（本章末尾の審理予定表はその１例）をつくり、分刻みで運営する。

　審理予定は公判前整理手続でつくられる。その整理手続に参加したある被告は「裁判官が『裁判員の負担にならないように』と頻繁に発言していた。負担軽減のためなら、被告が不利益を被ってもやむを得ないのか」「裁判員のため

の裁判になっているのではないか」と記者への手紙で訴えたという（毎日新聞2010年5月25日付）。

また、裁判長が弁護人の弁論中に「ストップウオッチを掲げて示し、予定時間の厳守を促すような場面があった」という（鳥取地裁の例、産経新聞2010年7月15日付）

裁判は生きものだ。1人の証人の一言の証言から、膨大な証拠調べが必要な事件だったことがわかることもある。そんなとき、審理予定表どおりの進行は、事実を明らかにすることを不可能にする。

アメリカ、フランスの陪審裁判も、他の多くの国でも、こんな分刻みの拘束はしないことはもとより、日数でも予定に拘束されない（第3部第4章参照）。必要な審理を尽くすことが、司法の正義を実現するために必要だからだ。

証人尋問もあらかじめ決められた時間枠に圧縮されれば「ここを詰めていけばいい証言が取れるのではないか」と思ってもできない。

審理が真相発見のためでなく、裁判員の「負担軽減」を最優先した最低の日数、審理中の休憩確保などを枠として行われて行く。

次に書く2010年に石巻で起こった少年による殺人事件で、裁判員が審理期間について「自分の精神状態を加味しての感想としては十分だった」と述べたという。

2）公判前整理手続の問題

審理予定の厳守は、審理不尽を招くこともあるだろう。しかし、予定は裁判員裁判のためにつくられた公判前整理手続で弁護士も交えて作成され、整理手続が終わった後は限定的要件による以外は証拠調べ請求ができないとされている（刑訴法316条の32）ため、その担当した弁護士は、その審級での予定表を越えた審理の要求も、上訴で審理不尽を主張することもしずらくなる。

わずか5日間の裁判、少年事件の中核をなす資料であるぼう大な社会記録はほとんど取調べないまま死刑判決が出された（刊行にあたってⅱ頁）。現在、控訴審で有能な弁護士が担当して審理不尽の主張もしている。

公判前整理手続の問題点の1つは、有力な弁護士でないと検察官と裁判所の圧力の前で、必要で充分な弁護活動ができないことだ。

民事でも、刑事でも、弁護士の能力によって結果が大きく違ってしまうことは、依頼者の側からすれば本当に理不尽なことだが、命や自由がかかっている刑事事件、そして本書で書くような問題を抱えた裁判員事件では、さらに深刻だ。

3）伝聞法則の破壊「検察官の意見」が証拠になる

「検察側の資料は図やイラストがたくさんあって分かりやすかったが、弁護側は劣った」。前橋地裁で行われた「裁判員経験者と法曹三者が意見交換」での経験者の発言だ。

イラストは検察官、でなければ検察事務官、あるいは外部業者に依頼してつくる。いずれでも、その描き手が、元になる写真や文書にはこう書いてあったと考えた結果を絵にした、描き手の意見、法的には伝聞あるいは再伝聞証拠だ。それが伝聞禁止原則など顧慮することなく証拠として用いられる（第3部第4章参照）。

裁判員が証拠として見せられた凄惨な死体写真でPTSDになった事件は裁判所に、そうした「被害」を嫌って「なりたくない」傾向が進むのではと危機感を与えた。

「東京地裁本庁刑事部」が、2013年7月11日付で各部に回した「裁判員の精神的負担軽減に関する申し合せついて」は、選任前から判決後までの5項目にわたって「遺体写真等の刺激の強い証拠については」「代替手段の有無等も考慮しつつ採否を慎重に吟味する」ことから始まり「判決宣告後であっても、裁判員の精神的負担は裁判官の責任」としてその軽減に努めることを求めている。

裁判員に「分かりやすくするため」として行われていた証拠写真のイラスト化は、その「代替手段」としても、ますます多用化されることになる。

犯行状況が携帯電話に音声付き動画として残されていたものを音声を消し、静止画像として字幕付きで証拠にした例もある（産経新聞2014年5月23日付）。証拠の「編集」つくり変えだ。

こうして現行刑訴法成立以来、浸食され続けてきた伝聞証拠禁止原則が、新たな破壊のステージに立たされている。

そしてまた、これらの「悲惨な証拠」は、実は事実認定に不可欠であるわけではなく、「犯情」つまり検察が悲惨な写真を見せて重い刑を求めるための量刑証拠であることも考えなければならない。裁判員のPTSDなどの負担は、裁判員に量刑をさせることから生じる副作用なのだ。

4）新たな調書裁判化

竹﨑元最高裁長官は、2012年の「長官、所長会同」での挨拶で「制度を運営する裁判官はじめ法曹の側には、経験を積み重ねるにつれ、従来のような網羅的な主張が増加し、書面への依存度が高まってきているなど課題」があると述べ（2012年6月13日、最高裁HP）マスメディアは一斉に報道した。

制度の「産みの親」である竹﨑氏も危惧する調書依存。しかし裁判員裁判で進行しつつある調書裁判は、たんに従来のそれが漫然と残っているのではない。

「長い話そのものを全部理解するのはとても無理。メモやパワーポイントを印刷したペーパーを配布してくれると助かる」（「裁判員経験者の声を聴くパネルトーク」日弁連新聞439号）という要求に「応えて」調書をパワーポイントに映し、強調したいところに色を付け、検察官が声色付きで「分かりやすく」朗読する。つまり有罪立証証拠に付加価値を付ける。これは証拠への加工であり、伝聞法則の一種の逸脱だ。

なぜ調書の多用＝調書裁判がなくならないのか。これもまた審理日数、審理時間の短縮化のためとして公判前整理手続で検察の要求に弁護人が応じるからだ。それは調書裁判の長い歴史の「遺産」として、弁護士も、あらかじめ調書を読んで準備しないと反対尋問ができず、分刻みの「審理予定」の中で臨機応変の尋問ができない不安からだ。

取調べ自白偏重の捜査が、調書偏重の公判となった世界的にも特異な日本の刑事手続の負の遺産が、「市民参加」の中でさらに深化しているのだ。

5 裁判員法に内在する市民参加制度の危機

(1) 「人はなぜ人を裁くのか」

作家の松家仁之は、このタイトルで「あらかじめ与えられた価値観に疑いを持たず、踏み外した人間をとりかこみ、裁き溜飲を下げる世界」を描いたホーソン『緋文字』の「この息苦しさを自分は知っている」と書いた（毎日新聞2015年5月27日付夕刊）。

戦後初期のころ、「中国では人民裁判が行われている」と報じられた。群衆が裁かれる者を取り囲み、法律の基準もなしに、溜飲を下げることのできる罰を群衆が決める。

(2) 「在る市民」が「在るべき市民」になるために

司法への市民参加が「人民裁判」にならないためには、「裁く人」になった市民が、巷にあって、世間話やテレビのワイドショーから受けた処罰感情を持ったままの「在る市民」ではなく、適正手続での審理を経験し、法律に従った判断を下すことができる「在るべき市民」としての参加、そしてさらに参加市民の総意の形でのスクリーニングが正しく行われなければならない。

市民参加司法を制度化している国々のどこでも、おそらく完全には達成していないところだろう。

ただそのための努力をどこまで実施し、なおどう努力しているかで、その一端は本書では第5部第2章に書いた。

無作為抽出の市民が1事件限り裁判に参加する制度に限って見ても、日本での裁判員裁判でそれが法制化され、また正しく実務化されているかが問題なのだが、実際には、全く無いに等しい。

これが裁判員法に内在する市民参加制度の危機の根本にある問題だ。

(3)　市民に量刑を行わせる危険

「同輩の裁判」を達成していることが前提の現代民主国家での「司法への市民参加」は、職業裁判官の陥りやすい「被告は真犯人」というバイアスを持たない素人の事実認定スキルへの期待だ。

反面、陪審が現在も原則として量刑を行わないのは、量刑は、客観的な判断である「事実認定」とは別の性質の判断、つまり犯罪を犯した者を更生させて犯罪を犯さない市民として社会に返す（社会復帰モデル）ために、どう処遇すればよいのかという、専門的な行刑政策上の判断であり、一般市民の知識の枠内には無いからであり、素人の市民に刑を決めることまでを行わせることは、間違えばポピュリズムつまり「あらかじめ与えられた価値観に疑いを持たず」「踏み外した人間」を重く罰して「溜飲を下げる」快感を発露する場になる危険があるからだ。

陪審裁判は、有罪無罪の事実認定だけを争う場であり、無罪を主張する被告だけが受けることを保障された公判の方式だ。

ところが同じ無作為抽出の市民が判決に参加する裁判員裁判は、一定の重い犯罪を「対象犯罪」として、有罪を認めている被告も量刑の判断だけを、裁判員から受けなければならない制度にした。

制度開始から2016年4月までの司法統計では、裁判員事件は8,834件うち一部でも、無罪を争った事件は、3,858件に過ぎない。3分の2近い事件4,976件で裁判員は量刑のためだけに呼び出され、判決形成に参加した。

本書では第3部第2章で、裁判員に量刑をさせる危険性を扱っている。

6 裁判員裁判をどう直すか

(1) 裁判員制度は「いらない」か

「裁判員制度はいらない」運動もある。その人たちから筆者は「あなたは制度を批判しながらなぜ『いらない』といわないのか」と言われる。

それは——

まず、この制度をなくして、どうするか。

新たにより良い司法制度をつくる運動があってのことならば、それ次第なのだが、それなしにただ「いらない」と言うことは、以前のままの裁判官裁判に戻すことになってしまう。

そして、この制度の中からでも、積極的な実態が以下のように少なくとも3つ出てきている。

1) 裁判員裁判であることによって出された正しい判決

「検察、弁護双方の主張とも正しいとは言い切れなかったので『疑わしきは罰せず』で判断した」（読売新聞2010年6月22日付夕刊）。

この裁判所は評議室に刑事裁判の諸原則を掲示していたという。

「完全に有罪と言い切れないのであれば無罪という原則を認識しながら判断した」。2010年6月22日、覚せい剤密輸事件で無罪判決をした千葉地裁で、会見した裁判員の言葉だ（毎日新聞2011年5月20日付）。陪審員への説示によって、裁判官自身が適正手続の原則を確認し、実行するという「市民参加」の適正手続上の意義が、日本でも実現したと言える事件だった。

「チョコレート缶事件」として有名になったこの判決について、最高裁は、弁護人の主張は上告理由に当たらないとしながら、職権判断として東京高裁の破棄自判有罪判決を破棄し、検察官の控訴棄却という形で一審の無罪判決を確定させた。

この最高判決は、一審の審理は直接主義・口頭主義の原則でなされるのだから、その事実認定を、事後審である控訴審が覆すのは、一審判決の事実認定が論理則、経験則等に照らして不合理であることを具体的に示せる場合に限ると、控訴審の原理をそのまま言っているに過ぎないのだが、白木補足意見が言っているように従来この原則に反して事実認定で、（そのほとんどが検察官の事実誤認主張を容れて）一審判決を覆してきた日本の上訴制度の実態を是正しようとする最高裁の姿勢を、「裁判員判決」が引き出したと言えるものだった。

12 序章 裁判員裁判が直面している2つの危機

この判決ばかりでなく、従来「日本の裁判所は上に行くほど悪くなる」と言われていた最高裁が刑事事件ばかりでなく様々な分野で、法の精神に従った判決を出すことが起こる。

「チョコレート缶事件」判決で最高裁が示した当然の刑訴法原則が、その後たちまち最高裁の他の部をはじめ、高裁などでも実質的に破られて行ったように、この傾向がどこまで続くのかは未知数だ。

ただ「チョコレート缶事件」一審判決をした裁判官のような、適正手続を原則通り守ろうとしている裁判官は少数だが存在しているのであり、その裁判官が「裁判員制度」があるから「チョコレート缶事件」一審のような実務が今後もできていくのであれば、この制度を「いらない」ということはできない。

2)　「勾留請求の却下急増」

2015年も押し詰まって、毎日新聞（12月24日付）は1面トップで、この大見出しのもと「『裁判員』後　厳格運用　全国地裁・簡裁」として「裁判員制度導入を機に、裁判所が容疑者を長期間拘束する要件や必要性を従来より厳しく判断している傾向が明らかになった。却下の対象は容疑者が否認している事件にも広がっていると見られ、今後も流れは強まりそうだ」と解説、「こうした姿勢は起訴後の被告に対する保釈の判断にも表れている」と、ともに統計をあげ、関連記事として「痴漢で勾留原則認めず　東京地裁『解雇の恐れ』考慮」も2面に掲げた。

「急増」といっても、最近で最高となった2014年度で3％、1970年（「新刑訴派」時代）の却下率5％台のピークには及ばない。

そして勾留請求却下率、保釈率の増加が、裁判員制度と関連するのかは、裁判官の意識の問題で、証明できないが、英米で裁判官が陪審への説示をすることによって、日々刑事手続の原則を自らも認識しなおすのと同じ効果が、不十分な市民参加システムである日本でも、多少は裁判官の意識を変えていく可能性はあるはずだ。

3)　**裁判員経験者による刑事手続改善運動**

裁判員経験者について、これまでやや消極的な紹介をしてきたが、大勢の経験者の中には、裁判の経験を通じて、制度に問題意識を持つ人々も出始めている。その1つのグループ「裁判員経験者ネットワーク」は、その問題意識を「提言」にまとめて2011年12月21日全国の裁判所に届けた。

13項目の提言は「期日を越えても評議を充実させるべき」など裁判員制度の改善点はもとより、それを越えて「検察の全証拠開示」など日本の刑事手続そ

のものへの改善点も示している（本書末尾に資料3として収録）。

　こうした経験者は全体の中で多くはないが、これから増えていくなら、日本の国民が初めて刑事制度に関心を持ち、法改正意見の主体となる契機になると言える。

　以上あげた3つの積極面とくに1)と2)は、しかしこのまま制度を続ければ、自然に強化されていくものではない。むしろ最高裁の司法行政次第では、容易に制圧されて行くだろう。

　日本の司法の歴史的実態と現行制度の中では、その危険は小さくない。

(2)　こう直さなければ

　その危険をできるだけ少なくしながら、市民の司法参加を維持しできれば、あるべき市民参加に近づけていくためには、制度の見直しが不可欠だ。

　本書に集めた個々の論文でその提言をしたつもりだが、読みやすくするためにここにに短くまとめた。

　市民参加司法、ひろく日本の司法に関心のある方々からのご批判と、より良い提言を待ちたい。

被告人　に対する覚せい剤取締法違反、関税法違反被告事件　　　　（資料１）

審理予定表（8/28案）

10月16日(火)【1日目】	10月17日(水)【2日目】	10月18日(木)【3日目】	10月19日(金)【4日目】	10月20日(月)【5日目】
AM 10:00 冒頭手続	10:00 罪体に関する被告人質問【検40分】	10:00	10:00	10:00
10:10 冒頭陳述【検20分、弁20分】	10:40 休憩（15分）	情状に関する被告人質問反省文の取調べ（弁1）【弁75分】【途中休憩15分】	評議	評議予備
10:50 公判前整理手続の結果を明らかにする手続（5分）	10:55 罪体に関する被告人質問【裁15分】			
10:55 休憩（20分）	11:10 取調状況に関する証拠の取調べ（検9、10）録画ビデオ2つ	11:30 情状に関する被告人質問【検30分】		
11:05 渡航状況、覚せい剤に関する証拠、金銭の流れに関する証拠の取調べ（検1～8）				
PM 0:00 昼食・休憩	0:00 昼食・休憩	0:00 昼食・休憩	0:00 昼食・休憩	0:00 昼食・休憩
1:15 Bの尋問【検50分】	1:15 取調状況に関する被告人質問【弁30分、検10分】	1:15 情状に関する被告人質問【裁10分】	1:00	1:00
	1:55 休憩（15分）	1:25 論告（検30分）		評議予備読み合わせ
	2:10 取調状況に関する被告人質問【裁10分】	1:55 弁論（弁30分）	評議	
2:05 休憩（15分）	2:20 被告人の調書の取調べ（不採用の場合は、以下繰り上げ）①～④	2:25 被告人の最終陳述　公判審理終了		
2:20 Bの尋問【弁40分】	2:50 休憩（15分）	2:30		
	3:05 情状に関する取調べ（検12～14）			
3:00 休憩（15分）	3:20 父の尋問【弁25分、検10分】			
3:15 Bの尋問[裁15分]	休憩（10分）			
3:30 罪体に関する被告人質問【弁90分】（途中休憩10分）	4:05 父【裁5分】	評議		4:00 判決言渡し
	4:10 妹の尋問【弁35分、検10分】			
	4:55 休憩（10分）			
	5:05 妹の尋問[裁5分]			
5:10 1日目終了	5:10 2日目終了	5:00 3日目終了	5:00 4日目終了	

※ 証拠の括弧内の番号は、別紙「証拠の取調べ順序」記載の「公判での呼称」に対応します。

第1部

裁判員裁判はどう行われているか
その実態と問題点

第1章

鹿児島地裁判決は市民参加の成果か

1 はじめに

　裁判員制度は、2011年5月11日で施行から丸2年となり、死刑判決5件、全面無罪5件、1部無罪5件、無罪率（最高裁刑事局の基準による全部無罪人員の判決人員における割合）は、0.2％で、裁判員対象という重い事件のみの割合なので単純な比較はできないが、平均無罪率（0.11％）よりは高いといえる。[1]

　こうした判決を、無罪判決であるから一律に裁判員制度の成果として単純に歓迎し、判決内容を批判することを良しとしない傾向が一部にある。しかし、2011年1月28日判決の大阪覚せい剤事件のように、弁護人が「裁判官ではなく裁判員によって無罪になった」と明言している事件[2]（ただ、直接小林弁護士の報告を聞くと、弁護人の優れた弁護活動、検察側の証拠隠し（判決後の裁判員会見でも「もう少しいろんな証拠を出してほしかった」「これで幕引きとすれば残念」等の裁判員発言があった〔日本経済新聞大阪版2011年1月29日付〕に加えて主任裁判官の判断と裁判体の中での役割も大きかったと思われる）や、2010年6月22日の千葉覚せい剤事件のように裁判員の判決後の会見で、裁判所が説示した証拠判断の[3]

＊1　毎日新聞 2011 年 5 月 20 日付。

＊2　小林徹也「大阪における初の裁判員裁判・無罪判決――覚せい剤取締法違反、関税法違反被告事件」青年法律家 No.483（2011 年）15 頁以下。

＊3　『『証拠が少なかった』」「『出てきた証拠だけで判断する』」と言われていた。客観的な証拠で確実に被告が関与したということが証明されなかった」「検察も『もっと立証をがんばれ』」（朝日新聞 2010 年 6 月 22 日付夕刊）、「検察、弁護双方の主張とも正しいとは言い切れなかったので、『疑わしきは罰せず』で判断した」（読売新聞同日付夕刊）など。この裁判所は評議室に刑事裁判の原則を掲示しているという。

原則を、裁判員が良く理解した結果、裁判員と裁判官の一致した判断によって出された無罪であることが見て取れる事件はむしろまれであって、5件の無罪判決が、裁判員がどのように関わった結果なのかは、守秘義務の壁に阻まれて直接知ることはできない。

　無罪判決ばかりでなく、死刑判決を含む有罪判決についても、裁判員裁判の判決が市民と職業裁判官のどのような関与の結果として出されるのか。これは現在の裁判員制度を維持すべきかの根幹にさえ関わる問題だ。その検証を可能にするために、守秘義務制度を大幅に見直すことが、裁判員法の施行3年後検証（裁判員法附則9条）の重要な課題なのだが、現在は、出された確実な情報としての判決書そのものを分析することが主要な手段とならざるをえない。

　本章では、裁判員制度はじまって以来わずか5例目と言われる、死刑求刑事件に対する無罪判決として注目を集めた、鹿児島老夫婦強盗殺人事件に関する2010年12月20日鹿児島地裁判決（裁判長・平島正道。以下、「鹿児島地裁判決」と略す）を、たまたま筆者自身が傍聴の機会を得た情報もあるので、分析したい。

2　判決後会見での裁判員

　この無罪判決が評議室の中で市民と職業裁判官のどのような関与の結果として出されたのかを検証する上で、判決後会見の裁判員の発言は判決書以外のほとんど唯一の情報である。

　なぜ無罪になったと思っているのか、無罪の結論についての裁判員の確信度などがある程度見て取れる。

　「『完全に有罪と言いきれないのであれば無罪という原則を認識しながら判断した』（筆者注：2010年6月22日千葉地裁覚せい剤事件引用記事では被告の氏名が明記されているので事件表示部分を隠した）。無罪判決後に会見した裁判員たちの発言で相次いだのは『疑わしきは被告人の利益に』という刑事裁判の大原則だった[*4]」。

　これと対象的だったのが、鹿児島地裁判決の裁判員会見での「遺族には申し訳ないと思うが、証拠が不十分だった」との地元紙、全国紙ともこぞってとりあげた発言だ。

　同じ「有罪の証拠が不十分なら無罪」という原則を言っているのだが、裁判

＊4　前掲注1・毎日新聞。

員の心象として見ると非常に違う。この発言の意味するところは意味深長だ。

3　事件と証拠

　この事件は、資産家の老夫婦が自宅の畑に挿していたスコップの刃で執拗に顔面を割るなど合計100回以上の攻撃を受けて殺害されたが、数カ所にあった現金や金庫は手付かずという事件である。激しい憎悪による殺害であることは明らかで、報道関係者の話によると、警察は当初、被害者と関係のある人物を疑っていたが、被告の指紋等が発見されたとして逮捕され、当初の人物への捜査は打ち切られた。被告は被害者のことを知らず、現場へ行ったこともないと捜査、公判を通じて否認した。検察が公訴事実を強盗殺人と住居侵入の二訴因と構成したのは、被告と被害者に全く接点がないため、物取り以外の構図を書けないこと、殺害現場の隣「6畳居室」の指紋等が付着していたとされる整理ダンスや周辺に散乱する内容物（封筒やチラシなど）を「物色」跡と見たことによる。

　殺害現場の「8畳居室」では被害者が押入れの布団を全て持ち出して応戦し大乱闘が行われたのに、通常落下するはずの被告の皮膚破片。毛髪などのDNA鑑定資料の検察側からの提出はなく第三者（判決の言う「犯人」）のものがあったかどうかは明らかではない。この現場を含め、全体で888点ものDNA鑑定資料が採取されたが、被告と一致したとされるものは侵入口とされた網戸に付着した1点のみで、判決は「細胞片の付着が認められながらDNA型が検出できなかったものも複数存在する」と言う。犯人であると決めた者以外の関与者の情報が隠される多くの冤罪事件のパターンからすると「検出できなかった」を文字通り受取って良いかは疑問だ。判決も検察官は「被告人以外の犯人の存在が何一つ発見されなかったと主張する」という言い方をし、捜査側は凶器のスコップには材質上DNA資料は付着していないとしていたが、判決は被害者夫のものと「同型のDNA型を示す組織片様のものが発見され」ていると具体的な指摘もしている。

　446点採取された指掌紋も、299点（被告のものとされた11点と被害者、ヘルパー、親族等関係者のものの合計）以外のものは「特に指掌紋については大部分が誰のものか分からなかったというのであるから、その中に第三者に由来するDNA型や指掌紋が存在する可能性は十分あり、検察官が主張するように『被告人以外の第三者のこん跡がなかった』と評価することはできない」と判決も断じて

第1章　鹿児島地裁判決は市民参加の成果か　**21**

いて、DNA、指掌紋採取の状況を写真撮影していなかった捜査の不備を非難して「三角ガラス片に付着していた対照不能指紋の中に別人のこん跡が含まれていた可能性も否定できないから、結局、被告人以外の者のこん跡が存在しなかったとは断定できず」など、具体的な論点での「第三者の存在」への疑問をいくつか重ねたあとで、証拠関係を述べる最後で総合的に「本件のように」「情況証拠による犯人性の認定が問題となっている事件において、正しい事実認定を行うには、被告人に不利、有利な情況証拠を漏らさず確認しなければならず、そのためには公益の代表者である検察官が、被告人と犯人とを結びつける方向に働く証拠のみを提出するのではなく、どの範囲で捜査が行われ、いかなる証拠が発見され、または発見されなかったのかを明らかにした上で、被告人の犯人性を否定する方向に働く証拠であっても自ら提出するのが相当であると考えられるところ、裁判所の求めに応じて指掌紋やDNA鑑定資料の採取状況の全体を見渡すことのできる証拠（甲96、職1）が提出された経緯があるほか最も重要な証拠物」等が弁護人に開示されていなかったことなどを述べて（筆者注：判決は冒頭「争点と証拠関係」で職権証拠8点まで、また鑑定書、検証調書など客観的証拠が検察側からではなく弁護側から提出されていることを述べている。つまり弁護側が開示を受けてコピーを弁号証として提出しているもので、非開示のものも多くある模様）、「したがって、これら検察官が、被告人が犯人であることを支え、あるいはこれと整合すると主張する事情も、何ら被告人と犯人とを結びつけるような事情にはなり得ない」と言い切っている。

　判決は捜査の不備、捜査資料の開示の不十分を言っているのだが、その方向性は、それが十分になされるなら、別の「犯人」の存在が明らかになるはずだという方向が、多数回にわたる記述で一貫している。最高裁第三小法廷大阪母子殺害等事件差戻し判決（最三判平22・4・27刑集64・3・233。以下、「大阪母子殺害最三判」と略す）のこの点に関する記述が「第一審が有罪判決のために用いていなかったものも含め、他の間接事実についても更に検察官の立証を許し、これらを総合的に検討することが必要である（法廷意見「4　当裁判所の判断」の末尾）と、まるで有罪を確認するための差し戻しであるかのような蛇足をつけているのとは全く逆の判旨なのだ。

　このような証拠状況の中で、もう1つの住居侵入の訴因について判決はどのような事実認定をしたか。

　まず、弁護側は指掌紋は虚偽、DNAは試料汚染もしくはデータ差し替えなどの偽装工作だとして争った。誰が、どのように偽装したのかを特定すること

までできていない抽象的な立論ではあるのだが、判決は後述する奇妙な理由付けでこれを斥けた。

4 鹿児島地裁判決のねじれた事実認定

鹿児島地裁判決は、冒頭の総論部分で「基本的視点」として、半年前の大阪母子殺害最三判の、間接証拠による有罪認定は「被告人が犯人でないとしたならば合理的に説明することができない（あるいは、少なくとも説明が極めて困難である）事実関係が含まれていることを要するというべきであ」る、との判示を7行にわたって文字通り引用している。このため大阪母子殺害最三判を忠実に踏襲した裁判として評価する向きもある。

たしかに、二訴因のうち（強盗）殺人については、大阪母子殺害最三判の判旨に沿ったと言ってもよい事実認定によって無罪にしている。判決は、「犯人」と「被告人」の用語を使い分け、検察官の「被告人＝犯人」とする積極的証拠に、それを「支えあるいは整合する」「情況証拠」の検討のいずれからも「犯人と被告人の同一性」を認め得ない、とする。この構成は、大阪母子殺害最三判の前記判旨を踏まえたものであるといえるだろう。つまりこのような証拠状況に「被告人が（殺害）犯人でないとしたならば合理的に説明することができない」と言えるような証拠はないと示す構成での事実認定をしている。

判決はさらに進んで「消極的事情（被告人の犯人性を否定する方向に働く事情）」として、凶器のスコップで攻撃するのは無理、被告には事件後金回りがよくなったこともなく犯行目的を強盗とする「仮説には無理がある」、「被告人方の捜索から犯罪のこん跡は発見されていない」などをあげ、「被告人と犯行を結びつけるこん跡が全く発見されなかった」と認定、さらに「6畳間の土足こんについて」との項目を立てて、足運びは小柄な被告には無理で不自然と分析する。

強盗殺人訴因については、どのように見ても被告と犯人は結びつかないとする裁判官の心証が長文の判旨に繰り返し記述されている。

しかし、住居侵入訴因になると、一変して、この強盗殺人訴因での判決構成を全て忘れ去ってしまったかのように認定する。

被告がDNA資料と指掌紋を付着させた、つまり被害者宅に侵入した、しかしそれが公訴事実の日時だと認める証拠がない、というのがその認定だ。結論的にはこの訴因も無罪としたもののこの変な理由は、強盗殺人訴因での、現場家屋に被告が立ち入ったこん跡がないとの事実認定を否定するものであるし、

第1章 鹿児島地裁判決は市民参加の成果か **23**

後述のように、物理的に成り立たない認定だ。

この事件では、DNA資料と指掌紋という証拠の意味を詳細に考えてみなければならない。

一般論として、犯行現場に指紋があれば「指紋の主がそこに行ってその物に触れた」と見るのは、通常の事実認定かもしれない。しかし、それは一応の推論であって、実際には事件の性質によっては、一般論とは違うさまざまな事実があり得る。

この事件では、判決が強盗殺人訴因を無罪にした理由は、凶器や殺害現場の部屋などに被告のこん跡がない、足跡その他被告が侵入した証拠が皆無で、現場の土足跡の靴と被告の関係は発見できず。警察は姉と同居する住居の洗濯機の糸くずまでを押収したが事件との関係は何も発見できず、証拠隠滅を疑わせるなどの事情もない、という証拠状況である。

判決は強盗殺人訴因については、この証拠状況から「被告人が（殺害）犯人でないとしたならば合理的に説明することができない」証拠がないばかりか、それを超えて、むしろ現場には「第三者」の存在がうかがわれ、その「犯人」の行動跡は、被告の行為と見ることができないと認定している。

この「本人のこん跡が現場にはない」という現場についての認定を前提として、「現場から被告人の指掌紋と細胞片が採取されている」との証拠を判断する場合、可能な選択肢（仮説）は①本人が侵入して付けたという通常の推論だけでなく、②本人が付けた物を他人が持ち込んだ、③他人が侵入して転写した、④他人が転写した物を持ち込んだ、さらに⑤鑑定の間違いまたは偽造と５通りあり得る。

この中から、強盗殺人訴因についての事実認定（現場の被告のこん跡はなく、むしろ第三者である「犯人」の行動跡が認められる）と矛盾しない仮説を探すならば、①ははじめからあり得ないから②～⑤のいずれかになる。

弁護人は②～⑤の特定はできないまま「偽装」を主張し、犯罪構成要件事実の立証責任は検察側にあるから、防御側の立証としては②～⑤の特定は要求されない。検察官が「現場に被告人のこん跡はなく、むしろ第三者である『犯人』の行動跡が認められるが、にもかかわらず、それらのDNA資料と指掌紋は被告人がこれこれの方法で付着させた」という事実を合理的疑いを容れないまでに立証しなければならない。

検察官はそうした立証を全くしなかった。しかし、判決は①を選んだ。この選択を理由付ける事実認定の中では、判決総論の中でいわば事実認定の指導原

理として引用した大阪母子殺害最三判の「被告人が（DNA資料と指掌紋を付着させた）犯人でないとしたならば合理的に説明することができない事実関係」があったとの認定はしていない（もともとそういう証拠が皆無だと認定して、強盗殺人訴因を無罪にしているのだから、そんな事実関係はありえない）。

　判決は弁護人の偽装工作の主張を「確かに」「捏造することは不可能ではないかもしれない。しかし」「各指掌紋は同じ手指であっても、それぞれ付着した部位や付着状態が異なるなど、おおよそ同じ物を転写したようには見えない」というだけでの理由で斥ける。転写した者（おそらくは真犯人関係者）がもっている完全な指掌紋のそれぞれ違う部分を転写するということはないと勝手に決めていて、その思い込みを前提に「少なくとも被告人が過去に本件指掌紋が付着していた場所を触ったという事実は動かない」と断定し、「被告人が、公訴事実の日時ころ被害者方に侵入し、本件整理だんす周辺の荒らされた状態を作り出したと強く疑われるところである」というのである。

　注目すべきなのは、それ以前の事実認定では（「被告人」と使い分けている）「犯人」が被害者ら殺害の「前後のいずれかの時点で６畳和室の本件整理だんすの引き出しを開けて中身を出したり、三角ガラス片を壁に立て掛けたり」「などした末に逃走したという事実関係が認められる」とし、また「本件整理だんすの前には、被告人の指紋が付着していたパンフレット等以外にも紙類が落ちていたが、そこからは被告人の指掌紋は採取されなかった。また、本件整理だんすの４段目から８段目の引き出しにも、引き出されたような跡があるのに、それらの引き出しからは被告人の指掌紋は採取されなかった。このような事情は、被告人以外の者が、本件整理だんす周辺等の状況を作り出した可能性を示唆するものである」とも明言している。

　２つの異なる事実認定をしているのであって、明らかに「理由齟齬」である。
　そればかりでない。この事件の性質上、指掌紋とDNAを被告が付けたのなら、被告が殺人も犯したのでなければならない。なぜなら（家の外面にあったガラスの「三角」破片に付けられた指紋と網戸のDNA資料は判決の言うように別としても）少なくとも屋内のたんすや紙類については、付ける機会は事件のとき以外はない。仮に事件以前とするなら、被告が何時かの時点で現場に侵入し、それらのものだけに指掌紋を付けたが、何にも取らずに、被害者等がそれに気付かないように元に戻して立ち去ったが、事件時は犯人が、その指掌紋が付いたものすべてを整理だんすから引き出して散らばした、という漫画的なことになる。事件以後？（判決が言うように翌朝警察官が立ち入り禁止措置をとるまでの間しかない）なら、

第１章　鹿児島地裁判決は市民参加の成果か　**25**

「犯人」が立ち去った後の凄惨な現場に被告がなぜ立ち入り、「荒らされた状態」をつくり、あるいはすでに「犯人」が作り出していた「荒らされた状態」の中の10カ所だけに手を触れて指掌紋をつけて、何も取らず立ち去った、というこれも漫画的なことになる。まさか？　事件中？　「犯人」と被害者の死闘が行われている隣室で、整理だんすの引き出しを開け、紙類を散らばして、何も盗らずに立ち去ったことになる。

　検察官は論告で、あたかもこの判決を見越したように、そのいずれもあり得ないことを強調したが、判決はあえてそのありえない「事実」を認定した。

　検察官からみれば、承服しがたい、控訴しない選択などあり得ない判決だろう。

5　奇妙な判決の原因

　鹿児島地裁判決はなぜ、このような明白な「理由齟齬」ひいては２つの訴因の間のねじれた奇妙な判決をしたのだろうか。

　その原因はまず、裁判官の「指紋」「DNA」「鑑定」というものへの物神的盲信にあると思われる。

　DNAについて判決は「網戸から採取された細胞片のDNA型」の鑑定について弁護側の「15座位中１座位が不検出、試料全量消費、１回だけの鑑定、偽装工作の可能性」等の主張を「関係証拠（あげているのは鑑定従事者の証言等）によれば、鑑定手法や正確性チェックの在り方に格別問題点は見出せない」と抽象的に言うだけで斥け、その上（「偽装工作」を行うのであれば、凶器である本件スコップ等、犯人と明白に結び付けて複数の場所から、すべての座位が一致するDNA型が確認されるように工夫するのが自然である）などと、指掌紋について言ったと同じタイプのおかしな「経験則」のようなことを付記して「鑑定結果は信用できる」として弁護側の偽装主張を否定する。

　つぎに指掌紋については、まず前述の「三角ガラス片」（「これは犯人がさわった物ですよ」とアピールするように「進入路」の壁に立て掛けてられていた）について、指紋が被告の「右手薬指の指紋と合致したというのであるから、少なくとも過去に被告人の右手薬指がこの部分に触れた事実は動かせない」とし、また整理だんすとその付近の指掌紋については「確かに」「転写する等の方法によって他人の指紋をねつ造することも不可能ではないかもしれない。しかし、本件薬指紋、本件指掌紋の原紙などをつぶさに確認したところ」「およそ同じ物を転

写したようには見えない」というだけの理由で斥ける。完全な原資料（たとえば、警察が保管している指紋原紙）などからの転写には全く思い至っていない単純な「転写」発想だけの根拠。

　この物証判断が鹿児島地裁判決のねじれの中核である。それはDNAと指掌紋が検出された以上は「被告人が付けた」という採取と鑑定への絶対視からくる住居侵入訴因を認めざるを得ないという心情、しかし全体として見るとこの犯罪を被告のしわざとはどうしても考えられない、という犯行現場についての事実認定判断の相反である。

　二つの相容れない判断を一つに判決に盛り込まなければならないいわばアンビバレンツが、判決文「第3」（事実認定全体）の「まとめ」で、冒頭で宣言した大阪母子殺害最三判の認定基準を再度繰り返した上、末尾に括弧書きで「（なお被告人には、被害者方への住居侵入、窃盗未遂罪が成立する可能性があるが、当該犯行が公訴事実の日時に行われたものであることを認めるに足りる根拠がない以上、本件訴因によって、この点についてのみ被告人を有罪とすることもできない）」と苦しげな言い訳をして、事実認定の全体を締めくくる、という、判決となっているのである。

6　鹿児島地裁判決は市民目線の判決か

　判決は最後に「4　被告人の公判供述について」との項目を設け「ところで被告人は『被告人方に行ったことは一度もない』と述べているが、被害者方から指掌紋とDNAが発見され、<u>これらは偽装工作により付着したものではないのであるから、この点に関する被告人の供述が嘘であることは明らかである。</u>また、被告人は15日朝から17日夜までの3日間（筆者注：事件をはさむ期間で被告人は生活費を姉に渡せないために、車で周辺地域を移動しながら昼夜とも車中で過ごした）」入浴も着替えもしていないと述べたり、古い靴（筆者注：被害者方の土足こんと同種の靴）を捨てた時期について捜査段階と供述を変える（筆者注：捨てたのは被告が東京で土建業に従事していた時期のことで、その期間内で取調官から訊かれて違う時期を言ったことがある）など供述に不自然な点がある上、逮捕前に携帯電話の発信履歴等のデータをすべて消去するという不可解な行動に出ている」（筆者注：消去は事件より4カ月前の同年2月ごろで携帯を変えたため）と、まるで有罪認定の判決のように被告を非難することを全て述べた上で「しかし嘘をついた理由が、本件犯行と関係するのかどうかすら解明できていない以上、嘘

をついている一事をもって、直ちに被告人を犯人であると認めることはできない」（傍線筆者、引用はこの項全文）と言う。

「三日間入浴も着替えもしない」ということは、この判決文を書いた階層の者にとっては、「嘘」としか考えられないほど、ありえないことであるらしい。老齢になって土建業を続けられなくなって田舎に戻り、姉の家に転がり込んで、毎日することもないまま今多くの老齢者が陥っているパチンコ依存症となり、受け取った年金を使い果たして姉に食費を渡せないため、家に帰れない、当然旅館に泊まる金もない、という状態にある元労働者の生態を想像もできず、「三日間入浴も着替えもしない」のは嘘という発想をしたのは、庶民ではなく、エリートといわれる裁判官だろう。

「靴を捨てた時期」、携帯電話を変えたために「発着信データを消した時期」などを記憶違いしていた（そんなことを正確に覚えている方が珍しい）ことを、犯罪まがいに非難するのも、捜査官の発想、それを何時の間にか自分の物の見方にしてしまっている刑事裁判官のものだろう。

「被告人が犯人でないとしたならば……」という鹿児島地裁判決が指導原理としている大阪母子殺害最三判を、もとより、裁判員として集められた庶民が知るよしもなく、この「事実認定基準」に従って判決しようと考えるわけもない。

判決文全体の論理構成がまた、まぎれもなく刑事裁判官の思考パターンである。ある勉強会で、筆者がそう述べると、複数の研究者から判決文を書くのは裁判官だが、結論は市民参加の裁判体としての成果だとの異論が述べられた。

それは当然であって、裁判員の多数意見を無視して裁判長が裁判員法67条によって無罪判決をしたとは思われない。ただ、これは裁判員裁判の実態に深く関わることであるが、裁判のプロである裁判官の「説明」や発言、あるいは多分公判全体の運営ぶりが、裁判体の結論に大きな要因となることは、本章冒頭にあげた無罪判決等を見ても、現実だ。

筆者は本件の公判を傍聴して、裁判長の強烈な訴訟指揮が強く印象に残っている。弁護人が証拠をプロジェクターで映す時、書類を台の上に載せてから頁をめくったりすると、（画像が動いて目障りだから）めくってから台に載せるように命じるなど、どうかと思う指揮場面もあったが、感心した指揮が２点あった。

まず、裁判員に証人や被告に直接質問させなかった点で、メディアは直接質問が裁判員制度の成果であるように誤解しているが、2009年仙台地裁で裁判員が被告に向かってした「むかつく」発言のような極端な例以外にも、裁判体の

28 第１部　裁判員裁判はどう行われているか──その実態と問題点

一員として裁判員のするべき質問（補充質問である）の限度を知らない質問が多い。鹿児島地裁判決の裁判長が、裁判員の質問を陪席（主任）裁判官に聞き取らせ、発問させたのは、正しい方法だ。

　もう1点は、最終日に開廷を45分遅らせて、被害者の意見陳述書を両当事者とともに検討して、事実認定に係わる部分を振り分け、陳述させなかったことで、事実認定の証拠ではない現在の被害者陳述の手法として、適切な指揮だった。

　しかし、この2点のような当然の訴訟指揮ができていない裁判員法廷が実に多い現状の中で、この指揮は、裁判長の強い個性（主導性）を感じさせる。その指揮ぶりが、非公開の評議・評決の場でだけは、発揮されなかったとは考えられない。

　「被告人は殺人はしていない。だがいつかわからない時点で現場に行ってDNAと指掌紋をつけた」という結論は、庶民の「常識」（最高裁「39条説明例」は選任された裁判員に「証拠を検討した結果、常識に従って判断」するようにと告げる）だろうか。

　「遺族には申し訳ないと思うが、証拠不十分だった」との裁判員発言は、尊敬すべきプロの裁判官の「認定」は正しいと思うが「指紋があって、真犯人の可能性があるけれど、有罪にできないのは、証拠が足りないと無罪にするのが裁判というものだそうで、遺族には申し訳ない」との裁判員の素朴な心証を背後にした発言と見ては考えすぎだろうか。

7　裁判官の経験則の限界

　本件の犯行について判決は「犯人」の行動を、「どう理解すればよいかわからない」と数回にわたって述べている。

　窓ガラスを「スコップが奥まで入り過ぎないようにするためか、割れる音を小さくするためか」「網戸の位置を利用して」割り、足跡などの証拠を残さないなど「非常に計画的」「そつの無い行動」と、他方凶器であるスコップを台所に立て掛けて立ち去るなど複数の行動をあげては、「成り行き任せ」「ちぐはぐな行動も含まれている」「犯人の行動に一貫性がない」と繰り返す。

　現場の状況を「どう理解すればよいのか分からない」で判決をしなければならなかったことの、非常に素直な表現であるが、これが前記のねじれた判旨になったと言える。

第1章　鹿児島地裁判決は市民参加の成果か　**29**

だが実は、本件の犯行は、真犯人の立場から犯行を見る視点に立てば、よく理解できるのである。

　殺害が行われた「8畳和室」では、血痕は天井まで飛び散り、死体の下の布団は持ち上げると血が滴るほどの出血で、返り血もひどかったはずだが、犯人は判決が認定しているように殺害後に、いくつかの室内を歩き回った（問題の整理だんす以外の8畳間廊下の「引き出し」〔小だんす〕も開けており、おそらく金品以外の重要なものを探したのだろう）時に多少の血痕を付けただけで、逃走路には血痕も足跡も残していない。敷地は県道に面していて、通行量もあるから、車を使ったとしても血まみれの姿で出て行くわけにはいかず。着替えや足カバー、そして凶器のスコップには指紋や判決のいうように、100回以上も振り回してまめができてつぶれないはずないのに組織片も、軍手などよる繊維も付着していないところから、犯人はおそらく農作業用ゴム手袋なども用意して使っている。綿密に計画した犯行だ。

　そのような犯人が、うち1枚（3角）に被告の指紋が付着した2枚ガラス片を、判決が言う「目立つように立て掛けられていて、捜査する側にとって、犯人が触った可能性の高い重要な証拠物であると一見してわかった」ものを「わざわざ壁に立て掛けたり」一見して「物取り」と見えるような「荒らした跡」をつくり、網戸を手で破る必要はないのに「破れ目」をつくり、そこに自らのこん跡は全く残さずに、被告のDNAや指掌紋を残している。

　偽装工作それも捜査をよく知る者の、偽装工作以外の何ものでもない。

　判決は、凶器に被害者方のスコップを用い、台所に立て掛ける行為も「理解しがたい」としているが、もし凶器を外から持ち込めば、凶器の捜査があることも知っている。スコップには自分のこん跡を一切残さない自信をもって「これが凶器だ」と示して、それ以上に凶器の捜索→犯人の身元捜索をさせないために、台所に立て掛けているのだ。

　ある程度の数の指掌紋とDNA資料という、個人特定性のある証拠を残せば、物証が示すその個人に捜査が収斂して、より漠然としたえん恨の線・背後関係から犯人を割り出す捜査は立ち消えることを、よく知っている。

　被害者に強いえん恨を持ち、スコップが畑に挿されているなどの現場を知り尽くしている者。東京から被告が帰郷してきたこと、その指掌紋が警察に登録されていることを知り得る立場の者。そのように捜査を絞れば、対象は限られるはずだった。

　そして「真犯人の視点」に立てば、「どうすれば理解すればよいのか分から

30　第1部　裁判員裁判はどう行われているか──その実態と問題点

ない」ことなど一つもない。きわめて合目的的で、一貫性を持った犯人の行動が理解できる。

　裁判という営為は、証拠が載せている情報から可能な、多くは複数の仮説から一つを選んで「認定」し、それが被告とされた人の運命を決めてしまうおそろしい営為だ。複数の仮説から一つを選ぶ「事実認定」という精神作用は、「経験則を適用して」行われるとされている。[5]

　しかしその「経験則」は実は人によって違い無数にある。[6]

　「事実認定」とは、認定者の人生の全てが反映する作業だ。それゆえに、「被告人を見たら有罪と思ってしまう」バイアスを免れない職業裁判官ではなく、なるべく多数の市民に事実認定を任せるというのが司法への市民参加の制度趣旨だ。

　本件に6人の裁判員の「経験則」＝人生が、どのように反映されたのか、判決文にそのこん跡は全くと言ってよいほど見られない。判決はその構想、構成、そしてそれを成立させている経験則・思想のすべておいて、大阪母子殺害最三判に依拠したエリート裁判官の気質そのものを示している。

（「裁判員制度2年無罪判決は市民参加の成果か——2010年12月10日の鹿児島地裁判決を資料に」法と民主主義460号〔2011年〕80頁）

＊5　石丸俊彦『刑事裁判の実務（下）』（新日本法規、1990年）13頁。
＊6　拙著「事実認定とは何かを改めて考える——最三判平22・4・27と鹿児島地判平22・12・10を素材に」法律時報83巻9＝10号（2011年）76頁⇨本書第1部第2章。

第2章

事実認定とは何かを改めて考える
——最判三平 22・4・27 と鹿児島地判平 22・12・10 を素材に

1 裁判員裁判で「事実認定」が問題化

　2009年5月に始まった裁判員裁判で、特に複雑な事件が判決段階に入って2年目、5件の全面無罪を含む無罪判決が出された。裁判員裁判初の無罪判決である2010年6月の東京・立川の強盗等、東京・葛飾の放火等の各1部無罪、7月の千葉覚せい剤密輸等の全面無罪のあと、メディアは「裁判員1年　慎重になる事実認定」[1]「情況証拠の解釈　プロと差」[2]と報じて、無罪判決は市民参加によって事実認定が変化した結果であると見た。後述するように、判決書の構造を子細に見れば、そのようなダイレクトな関係を見るわけにはいかないのだが、少なくとも裁判官達が法廷に市民を迎えた積極的な効果の一つとして、「合理的な疑いを差し挟む余地のない程度の立証が必要」という有罪の基準を、本来あるべき方向に向かってようやく意識できるようになったと見ることはできる。

　この変化は、裁判員裁判以外の裁判官にも間接的な影響を及ぼし、従来あいまいに行われてきた事実認定の方法について、明示的に論じる環境がつくられつつある。

　時期的に見ればそれが形になって現れたのは最高裁からだった。2010（平成22）年4月27日、有罪認定には「被告人が犯人でないとしたならば合理的に説明することができない（あるいは、少なくとも説明が極めて困難である）事実関係

＊1　毎日新聞 2010年8月5日付。
＊2　読売新聞 2010年7月20日付「裁判員『無罪』3件の波紋」。

32　第1部　裁判員裁判はどう行われているか——その実態と問題点

が含まれていることを要するというべきである」と判示して、大阪高裁の死刑判決を破棄差戻した第三小法廷判決（以下、「大阪母子殺害最三判」と略す）だ。

冒頭の３無罪判決はこの直後に出され、４件目の同年12月10日、鹿児島地裁の現行制度となってから５例目という死刑求刑事件への無罪判決（以下、「鹿児島地裁判決」と略す）は、判決書冒頭の総論部分で「基本的視点」として、大阪母子殺害最三判の上記判示を７行にわたって文字通り引用し、最三判あっての無罪判決であったことを示している。

しかし、「事実認定を慎重に」することは、検察からすれば「これまでは裁判所と一緒に真相究明をしてきた面がある。多少甘くても大目に見てもらった」という裁判環境が変わり、検察側の立証のハードルが高くなることを意味する。「１点でも『シロ』の要素があれば無罪というのはおかしい」「無罪推定について極端に考えている[*3]」との不満は、立件自体がはじめから無理だった立川の一部訴因無罪を除く事件に対する検察控訴となって現れた。

「疑わしきは罰せず」に従来よりも忠実である裁判員裁判の無罪判決等と大阪母子殺害最三判の上記判示について、ただし法曹界の評価は複雑なものがある。

検察「幹部」の裁判員無罪判決への批判的な姿勢は、大阪母子殺害最三判の上記判示への消極評価と通じる。最高裁判例であるから「間違っている」と言うことはできないが、これによって従来の事実認定方法を変えるべきものではないとする姿勢だ。判決後いちはやく、法務省刑事局付検事片山隼人氏の（当然「個人的な見解」と断りつつ）判旨が「『合理的な疑いを差し挟む余地のない程度の立証』とは異なる『基準』や『枠組み』として機能したものとは言えないと考える」「『合理的な疑いを差し挟む余地のない程度の立証』と異なる立証を要求するものと考える必要はない[*4]」と判示に特別の意味を認めない見解が示された。

法律学界にも、これが最高裁による事実認定の「準則」なのか「基準」なのか、単なる「注意則」なのかの議論があり、「自由心証主義のもとで事実認定者（裁判所）が事実上注意すれば足りるポイント（注意則）に止まらず、事実認定者が護らねばならぬ採証法則である[*5]」などと、最高裁が新しく事実認定の基準を示したと積極的に見る見解がいくつかあり、弁護士界には、この判決は、

＊３　前掲注１の毎日新聞が「検察幹部」らの談話として伝えている。
＊４　片山真人「新判例解説」研修 2010 年７月号 21 頁以下。
＊５　豊崎七絵「状況証拠と採証法則」法学セミナー 2010 年７月号 124 頁。

平野龍一氏が「絶望的」と言った日本の刑事裁判を、裁判員制度に依拠して変えられるのだという意欲が、裁判所の中にも芽生えた結果の一つであると喜ぶ見方が多い。しかし裁判所内部の雰囲気は微妙で、裁判官の反応はこれと相当に異なる。無署名の裁判官の執筆にかかる判例時報「有罪認定のための新たな基準を定立したものではなく、事実認定判断の際の視点の置き方について注意を喚起しようとしたものではないかと考えられる[*6]」、全く同文で筆者は同じかと見られる判例タイムズの基準定立と見ることに消極的な見解[*7]が、片山論文に相次いで発表された。

　最高裁判決のうちどの判決を判例集に載せるかを決め、載せるものには「判示事項」「判決要旨」を作る最高裁「判例委員会」の中で「被告人が犯人でないとしたら合理的に説明することができない事実関係の存在」を、この判決の要旨とすることが見送られ、単に「原審の認定に事実誤認の疑いがあるとされた事例」との要旨に止まったという情報[*8]は興味深い。

　ただ、上記判例時報の解説は前記引用文のあとで「ややもすれば『被告人が犯人であるとすればこれらの情況証拠が合理的に説明できる』ということのみで有罪の心証を固めてしまうおそれがあることに対し、そのような観点から警鐘を鳴らそうとしたものと理解される」としていて、裁判官の間にも大阪母子殺害最三判の警鐘に耳を向ける姿勢が皆無ではないことが示されていた。

　そんな裁判所は、2011年に入って、当時係争中の鹿児島事件を除く2件の検事控訴に、次の理由での高裁による破棄判決を出した。

　裁判員判決「初の破棄差戻し」判決となった2011年3月29日の葛飾の放火等事件は「室内に灯油をまいて放火する手口」は「特殊な手段とは言えず」「裁判員に不当な偏見を与える恐れ」があると検察の前科立証を認めなかった一審の訴訟手続を違法としたが、「犯行の手口が特殊な場合」であり、「適正な事実認定」のために前科立証は必要、とする差し戻し理由は、実質は事実誤認による破棄だ。判決翌日の千葉覚せい剤密輸事件は、裁判員裁判初の全面無罪判決事件だったが、一審と同じ間接証拠（主として被告の税関での説明態度や逮捕後の供述の変遷）を高裁は「証拠評価は誤り」として正面から事実誤認で有罪とした事案だった。

　ともに事実認定による破棄であり、市民参加の制度趣旨である事実認定を、

　＊6　「判例紹介」判例時報2010年8月21日号137頁。
　＊7　「最高裁判例　刑事、刑事訴訟法8」判例タイムズ2010年9月1日号。
　＊8　山口進・宮地ゆう『最高裁の暗闘』（朝日新書、朝日新聞、2011年）95頁。

裁判官だけの高裁が変えることが許されるかは制度設計の段階から指摘されていたことだが、高裁が自判して「量刑まで決めたことで、裁判員の判断は一切、判決に反映されない可能性が出てきた」とメディアも批判している。[*9]

2011年の憲法記念日前の会見でこの点を質問された竹﨑最高裁長官が「立法段階で意識された問題。いずれ落ち着いていくべきところに落ち着く」と述べたのは、上記した裁判所の状況の中では事実認定が「裁判所の伝統とするところに落ち着いていく」の意味かととれる。[*10]

2 状況証拠による事実認定の構造

事実認定とは何なのか。裁判上は、適法な証拠調べされた証拠から「要証事実」が存在したかを判断者（＝裁判官、裁判員）が判断する精神作用なのだが、判断するルールとして「疑わしきは被告人の利益」などの一般法則は承認されているが、「事実認定」と呼ばれるその判断の構造は実際どうなっているのか、どう行うべきなのか、の基本的な問題が、これまで明確に論じられてきたとは言えない。

上記の事件（一部無罪事件では無罪になった訴因）はすべて直接証拠がなく、情況（判決によって「状況」の文字を使っているものもある。また、間接証拠という用語も用いられる）証拠による事実認定が争われて事件だ。

「情況証拠による事実認定」とは何を言うのかは、人により、あるいは場合によってまちまちだ。事実認定の当否を論じるためには。まずその構造が共有されなければならない。

まず、「情況証拠」は、どのような証拠を指すのか。

日本では「主要事実を直接立証する証拠」（例、殺人の場面を目撃した証人の証言、自ら殺人を行ったとの自白）を直接証拠と呼び、信用性の認定ができれば、一義的に主要事実を認定できるとし、そうでない証拠をひっくるめて情況証拠、間接証拠と呼ぶ（要証事実の別による呼び方）場合があるが、それは適切ではない（引用文中下線は筆者、以下同じ）。

英米の陪審法廷で裁判長が陪審員に与える説示では、次ぎのように説明する。「直接証拠とは、ある事実の直接な証拠で、たとえば証人が自ら見、聞き、あ

＊9　読売新聞2011年3月11日付。

＊10　朝日新聞電子版2011年5月2日17時50分。

るいは行ったことについての証言です」[11]。つまり、間接事実（「被告人が犯行時刻直前に被害者宅に入った」という事実）を直接見た人の証言は、その間接事実については直接証拠なのであり、主要事実に関する直接証拠と同様に、証拠の信用性があれば一義的に要証事実を認定すべき証拠である。上記アメリカの説示は続けて「状況証拠とは直接ではない証拠で、一つあるいはもっと多くの事実についての証拠で、そこから他の事実を発見することもできる証拠です」とする。そして説示集のこの項の裁判官に向けた注では「この説示の中では、実例を入れて行うことが助けになるかもしれない『たとえば例として、もしあなたが朝起きて脇の歩道が濡れているのを見たとしましょう。あなたはその事実から、夜のうちに雨が降ったということを認定することも出来るでしょう。しかし、他の証拠たとえば庭に輪を描いているホースから歩道の水を説明することも可能なのです。ですから、あなたの状況証拠によってある事実が証明されたと決める前に、あなたはすべての証拠に理性と経験とコモンセンスの光を当てて考察しなければなりません』」となっている。上記の例で言えば「被告人に似た人が犯行時刻直前に被害者宅に入ったのを見た」証言が情況証拠であり、それは被告人である可能性と、他の人である可能性、つまり複数の推論・仮説＝事実認定の可能性がある証拠である。その複数の選択肢は、それ自体では仮説に過ぎない。そのどれをとるのか（どの認定をするのか）は、他の証拠との関係から「理性と経験とコモンセンス」で考察することを要するのである。ではそのような情況証拠から判決主文となる事実（主要事実）の認定をするのはどのような判断過程か。

　90年代から継続して事実認定の研究を続けてこられた豊崎七絵氏は、主要事実と間接事実にはいくつかのレベルの積み重ねがあって、たとえば複数の第二次間接証拠によって一つの第二次間接事実が認定され、そうして認定された複数の第二次間接事実によって第一次間接事実が認定され、そうして認定される（事件によっては第一次のみ、あるいは第三次……もあり得る。各次の間接事実の認定は厳格な証明によってなされなければならない）と分析している[12]。

　ベテラン刑事裁判官であった石丸俊彦氏も「間接事実A・B・C（これ自体は

＊11　アメリカ連邦第9巡回裁判所の2005年版説示集（United States Ninth Circuit Model Criminal Jury Instructions. の説示 No.1-6、詳細は五十嵐二葉『説示なしでは裁判員制度は成功しない』（現代人文社、2007年）52頁。

＊12　豊崎七絵「間接事実の証明と総合評価——情況証拠による刑事事実認定論 (1)」九州大学法政研究76巻4号（2010年）173頁の〔図2総合評価の過程〕がわかりやすい。

36　第1部　裁判員裁判はどう行われているか——その実態と問題点

厳格な証明の対象である）から経験則を適用して甲という直接事実を認定することがある」としている[*13]のは豊崎理論の最終段階を述べていることになる。

実際の裁判では、このような構造が認識されないまま、漠然と事実認定がなされ、情況証拠から認定した一部間接事実と、いわばナマのままの情況証拠をミックスして主要事実を認定している例もまま見受けられるのだが、このような事実認定の構造を整理したうえで検証すると、実際の判決の中で行われた事実認定の適否を考える助けになる。

3　事実認定はどのように行われているか

大阪母子殺害等事件は、全く同じ間接証拠群から、その最三判と一、二審では、主要事実についての認定が、正反対の方向（差し戻し判決の性質上、最三判の事実認定は「原審とその容認した原々審の事実認定への疑義」という形で示されないが、実質は反対の事実認定）になっているので、事実認定がどこで違うことになっているのかを検証する良い資料になる。

事実認定の違いが生じる理由別に紙数の関係で、いずれも実務では非常にしばしば起っている3タイプだけ挙げてみる。

(1)　同じ証拠が載せているどの情報に依拠するかの違い

同じ一つの証拠が、多くの情報を載せているのはむしろ普通である。そのうち、どの情報を取り上げて自らの事実認定の根拠にするかで、認定事実が違ってしまう。（証人の証言のように多数の事項に及ぶ証拠ではなく）電話の交信記録という同種の機械的な情報の中でも情報選択の違いが出ているタイプがわかりや

＊13　石丸俊彦ほか『刑事訴訟の実務（下）』（新日本法規、1990年）13～14頁。引用文に続いて裁判の事実認定に用いられる経験則を次のように説明している。
　「経験則には、①その法則性の強弱によりⒶ蓋然的経験則（心理学、社会学、経済学、医学、天文学、地質学、動物学、植物学などをはじめ、一般の社会で通常『経験則』と称されている道義、慣例、条理、取引上風俗上の習慣、常識、心理傾向、精神傾向、など）と、Ⓑ必然法則的経験則（現代社会において定理や公理として学界で確立している数学、物理学、化学、工学の法則、及びその法則を基礎として確立されている技術上の法則、また、人為的に法則性をもつて作成されている会計簿記上の諸原則など）に区別され、一方、②一般の社会人がその経験則を常識又は知識として理解しているか、特別な専門家（学者とは限らない。それぞれの分野の有識者を指す）によらなければその正確な経験則は理解できないかによつて、Ⓒ前者を一般的経験則と、Ⓓ専門的経験則とに区別される。この①と②の区別は比例しない。Ⓐの蓋然的経験則には、多くのⓄの専門的経験則を含んでいるし、一方、ⒷにはⒸの一般的経験則が含まれている。

第2章　事実認定とは何かを改めて考える　**37**

すい。一審判決は、妻から被告の携帯電話へ午後５時15分と午後８時13分の２回の電話が受信されていないことを認定して、この間被告が携帯電話の電源を切っていたとの間接事実を認定し、進んで「被告人自身は否定するものの、他者からの連絡を絶つために携帯電話の電源を切ることは、一般に十分ありうる」との解釈（後記する経験則による）を加えて、主要事実（この間に被告が犯行または関連する行為を行っていた）認定のための間接事実の一つとしている。

　これに対して大阪母子殺害最三判の田原補足意見は、同じ交信記録から、一審認定とは異なる時間帯「午前９時」を入れて以降午後５時まで「被告人の携帯電話の電源が切られていた可能性がある」との間接事実を認定し、携帯電話の電源を切っていた時間帯と犯行時間帯の違いから、「その場合、当該事実は、本件犯行とどのように関連付けられるのか。原判決及び第一審判決の論理からはその回答を導き出すことはできない」と「携帯電話を切っていた」事実が、主要事実認定のための間接事実とはならない見解を前提に、一、二審の認定を否定した。

(2)　認定に援用する「他の証拠」の違いによる違い

　大阪母子殺等事件の情況証拠の一つに「犯行現場のアパートから100メートルの駐車場に被告人の車と『同種・同色』の車が駐車されていた」という二人（一人が午後４時30分ころ、他の一人は８時ころ）の目撃証言があった。二人ともナンバーを確認していない。

　一審の有罪判決は、この車は被告の車である＝この間被告が現場付近にいた（第二次間接事実）→被告は犯行現場のマンションに赴いた（第一次間接事実）→殺人と放火について被告の犯人性（主要事実）を強く推認させる（他の間接事実と合わせて犯人性を認定できる）、と認定して有罪判決をし、二審はそれを追認した。一審判決が、上記第二次間接事実を認定した根拠として直接述べているのは、被告が当日被害者宅を探すため「午後２時過ぎころ自宅を出て」「10時ころまで同区ないしその周辺で行動していた」との被告の供述だ。大阪母子殺害最三判の法廷意見に反対して「被告人が本件犯行に関与している」とする堀籠意見は、この一審認定に加えて「被告人とよく似た人物が目撃された事実」をあげて「(1)の事実（筆者注：「被告人が本件マンションに立ち入ったこと」）を補強する事実というべきである」とする。

　被告の犯人性に疑問を投げかけた大阪母子殺害最三判の法廷意見は直接この目撃証言にふれていないが、藤田・田原各補足意見がふれている。藤田意見は

38　第１部　裁判員裁判はどう行われているか──その実態と問題点

抽象的に「同種・同色の車が長時間駐車されていたという事実は必ずしも被告人が使用していた車そのものが駐車されていたという事実を証するものではない」とし、田原意見は目撃者が「ナンバーまでを目撃しているわけではない」ことを明示して「被告人の車だった」との間接事実の認定を否定する。

　田原意見はさらに、目撃は午後４時30分ころと８時ころだけであることから「その間同車が移動していなかったことが当然推認できるものではない」と言う。一、二審の認定は、殺害の犯行時間帯は、生存被害者を目撃した証言や死亡推定時刻などから、午後３時半から６時の間としているので、この間、駐車し続けていなければ、殺人行為についての間接事実とはなりえないことを言っている。田原意見はさらに、車の目撃は終わりが８時であり、被告の放火とされる「火災が発生した午後９時45分ころにも上記場所には駐車していなかったものと推認される」として、「同自動車（筆者注：目撃された車）との関連性をみとめるにはなお疑問が払拭できない」としている。田原意見は<u>被害者生存の目撃証言、死体鑑定、火災発生時刻に関する消防署員の証言</u>など他の証拠を援用することによって「被告人の車」を否定する認定をしたのである。

⑶　「経験則」の違い

　さて上記２で引用した石丸論文は経験則が間接事実の認定に用いられることについて論じてはいないが、実務で裁判所が行う事実認定の多くが「こういう場合はこうなるのものだから」と、つまりは事実上何らかの経験則を適用して行われている。上記英米法の説示にいう「コモンセンス」も似たような性質かもしれない。

　大阪母子殺等事件の証拠の中核である被告の唾液が付着した吸い殻について、一、二審判決と最三判の堀籠反対意見は「ビニール製灰皿に入れられた吸い殻は通常押しつぶされた上で灰がまんべんなく付着して汚れているものであるが」と、携帯用灰皿内に入れられた吸い殻の状態についての「経験則」を示し、証拠の吸い殻はそうなっていないなどを根拠に、被害者が被告方から持ち帰った携帯灰皿に入っていた被告の吸い殻をマンション踊り場の灰皿に捨てたとの弁護側の仮説を否定して、被告が当日直接現場マンションの踊り場に捨てたとの（第二次）間接事実を認定し→被告は犯行現場に行ったとの（第一次）間接事実→主要事実（殺害と放火は被告の犯行）の認定に至る。

　最三判（法廷意見）は「<u>ビニール製携帯灰皿に入れられた吸い殻が常に原判決の説示するような形状になるといえるのか疑問がある</u>」と一、二審の「経験

則」を否定しそれが第二次間接事実、ひいては主要事実認定への疑問＝原審破棄へとつながっていく。

「ビニール製携帯灰皿に入れられた吸い殻」がどんな状態になるか、についての実験などの科学的根拠はお互いになく（裁判で行われている無数の事実認定のうち実験や鑑定の上で認定される「事実」はごく一部である）この認定の違いは、石丸氏のいう「一般社会人の経験則」（注13参照）同士の違いである。その違いが、ひいては判決主文の違いにまでなるこうした例は他の判決にも多数実在する。つまり通常起こる原審と上級審の事実認定の違いは、用いている「経験則」の違いであることが非常に多い。

事実誤認を控訴理由とし、上告審の破棄理由にまで認めている日本の特殊な刑訴制度の結果、実態として「下級審の誤った事実認定を上級審の事実認定が正す」という建前になっているが、用いられた経験則のどちらが正しいと言えるのかは、審級制とは別の事実上の判断の正否の問題である。事実認定問題で、もっとも困難な課題だろう。

4 鹿児島地裁判決は大阪母子殺害最三判の「基準」を守れたか

大阪母子殺害最三判の事実認定「基準」を7行にわたって引用しての鹿児島地裁の判決（その旨を判決文中に明示してはいないが）だが、その基準は二つの訴因の相互間でねじれている。強盗殺人罪については、証拠によって認定した事実の中に「被告人が犯人でないとしたら合理的に説明することができない事実関係」はないとの枠組みで無罪を言い渡している。実は大阪母子殺害最三判も同様だ。判決は「犯人」と「被告人」の用語を使い分け、検察官の「犯人＝被告人」の積極的証拠とそれを「支えあるいは整合する」情況証拠の検討のいずれからも「犯人と被告人の同一性」を認め得ない、とする。この構成は、大阪母子殺害最三判の「基準」を踏まえたものといえるだろう。

しかし住居侵入の訴因については、結論的に無罪としたものも大阪母子殺害最三判の「基準」とは全く違って「被告人が付着させたことは間違いないが、それが公訴事実の日時だと認めることができない」と奇妙な理由による。この事件は資産家の老夫婦がスコップの刃で顔面を計100回以上割られるという惨殺体で発見されたが現金や金庫など財物は手付かずで、明らかにえん恨犯罪だ。警察はある関係者を疑って捜査していたが、殺害現場の隣室から被告の指掌紋11点と進入路とされる掃き出し窓の網戸から被告のDNAが検出されたとして

被告を逮捕、被告と被害者の間に全く接点がないことから、検察は物取り目的の強盗殺人罪として構成して起訴した。判決が強盗殺人訴因を無罪としたのは、凶器や殺害現場の部屋などに被告のこん跡＝足跡その他被告が侵入した証拠が皆無で、犯行前後を含めた「犯人」の行動跡を被告の行為と見ることができないためである。その特殊な状況下で「被告人が侵入して指掌紋と細胞片を付けた」かどうかの認定に向けた情況証拠（指掌紋と細胞片の採取と鑑定）から可能な選択肢（仮説）は①本人が侵入して着けた②本人が着けたものを他人が持ち込んだ③他人が侵入して転写した④他人が転写した物を持ち込んだ、さらには⑤鑑定の間違いまたは偽造と５通りがあり得る（弁護人は②〜⑤の特定ができないまま「偽造」を主張した）。判決は①を選んだのだが、この選択を理由付けるために援用すべき「他の証拠」（たとえば被告侵入のこん跡など、大阪母子殺害最三判の「被告人が犯人でないとしたならば合理的に説明することができない事実関係」）はもともと皆無なので、示すことができない、つまり大阪母子殺害最三判の基準に反する認定だった。認定の理由らしきものとして述べているのは、「指紋の捏造をすることは可能かもしれないが、同じ手指であっても付着した部位や付着状況が違う」との判示（捏造であれば同じ部位、同じ付着状況であるはず、とする経験則？）によって弁護人主張を否定したにすぎなかった。

　自ら挙げた大阪母子殺害最三判の「基準」に反した鹿児島地裁判決のこの認定は、他の全証拠状況に反しても指掌紋と細胞片（その採取と警察組織による鑑定）という「科学的証拠」は絶対視すべしとの物神的心情から来たものだろう。

5　事実認定を決定するもは何か

　上記３で見た大阪母子殺害最三判とその一、二審の、同じ事項についての事実認定の違いのタイプは、(1) 証拠のどの情報に依拠するか、(2) 援用する「他の証拠」、(3) 経験則の選択のいずれか、あるいは重ねての違いによるものだった。全部を挙げる紙数がないが、一、二審判決と堀籠反対意見は、すべての情況証拠の選択肢から有罪になる肢を選び、法廷（多数）意見はその選択を疑問とした。

　結果的には無罪か死刑か、被告とされた人の運命を決めるこれらの選択の違いが何によって生じるのか、それが事実認定問題だ。

　冒頭に挙げた最近の裁判員裁判による一審無罪判決とこれを覆した高裁判決、上記大阪母子殺害最三判とその一、二審判決を読んで感じるのは、それは

第２章　事実認定とは何かを改めて考える　**41**

結局は、当該被告を検察官が用意した程度の証拠で処罰してよいと考えるのか、誤って有罪としないためにさらに慎重に調べなければならない、これだけの証拠で判断するしかないなら無罪にするしかない、と感じるか、その判断者（裁判官、裁判員）の内心の方向性の問題ではないかと思われる。

　さらにその方向性を決めるのは何かを考えると、判断者のそれまでの人生経験なのかもしれない。大阪母子殺害最三判の「被告人が犯人でないとしたならば……」の判示は人の運命を決めてしまう刑事裁判官に自己の内心の方向性に自覚を求める指針であることは間違いない。

（「事実認定とは何かを改めて考える——大阪母子殺害最三判平22・4・27と鹿児島地裁判決平22・12・10を素材に」法律時報83巻9・10号〔2011年〕）

＊14　最三判の5人裁判官のうち反対意見の堀籠裁判官だけが刑事裁判官出身だったことは示唆に富む。

第2部

裁判員裁判で
適正手続が
壊されて行く

第1章

保釈と自白の新たな関連

1 「保釈基準」は緩和されたのか

「保釈許可率七割超に制度前五割台『証拠隠滅恐れ』減り」毎日新聞2010年
6月18日夕刊は社会面トップに、この見出しの7段抜き記事を掲げた。最高裁
からメディアに流された制度発足から2010年3月末までの数値を資料として書
かれたこの記事には「ある刑事裁判官」の談話として「裁判員制度が始まり、
裁判官の考え方も柔軟に変ってきた」とある。「七割超」という見出しとともに、
裁判員制度実施にともなって、裁判所のいわゆる「保釈基準」が緩和されたか
のような印象を受ける記事だ。

事実はそうなのだろうか。

まず、最高裁のこの統計の母数の問題がある。この期間に起訴された裁判員
対象事件は、被告の数で1,662人だが、判決が言い渡されたのは内27％の444人
に過ぎず、そのほとんどすべてが罪体を争わない量刑事件だ。罪体を争う事件
は残る73％の中にあって、公判前整理手続で停滞し、この時点で公判に至って
いない（最高裁長官は憲法記念日の会見で「長引く整理手続」に懸念を示している）。
冒頭の記事も文中ではこの444人のみについての「率」であることは書いている。

「保釈許可率」とは、保釈請求された数中許可された数で、記事は444人中保
釈請求したのが57人で、うち43人が許可されたから75.4％と書いている。「許
可率」として見れば、従来の統計（裁判員制度発足前の最近値である2008年で
59.3％）[1] より高くなったと見える。

---

*1 「平成二〇年における刑事事件の概要（上）法曹時報 62 巻 20 号（2010 年）75 頁。

しかし、「保釈率」（勾留された人のうち保釈された人の割合）で言えば1,662人中43人の保釈は2.58％でしかない。2008年の15.6％[*2]を大きく下回るのだ。

　裁判員事件となったが、2010年３月までに判決に至らなかった残りの1,218人の事件で、保釈請求がされたのかどうかについては公表されていないが、弁護人は、公判前整理手続で裁判官と検察官の態度を見て、可能性がないのに保釈請求をすることはないから、ほとんどが請求されていないと見るのが通常だろう。裁判員制度になって保釈が柔軟にされるようになったという見方が成り立たないことは、注意して数字を見ればわかる。

2　保釈と自白の関係

　「現在我が国の刑事裁判においては、被告人に公訴事実を認めさせるためのいわば『人質』として、その身体拘束がされている」という日弁連の見解[*3]を、裁判官である松本芳希氏は「誤りというほかない」「罪証隠滅のおそれが認められ、裁量保釈も適当でないと判断されるから、保釈を却下せざるを得ないのである」と断定する（「裁判員裁判と保釈の運用について」ジュリスト1312号〔2006年〕141頁）。いったい松本氏は、論文であげている個々の事件について、調査した上でこのように言うのかがまず問われるのだが、その氏も実務上保釈請求却下理由としては「刑訴法89条４号が挙げられる場合が圧倒的多数」であることを認めている（131頁）。自白しないことは「罪証隠滅のおそれがある」として保釈しないのだ。この事実は、氏が使っている自白と保釈の関係などの最高裁の統計数値（一般には開示されていない）にも明白に表れている。

　氏の論文中の表を短縮した**表１**を見れば、勾留率、延長率は経年的に上昇し、保釈率は著しく低下し、請求しても実現しないという弁護側の諦めから保釈請求率は激減している。

　この中で保釈許可された者のうち自白者と否認者の差も開いていく。**表２**は、自白者と否認者への保釈の差が、保釈される場合の時期にも現れていることを示している。保釈される率は、自白者は、否認者より第１回公判の前（起訴前保釈を認めない日本の特異な法制のもと、起訴になって保釈条件ができればすぐ）で高く、否認者への保釈は第１回公判後（その後何時の時点かは示されていない）にな

　＊２　「平成二〇年における刑事事件の概要（上）法曹時報62巻20号（2010年）75頁。
　＊３　司法制度改革審議会第26回での日弁連プレゼンテーションの一部。

表1　保釈と自白・否認の関係

年次	勾留率	勾留延長率	保釈率	保釈請求率	保釈許可率	保釈された者の内自白者	保釈された者の内否認者
1968年	48.9		49.9	97.1	57.3		
1978年	48.8	31.5	42.8	91.6	51.2	82.8	16.7
1988年	55.3	39.1	24.7	50.3	52.4	90.6	9.3
1998年	63.2	50.2	15.5	32.5	49.3	93.4	6.5
2005年	62.2	53.4	13.8	26.2	54.3	93.7	6.3

松本好希「裁判員裁判と保釈の運用について」ジュリスト1312号（2006年）129頁「表1　通常第一審における勾留率、保釈率等〈地裁〉」より数値の一部を引用して作成。「保釈人員の自白率、否認率」の数値のある1968年を基準に10年毎の（2005年が最終）数値の抽出。

第2　自白・否認　保釈時期との関係

（　）内は％

年次	全勾留者		内自白者					内否認者				
	勾留	内保釈	勾留(全勾留者中%)	内保釈(保釈率)	内保釈日が第一回公判期日の 前	当日	後	勾留(全勾留者中%)	内保釈(保釈率)	内保釈日が第一回公判期日の 前	当日	後
1984年	49,400 (100)	13,438 (27.2)	44,781 (90.6)	11,910 (26.5)	7,947 (17.7)	729 (1.6)	3,234 (7.2)	4,287 (8.7)	1,500 (35.0)	874 (20.4)	75 (1.7)	551 (12.9)
1993年	37,110 (100)	8,505 (22.9)	33,731 (90.9)	7,771 (23.0)	5,043 (15.0)	731 (2.2)	1,997 (5.9)	3,031 (8.2)	719 (23.7)	306 (10.1)	21 (0.7)	392 (12.9)
2002年	60,404 (100)	8,085 (13.4)	54,786 (90.7)	7,535 (13.8)	4,895 (8.9)	592 (1.1)	2,048 (3.7)	4,571 (7.6)	537 (11.7)	185 (4.0)	21 (0.5)	331 (7.2)
2005年	65,202 (100)	8,760 (13.4)	59,463 (91.2)	8,204 (13.8)	5,492 (9.2)	539 (0.9)	2,173 (3.7)	4,510 (6.9)	551 (12.2)	199 (4.4)	17 (0.4)	335 (7.4)

＊松本芳希「裁判員裁判と保釈の運用について」ジュリスト1312号（2006年）140頁「表6　通常第一審における終局人員のうち保釈された人員の保釈の時期」の数値の一部を引用して作成。

ることが比較的に見てとれる。

　裁判員制度以前は、全く争わずしかも執行猶予が予測される事件では、起訴後早い時期に、それに近い事件は第1回公判で起訴事実を認めた後に、つぎのレベルの事件では検察官請求証拠に同意した後→検察官証拠取調べ後→弁護側証拠決定後→同取調べ後……と、被告側の争う姿勢が強いほど、争う余地の減少が保釈の条件になる実務だった。

　その統計上の資料は、最高裁が開示してこなかったものだが、松本論文でその一端が見られた。ただ、裁判所による保釈の運用が、被告側の防御活動をどのくらい阻害しているかを検証するためには、第1回公判の前後という区分だけでなく、個々の事件での逮捕から判決までの期間とそのうちどの時期で（防御に必要な期間）保釈されたかの資料が必要だ。最高裁が各地裁から集めてい

第1章　保釈と自白の新たな関連　**47**

る原資料を分析すればつくることのできる資料だが、その開示はまだない。

さてこのような保釈の実態が裁判員制度導入でどのように変るべきであり、事実どう変ったか。

3　裁判員裁判での保釈

刑事被告人にとって保釈は、言うまでもないことだが、社会や家庭生活の維持と防御活動で、後者は特に被告とされた本人でなければできない証拠探しと公判に向けての弁護人との打ち合わせだ。この意味から、裁判員裁判で、保釈の制度が意味を持つために変らなければならないのは、保釈率は勿論だが、連日開廷となる裁判員裁判での防御活動ができる時期の保釈だ。連日開廷で公判開始後は打ち合わせすらままならない裁判員裁判では、公判開始前の防御準備活動に必要な期間が保釈で保障されなければならない。

事実としてどう運用されているのか。裁判員裁判になって以後の保釈について最高裁が発表したのは、冒頭で書いた保釈許可率の数字だけで、運用の実質は報道などから見るほかない。その中で考えなければならない現象をあげてみる。

①　第1回公判以後の保釈では防御活動はできない。

平均3〜4日といわれる集中審理の第1日に保釈されても、従来型の月1回程度で何度か続く公判での第1回公判日の保釈とは違い防御活動は、もはやほとんどできない。

福島地裁郡山支部で2010年7月21日判決のあった傷害致死事件は、病死か被告の暴行が原因かが真っ向から争われ、医師3人の同時対質証言が行われるなど、話題になった事件だ。

公判3日目被告人質問を除くすべての証拠調べが終わった後に保釈決定され、午後9時に釈放された。弁護人はそれでも翌日の被告人質問の打ち合わせができると歓迎したが、それ以前の防御活動は、拘束されたまましなければならなかった。判決は有罪実刑だった。

②　「主張明示」＝自白の拘束性化に伴う保釈

裁判員裁判に向けて新設された公判前整理手続とくに刑訴法316条の17の被告・弁護側の主張明示と証拠調べ請求によって、自白は制度として固定化した。従来は第1回公判で被告が公訴事実を認めても、法的には証拠の一種に過ぎず、その自白に拘束力はなかった。

48　第2部　裁判員裁判で適正手続が壊されて行く

しかし、刑訴法316条の17による証拠方法の固定は同条の32によって法的に拘束される。「主張」は条文上は拘束されていないが「裁判所も証拠評価の際にそのことを考慮する」から「実効性は担保されている」と松本氏も書いている（前掲論文148頁）ように事実上撤回や変更はできず拘束される。

整理期日で主張明示確定があった後の保釈はすでに実例が出ている。

さいたま地裁で殺人罪で保釈が出た事件では「公判前整理手続きで争点や証拠が絞られる裁判員裁判では、証拠隠滅の恐れが低いとして従来に比べて保釈が認められる事例が増えているとされるが、殺人罪に問われた被告が公判前に保釈されるのは異例だ」と報じられたが[*4]、母親が病気の息子を殺した事件で、事実に争いはなく、被告は高齢で逃亡の恐れもなく、執行猶予が予定された事案だ。２月11日の事件以来ほぼ４カ月勾留され、７月１日から７月29日判決までの１カ月弱の身柄解放だ。筆者も制度開始前、公判で殺人を認めた後、判決までの１カ月程度の保釈を取った経験があるが、つまりは連日開廷になったために「公判前」と呼ばれるだけで、保釈の時期が早まったわけではない。

一方で従来なら起訴後弁護人と裁判官との非公式な面会で直ちに保釈決定されていた事案が、主張明示確定まで持ち越され、事実上保釈が遅れる現象も起こっている。

ある地裁の強制わいせつ致傷事件は、軽微な事案で事実について争いはなかったが、公判前整理手続３回中、２回目の直前に弁護側が予定主張を明らかにして、ようやく保釈が許可された。逮捕から保釈まで68日、執行猶予判決まで62日だった。

③　ただ、主張明示が確定しても保釈されない事件がむしろ一般的で、保釈例は依然少数だ。次の第２章で書く事例は、あれだけ詳細な明示をした後も接見禁止を継続されて、保釈請求できる雰囲気でなく、公判日も定められないままほぼ１年勾留が続いている。

4　「罪証隠滅のおそれ」という特異な法制

こうした実務は、裁判員裁判になっても従来に引き続いて、刑訴法89条４号の「罪証を隠滅すると疑うに足りる相当な事由があるとき」を根拠に行われてきた。しかも近年「判断基準の厳格化」が２に上げた統計に表れていることは、

＊４　ＭＳＮ産経ニュース 2010 年 6 月 21 日付。

松本氏も認めている（上記論文145頁）。「おそれ」の抽象化つまり「事件を否認していれば、不利益な証拠を隠滅するおそれがある」という解釈と運用だ。

　これは立法例として特異なものだ。他の法制を二、三あげれば、「罪証隠滅のおそれ」を抽象的に規定すれば、必ず乱用を招くことを知って、規定を設けない（アメリカのテキサス州など）[*5] か、設けるなら次のように具体的な規定としていることがわかる。ドイツ刑訴法は勾留要件として「証拠方法を破壊し、変造し、持ち去り、隠匿し、若しくは変造し……を強く疑わせるものであり、それゆえに真実の発見を困難ならしめるおそれがあるとき」（112条）と具体化した上「裁判官は、勾留状が罪証隠滅のおそれに基づいて発せられている場合であっても、その執行よりも緩やかな処分（筆者注：担保の供与、日本の保釈条件に似た移動の制限など）で罪証隠滅のおそれを著しく減少させられると期待すべき充分な理由」があれば「勾留状執行の猶予」をする。フランス刑訴法137条は「司法上の監督（筆者注：移動や行動の制限）及び例外的措置としての未決勾留」の原則を定め、勾留は「司法上の監督の諸義務をもってしては第137条に定める機能を果たす上で不十分である場合」にのみできるとする中に「未決勾留が、証拠若しくは物的徴表を保全し、又は証人若しくは被害者に対する威迫若しくは予審対象者と共犯者との間の不正な通報を防止するための唯一の手段であるとき」（144条）とする。立法例は、「おそれ」の条件を具体化し限定することによって、身体拘束をしなければならない事実の立証責任を、勾留する側に負わせる法構造になっているのが日本とは逆だ。

　日本の未決拘禁の特異性、自白強制、代用監獄制度などは、国際人権自由権規約９条（身体の自由保障）、10条（自由を奪われた者への取扱）、14条（公正な裁判）の規定に違反することは日本政府の締約国報告書に対する国連規約人権委員会の「見解」で度重なる批判を受けている（1993年の第３回、1998年の第４回、2008年の第５回、2014年の第６回）。

　日本の刑訴法89条４号「疑うに足りる相当な事由」を抽象的に解しての人質司法は、国際人権基準の原則からも裁判員裁判の中で是正しなければならない制度実態の一つだ。

（「保釈と自白の新たな関連」法と民主主義450号〔2010年〕）

　＊5　ローク・Ｍ・リード他『アメリカの刑事手続』（有斐閣、1987年）101 ～ 112頁。

第2章

被告側に自白を迫る「予定主張明示」

1　間接事実のみか補助事実や弾劾事実まで
　　主張明示を強制された事例

　①　事例　被告人Aは、深酔いで全く記憶がないのだが、他人の住居に入り寝ていた女性Vに抱きついたとして、強制猥褻ではなく裁判員対象の強姦未遂の罪名で起訴された。

　②　弁護人Lは、公判前整理手続で、公訴事実を否認し、自白の任意性を争うと述べ、そのための全証拠を申請したが、裁判所は詳細な予定主張を明示した書面を要求した。

　③　Lは次の主張を明示し捜査官とAの具体的な会話を逐一記載した書面を提出した。Aは取調べに対して「全く覚えていない」と述べたが、捜査官の「否認すれば罪が重くなる」との脅迫で、誘導のまま犯行を認める供述調書を取られた。しかしその後Vの被害状況（Aの行動や噛み付かれたとする部位）の供述が変遷を重ね、そのたびにAの調書取り直しが行われ、「自白調書」も変遷を重ねている。「自白」には「秘密の暴露」がなく、却って「無知の暴露」がある。これらから取調官の誘導（誤導）の事実が明らかである。

　④　しかし裁判所は「これまでの主張では、任意性に問題があるとは考えない」として、取調べの日時、取調官氏名などを含めたすべての具体的事実の明示を要求し「明示されない場合には、主張制限がかかる」と言った。Lはやむなく、公判の被告人質問で供述させる心算であった取調べの具体的状況をすべて書面化して提出した。

　⑤　裁判所はさらに、弁護側の「Aに猥褻罪を犯す犯行動機がない」「Vに

第2章　被告側に自白を迫る「予定主張明示」　**51**

対して猥褻行為をする理由が無い」などのすべての予定主張について、細部まで完全に明示することを要求し、Ｌはやむなく、

　ⓐＡが犯行とされる時刻の６時間前に恋人と性交渉を持っていたこと、ⓑ顔見知りのＶはＡよりはるかに年上で、ＡはＶを一度も性的対象と感じたことがない等を書面化して明示、手の内をすべて公判前に検察官に明かす結果となってしまった。

２　問題点

(1)　被告・弁護側の「予定主張明示」義務規定の違憲問題

　裁判員裁判のために新設された公判前整理手続には、どこにも立法例のない特異な制度を多く含み、特に予定主張明示（刑訴法316条の17）を刑訴法316条の32の立証制限（本事例のように事実上主張制限も含ませる運用もされている）とセットにしての強制は、立案時から、黙秘権侵害、憲法38条１項違反が危惧されていた。

(2)　主張・立証の事前開示についての原理

　当事者が、主張・立証をすべて事前に明示し、そこから外れることなく審理を進行させることができるならば、裁判所にとっては公判運営が極めて容易だ。

　しかし、現実には証人尋問等の過程で予定外の事実が明らかになるなどして、公判中に事件像が変ることはしばしば起こり、法もそれを予定して訴因変更制度を置いている。争点整理で固めた以外の審理をしないことは、真相解明を排除することにほかならない。

　また証拠収集力において格段の差がある被告・弁護側が防御の方針と資料を、検察側に事前に知られることは、防御そのものを危うくする（特に日本では、従来から検察による、アリバイなど被告側の立証崩しの例が多数知られている）。

　そのため、両当事者が、事前に相手方の立証方針について知ることができるのは、取調べ請求した証拠、証人の住所・氏名に限るのが伝統的な制度だ。

　予審制度のフランス、その名残を残すドイツなどでは被告側の主張・立証開示はこれだけだが、訴追側については、捜査記録が裁判所に送付され、弁護側は閲覧でき、訴追側の主張が全体像としてわかるので、別に冒頭陳述の制度は無い。日本の旧刑訴もこの制度だった。

　当事者主義訴訟構造をとる英米では、公判審理においてする立証と主張をふ

くめて事前に明らかにする「冒頭陳述」の手法があるが、当事者双方とも義務ではない。裁判官は開廷にあたって陪審員に「冒頭陳述は単にその当事者があなた方に証拠によって示そうとすることを、あなた方が理解することを助けるためのアウトラインです。当事者は冒頭陳述をすることを要求はされません」「被告が証言しない（黙秘する）ことによって、いかなる影響も受けてはならない」と説示する。被告が主張・立証を事前に明かす制度はない。[1]

3　現行刑訴の基本型

　終戦によって改訂された現行刑訴法は、予審を廃止し、入れ替りに旧刑訴法にはなかった検察官の冒頭陳述義務を規定する（刑訴法296条）が防御側については、必要なら裁判所に申し出る任意制とし、裁判所はそれを「許すことができる」（規則198条1項）としている。またその時期も検察側冒陳の「後」とするのみで特定せず、実務では検察側立証が全て終わって、弁護側立証の始めに行われることが多かった。

　この基本規定は現在も残っており追加された刑訴法316条の17は、特則の位置にあるが、もし冒頭の事例のような運用が実態としてなされるなら、「留意事項」を定める規則217条の20とともに、少なくとも運用違憲と言うほかない。

4　刑訴法316条の17への対応実態

(1)　弁護士界の対応

　この条文の問題性は、当初から弁護実務で意識され「まず言うべき対象は何かであり」、特に「供述の任意性を争うことが刑訴法316条の17の対象になるかどうか」が問題で、「あとは簡単に言えばいい」という限りで許容されるなどとされていた。[2] 事実「大分・清川村強盗殺人事件」のように、裁判所が間接事実までの予定主張を執拗に求めたが、弁護団は「詳細なことは言えない」で通し、アリバイについても事前に明かさなかった。弁護団は、明かしていれば検察側に潰されたと見ている。この方針で通し24回の整理手続、38回の公判

　＊1　拙著『説示なしでは裁判員制度は成功しない』（現代人文社、2007年）53、48頁。
　＊2　「特集・公判前整理手続を検証する　座談会・公判前整理手続で刑事弁護は変ったか」季刊刑事弁護48号（2006年）32～33頁、後藤貞人発言。

第2章　被告側に自白を迫る「予定主張明示」　53

を経て2010年2月の無罪判決につながった。[*3]

(2)　裁判員裁判での運用

　ただ清川村事件弁護団も、裁判員裁判以前の起訴だったのでこの弁護活動が可能だったのかもしれないと言う。裁判員裁判では「裁判員に迷惑を掛けないため」として審理の切り詰めと進行予定策定の名目での詳細な予定主張を要求される実情だからだ。裁判員のために審理を切り詰めるとの運用がまず問題だが、その上、審理予定の策定は、実務上定着しているように証拠調べと弁論の時間枠を決めればできることであり「争点を明確にする」ことは直接必要ない。

　陪審裁判では、日本の現状のように審理時間を事前に決めたり主張・立証を事前に明示してそれに拘束される制度はない。審理の内容次第で当事者は随時証拠の追加申請をし、裁判所は事案の解明に必要であれば認める。評決は全員一致でなければならないから、当然評議の時間をあらかじめ決めることもない。

　市民参加を理由として、本事例のような運用をする必然性はなく許されることではない。

(3)　裁判所の公式姿勢

　最高裁刑事局が2009年1月7日に全国の裁判官に向けた事実上の裁判員裁判の指針として公表した『模擬裁判の成果と課題』[*4]では「第1　裁判員裁判における公判前整理手続、審理、評議及び判決のあり方について　1　公判前整理手続の在り方　(1)公判前整理手続における裁判所の関与の在り方一般　イ」で裁判員裁判は当事者追行主義に則った審理がなされるべきで「裁判所が、当事者に対し、①新たな争点を提示すること、②新たな主張を促すようなこと、③証拠の具体的な証明力にまで踏み込んで議論するようなことは、基本的に差し控えられるべきであろう」としている。本事例のような運用は許されないはずだ。

3　人権擁護・真相解明を追求する弁護実践に期待

　裁判員裁判の審理予定が、現在のようにタイトに策定されること（序章末尾

＊3　日弁連「全国冤罪事件弁護団連絡協議会第15回交流会」2010年6月2日での弁護団報告。
＊4　判例タイムズ1287号（2009年）8頁。

54　第2部　裁判員裁判で適正手続が壊されて行く

の「審理予定表」参照）自体が、刑訴法1条の真相解明を阻害する危惧がある。またたとえ審理予定の履行を前提としても、法曹三者が協議して口頭弁論予定時間を決め、守ればよいのであって、「争点整理」名下に、主張の明示義務を課すこと、まして望まないレベルまでの主張明示を強要され、被告の黙秘権・防御を侵害される運用を容認してはならない。刑事裁判は「裁判員に迷惑を掛けない」ためにあるのではなく、人権擁護と真相解明という正しい司法を実現するために行うのだ。

（「被告側に自白を迫る『予定主張明示』」法と民主主義449号〔2010年〕）

第3章

裁判員裁判のためにつくられた
世界に例のない「開示制限」制度

1 市民を誤判に加担させるか

　足利、氷見、布川、福井各事件と検察の証拠隠しが原因となった冤罪事件の
再審関連の報道が積み重なっている。これらは「有効な証拠開示制度がない」
と言われていた裁判員制度開始前の事件だが、制度開始に伴って導入された公
判前整理手続で「開示制度が整った」とされ後の「村木事件」「小沢事件」な
どでも「検察の証拠隠し」が世上をにぎわせることが続いている。数年前まで
は考えられなかったことだが、日本の刑事事件報道史上はじめて、メディアが
その都度「全面証拠開示」を唱えるようになった。しかし実務は「全面開示」
には程遠い。

　朝日新聞が2012年に2月に全国の52弁護士会にアンケートして、39弁護士会
から回答を得た中、14会が証拠開示について「不十分だったケースがある」と
答えた。[*1]

　大阪弁護士会刑事弁護委員会が委員らを対象に実施した調査で「実際には証
拠が存在するのに検察が開示しなかったケースが2008年以降少なくとも14件に
上」り「全証拠が開示されない現行制度では『氷山の一角』との見方も」と報
道された。[*2]

　裁判員裁判で無罪を主張しながら有罪となった事件で、証拠隠しが原因の誤
判だったと明らかになった事件はまだ報道されていない。しかし冒頭にあげた

＊1　朝日新聞 2012 年 3 月 20 日付。
＊2　朝日新聞大阪 2012 年 1 月 20 日付。

56　第 2 部　裁判員裁判で適正手続が壊されて行く

事件をはじめ、再審でそれが明らかになるのは、十数年も後だった。今、必要な証拠開示がされず、裁判員が一部を隠された不完全な証拠で有罪判断をしたことが、十数年後に明らかになる、などということがあってはならない。

すでに裁判員裁判に参加した経験者が、「全国60の地裁と支部を回って提出する」裁判員制度の改善点として「検察は原則として証拠をすべて開示する」ことをあげている。[*3]

政府の「司法制度改革推進本部　裁判員制度・刑事検討会」（以下、「検討会」と略）が市民参加に不可欠として裁判員法とセットで策定した「公判前整理手続」という新たな証拠開示制度は、証拠隠しによる誤判を生まないのか。検証しなければならない。

2　証拠開示原理と立法

証拠開示は、本来、なぜ、どうあらねばならないのか、まずその原理と世界的な現状を知っておく必要がある。

実は「検討会」は、参考資料として、英国、米連邦と４州、ヨーロッパ６カ国の開示関係法（ヨーロッパについては一覧表にまとめたもの）を委員に示し、そのうち英「刑事手続及び捜査法」[*4]だけは事務局員が特別に時間を取って詳しく説明しているのだが（検討会第８回議事録）、そうして作られた「公判前整理手続」は、同法の枠組みを借りる装いのもと、似て非なる開示制度、世界に例の無い奇異な「開示制限」制度となっていることはこのあと詳述する。

そのこともあって、日本の現行刑訴法がとる当事者主義訴訟手続に伴う英米法系の開示原理を、まず確認しておくことが必要だ。

日本語で証拠開示と訳される英語は、DiscoveryとDisclosureの２つがあるが、その原理は大きく異なる。

Discoveryは原義「蓋を取る」。自分の側が法廷で立証に用いる証拠を、その公判前に相手に見せることをいう。例えて言えば、料理の腕を競う２人の料理人が、審査員のテーブルに公式に料理を並べる前に、お互い同士、カバー＝蓋を取って料理を見せ合うというもので、当事者対等の民事裁判に合っている。この制度がとられる理由は、当事者が公判ではじめて相手方の証拠を見るので

＊3　朝日新聞 2011 年 12 月 22 日付。「提言書」は本書末尾に資料３として収録。

＊4　Criminal Procedure and Investigations Act 1996.

第 3 章　裁判員裁判のためにつくられた世界に例のない「開示制限」制度　**57**

は、即座に対応できず、裁判が効率よく進行しないからである。つまり進行の効率が目的だ。

これに対してDisclosureは原義「閉鎖を解く」。閉ざしている扉を開いて相手を中に入れる意味で、いわば厨房の中にある食材で自らは使わないものを、相手方に自由に使わせ、役に立つ食材を残さず使い、十分な食卓を準備する原理と言えよう。これが特に検察官手持ち証拠について適用される法理なのはなぜか。公務員である警察・検察官が、公権力と公費を用いて集めた証拠はすべて検察官の手元にあるが、それは司法が正しい判断をするために集めたものであって、一部を隠して検察が勝つためのものではないからだ。

英米法系の国が中心になって発足した国際法曹委員会では、すでに1959年に「検察側の義務として、関連性のある証拠はフェアに法廷に提出しなければならず、決して有罪判決を得ることに固執してはならない。もし、検察側が、被告人に有利な証拠を持っていて、それを自ら使用することを申し出ないときは、被告人またはその法的援助者に、その証拠を適切に使用することができるための十分な時間をもって、それを自由に使えるようにしなければならない」（デリー宣言）と決議している[*5]。

デリー宣言から半世紀、英米法系の国では現在、法律用語としてはDiscoveryのままにしている国であっても、内容はDisclosureに限りなく近づいている。すなわち全証拠開示を原則に、例外として他の原理からやむを得ない非開示をどこまで許すのかの違いとなっている例として、英国法とは枠組みが全く違う米連邦刑事訴訟規則を紹介しておく。

アメリカ連邦刑事訴訟規則　規則16 証拠開示と閲覧

＊五十嵐注＝アメリカ連邦は実体法・手続法の全てが「連邦法典」として番号で統一されてまとめられている。刑事関係は「連邦法典18」が「刑事及び刑事訴訟法」であり、その細則が「連邦刑事訴訟規則」である。（項以下の番号のつけ方が、日本と逆で、(a)の方が(A)より大きい項目であることに注意）

(a)　政府（検察）側の開示として

　(1)　開示されるべき情報資料

＊5　The Declaration of Delhi デリー宣言＝国際法曹委員会第2回大会第三部会決議のvi「検察側の最小限の義務」。

⒜　被告人の口頭の陳述

⒝　被告人の書かれ若しくは記録された陳述

⒞　被告人が組織体である場合の組織関係者の供述・上記供述証拠

⒟　被告人の前科・前歴記録

⒠　書類及び有形物

⒡　検査及び試験の報告書

⒢　専門家証言の要旨

⑵　開示の対象とならない情報資料

　この規則は、16（a）(1)が規定するものを除き、検察官又は捜査若しくは訴追に関わる政府の吏員がその事件に関して作成した報告書、メモ、若しくは政府内部の文書を開示する権利を認めるものではない。また連邦法典18（注＝刑事及び刑事訴訟法）3500条に規定するものを除いて、政府側証人となろうとしている者によってなされた陳述の開示、閲覧の権利も認めるものではない。

参照　刑事及び刑事訴訟法3500

⒜　連邦によって行われたすべての訴追において、連邦側の証人、若しくは証人となる者（被告人を除く）によってなされた陳述若しくは報告書で、連邦の所有するものは、上記証人がその事件で直接法廷での証人尋問をされるまでは、サピーナ（注＝罰則付き召喚令状）開示、閲覧の対象とならない。

⒝　ある証人が、連邦から呼び出しを受けて直接交互尋問を受けた後は、裁判所は被告側のモーション（手続進行に関する申立）において、

　⒜　その事件の捜査若しくは公判中に、被告人または被告人の弁護人またはその代理人によって作られたメモ

　⒝　その事件の捜査若しくは公判中に、被告人または被告人の弁護人またはその代理人によって作られた、被告人、政府側または被告側証人の若しくは将来、政府側または被告側証人となる者の陳述

　⒞　継続的開示義務　公判中若しくは公判前に追加の証拠または証拠物を発見した一方当事者は、すみやかにその存在を他方の当事者または裁判所に明らかにしなければならない。

⒝　開示への調整

⑴　保護及び修正命令　裁判所は、何時でも、十分な理由があれば、開示若しくは閲覧を否定し、制限し、延期し、検分し、又は適切な他の方法を容認することが出来る。裁判所は一方当事者に対し、裁判所が専門家（注＝鑑定人など）を詳しく調査すべきことを、文書による十分な理由を示して申し立てることを許すことができる。

もし他の方法が許可された場合、裁判所はその一方当事者の文書の全体を封印して保管しなければならない。

⑵　開示の不履行　もし、一方当事者が、この規則による開示を履行しない時は、裁判所は以下のことができる

　㈠　その当事者に対して、時期、場所、方法を特定して、及び他の公正な期限及び条件を示して、開示又は謄写を許すよう命令する。

　㈡　続行を許す。

　㈢　その当事者に、開示しないその証拠を証拠提出することを禁じる。

　㈣　その状況に応じて公正な他のいかなる命令をも加える。

　裁判官が捜査をする予審制度が伝統のヨーロッパ大陸法では、今の日本のような開示問題は起こらない。現在でも予審制度を残すフランスでは、48時間限度のギャルド・ア・ヴー（警察拘禁）以後は予審判事が身柄を持って捜査をし、その予審記録は、弁護人に開示されたうえ、裁判所に全部送られるからだ。ついでながらその記録に目を通すのは公判裁判長のみで、陪席と陪審員（juréと現在も呼ばれている）は、完全な口頭主義による証拠調べのみによって判決をする。ドイツは予審を廃止して当事者主義を取り入れたが、検察官から裁判所への証拠の送致は同様に完全で、問題は警察が検察に全証拠を送致しているかだけとなっている。

3　第二次大戦直後開示のまま

　2004年の公判前整理手続導入までの日本には、1948年立法の「新刑訴」のまま証拠開示は2つの条文しかなかった。

　①　「弁護人は、公訴の提起後は、裁判所において、訴訟に関する書類及び証拠物を閲覧し、且つ謄写することができる」という40条は、旧刑訴時代の予審制度で、上記フランス同様の機能を持ったが、予審廃止の新刑訴では、開示としては無意味な規定となったが、当時の立法事務局である司法省刑事局の故

60　第2部　裁判員裁判で適正手続が壊されて行く

意か過失かそのまま残され、予審廃止後に必須の開示制度がない刑訴法になった。

②　もう１つの299条は、両当事者とも、人証を請求する側はあらかじめ相手方に、その氏名及び住居を知る機会を、証拠書類又は証拠物の取調を請求する側は、閲覧の機会を与えなければならないとするまさにDiscoveryだけの制度だ。相手方手持ち証拠へのアプローチ＝Disclosureの制度は全くなかった。

「にもかかわらず、多くの場合、検察官は弁護人の事前閲覧の要求に事実上応じているので、なんとか事態が推移しているというのが実情である」と高名な学者が嘆いたように[*6]、日本の証拠開示は、「検察はその膨大な証拠を管理し被告を有罪にできると判断したものを選んで裁判に出します。すべての証拠の提出を義務づける法律はありません。検察は裁判上不都合だと考える証拠は出さないこともできます[*7]」という状態に70年も置かれていたのである。

裁判長が開示を訴訟指揮で命じることも可能なのだが、最高裁は、全面開示を指揮した一審を否定して自らの手を縛り[*8]、個別的な開示も、開示の時期、程度、方法などから防御のため特に重要で弊害の虞がないものに限ると何重もの制約を課してきた[*9]。

戦後から現在まで証拠隠しによる冤罪があとを絶たないのは、こうした裁判所の態度によるところが大きい。

諸外国では、戦後、開示制度がどんどん広げられて行ったが、日本だけは、旧刑訴失効後70年、開示制度が実質上無いこの法制を全く変えなかった。その結果現在、諸外国の制度とあまりにも違う開示制度になっている。

そして、その昔のままの証拠開示の「実態」が、今回司法制度改革としてつくられた公判前整理手続の開示制度に、さらに具体化され、固定化されたことに注意しなければならない。

4　現行開示制度の特異さ

その制度は、開示を３分割した上で、その間に「被告・弁護側の主張明示義務、立証」を挟み込み、公判ではそこで明示した主張・立証以外を許さない、

＊6　田宮裕『刑事訴訟法 新版』（有斐閣、2003年）267頁。
＊7　ＮＨＫクローズアップ現代 2012年11月30日放映「証拠は誰のものか」。
＊8　最決昭34・12・26刑集13・1・3372。
＊9　最決昭44・4・25刑集23・4・248。

という構成になっている。

この構成のうちの一部分、つまり３分割にすることと被告・弁護側の主張という枠組みは、前記した英「刑事手続及び捜査法」（以下、「英」と略記。但し日本でこの開示制度が立法された直後の2005年に廃止された条項が多い）をまねている。しかし、その他の部分と開示そのものが全く違うので、日本法は似て非なる特異な開示法としてできあがっている。以下紙数の限りの概要でその違いを示す。

(1)　３分割された検察側開示と弁護内容の開示

1）１段階目の検察開示

「検察官請求証拠の開示」（316条の14＝以下枝番のみで表記する）　Discovery制度そのもので、英法も同じである。このあと英・日ともDisclosureを２分割するのだが、その分割法、そして開示基準が両法は全く異なる。

2）２段階目の検察開示

英　検察第１次Disclosure

「被告人にいまだ開示されていない検察側の資料であって検察官の主張を弾劾する可能性があると思うものを被告人に開示しなければならない」。

非開示となる証拠は検察官の申立で裁判所が「開示をすることが公益に反すると認定し，開示を禁ずる旨命じた限度において」であり、被告人は「いつでも、当該命令により開示を禁じられた資料を開示することが公益に反するか否かについての再審査を裁判所に申し立てられる」。次に述べる日本の非開示——検察官が種類すら特定しない「弊害」を理由に開示しない——の異常さがわかる。

なお英法では検察官はこの開示後も、判決前は「検察官の主張を弾劾する可能性があると思われる検察側の資料が存在するかどうかを常に念頭に置かなければならず、そのような資料が存在する場合には、何時でも合理的に実行可能な限り速やかに被告人に開示しなければならない」。

日本「類型証拠開示」（の15）　まず被告・弁護側が、見たこともない相手の証拠について次の２つを明示しなければ開示請求すらできない。

①　８つの「類型」にあたる証拠のみに限定（参考人や身体拘束を受けていない被告人についての取調べ状況の記録など重要な証拠も入っていない）。

②　開示を求める証拠の「類型」とそれを「識別するに足りる事項」を「特定」できなければ開示されない。

③　被告・弁護側が「事案の内容、特定の検察官請求証拠に対応する証明予

62　第２部　裁判員裁判で適正手続が壊されて行く

定事実、開示の請求に係る証拠と当該検察官請求証拠との関係その他の事情に
照らし、当該開示の請求に係る証拠が当該検察官請求証拠の証明力を判断する
ために重要であることその他の被告人の防御の準備のために当該開示が必要で
ある理由」を「明らかにしなければならない」

　もし①〜③ができても開示するかどうかは以下の3基準で検察官が判断す
る。

　④　「特定の検察官請求証拠の証明力を判断するために重要である」。

　⑤　「その重要性の程度その他の被告人の防御の準備のために当該開示をす
ることの必要性の程度」（被告側の防御の準備に必要かどうかを相手方である検察官
が決める）。

　⑥　「当該開示によつて生じるおそれのある弊害の内容及び程度を考慮し」
開示を「相当と認める」。

　⑦　さらに、以上の条件をすべて満たしても、「検察官は、必要と認めると
きは、開示の時期若しくは方法を指定し、又は条件を付することができる」。

3）弁護方針の開示

　英「本条が適用される場合（筆者注：適用されない場合もある）、被告人は防御
声明書を裁判所及び検察官に交付しなければならない」。声明書では「一般的
な用語で防御方法の種類を示し」「争う訴追事実を示し、その事実ごとに争う
理由を示す」、つまり認否である。アリバイ主張については具体的にすること
になっている。

　日本「被告人・弁護人の主張明示と証拠調べ請求」（の17）「証明予定事実そ
の他の公判期日においてすることを予定している事実上及び法律上の主張があ
るときは、裁判所及び検察官に対し、これを明らかにしなければならない」（1
項）。

　「前項の証明予定事実があるときは、これを証明するために用いる証拠の取
調を請求しなければならない」（2項）。3項で裁判所は前2項の期限を決められ
る。

　裁判である以上「事実上及び法律上の主張が」ないことなどありえないのだ
から、この「主張明示義務」は必然的にすべての事件で課される。

　日本の規定の問題は「事実上及び法律上の主張」がどの程度の細かさ、具体
性で要求されるかがあいまいな規定であることだ。ある地方の若い熱心な弁護
人は、この義務として「どういう事実上の主張をするのか」を問われて「被告
人はその犯行をやっていない」と言うと、「やっていないことの間接事実」「そ

のまた間接事実」「さらにその間接事実の間接事実」を検察官と裁判官から際限なく問い詰められ、それを明示しなければ、公判にならない、と言われ、細部まで「明示」させられ「丸裸にされた」。

4）三段階目の開示

英　検察第二次Disclosure　被告人側が防御声明書を交付した場合は、検察官は「未開示の資料で」「防御声明書で開示された防御方法を助けると合理的に期待される可能性のあるものを開示しなければならない」。つまり「防御声明書の交付」は、被告人側が証拠を特定することなしに、検察官が自ら被告人側の防御方法を助ける証拠を開示する手がかりとしてされるのである。

日本「争点関連証拠の開示」（の20）逆に日本では、

①　ここでも被告・弁護側がその「証拠を識別するに足りる事項」と「の17」で明示した主張と開示請求する証拠との「関連性その他の被告人の防御の準備のために当該開示が必要である理由」を明らかにできなければ　開示請求すること自体できない。

③〜⑥　請求できても検察官は2）の③〜⑥と同じ条件で（「重要性の程度」が「関連性の程度」と代わるだけで）開示せず、または開示する時期や方法を指定し条件をつけることができる。

5）　裁判官の開示命令

英　被告側は、防御声明書で示した防御方法を「補強すると合理的に期待される可能性がある資料が存在し、その資料が未開示であると信ずる合理的な理由があるときには何時でも裁判所に、検察官に当該証拠の開示を命ずる命令を求める申立てをすることができる」。

日本　裁判所は両当事者からの相手方の非開示についての請求によって開示命令を出すことができる（の26）が、その判断基準は、上記の各条項なので、検察証拠の場合は検察官の「重要性の程度」「弊害のおそれ」などの基準に沿うことになる。

⑵　日本に固有の「証拠調べ請求の制限」

開示の２と３段階目の間に挟みこまれる被告・弁護側の弁護方針の開示は、開示内容が英、日で全く違うことに加えて、日本ではこれに伴う「証拠申請の義務化」がある。さらにここでしておかなければ、証拠申請は公判になってからは「やむを得ない事由」がなければ許されない（の32＝裁判所によっては証拠ばかりでなく、主張も制限する実態がある）。英国ばかりかどこの国にもない弁護

64　第２部　裁判員裁判で適正手続が壊されて行く

活動制限である。日本は刑訴法の目的規定（1条）に「事案の真相解明」を掲げている珍しい国だが、検察側証拠開示の制約と弁護活動の制限は、刑事手続による真相解明機能の制限以外の何ものでもない。

比較して英法で被告・弁護側の「防御声明書」の効果をあげておく。そこで「提示したいかなる防御方法とも異なる防御方法を公判において主張した場合」「裁判所又は、裁判所の許可を受けた検察官は（筆者注：陪審に対して）適当と認める論評を加えることができ」「裁判所又は陪審は、被告人の罪責を判断する際に適切と認められる推認をすることができる」但し「被告は第3項に基づく推論のみによって有罪とされることはない」。

(3)　世界に例のない開示制限制度

見てきたように、「検討会」がその枠組みに依拠したと見られる英「刑事手続及び捜査法」とつくられた現行開示制度は全く似て非なるものだ。驚くべき違いの根本は、①被告側が開示を求める証拠を特定できなければならないこと、②検察官が、相手方当事者である被告側の防御の必要性や重要性を判断して開示するか否かを決めるという、当事者主義にはありえない制度、③被告側の「自白」と公判開始後の立証（主張も？）制限だ。

こんな制度は世界中どこにもない。「検討会」が、参考資料として、委員に示したその他の立法例にも、もちろんこんな制度はない。ヨーロッパ6カ国には「被告人の争点明示義務」もないことは検討会自ら資料で示しているのである。

市民参加の裁判員裁判で、市民が事件を判断するために、このように制限された証拠、捜査官憲が集め、存在する証拠の一部分だけを見せて判断させる手続が用意され、そして現在使われている。冒頭にあげた弁護士と裁判員経験者の「証拠開示が不十分」という意見は、制度上当然なのだ。

5　誰が「開示制限制度」をつくったか

「検討会」は2002年2月から2004年7月まで32回にわたって開かれた。

日弁連はこれより前の1999年4月、それまで刑事弁護センターなどで事実上取り組んできた司法制度改革に向けての市民参加とその刑事手続について対応するため「司法改革実現本部」を立ち上げた。その基本方針は「裁判員が裁判

第3章　裁判員裁判のためにつくられた世界に例のない「開示制限」制度　**65**

に実質的に関与できる制度」「そのためにも刑事手続を抜本的に改革すること」「すなわち現在の『調書裁判』『人質司法』を打破し、公判中心主義を貫」くことなどだった。そのあるべき手続に向けて熱い討議を繰り返して、2002年に「『裁判員制度』の具体的制度設計要綱」とその骨子である「『裁判員制度』の具体的制度設計にあたっての日弁連の基本方針」（2002年8月23日理事会決定＝通称「五箇条の御誓文」）をまとめていた。後者の4項目に「完全な証拠開示と十分な準備期間を確保する」がある。日弁連は検討会第7回（2002年9月24日）のヒアリングに「実現本部」幹部が出席し、上記「要綱」など19の資料を提出して、あるべき刑事制度を求めた。この幹部が「実現本部」の最終会議で筆者の質問に答えて「五箇条の御誓文」がネグられるなら、この司法制度改革に反対すると宣言したことが忘れられない。

　次頁の表はその19資料の1つ、「証拠開示制度の流れ」（資料18）の説明部分で「要綱」によって作成したとの記載がある。一方検討会と併行して、最高検は部内作業をすすめ2003年7月15日「刑事裁判の充実・迅速化に向けた方策に関する提言」を公表した。「争いのある事件については、弁護人に対し、争点を具体的に明らかにするよう求める。単に『公訴事実を争う』とか『違法性阻却事由が存在する』とか『責任能力がない』というような抽象的な主張がなされたときは、弁護人に、間接事実を含めた具体的事実関係を明らかにするよう粘り強く求めるべきである」「弁護人から、事実関係や法律関係に関し積極的な主張・反論がある場合には、これを具体的に明らかにするよう求めることが必要である」（5頁）等の記述がある。少なくとも前記4の(1)の「3)弁護方針の開示」がどこからの要求であったかを示している。

　検討会の開示関係の討議では「弁護人の証拠漁りは許されない」といった発言が堂々とされるなど、資料とした外国立法例とはおよそ似つかない議論が続いた。「日弁連の懸命の努力にもかかわらず、多数意見にならないことも多かった。そもそも検討会委員の任命は、政府によるものであった」と『日弁六十年』（日本弁護士連合会）は嘆く（29頁）が、ことはそれほど簡単ではない。日弁連推薦で任命された委員も、上記囲みの日弁連開示方針とは全く違う井上正仁座長と事務局作成による「たたき台」による「3段階開示と主張明示」の枠組を争わず、いくらかの修正意見を述べたがほとんど容れられず、現行の公判前整理手続の条文ができあがり、国会を2カ月半で通過成立した。

＊10　『日弁連六十年』（日本弁護士連合会、2009年）35頁。

日弁連「『裁判員制度』の具体的制度設計要綱」(17頁以下)

　司法警察職員は、起訴までに、所持する全ての証拠を検察官に送付しなければなりません。

　検察官は、起訴後直ちに、弁護人又は被告人に対し、検察官が所持する全ての証拠の目録（標目）及び内容（要旨）を記載した書面を交付しなければなりません。

　また、検察官は、請求予定の全証拠について、弁護人又は被告人に対し、その写しを交付します。

　弁護人又は被告人は、検察官に対し、起訴後、検察官が交付した証拠の目録（標目）に記載された全証拠の閲覧、謄写を請求することができます。

　検察官が証拠の閲覧・謄写に応じない場合は、早急かつ明確に、開示しない理由を記載した書面をもって、開示に応じない旨回答します。

　検察官が証拠の閲覧・謄写に応じないときは、弁護人又は被告人は、裁判所に対し、証拠開示命令を請求できます。

　裁判所は、証拠開示命令の審理に際し、検察官に当該証拠の提示をさせることができます（イン・カメラ制度）。

　裁判所は、弁護人又は被告人から請求があったときは、検察官に対し、証拠開示命令を発することができます。

　裁判所の証拠開示命令に対し、検察官は不服申立できませんが、弁護人又は被告人の不服申立は可能です。

　そして2012年３月、日弁連は「裁判員法施行三年後の検証を踏まえた裁判員裁判に関する改革提案について」を理事会決定したが、弁護側主張明示規定はそのまま残し、検察側全証拠の標目開示と弁護側の開示請求を主張する。しかしその反面、弊害の種類も示さずに「開示の必要性を著しく上回る弊害」を認めれば、裁判所が検察の開示義務を免除するという上記囲みに明示した日弁連方針とは明らかに反する開示規定を自ら提案した内容となっている。

　メデイアがこぞって「全面証拠開示」を唱える時代にあって、この開示制度では、捜査側証拠の一部が欠けた証拠で裁判員に裁判をさせ、誤判に加担させることにならないのか。法曹界全体の責任が問われている。

(「証拠開示—裁判員裁判のためにつくられた世界に例の無い『開示制限』制度」法と民主主義467号〔2012年〕)

第4章

裁判員のPTSDが示す制度の基本問題

1 訴が提起した問題と論調

　福島地裁郡山支部で、裁判員として殺人事件の審理に関わった60代の女性が殺害現場や死体の悲惨な写真を見せられ、被害者が110番通報した悲鳴やうめき声の録音を聞かされ、多数決によって死刑判決を言い渡した体験からPTSDになったことの慰謝料2,000万円と裁判員制度の廃止を求めて国を提訴した（2013年5月。第一審〔福島地裁2014年9月30日・判例時報2240号119頁〕、控訴審〔仙台高裁2015年10月29日・判例時報2281号74頁〕とも原告側の請求を斥けている）。

　この提訴が提示している問題提起は多数ある。

　まずこの原告が提訴を考えた直接の動機は、❶「こんな悲惨な証拠を裁判員は見なければならないのか」、そして❷「裁判員は死刑事件に参加しなければならないのか」、❸「もしそうなら裁判員制度は廃止すべきだ」、❹すでに❶と❷を受けさせられてしまった「結果として陥ってしまった被害であるPTSDの損害に対して賠償を求める」だろう。

　しかし、❶から❸のどれにもイエスとは言わない国であることを承知しているマスメデイアをはじめとする論調は、その根本問題に触れるのを避けて、❹の損害賠償について「当然ながら国には補償を含め誠実な対応が求められる[*1]」のように明示しないまでも、賠償請求に非難がましい論評をしないという形で肯定的だ。

　そして❶「こんな悲惨な証拠を裁判員は見なければならないのか」に直接答

　＊1　北海道新聞 2013年4月22日付社説。

えない代わりにⓐ証拠を見せる方法の「工夫」、そしてⓑ悲惨な証拠を見てしまったり、死刑判決に関わったりした裁判員が裁判で受ける心的外傷（軽いものは心理的負担）に対する現在とられている軽減策、といういわば提訴の趣旨とは少しずらした論点に集中した。

こうしたマスメディアの論調は、国が「補償を含め誠実な対応」と「証拠の示し方への工夫」をしながら裁判員制度の現状を維持することを、容認し、後押しする。そうすることで原告が求めた根本的解決には間接的な否定を示すことになっている。

しかしそれでは、こうした被害は後を絶たない。そしてそれより危惧すべきなのは、「証拠の示し方」への「配慮」によって市民参加の本質が損なわれていく方向だ。

2　裁判員はこの証拠を見せられる必要はなかった

ここには、裁判員制度自体の問題と、現在の裁判員制度を前提にしての問題の2つがある。

(1)　制度として

この事件は、被告が有罪を認めている事件、量刑だけを判断する量刑事件だ。まず市民参加制度の本質を考えなければならない。

陪審制度では、日本の裁判員制度のように、無作為抽出の市民が、一事件だけ市民裁判官を務める制度では、市民裁判官は、無罪主張事件だけに参加する。量刑事件には関わらない。

日本のメディアはもとより、法曹にもこの点の理解がほとんどない。この際、陪審制のアメリカを例に、その点をしっかり認識して欲しい。

有罪／無罪の判断と、有罪者への量刑判断を分けてすることに、日本では「手続二分制度」という呼び方がされているが、正確に見れば「手続三分制度」だ。起訴された被告は各別の裁判体が行う三段階の裁判を受ける。

1)　第一段階　アレインメント

アメリカでは被告は、起訴されると被告・弁護側に、検察側からほぼ完全な

証拠開示がされる。[*2]

　被告はすべての開示証拠を見た上で、有罪を認めるか、無罪で争うかを自ら決めて、日本でなら「罪状認否」のみを担当するアレインメント（arraignment）で裁判所に答える。ここまでなら日本の「冒頭手続」での「罪状認否」に似ているが、アレインメントでは裁判所は、特に有罪答弁をした者に対して、「答弁の知悉性」（有罪答弁をすればどうなるかを十分知っていての答弁か）、「任意性」、「事実的基礎」（当該事件は本当にあった事件なのか）、を確認し、確認できるとはじめて有罪答弁を受理する。被告の保護をはかるための制度だ。

　2）第二段階　トライアル（trial）正式公判

　アレインメントで無罪答弁した者は別の裁判体（陪審の権利を放棄しない限り陪審）のtrial正式公判で、厳格な証明で有罪を立証しようとする検察側と闘う。

　3）第三段階　量刑裁判

　1）で有罪答弁が受理された者と2）の結果有罪認定された者は、さらに別の裁判体で量刑裁判によって、刑を決められる。ここでは「自由な証明」で被告の近隣者や小学校の先生など被告の性格や経歴を知る者とともに、プロベイションオフィサーなども関与して、刑事政策・行刑の観点から被告が社会復帰するために必要な刑の種類と刑期を決める。

　日本の裁判員制度のように、無作為抽出の市民が、一事件だけ市民裁判官を務める陪審制度では、市民は、日常的に刑事被告人を裁く仕事をしていて、被告を犯人視するバイアスを免れない職業裁判官に代わって、その被告が犯罪をしたという証拠が有るか無いかを市民感覚で判断するのが、市民にしかできない仕事として陪審員に任される。

　反対に、第一段階の被告の有罪無罪の答弁を真正かどうか審理するアレインメント手続は、市民でなくて良い。第三段階の量刑という刑事政策上の識見を求められる判断は市民に無理だとして、職業裁判官だけで行うのだ。

　＊2　アメリカ連邦法典 1＝連邦刑事訴訟規則16「証拠開示と閲覧」では、「(a) 政府（検察）側の開示」(1) 開示されるべき情報資料を列挙したあと、(2)「開示の対象とならない情報資料」として「(1) が規定するものを除き、検察官又は捜査若しくは訴追に関わる政府の吏員がその事件に関して作成した報告書、メモ、若しくは政府内部の文書を開示する権利を認めるものではない。また連邦法典18-3500条に規定するものを除いて、政府側証人となろうとしている者によってなされた陳述の開示、閲覧の権利も認めるものではない」。3500条は「連邦側の証人、若しくは証人となる者（被告人を除く）によってなされた陳述若しくは報告書で、連邦の所有するものは、上記証人がその事件で直接法廷での証人尋問をされるまでは、サピーナ（注＝従わない場合罰則付き召喚令状）開示、閲覧の対象とならない」とするもので、証言が終わるまでの期間に限る、しかも制限されるのはサピーナによる強制開示であり、検察官の任意開示を妨げない。

70　第2部　裁判員裁判で適正手続が壊されて行く

ヨーロッパ大陸での参審制度は、参審員は一定の資格者として選出され、訓練を受けた上で一定の期間（ドイツでは４年など、再任もある）継続して就任して多くの事件を扱う点で、準職業裁判官といった実態を持っているので、裁判官裁判と同様に、すべての過程に関与しても弊害が少ないと想定されている。そのことの当否はおくとして、日本の裁判員制度は、全く無経験の市民が１回限り裁判に関与するのに、量刑をすることには特に非常に問題がある。本章のテーマではないので詳述しないが行刑の知識が全くない素人に量刑判断をさせれば、行刑理念（現在は国際的に「社会復帰モデル」）とは関係なく、裁判官が示す「量刑データベース」の範囲内で「応報的量刑感」によって刑を決めることにしかならない。

　逆に、もし市民参加の基本どおりに、裁判員はトライアル（正式公判）の事実認定だけをするのであったら、問題となった福島の殺人事件を、担当することはなかった。したがって問題の「凄惨な証拠類」を見ることはなかったのだ。

(2)　現在の裁判員制度を前提にしても

　これらの凄惨な証拠が、何のために裁判員らに見せられたかから考えなければならない。この事件は「自白事件」つまり被告は犯行を認めている事件だ。審理は量刑判断のためにのみ行われ、凄惨な証拠はもっぱら量刑のための証拠だ。「『被告が（起訴内容を）認めているのに、ここまでこと細かくやる必要があるんですか』翌日（筆者注：凄惨な証拠調べの翌日であろう）の評議で別の（前同＝提訴した裁判員とは別の人だろう）裁判員が質問した」。市民の当然の疑問だろう。

　だが「裁判官は『やらなくちゃいけないんです』と応じ」たという。福島地検は『真実を伝えるため必要最小限のカラー写真を見せたのは事実』とする」[3]。[4]

　その「真実」とは何なのか。日本の検察はこれまでも、例えば殺人事件であれば、すべての「凄惨な証拠類」をあらいざらい裁判所に出していた。改めて問われれば、それが「犯情」の証明のためだと言うのかもしれない。しかし実態としてはなんとなくしている慣習的なものでしかないだろう。一方で、無罪につながる証拠は厳密に選別して外すことと対比すれば、「悪性の立証」にな

＊３　以上、毎日新聞 2013 年５月 20 日付「残忍な証拠衝撃」。

＊４　東京新聞 2013 年４月 18 日付。

るものは何でも出す、ということになるだろう。

　この事件のような「凄惨な証拠類」は、量刑において、いやがうえにも裁判員の「応報的量刑感」を煽る。

　裁判員裁判になってから、量刑に変化があった。看護疲れの結果の殺人などには量刑が軽くなる一方、性犯罪などには重くなったことは誰もが指摘することだが、さらに仔細に見ると、裁判員が自らとの同質性を感じられる被告（看護疲れ殺人などの）には同情的だが、いわばふつうの市民感覚からは理解不可能な犯罪人的人種と見てしまうと、裁判官裁判より重い量刑をする傾向がはっきり見てとれる?。「凄惨な証拠類」は、その傾向を助長する結果につながる。[*5]

3　証拠を見せる方法の「工夫」の危険性

　前記1の❶証拠を見せる方法の「工夫」は、裁判員裁判のみならず、刑事公判全体にとって、危険な変化をもたらす可能性がある重要な問題だ。

　「ここまでの証拠を見せる必要があったのか」「米国では残酷な証拠は陪審員に有罪方向の影響を与えやすいとして、慎重に扱う」「怖い証拠を見たくない人に、幅広く辞退を認める選択肢もなくはない。しかしさまざまな経験や知識をもつ人が裁判官と協力して、司法をよりよくしていくことが、この制度を始めた理由だ。その定着を進めたい[*6]」とこの社説はここで終わっている。結局どうしろと言っているのか?　論旨が見えないのは証拠を制限しろと軽々しくは言えないからだ。しかしそこに踏み込んだ論調もある。「公正に裁くには現場の証拠開示は一定に（筆者注：とはどういう意味か）欠かせない。ただ最小限にとどめ、衝撃を抑える画像加工などの工夫はできなかったか[*7]」「有罪かどうかや、量刑判断をする上で、ショッキングな犯行現場の写真など証拠を吟味する作業は欠かせない[*8]」「工夫」「証拠を吟味」とぼかしても、裁判員のショックを慮って、証拠を制限するということでしかない。

　司法の公正な判断を損なう結果につながる。

　問題は最高裁までが、証拠制限によって問題を処理しようとしていることだ。最高裁は刑事局課長名2013年4月26日付で各地裁あてに通知を出した。最高

＊5　裁判員裁判第1号事件など。
＊6　朝日新聞2013年5月10日付社説。
＊7　中国新聞2013年5月8日付社説。
＊8　北海道新聞2013年4月22日付社説。

裁の「裁判員制度の運用等に関する有識者懇談会」の11回（2011年２月７日）の「議事要録」と「裁判員裁判実施状況の検証報告書」（2011年12月）を参照するようにとの指示だ。内容はどちらも同じで、前者は「懇談会」で最高裁の植村刑事局長が実務運用の説明をしている。

「遺体の写真等については、公判前整理手続の中で、事実認定や量刑判断に真に必要なものに限定することはもとより、必要な場合でも、カラー写真を白黒写真にして取り調べるなどの工夫もしている。また、凶器による傷口の形成方法が問題となる場合には、写真ではなくＣＧを使用するなどの工夫もしている」とし、後者は同趣旨に「その採否や取調べ方法につき、法曹三者が公判前整理手続において慎重に検討する必要があろう」と公判前整理手続での調整を加えている。

「事実認定や量刑判断に真に必要なものに限定する」ことが、本章前記２の(2)の意味であるならその限りでは良い。

ただそれが、現在の公判前整理手続で正しくできるかは、現在の手続が圧倒的に弁護側劣勢のベースで設定されているだけに、手放しで肯定できない。

特に問題なのは、裁判員へのショックを減らすためとして、証拠に手を加えることだ。カラー写真を白黒にすることは、証拠を加工することにほかならない。現在アメリカに留学中のある研究者は「アメリカではあり得ない」と言う。

そもそも写真は、アングル、ズーム、フィルター使い等々、以前から伝聞性が問題になってきた。ネガフィルムを使用していた時代には、日野町事件、飯塚事件のように再審弁護団が検察からネガフィルムを出させることに成功して、ポジの形で出された証拠写真の偽造が判明した。現在はネガフィルムがなく、市販のレタッチソフトを使えば写真の改変は簡単にできる。改変履歴は「フォトショップ」というレタッチソフトのヒストリーという項目でどんな直しを施したかが検索できるが、その修正履歴を消してしまう操作も簡単で、ある修正を修正履歴に残し、ある修正は履歴から消してしまう、ということも可能だという。

現在、写真は写真という画材を使って描く絵になっている。

それでなくとも改変が大きな問題を投げかけている写真証拠について「白黒にすること」を裁判所が推奨して、改変への歯止めを取り去る影響ははかり知れない。

「写真ではなくＣＧを使用する」に至っては、それははじめから証拠ではなく、作成者の意見をＣＧという技法で表現した絵に過ぎない。最高裁が「裁判員の

負担軽減」の名のもとに、「証拠」の本質に反するこうした手法を、下級審に指示しているのは、大変な問題だ。裁判員裁判で許されるとなると今後すべての刑事裁判の証拠方法に波及するだろう。

4　悲惨な証拠、死刑判決の心的外傷

　前記した研究者は、アメリカの陪審員も凄惨な写真などで精神的負担を受けることがあるが、陪審員へのカウンセリングは非常に遅れていて州が公費でカウンセリングを提供しているのはほんの一部の州だという。それでも国を訴えるという発想はないという。陪審は市民自ら勝取っている制度だという意識[*9]からであり、また「評決後は誰かに話してもよい、ことの意義は大きい」と言う。日本でも守秘義務の緩和をいう論評はいくつかあったが、アメリカ並みの改革までは言わないのが、日本のメディアだ。

　大きく報道されたこの提訴が、日本の司法を改善するために寄与するかどうかは、メディアをはじめとする論調に掛かっている。

5　死刑事件への参加

　さて冒頭1❷の「裁判員が死刑事件に関与しなければならないか」は市民参加の最も大きな問題だ。

　陪審員は量刑に関与しないアメリカだが、死刑に限って陪審が判断すると決めている州がいくつかある。

　人の生命を奪うことは「量刑」とは質が違う、いわば神のするべき判断、人間がすべきではないこととして死刑廃止の論拠にもなっているのだが、廃止しないうちは「民の声は天の声」で民に委ねるとの制度だ。

　アメリカと共に先進国で二国だけ死刑を廃止しない日本だが、ただ「量刑の一部」という扱いで、市民に死刑の判断をさせている。

　裁判員制度発足後初の死刑求刑事件の際には「死刑反対を理由に裁判員を辞

　＊9　アメリカ白人の自警団員が無抵抗の16歳黒人少年を射殺したマーチン事件で陪審員の選任が難航していることを伝えるＡＢＣテレビは「誰が選ばれても陪審員になった者は、評決とともにここで生きなければならないでしょう」とコメントしていた（2013年6月8日）。陪審は国民にとって権利であると同時に損害をも担わなければならない国民の義務でもあることが共有されている一例だ。

74　第2部　裁判員裁判で適正手続が壊されて行く

退できるか」「選任の質問で裁判官が死刑について聞くことの当否」などがメディアを賑わしたが、意見を聞いて、死刑反対者を排除するとすれば、それがまた問題だと言われ、これらの問題は、結論もないまま、その後は死刑事件があっても論じられなくなった。

　❸の裁判員制度廃止もそうだが、最も重たい問題には、メディアは口をつぐみコメントを求められることもない「識者」も考えなくなるのか。

　「裁判員の迷惑」を避けるためには公判日程を可及的に短くし、証拠を加工することまで抵抗なくやってしまうこの国の裁判所と「世論」は、何度も書いていることだが西洋語に司法という言葉はなく、それはジャスティス（Justice）、正義と同じ言葉であることを考えたことがないのだろう。

　死刑が正義かどうかをまず論じなければ、それを市民にさせることが正義かどうかを論議するステージには上れない。

　この原告が裁判員制度廃止を求める理由を報道で知ることができないのでわからないが、もし「人を裁く苦痛は給料をもらっている裁判官がやるべきだ」ということになるならそれは間違いだ。

　国民国家の国民はジャスティスを担う権利と同時に義務があるのだ。現在の制度は、市民が裁判の公正を実現することを妨げる制度だから廃止すべきだ、というのであれば、メディアはそれをきちんと報道し、裁判所も国民も「識者」も、制度の見直しを基本から考えるべきだ。

　この訴えがその契機になるようにしなければならない。

（「裁判員のPTSDが示す制度の基本問題」法と民主主義479号〔2013年〕）

第5章

DNA鑑定（科学鑑定）と裁判員

1　DNAが冤罪をつくる

　1992年にニューヨーク州イェシーバー大学法学部の活動として開始された「イノセンス・プロジェクト」は、ロースクールの学生と教員がいっしょに冤罪被害者のために、調査や弁護を無報酬で行い（アメリカではロースクールの法律教授は法曹資格者であり、学生はリーガルクリニック授業として、かなりの弁護活動ができる）、受刑者からの依頼で、DNA鑑定の実施を裁判所や捜査当局と交渉し、再審を請求するなどの活動を行っている。

　この活動によって救済された冤罪被害者は2012年9月28日のダモン・シボドーさんの釈放で全米300人に達し、うち18人は冤罪による死刑囚という。[1]「イノセンス・プロジェクト」は、2012年現在全米50州1地区のうち48州1地区とヨーロッパにまで広がり、救済された冤罪のほとんどがDNA鑑定で無実が証明されたケースで「DNAは冤罪の救済者」という人もいる。

　しかし同じ1992年には、日本では、DNAによる2つの大きな冤罪事件がはじまっていた。

(1)　事例[1]　足利事件

　1991年末に「否認を突き崩した科学の力　難航捜査一気に解決」[2]「スゴ腕DNA鑑定　園児殺害、捜査の決め手」[3]とマスメディアがDNA鑑定を讃えた「足

＊1　朝日新聞2012年11月2日付。

＊2　下野新聞1991年12月2日付。

＊3　朝日新聞1991年12月2日付。

利事件」が、菅家利和さんの逮捕・起訴を受けて、第一審公判が始まった年だった。1993年の有罪判決は、自白の信用性と被害女児の半袖下着に付着していた精液が被告のものとするDNA鑑定を証拠とした。

この鑑定の信頼性については、第一審弁護人も疑問を呈していたが、控訴審からの弁護団は、力を入れてDNA鑑定を争ったが、1996年控訴棄却判決、2000年最高裁は、逮捕当時のDNA鑑定を「その科学的原理が理論的正確性を有し、具体的な実施の方法も、その技術を習得した者により、科学的に信頼される方法で行われたと認められる。したがって、右鑑定の証拠価値については、その後の科学技術の発展により、新たに解明された事項等も加味して慎重に判断されるべきであるが、なおこれを証拠として用いることができるとした原判断は相当である」として上告棄却決定を出し、菅家さんは無期懲役の刑を執行、収監された。

しかし、最高裁が「信頼」した警察庁科学警察研究所（科警研）の鑑定は、2008年再審請求異議審の再鑑定によって、証明力を否定され、2009年、東京高裁は再審開始決定をして、2010年、宇都宮地裁は、冤罪被害者の菅家さんに無罪判決をする。科警研という「わが国最高の鑑定機関」がつくった冤罪で、一人の人生が16年余を獄中につながれて奪われた。

(2)　事例2　飯塚事件

同じ1992年に発生した福岡の飯塚事件で被告とされた久間三千夫さんの場合は、終始一貫、無実を主張したが、DNA鑑定の証明力を認めた死刑判決が確定し、再審請求手続をはじめる前に執行されてしまうという、さらに取り返しのつかない結果になった。

小学1年生の女児2人が誘拐され、性的ないたずらを受けた遺体で発見された2年半後に久間さんが逮捕された。この間に任意捜査の対象とされていた久間さんが、受けさせられたポリグラフ検査ではシロだったが、任意提出させられた頭髪10本と、被害女児らの腟内をぬぐった綿の中に含まれていたとされる血液が、MCT118DNA鑑定で一致したとされた。

ただ、福岡地検はこの鑑定結果を「そのまま信用できなということで半月後」帝京大学に以来してミトコンドリア法での鑑定を行ったところ、久間さんと一致する型はでなかった。しかし福岡地裁は1999年に死刑判決、2001年福岡高裁が被告・弁護側の控訴を棄却する判決、2006年に最高裁が上告棄却判決、判決後2年という異例の速さで2008年10月28日死刑が執行された。

第5章　DNA鑑定（科学鑑定）と裁判員　**77**

日本で今死刑執行は、確定後40年以上行われていない事例もあり、２年で執行は稀だ。2013年２月に執行された３人のうち２人は、弁護人がした控訴を本人が取り下げた事例であることをマスメディアも指摘するなど、近年は冤罪の疑いのある事件の執行を避ける傾向がある。

　一貫して無罪主張の被告が再審準備中であることを拘置所が知っていたこの事件では、わずか２年での執行は通常ありえない。弁護人はそれ以来「無実の人を死刑にしてしまった」「イバラの道を歩んでいる[*4]」という。

　死刑が強行された理由だが、当時足利事件で弁護側が出していた、MCT118DNA鑑定の証明力への疑問を東京高裁が取り上げる機運が高まり「東京高検が鑑定の不正確を認め、再鑑定を前提とした意見書を出し[*5]」、10月16日には「足利事件のDNA再鑑定へ」とマスメディアがいっせいに報じた。その日から13日目の処刑で、弁護団がDNA鑑定の数々の疑問を出していた飯塚事件でも同じ成り行きになることを法務省が恐れて、処刑してしまったと言われる[*6]。事実この２カ月後の2008年12月24日に足利事件では東京高裁の再鑑定命令が出ている。2009年、久間さんの妻が「死後再審」を申立て、その中でつぎの２に書くようにこの鑑定のあってはならない問題が次々に明らかになっている。

　実はアメリカなどでも、イノセンス・プロジェクトが救済した300人は、DNA鑑定せずに誤判された例だけではない。有名なテキサス州のオッチョア事件（1988年の誤判が11年後再審無罪）をはじめ、最初の誤判原因が間違ったDNA鑑定だった事件も多く、それを再鑑定で救済しているのだ。

　DNAは冤罪を救済もするが、冤罪を作りもする。そして以下に書くように、冤罪を作るのは簡単で、救済するのは至難の業なのだ。

2　誤鑑定は故意か過失か

(1)　2つの検証報告書

　足利事件は、逮捕当時、犯人検挙に威力を発揮したとして、警察がDNA鑑

＊４　徳田靖之「飯塚事件　無実で執行された久間さんの再審」年報・死刑廃止編集委員会『日本
　　のイノセンス・プロジェクトをめざして年報・死刑廃止2010』（インパクト出版会、2010年）44
　　頁。

＊５　東京新聞2012年11月13日付。

＊６　前掲注４論文。

78　第２部　裁判員裁判で適正手続が壊されて行く

定に莫大な予算を獲得する理由となった。

しかし、20年後には再鑑定で最初の鑑定の誤りが明白になり、逆に「DNA鑑定が冤罪を晴らした最初の事件」となって警察と検察の大失態となり、両者はなぜ冤罪を作ってしまったのかについて検証の報告書を出すことになった。

2010（平成22）年4月、警察庁「足利事件における警察捜査の問題点等について」（以下、「警察庁報告書」）と最高検「いわゆる足利事件における捜査・公判活動の問題点等について」（以下、「最高検報告書」）でともに冤罪となった原因の大きなものとして、虚偽自白とDNA鑑定をあげているのだが、特にDNA鑑定については、それぞれほとんど同じ内容の記述をしている。

警察庁報告書では、「MCT118型検査法は、科警研において、平成元年（筆者注：1989で菅家さん逮捕のほぼ3年前）に、微量な資料でも鑑定できる犯罪捜査向けの方法として確立、実用化した」「原鑑定前には学術雑誌に掲載され一般的な手順を踏んで実施しており、これを鑑定に用いることに問題はなかった」（菅家さんが逮捕された1992年4月までに科警研は73件のDNA鑑定を行っている[*7]）。

ではなぜ誤判判定になったのかだが、「半袖下着2か所の精液付着部分及びティッシュペーパー2枚の体液付着部分の計4つの資料に対して2回の検査が行われたため、8つの画像解析結果が得られることとなるが、今般、科警研において、検証のため、原鑑定書（控え）のほか、鑑定記録（鑑定に際して得られたデータ等）を精査しようとしたところ、鑑定記録の中には、画像解析結果がプリントアウトされたものが3枚しか認められなかった」そのため「十分な検証ができなかった」が、「控訴審において、原鑑定の鑑定人（筆者注：技官）」が証言しているので、「科警研としとは、画像解析結果を基に型判定が行われたことは明らかであると考える」として、鑑定が間違っていたとは言わない。

ただ「出現頻度記載の適否」という項目を設けて「過大評価を危惧して」頻度を書いたのが「誤解し、DNA型鑑定により100パーセントのような確実性をもって同一か否かが示されると考える人もいた」から「この数字が参考程度のものであることを明確に示すべきであったとしている」と書いて「科警研はこう言っている」と他人事のようなスタンスで、いわば「間違った鑑定をしたわけではないが、出現頻度を誤解された」（誰に？）ことと菅家さんが「迎合的な性格のために虚偽自白をした」ことが誤逮捕→冤罪の原因だという内容だ。最高検の方はやや正直に「鑑定結果を過大に評価してしまった」としている。

＊7　佐藤博史「DNA鑑定と刑事弁護」法律時報65巻2号（1993年）54頁。

過大評価の問題ではない。犯人は被害女児の着ていた「半袖下着」に射精したらしく、多量の精液を残していて、科警研の鑑定の誤りは、そのDNA型が、菅家さんの型と同じMCT118型で16-26だったとしたことなのだが、再審請求審で裁判所が外部の学者２人に命じた鑑定で、犯人は菅家さんとは、別人であることが分かった。紙数がないのでごく単純化して鑑定の結果だけ紹介すると[*8]、「半袖下着」には犯人の精液（DNA型18-24）とともに被害女児とその母親の皮膚片など（それぞれ18-31、30-31）の３種類の検体が付着していたのだが、最初の科警研の鑑定は、この事実を考えず犯人のもののみと考えて増殖したため、このうち女児18、女児か母親の31を犯人のものとしてしまった。

その上123塩基ラダーというマーカー（いわば目盛りが荒すぎる物差し）を当てて16-26と読んでいた。また菅家さんの18-29も同様に16-26と判定し、「犯人と一致」という誤った結論を出したのだろうと言われている。これだと、「半袖下着」には、犯人の精液だけしか付着していない前提で鑑定した科警研技官のあまりにも初歩的な過失だということになる。２人分以上のアリルが検出された場合、プロの技官がコンタミネーション（複数資料の混合）だと気付かないはずはなく謎が残る。

警察庁・最高検も報告書で認めている「８つの画像解析結果が３枚しか残っていない」ことは何を意味するのか。残りの証拠画像は、何時、誰が、何のたに、持ち去ったのか。持ち去ってどうしたのか。この事実が検証されれば「初歩的な過失」ではなく、故意の鑑定結果偽造という判断がされる日がくるかもしれない。

実は足利市・隣接する太田市でこの事件の11年前から３件の同手口の幼女誘拐殺人事件があり、４件目のこの事件も発生から１年経ち、世間の非難を浴びながら、県警は目ぼしを付けた膨大な対象者全部をあきらめざるを得ず、週末のみ借家に一人で暮らすちょっと変わった中年男というだけで捜査の対象に加えた菅家さんを「あの男しか残らなかった。もう最後の一人だったんだ」と元捜査幹部が語った[*9]状態にあった。菅家さんのゴミ箱から漁った精液付着のティッシュの鑑定依頼を科警研が正式に受けたのが２カ月後、鑑定書を出すのにさらに３カ月かかったとしているが、なぜそんなにかかったのか、まだ明ら

＊8　詳細は佐藤博史「弁護人からみた警察庁と最高検察庁の足利事件検証報告——足利事件が教えるわが国の刑事司法の課題」東京大学法科大学院ローレビュー vol. 5（2010 年）229 頁以下。

＊9　「北関東連続幼女誘拐殺人事件」日本テレビ報道局『Action 日本崩壊：五つの難問を徹底追跡する』（新潮社、2008 年）187 頁。

かにされないさまざまな事情があるようだ。

(2)　飯塚事件の経緯では疑いは一層強い

　この事件では犯人は、被害女児２人の腔内に指を入れるいたずらをしたと警察は考え、腔内をぬぐった綿を科警研の鑑定に出した。この鑑定を行った２人のうち１人が、なんと足利事件の鑑定をした同じ技官で、女児らのものではない型は、B型、MCT118で16-26型で久間さんと一致すると、これもなんと足利事件と全く同じ鑑定結果だった。

　帝京大学のミトコンドリア鑑定では別人とされたことは上記のとおりだが、その鑑定のために警察が提供したのは、脱脂綿の繊維１本だけで、あとは試料はすべて鑑定で消費してしまったと言ったという。ありえないことだが、そのため足利事件のような再鑑定はできないとされ、弁護団はやむなく、科警研の鑑定で撮影したDNA型の写真のネガを専門家に鑑定依頼した。

　するとネガには写真では焼き付けていなかった部分があり、そこに久間さんとも被害女児とも違うDNA型が写っていたという。

　こうなると明らかに故意による証拠の改ざんだ。この改ざんを何時、誰が、何のために、したのか。検証はされないままだ。

(3)　事例3　鹿児島老夫婦殺事件

　2009年６月に発生したこの事件（詳しくは第１部第１章参照）は、老夫婦がスコップの刃で顔面を合計100回以上割られる殺害態様と数カ所にあった現金をはじめ金目の物には全く手がつけられていないことから、強いえん恨による事件であることは明らかだったが、侵入路の掃き出し窓のガラスを割った位置の網戸の破れ部分に付着した皮膚片のDNA型が一致したとして「被害者を知らず、現場に行ったこともない」という被告が強盗殺人で逮捕・起訴された。

　物色されたという整理ダンスの前に散らばった紙類の指紋とこの皮膚片以外は、足跡も大乱闘の現場に毛髪１本、皮膚片１個も残さない完全防御の犯人が、タンスの前と網戸を破る時だけ手袋を脱いだという奇妙な想定で、弁護団も、傍聴していた筆者も、指紋と皮膚片は警察捜査を熟知している真犯人が偽装したと考えている。

　本章の論点であるDNAにしぼると、問題の網戸からの皮膚片鑑定については奇妙なことだらけだ。網戸は実況見分後も現場に放置されていたものを、休日出勤した技官が１人で（信頼性確保のために２人ですることになっている）皮膚

第５章　DNA鑑定（科学鑑定）と裁判員　**81**

片を採取したというのだが、何時、どのように採取したのか記録が裁判に出されていない。網戸は事件から11日後（６月30日）に被告を逮捕した時点まで科捜研の部屋にあり、逮捕日に被告から口腔内粘膜を採取した10日後の７月10日付鑑定番号1560で鑑定書を出している。被告の口腔内粘膜の鑑定書は７月７日付で日付では先なのに鑑定番号部分のみ手書きになっている。[10]

　殺害は別の犯人だと認定した裁判所だが、弁護団の「指紋とDNAは偽造」との主張を退け、弁護人の請求で出したエレクトロフェノグラムで微量を理由に１座が欠ける網戸の皮膚片は被告が付けたことを認定しながら「公訴事実記載の日時に付けたという証明がない」として、被告を無罪とした。

　では何時付けた？　悲惨な殺害の前？　被害者妻はガスを付けたまま襲われ殺されたのだから、事前の侵入はありありえない。殺害後に被告が侵入して指紋とDNAだけ付けて何にも盗らずに逃走した？　まさか惨劇の最中に被告が隣室でタンスに指紋を？　これでは漫画ではないか、と筆者は書いたのだが、[11]なぜこんな判決になるのか。

　殺害犯ではありえないという事実と、指紋や皮膚片を付けたところから「科学鑑定」までを一連の過程として、疑うことをタブーとする裁判所によくある姿勢だ。

3　科学鑑定と「依頼人」

　水俣病の認定を求めた訴訟の控訴審で、請求者の「女性は水俣病」と法廷で証言する予定だった医師に、環境省が「認定申請を却下した県側の判断は妥当と証言するように要請していた疑い」が報道された。医師は出廷しなくなり「別の医師による『水俣病ではない』とする意見書」が出されて大阪高裁は証拠採用したという。[12]

　ある著名な鑑定人が、鑑定依頼した裁判所の裁判長に面接した際「裁判所はどちらの結果をお望みですか」と聞いたという。その元裁判長から筆者が直接聞いた話だ。解剖、創傷、精神、薬物、指紋、筆跡、DNAばかりでなく、さまざまな「科学鑑定」が裁判で必要になる。捜査・起訴側が提出する鑑定に疑

＊ 10　朝日新聞 2012 年 10 月 26 日付、東京新聞 2012 年 11 月 14 日付。

＊ 11　「事実認定とは何かを改めて考える——最三判平 22・４・27 と鹿児島池畔平 22・12・10 を
　　　題材に」法律時報 86 巻 9 ＝ 10（2011 年）76 頁以下（⇨本書第１部２章に収録）。

＊ 12　毎日新聞 2013 年 2 月 27 日付。

問を抱いた弁護側が、新たな鑑定を求めても、裁判所はなかなか許可しない。やっと許可した場合、弁護人は自己に有利な鑑定をではなく、「公正な鑑定」を求めるという姿勢を示すために、自ら鑑定人を指定せず、鑑定人の選定を裁判所に任せることが多い。

裁判所には依頼すべき鑑定人名簿がある。上の実話は、その場合「鑑定依頼人は裁判所」を鑑定人が意識していることを示している。さすがにこのケースでは裁判長は、その学者のあまりにあからさま質問が記憶に残ったようだ。

外国では独立した第三者機関がデータベースを運用する国、鑑定を民間機関が行う国もあるが、日本では両方を警察庁に所属する科警研、各県警に所属する科捜研が行っていて、公判で事例によっては大学の学者が鑑定を依頼されるだけだ。

刑事裁判に科学鑑定書を証拠申請するのは圧倒的に検察側で、科警研、科捜研にとって、警察・検察は恒常的な依頼人であるばかりでなく、警察は組織内の同僚、検察官とは「お互いに協力しなければならない」(刑訴法192条)ことを義務付けられた間柄である。

そして鑑定技官にとって、鑑定は毎日目の前を流れていくルーティンワークに過ぎない。

2012年8月、「捜査側ねつ造 また[*13]」などの見出しが各紙に踊った。和歌山県の科捜研研究員が鑑定書をねつ造していた。読売新聞2012年12月18日和歌山版によれば、14年前の和歌山毒カレー事件当時からで、薬物や繊維などの成分分析の鑑定に従事し、当人が関与した8,000件の鑑定を調べているが、資料が残っていないため、ねつ造が分からない件も多いという。当人は鑑定書の見栄えを良くするために「軽い気持ちでやった[*14]」という。来る日も来る日も膨大な件数の鑑定書を作っていると、その鑑定の結果で人生を左右される人の姿は見えなくなるだろう。

4 最高裁「科学証拠と裁判」指令

2012年の暮れも押し詰まって、最高裁は2013年3月に公刊される雑誌『司法研究』64輯2号『科学証拠とこれを用いた裁判の在り方』(以下、「研究」)のゲ

＊13　朝日新聞2012年8月16日夕刊。
＊14　朝日新聞2012年8月23日付。

第5章　DNA鑑定(科学鑑定)と裁判員　**83**

ラ刷を各裁判官に配布した。異例のことだ。

「DNA鑑定『過信ダメ』」「DNA鑑定頼み警鐘　現場の吸い殻から検出しても犯行時にいたとは限らない」[*15]と新聞が見出しして紹介したように、「科学証拠」と言っても、「研究」は、139頁のうちほぼ半分の62頁を占めている「第2章」がDNA鑑定についての記述だ。それはこの「研究」が、DNA鑑定で無罪となった足利事件で検察庁・警察庁は検証報告書を出したが、再審無罪判決の際裁判長が異例の謝罪をし、最高裁裁判官の国民審査に際しての質問に、何人かが検証が必要と発言していることをあげて「裁判所の誤判究明、原因の検証を行なう予定を聞きたい」という国会質問に対して「植村最高裁長官代理者」が「個々の事件そのものについて調査する」のは「裁判官の独立の点から問題がある」が「今回の事件から教訓を引き出すためには」「裁判におきます科学的証拠についての検討が必要」[*16]との答弁によるからだ（この「裁判官の独立」論は誤りで、メディアも「個別事件を検証せず」[*17]と批判している）。

この「研究」は「はじめに」で「科学的証拠は客観性が高く<u>通常</u>は時間的経過によりその信用性が劣化することがない」（下線は執筆者）ので「供述証拠への依存度を減らし裁判の確実性、信頼性を高める」反面、それを用いるのは「専門家ではない法律家であり」「裁判員も加わることも考えられると」その「証明力等を適切に評価し判断することができるかどうか」とまずは素直に注意喚起をして、本文は裁判官らにその「判断」能力をつけさせるべく。科学的証拠とくにDNA検査の詳細な解説本になっていて、現場の裁判官たちが個々に解説本を探す手間を省いているかのようだ。

しかし裁判所が個々の裁判官に本書を直接送る意味は、市販本と同様のそうした解説部分以外の、裁判所として伝達すべき固有の内容＝科学鑑定の証拠能力・証明力、事実認定との関係にあるはずだ。

それをまとめたのが2章の「第6　DNA型鑑定に関する審理及びこれを用いた事実認定」で「1　DNA型鑑定の信頼性の審査」を(1)採取・保管・鑑定の経過における管理の連続性（特に本稿では上記例事例③の問題）、(2)型鑑定自体の信頼性（同①②③）、(3)対照するDNA型鑑定との異同識別（前同①②③）に分けている。が、具体的にそれぞれの信頼性の審査（言い換えれば、本稿事例等のような故意・過失による信頼性の欠如をどう見抜くか）の方法は示されず、この

＊15　毎日新聞2012年12月27日付、朝日新聞2012年12月29日付。

＊16　2010年4月12日衆議院法務委員会会議録7号19頁。

＊17　東京新聞2012年12月30日付。

84　第2部　裁判員裁判で適正手続が壊されて行く

箇所以前の鑑定方法の解説から個々の裁判官が考えなさい、ということになるだろう。

しかしその解説では示されていない多くの落とし穴が(1)～(3)全過程にあることは書かれていない。たとえば、アナログ情報であるエレクトロフェノグラムから鑑定人の型判断というデジタル情報になって鑑定書に書かれるとき整理されてしまう情報など、悪意はなくとも多くの「誤判定の可能性」があるころが専門家によって指摘されている[18]。

そしてもし故意に鑑定結果を偽る気になれば、(1)～(3)の全ての過程でそれが可能だと筑波大学法医学研究室の本田克也教授は指摘する。こうした具体的な危険性を教えない。「研究」について「一般論に終始」と小見出しした新聞もあるのは当然だ[19]。

「研究」はこのあとの「5　DNA型鑑定による事実認定」では現場試料（現場で採取されたDNA検査用の資料）が対照試料（それと対照して同一性を判断する被疑者の資料）と同型という鑑定があっても、そのことは現場資料が誰に由来するかということを証明するだけであって、そのまま被告人の犯人性を認定してよいものではない、と説いていて、これはこの「研究」が冒頭から、何度も繰り返し説いていることで、最高裁の平成22・4・27大阪母子殺害事件判決などの流れを汲んで、裁判所の変化が見える部分だ。

ただ、本章事例②の飯塚事件一審が、間接証拠について「どれを検討しても、単独では被告人を犯人と断定できない」としながらDNA鑑定に依拠しての死刑判決をしたように、また事例③の奇妙な事実認定が、DNA鑑定を疑う視点を欠くことからなされたようにまず鑑定自体の検証が的確になされなければ、「数々の間接証拠とともに鑑定結果もある」として、逆に鑑定が「他の証拠」の見方に影響を与えることを避けられないのだろう。

事件処理に追われる裁判官が、「研究」の鑑定方法の解説から具体的な鑑定の問題性をどこまで判断できるかが問われるところだ。

5　裁判員裁判とDNA鑑定

「研究」第2章第6の「4　裁判員裁判を念頭に置いた分かりやすい審理の

＊18　赤根敦『DNA型鑑定は万能か──その可能性と限界に迫る』（化学同人、2010年）第6章など。

＊19　東京新聞2012年12月30日付。

在り方」は裁判員もDNA鑑定に「必要な科学的知見の理解は求められる」べきだが、その程度は義務教育修了を前提に「十分な資質を有する専門家が、適正な手続に従って鑑定をし」た「結果であるかどうかを自ら判断して」「自己の意見を形成」して「評決に参加できれば」「それで足りるということであろう」とする。そして「難解な証拠……（を）裁判員にも分かりやすく提示することは、一にも二にも当事者の責任であることを再確認しておく必要がある」と「ビジュアル・エイド」を奨励している。

　しかし、鑑定人が「十分な資料を有する専門家」かどうかから始まって「適正手続による鑑定の結果」かどうかなど、鑑定書を読み、エレクトロフェログラムを見た弁護士でも判断できるのかどうか。失礼ながら裁判官はできるのかどうか。

　2013年2月26日、大阪高裁は、姉を殺した発達障害の被告に、大阪地裁の裁判員法廷が下した求刑16年を上回る20年の判決を破棄して14年の自判をした。「『発達障害への無理解と偏見に基づく判決』と福祉関係者などから批判が吹き出していた判決が見直された」と報じられた。以前から、責任能力の判断がむずかしいとの裁判員経験者の声が多かったが、精神科学の知見が裁判員にはむずかしく、「再犯のおそれ」の判断が過重だったとの報道だ。その記事に元裁判官の「裁判官や弁護士、検察官が障害を理解し、評価の仕方や量刑の枠組みまで分かりやすく説明していれば」とのコメントがあった。

　科学証拠、なかでも判断が難しいDNA鑑定の判断を裁判員に求めるのは無理ということで、このコメントのように法曹がそれを解釈して裁判員に示すことになれば、その解釈の当否——難解な科学証拠・DNA鑑定についての判断——を本当に理解できない裁判員が、科学ではなく、社会的権威（「科警研で専門家が鑑定しているんだから」「裁判官が言われるのだから」）に依拠して評決するおそれは強い。

　市民の司法参加は、被告を見れば有罪と思う職業裁判官のバイアスとは無縁な素人に、素人で可能な事実認定を任せる制度趣旨だ。

　科学証拠の判断が裁判の行方を決める傾向が増す時代にあって、複雑な知識を市民自身に求めることが無理だとすれば、市民に求める判断の範囲を明確にして、市民参加の名のよって、特定の者（捜査関係者や法曹三者）の判断が判決になり、誤判を生むことがない制度設計をしなければならない。

＊20　朝日新聞2013年3月27日付。

6　裁判を誤らせるDNA鑑定

　鑑定結果を偽る気になれば、前記⑴〜⑶の全ての過程でそれが可能だと専門家は指摘する。そして「研究」の「DNA型鑑定の信頼性の審査」⑴〜⑶のうち、あとで客観的な検証が最も困難なのは「⑴採取・保全・鑑定の経過における管理の連続性」だろう。平たく言えば、裁判で現場試料の鑑定として出てきたものが、本当に現場で採取された試料を鑑定したものなのかという問題で、不審があるとしても、本章の前記事例③のように、鑑定書から不自然さが窺える事例ばかりとは限らない。

　現在日本にはDNA鑑定についての法律はない。警察庁「DNA型記録取扱規則」（平成17年8月26日国家公安委員会規則第15号）は「被疑者資料のDNA型鑑定を行い、その特定DNA型が判明したときは、当該被疑者資料の特定DNA型その他の警察庁長官が定める事項の記録を作成し、これを犯罪鑑識官に電磁的方法により送信しなければならない」（3条2項）など、資料をどのように内部処理するかの規則にすぎず、裁判に備えて「研究」のいう「DNA型鑑定の信頼性の審査」に応じる観点ではない。

　「研究」も引く「日本DNA多型学会」の「DNA鑑定についての指針2012年」は3－1）－⑴で「資料の由来および採取」で「鑑定人は資料の由来について直接責任を持つものではない。しかし、その検査および検査結果の評価に際しては、資料の由来、採取、保管状況などがDNA鑑定に影響を与え得る点を確認する必要がある」など会員に注意を促しているが、すべての鑑定人が確認するのか、もし、しても「連続性」の欠如を突き止めることができるかは難しいだろう。

　一方日弁連内にはこの点危惧に対応しようと「採取、保管、検査、鑑定後の資料の保管」の「手続の全過程を録画」して可視化すべしという案が一部から出されている。しかしそれは物理的に不可能だろう。採取してきた試料を保管庫に入れ、それが取り出されるまでであっても同一性が担保される方法で録画し続けるなど考えても不可能であるし、録画していても、資料をすりかえることは何時でも可能だ。

　筆者はDNAの採取、保管、鑑定は、捜査機関から独立した第三者機関が行なうべきだと言ってきたが、当初審議の対象にDNA問題をあげていた法制審議会特別部会の運営の現状などを見れば、その実現は遠い将来だろう。

第5章　DNA鑑定（科学鑑定）と裁判員　**87**

唯一有効な方法を、前記の本田教授が提案している。

「本来は客観的証拠であるはずのDNA鑑定に、主観的解釈による選り分けや証拠隠し、あるいは捏造が行われうるのは、それと対照させたい試料を入手してしまっているからである」。したがって、現場試料の鑑定は、「対照試料を知る前の鑑定だけを現場試料の鑑定と認める」ようにすれば、そこに偽証が入り込む余地を排除できる。

これは単なる机上の提案ではなく、実際に裁判所が本田教授に嘱託した鑑定例があり、古くは晴山事件のDNA鑑定、最近では袴田事件のDNA鑑定がそれであったという。教授は以下のように説かれる。「なぜこうしなければならないかと言えば、極論すればターゲットとなる被疑者から試料を採取した以後は、その試料を現場試料にすり替えて、同一であるかのごとく鑑定しても、その偽証を見抜くことは困難になるからである。したがって、試料が独立して鑑定されたもののみに信頼性を置くようにしなければならない。しかしながら、警察サイドがあらかじめ、対照試料を入手してデータ化していた場合や、あるいは現場採取と被疑者逮捕が密接するような現場で両者を時間的に前後させて鑑定することが難しい場合には、鑑定が容易な対照試料だけは、採取から鑑定、鑑定後の保管まで、警察サイドで実施させてもよいが、現場試料の鑑定は機密性の保てる第三者機関に委ね、第三者機関に両者の同一性の有無を判断させる方がよい」。

そしてこの制度が実現すれば、「証拠資料（現場試料やデータベース資料）と対照試料が同じDNA部位を鑑定し、すべての型で同一型と鑑定されている場合は、その事実の確認のみを裁判員に認定させることは可能だが、鑑定部位が異なっていたり、どちらかの型鑑定に疑義が申立てられた場合は、その同一性判断は法律家だけでは難しく、客観性が保証されうる外部の専門家に委ねなければならない」。

裁判員裁判で、誤判を侵さない科学証拠判断のための具体的な法制化が急がれなければならない。

（「DNA鑑定（科学証拠）と裁判員」法と民主主義476号〔2013年〕）

第6章

裁判員判決への検察控訴

1 無罪は裁判員制度の成果と評価

2009年に裁判員裁判が始まって2010年末までに1,645人に対して判決があり、いずれも2010年になってから全部無罪と一部無罪判決が各2件あった。

最高裁統計による「無罪率」（判決人員分の全部無罪人員）に従えば0.121％、過去5年（2004年から2008年）の裁判官裁判の地裁平均0.14％と比べ、ほとんど変わらない。

しかし、メディアの反応は、特に全部無罪の2件では1面トップで扱うなど大きかった。

理由は、裁判員制度で「はじめて」だからでもあるが、進んでその無罪理由が「市民参加ならでは」であると受け取られたからだ。

最初の全部無罪である2010年6月22日の千葉地裁の覚せい剤事件判決（2012年2月13日、最高裁で無罪確定）から「『疑わしきは罰せず』原則を忠実に」[1]「『疑わしきは被告人の利益』市民忠実」[2]とメディアは評価した。

さらに死刑求刑事件への無罪判決となった2010年12月10日の鹿児島地裁判決は、戦後統計のあるわずか5例につぐ稀有な例として注目されただけでなく、その判決理由によって、これまでの裁判官裁判ではできなかった刑事裁判の原則体現が、市民参加裁判であるがゆえにできた、と積極的な評価がされた。

各新聞の社説はそれを明示する。「裁判員裁判 推定無罪の鉄則生きた」「鹿

＊1 毎日新聞 2010 年 6 月 23 日付。

＊2 朝日新聞 2010 年 7 月 8 日付。

児島地裁はそれ（筆者注：状況証拠での判断についての最高裁基準）を踏襲した上で『被告に不利な状況証拠だけでなく有利な状況証拠や、犯人であれば発見されるべき痕跡がないことなどの消極的な状況証拠も取り上げるべきだ』とまで踏み込んだ。『推定無罪』『疑わしきは罰せず』とする刑事裁判の鉄則に従い、提出された証拠を丁寧に吟味したからだ。そこを高く評価したい」。「本来であれば当然のことだが、そこにあえて言及したのは、従来の刑事裁判が必ずしもそうでなかったことを戒めたものと受け取れる」「これからの裁判員になる市民は『推定無罪』の鉄則をしっかりと頭に入れ法廷に臨んでほしい。２度と冤罪事件を起こしはならないのだ[*3]」。

「『疑わしきは被告人の利益に』という刑事裁判の原則に忠実に従った判断」「会見では遺族の心情をおもんぱかる裁判員の発言があったが、無罪判決は公正な立場で審理を尽くした結果である。胸を張ってほしい。『遺族に申し訳ない』のは真相を明らかにできなかった検察、警察側だろう[*4]」。

「判決は『疑わしきは被告人の利益に』という鉄則に従ったとしている。裁判員たちの冷静な判断を評価したい。厳罰化の風潮の中で、市民から選ばれた裁判員による裁判では死刑判決が相次ぐとの見方もある。

しかし、裁判員はそれぞれの事件に向き合い、証言や証拠に基づいて判断することが求められる。今回もそうした姿勢がうかがえる。予断はもたない方がいいだろう[*5]」。

社説は各紙とも、これまで裁判官裁判で事実上履行されていなかった刑事裁判の原則が、裁判員裁判によって実現されたことを喜び、裁判員を励まし、さらにこの判決によって、裁判員制度の将来に希望を見ている。

しかし検察は、一部無罪の１件を除く３件に控訴を申し立てた。無罪判決に対する、人数だけで言っても４分の３の検察官控訴。

以下で説明するように日本以外では考えられないことだ。

2　市民参加判決での上訴制限

英米法系の陪審制ではトライアル（対審構造の事実審理）の判決には原則として上訴はない。

＊3　北海道新聞 2010 年 12 月 11 日付。

＊4　愛媛新聞 2010 年 12 月 11 日付。

＊5　京都新聞 2010 年 12 月 11 日付。

もともと限りある証拠で、過去の事実の存否を判断することは、人の能力として限界があるから、被告人有罪視のバイアスを持たない素人——を集めてその多数（12人）の目で見、討議の結果全員一致で得られた結論を『民の声は天の声』として尊重するという陪審の制度趣旨からだ。したがって上訴が許される理由は「民の声」が正しく発揮されなかったと見做される手続上の瑕疵に限定される。陪審が正しく構成されなかった、判断の誤りを生じさせる証拠上の不正があった、説示が正しく与えられなかった、などなど。

しかし上訴の制限は、陪審制度と関連しているが、陪審をやめ、あるいは一部に残して参審に移行した国でも行われている。対審構造のトライアルでの応訴は大きな負担であるから、被告にそれを負わせるのは一度だけにするべきだ、あるいは事実判断が複数（日本だと３つ）ありえるという制度は、法への信頼を裏切るという考え方から、現在は参審制が主になっている国でも、二審制で、上訴は法律審のみ、またトライアルで無罪となった者に対しては上訴を許さないのが普通だ。

以下に日本では「参審制」と呼んでいるヨーロッパの例をあげておく。

フランスは、日本と同じ無作為抽出の多数（９人：2012年改正後は６人）の市民（もともと陪審制だったので現在も「陪審員」と呼ばれる）が裁判官（３人）とともに一度限り市民裁判官を務める。二審制で、一審判決への見直しは、「非常救済」と呼ばれ、破棄院への法律の違反を理由とする手続のみ。その手続も重罪法院（地裁）がした無罪判決には「法律の利益のためでなければ」できず、また「無罪とされた者に損害を与えることはできない」。

ドイツは、政党推薦などの少数（２人）の市民（日本では参審員と言っているが正しい訳語は「市民裁判官」か「名誉裁判官」）が研修を受けて一定期間（州によるが４年など）裁判官（１人または２人）とともに勤める。参審裁判所の管轄である重罪については控訴制度はなく、二審制であり上告は法令違反のみだ。

イタリアでは、やはり推薦（自薦も）で市民が選ばれる。解放判決（公訴棄却・無罪・罪の消滅宣言）と「弁論の前の解放（同前）」に対しては、被告も検察官も、控訴できない。有罪判決に対しては検察官は「判決が罪名を変更した場合を除き」控訴できない。上告は裁判官の無権限行使などの手続上の違法についてのみ許される。

＊6　日本では「抗告」「上訴」「上告」などの訳語があてられているが、原義は「面倒を見る」。

第6章　裁判員判決への検察控訴　**91**

3　日本の特異な三審制の原因

　このように日本の三審制はそれ自体比較法的に珍しいのだが、日本はその上に、被告側、検察側を区別せずに控訴理由に「事実誤認」を明示して許し、上告審でも事実の取調べを許し、事実誤認による破棄、しかも破棄自判も可能とされている点、さらに無罪判決に対しても、検察官が上訴できるという、きわめて特異な上訴制度をとっている。

　こうなった根本的な原因は、市民の側から司法参加を求めて実現した歴史がなかったことによるが、戦後新憲法を制定する際に、日本側のスタッフが憲法39条を「誤訳」したことにも由来する。

　39条第1文の「すでに無罪とされた行為」は、英文of which he has been acquittedでacquitつまり「トライアルで無罪放免」とされた者には「刑事罰を科し得ない」と上記西欧法制共通の原則を定めた条文だったのを憲法制定スタッフが「すでに無罪とされた行為」と訳したこと。

　さらに、新刑訴法制定に際して、司法省刑事局が、これは無罪判決が確定したことを意味するという「解釈」によって、旧刑訴をそのまま踏襲した現行の控訴・上告制度をつくったのだ。

　憲法制定時には日本を理想的な民主主義国にしようと意気込んでいたGHQ（実質アメリカ）だが、憲法に2年遅れた刑訴法制定時には、すでに始まったソ連との冷戦で、日本を反共の防波堤とすることに汲々として民主化よりも日本に強力な政府をつくって、強い同盟関係を持つことへと占領目的を変えていた。

　刑訴法制定作業の最後の段階では、「まだ議論しなければならぬことが残っていたのです。しかしもう時間がなかった」アメリカ側の中心人物であったアプルトンが「君たちが私たちのいったことに賛成ならオーケだ。しかし、賛成しなくてもオーケーだ」と、刑事局のいうがままの立法を許した。[*7]

　この時日本側が作った現在の三審制度の条文を、アメリカ側が精査しなかったのか、近代的上訴制度としての誤りを知りながら通したのかの内幕は、今までのところ明らかにされていない。

＊7　座談会「刑事訴訟法の制定過程」ジュリスト 555 号（1974 年）57 頁。

4　三審制は被告のためか

　日本では三審制（外国で行われている二審制の中間に「控訴審」が存在する制度）
を改めて控訴制度を廃止する意見が「皆無である」ことを、外国の制度を知る
学者は疑問視している。[*8]

　検察側に都合の良いこの制度に検察が安住しているのは当然だが、弁護士の
中にも、現状不十分な一審の誤りを見直してもらえる機会が2度あるとして、
むしろ制度の温存を望む声の方が大きい現状だ。

　しかし現行の三審制への弁護士らのこうした期待は、統計上はっきりと裏切
られている。

　最高裁が毎年『法曹時報』に発表している「刑事事件の概況」の「控訴申立
人破棄率」の最近5年分を転載する（表1〔次々頁〕）。検察側の控訴申立てが
容れられて破棄される率は、毎年被告人側のほぼ6倍で推移している。

　最高裁はこの表に「控訴理由別」も、原審と控訴審の判決別も入れていない
が、検察統計年報は検察官控訴について理由別ごとの判決結果をあげている。

　その一部を引用した**表2**（次々頁）によれば、原判決が無罪であった被告を
控訴審が破棄自判で「新たに有罪とした」ものが、ここ5年で毎年15〜35人あ
る。その内訳が載せられている2009（平成21）年について、無罪から有罪に変
更されたその15人を見ると事実誤認が13人、法令違反で2人、これに対して原
審の無罪が維持された判決は4人のみという露骨な結果になっている。

　被告・弁護側の控訴分も含めた全体で一審の無罪が控訴でどうなるかを、統
計（本章では、表2と表3）が揃う最新2008（平成20）年で見ると、全部無罪は
72人（無罪率0.14%）、このうちほぼ半数の35人が検察控訴で「新たに有罪とされ」
ている。日本の有罪率99.X%は世界中から奇異の目を注がれているが、その
微小な無罪をさらに半減させる役割を担っている独特の「控訴」制度と運用な
のだ。

　外国の法曹が聞いたら信じられないと言うだろう。

　量刑不当についても、量刑不当を理由として検察官控訴された99人中60人が
原審より「刑を重く」されている（表2）。有罪→無罪の15人を含め計75人が

＊8　たとえば平良木登規男「ドイツの刑事裁判制度について──参審制度理解のために」東京三
　　会陪審制度委員会編『フランスの陪審制とドイツの参審制──市民が参加する刑事裁判』（東京
　　三会陪審制度委員会、1996年）213頁。

第6章　裁判員判決への検察控訴　**93**

原審より重い刑に変更されているのだ。

　上告まで見ても、日本では一審の無罪が検察官控訴で死刑（たとえば、名張事件）、あるいは無期（たとえば、東電OL殺し事件。2012年に再審無罪となる）となり、上告審でもそのまま維持された例に事欠かない。一審から冤罪を主張していた事件で、冤罪と支援者がその後永年（名張事件は50年、東電OL殺し事件は15年）、報われない再審請求を繰り返している。

　こんな国はどこにもない。

　国際人権自由権規約の遵守状況について、政府が５年ごとに国連規約人権委員会に提出する締約国報告書の審査について、NGO等が提出するカウンターレポートでこの事実を訴えれば、公正な裁判を受ける権利の侵害として是正を勧告されるだろう。

5　裁判員無罪４事件の検察の対応

　裁判員制度になってからの４件の無罪判決への検察の対応（うち３件控訴）を時系列で、事件内容から検討してみよう。

⑴　立川支部事件

　まず最初の無罪（一部）事件であり、４件中、検察が唯一控訴しなかった東京地裁立川支部2010年６月９日判決。

　無罪となった４件の起訴事実のうち１件で、被告が共犯者とともに行った路上でのひったくり窃盗で窃取したクレジットカードを、共犯者が不正使用して行った買い物（詐欺）について、被告が実行行為に加担した、という起訴事実だった。

　一審判決は、関係者の証言の信憑性などを詳細に検討して、被告が、盗品の中にこのカードがあったこと、共犯者がそれを使って詐欺をしようとしていたこと、を知っていたと認められる証拠がないと認定して無罪としたもので、詳細な事実認定からして裁判官裁判であってもしたであろう無罪判決であり、従来の控訴審であっても、窺える可能性は低いといえる。

　ということは従来通りの一審、二審とも裁判官裁判であっても、検察官が事実誤認で控訴する可能性は多いとは言えない事例だ。つまり、検察は従来のままの基準によって控訴しなかったのであり、裁判員裁判だから控訴しなかったわけではないと考えられる。

94　第２部　裁判員裁判で適正手続が壊されて行く

表1　控訴申立人別破棄率（%）

年次＼区分	被告人側	検察官
平成16年	12.8	69.4
平成17年	12.0	75.9
平成18年	14.7	69.4
平成19年	12.7	69.2
平成20年	11.6	68.8

（注）司法統計年報による。

表2　検察統計年報　平成21年　控訴申立ての理由及び原判決の結果別　検察官が控訴した被告事件の人員より

			総数	破棄自判				
				有罪				無罪
				新たなに有罪とした	刑を重くした	刑が同じ	刑を軽くした	
平成17年			266	27	146	13	10	－
平成18年			257	25	120	18	8	－
平成19年			251	34	113	16	8	－
平成20年			256	35	114	7	7	1
平成21年			187	15	86	10	5	4
控訴申立ての理由・原判決の結果	法令違反	計	21	2	5	10	－	－
		有罪	19	－	5	10	－	－
		無罪	2	2	－	－	－	－
		その他	－	－	－	－	－	－
	事実誤認	計	57	13	21	－	2	2
		有罪	38	－	21	－	2	2
		無罪	18	12	－	－	－	－
		その他	1	1	－	－	－	－
	量刑不当	計	99	－	60	－	3	2
		懲役刑	87	－	51	－	3	1
		禁固刑	6	－	5	－	－	－

表3　通常一審における無罪人員及び無罪率（地裁）

年次＼区分	判決人員		全部無罪人員		無罪率
	総数（A）	うち否認（B）	総数（C）	うち否認（D）	(C/A)％
平成16年	79,210	5,413	89	88	0.11
平成17年	77,360	5,150	63	62	0.08
平成18年	73,563	5,161	92	89	0.13
平成19年	69,238	4,984	99(2)	97	0.14
平成20年	66,450	4,859	72(1)	70	0.11

＊最高裁刑事局　平成20年における刑事事件の概況（上）より　（　）内は再審による。

次に検察が控訴した3件を見る。

(2)　千葉覚せい剤密輸等事件

裁判員裁判最初の全部無罪事件であり、最初の検察官控訴となった千葉地裁2010年6月22日判決。

被告がマレーシアから持ち帰ったボストンバッグにチョコレート缶入りの覚せい剤が入っているのを空港の税関に発見され、覚せい剤輸入と関税法違反に問われた事件だが、被告は中身を知らずに預けられたと無罪を主張した。

被告が依頼者から受け取った報酬金の額（被告は偽造パスポートを運ぶ報酬だと言い、この量の覚せい剤を運ぶ報酬としては安い）、缶の重さ（本物のチョコレート入りと持ち比べてみなければ簡単にはわからない）、税関検査時の被告の態度（あわてるなど覚せい剤と知っていた様子がない）などを検討した結果、被告が「本件チョコレート缶内に違法薬物が隠されていることを知っていたことが、常識に照らして間違いないとまでは認められない。しがって、本件公訴事実については犯罪の証明が無い」として無罪を言い渡した。

「常識に照らして間違いない」は、裁判員の選任・宣誓にあたって、裁判所側から裁判員に説明するモデルとして、2007年5月に最高裁が示した「裁判員法39条説明例」中の「常識に従って判断し、有罪とすることについて疑問があるときは、無罪としなければなりません」に依拠するものであり、判決後の裁判員会見で30歳代の主婦が「証拠が少なすぎた。無罪でよかったと思っている」と言った言葉を見出しにするなどメディアから裁判員裁判らしい無罪と受け取られ大きく報じられた。[*9]

これに対して検察が控訴した本音のところはつぎの(3)(4)の事件にも共通しているので、まとめて次の7で書く。

(3)　東京・葛飾放火事件

東京地裁2010年7月8日判決の一部無罪事件。起訴事実はアパートの一室での窃盗と放火で、住人（被害者）が出勤した午前6時半から出火した午後11時50分（灯油をまいての放火で犯行は出火直前と認定）までが犯行可能な時間帯だが、被告は窃盗目的で侵入してそこにあったカップ麺を食べ、現金千円を盗んだことは認めたが、室内にいたのは7時半から10分間ほどだけで放火はしていない

＊9　読売新聞2010年6月22日付夕刊。

と否認した（なぜかカップ麺は途中で食べるのをやめている）。

　判決は、被告が言うその後の足取りなどの供述を「信用できない」とし「被告人が、本件放火の犯人である可能性はかなり高いものというべきである」としながら、5時間以上の時間幅があり、「その外の第三者が何らかの動機で被害者方に侵入して放火に及んだ可能性を完全に否定することはできない」と両方の可能性を認定した上その他の証拠を判断しても「被告人が本件放火犯人とするには、なお合理的な疑いが残る」と「合理的な疑い」原則を適用して放火について無罪とした。「合理的な疑い」原則を適用した点は市民参加の枠組みを取りながらも、被告の犯人性を「可能性はかなり高い」とするなど、検察側の控訴を誘引する判決構造になっている。

(4) 鹿児島老夫婦強盗殺人事件

　鹿児島地裁2010年12月10日判決で、死刑が求刑されていてた被告に裁判員裁判が無罪を言い渡したとして中央紙も一面トップで報じた。

　資産家の老夫婦が自宅で惨殺され、ある一間だけ物色跡らしい散乱した物に被告の指掌紋があり、侵入口とされている掃き出し窓の網戸に被告の皮膚片がありDNAが検出されたとして、当時70歳の男が逮捕された。

　盗られた物は何も明らかになっていないが、被害者と被告はまったく接点がなく、殺害の動機がないので、検察は「物色した＝強盗目的」として強盗殺人罪で起訴した。被告は現場に行ったこともないとして捜査段階から一貫して否認。

　夫婦は顔面をスコップの刃で執拗に割られるという犯行態様から強い怨恨による犯罪であることは客観的に明らかで、また前記指紋とDNA以外には、435点の指紋、886点のDNA試料からも、殺害現場の部屋からも、被告の痕跡は一切発見されず、毛髪、足跡、タイヤ痕なども被告との関連性なく、被告・弁護側は指掌紋とDNAは偽造されたものだと主張した。

　判決は「状況証拠による事実認定」の方法を大阪母子殺害事件の最高裁平成22年4月27日判決の文言そのまま「被告人が犯人であることに合理的な疑いを挟む余地の無い程度の立証が必要」とし、進んで「被告人に不利な状況証拠だけでなく、有利な状況証拠、犯人であれば発見されるべき痕跡がないなど消極的な状況証拠も取り上げるべき」と判断基準を示して、状況証拠を検討、被告による殺害を否定した。

　しかし最高裁判決が状況証拠から逆にDNA証拠は被告の犯人性を否定する

判断をした点は踏襲せず、指掌紋とDNAをそれ自体間違いない物証としている。つまり被告が付着物に触った=指掌紋やDNAが残る場所に入った。被告は行っていないと嘘をついていると認定。だがその嘘から殺害の「犯人性が強く推認されるともいえない」と奇妙な判示をして「疑わしきは被告人の利益」原則を述べて、殺害の犯人性を否定、住居侵入は何時のことか検察官の立証がないとして無罪とする。

被告の現場所在を認めることで、検察控訴を招き入れる入り口を設けているような判決構造だ、

6　検察はなぜ控訴したか

裁判員制度発足半年の時点でメディアは「裁判員の判断尊重します　検察控訴ゼロ」と見出しして、大阪地裁の覚せい剤密輸事件で判決が求刑の半分の量刑になった例、横浜地裁で現住建造物放火が建造物以外放火になった例などをあげて「検察内には控訴すべきという意見もあったが」控訴が見送られたと書いた。[*10]

しかし裁判員裁判の無罪判決が３件目となった頃から、メディアには、「裁判員らしい」無罪判決が出ることへの検察側の疑問視的な反応なども盛り込んだ特集記事が多数出るようになった。

前記の立川、千葉の２件を題材とした2010年７月８日付の朝日新聞は「有罪基準変わるか『疑わしきは被告の利益』市民忠実」と見出しした記事で「検察は嘆き節」との小見出しのもと、千葉の判決について「あるベテラン裁判官」の言として「有罪が出ていてもおかしくない。これで無罪になるなら、検察は大変だろう」、「検察幹部の一人も」「典型的な密輸事件でのオーソドックスな立証。証拠はある方なのにこの結果は厳しい」と語ったとした。

同年７月20日付の読売新聞は、立川支部、千葉、東京の３件の「波紋」と見出しして、「状況証拠の解釈プロとの差　検察『立証難度上った』」と論じた。

同年８月５日付の毎日新聞は同じ３件を題材に「裁判員１年　慎重になる事実認定　検察側立証のハードル」と見出しし、「幹部『無罪推定極端に』」との小見出しで、ある幹部は「一点でも『シロ』の要素があれば無罪というのはおかしい」などの検察官らの談話をあげた上、「ある検察幹部は『これまでは裁

＊10　読売新聞 2009 年 11 月 12 日付。

98　第２部　裁判員裁判で適正手続が壊されて行く

判所と一緒に真相解明をしてきた面がある。多少甘くても大目に見てもらったと思う。裁判員裁判で裁判所が本物の「行司」になった。非常に難しい時代になった』と語った」と締めくくっている。

4件の無罪事件以外で、「裁判所が本物の『行司』になった」のかどうかは今はわからない。長くなるので別稿（第5部第2〜4章）に譲るが、少なくともそうではなく従来のままの裁判所の判決だと私には思われる。

ただ上記の記事等から見えてくる検察の「裁判員無罪」への反応は、特に毎日記事の締めくくりに端的に現れているし、同紙はすでに千葉地裁判決の翌23日に「検察側の関係者」は（覚せい剤事件は）「一般的に証拠が薄いが、裁判官は密輸の実情を理解して有罪認定してくれていたところがある」と語り、「ある警察幹部は『影響は大きい』と裁判員裁判での初の控訴を検討する意向を示した」と書いている。

つまり4件の無罪判決に対する検察の反応は「疑わしきは被告人の利益」「合理的疑いを容れないまでの有罪の心証が得られなければ無罪」という原則に従っての「裁判員裁判らしい」判決に、「市民が出した判断だから」としては従うことをせず、これまでの裁判官裁判の通りの「一緒に真相解明をしてきた。多少甘くても大目に見てもらった」有罪判決を求めて、その基準の範囲内にある立川事件判決には控訴しないが、範囲を逸脱していると見る判決に対しては、「市民参加だから」として見過ごすことをせず、従来のままの成り行きに従って控訴したというのが実情だろう。

こうした検察控訴の「基準」は控訴しなかった事件にも共通する。

死刑を求刑した東京地裁の「耳掻き店員ら殺し事件」の無期判決に検察が控訴しなかった理由は「検察内部では『裁判員裁判でも死刑を求める（従来の）基準を変えるべきではない』という考え方と、『市民の判断を尊重すべきだ』との意見があった。だが、『控訴審で判決を覆すのは困難』との見方では一致し、控訴見送りが決ったという」と報じられた。[*11]

ここから見える検察の姿勢は、裁判員裁判に、従来の裁判官裁判と同じ判決を求めていること。その枠内だと考える判決には控訴しないが、その枠をはみ出したと検察が感じる判決に対しては控訴してその是正を求めるという姿勢だ。

上記1であげた社説の「裁判員らしい判決」への歓迎とはうらはらな検察の

＊11　毎日新聞 2010 年 12 月 24 日付「記者の目」。

第6章　裁判員判決への検察控訴　**99**

姿勢と控訴の現実が見える。

7 裁判員制度で欠けた改革

　日本では不思議に感じられるかもしれないが、ドイツは重罪を対象とする市民参加裁判の上訴は上記のように二審制だが、裁判官裁判である軽罪事件は三審制であり、その場合上告は法律審だが、控訴審も事実審、つまり事実誤認理由の申立てと審理ができる制度になっていた。

　この事実で明らかなように、事実認定についての見直しを許さない二審制は、市民の事実認定を尊重する「民の声は天の声」思想に依っている。

　日本の裁判員裁判導入＝官僚裁判から市民参加裁判への移行にともなう制度の見直しでも、重要な一つに上訴制度があり、裁判員制度にはその改革が伴わなければならないはずだった。

　しかし、2001年の「司法制度改革審議会意見書」は、いち早く「裁判官のみによる判決の場合と同様」「控訴を認めるべき」とした上で「控訴審の裁判体の構成、審理方法等については、第一審の裁判体の構成等との関係を考慮しながら、さらに検討を行う必要がある」と抽象論で終わった。

　実質的な立案の場となった「司法制度改革推進本部」の「裁判員制度・刑事検討会」での討論では、市民参加の一審に事実認定や量刑不当での控訴を許すとするなら控訴審にも市民参加をとの意見があったが、それは「国民の負担増」であるからとして制度化しないとされ、それなら、事実誤認や量刑不当での控訴を制限する（破棄を許さないか、破棄要件を加重する）、自判を許さず破棄するなら差し戻しとする、など順次後退した案が出された。

　しかし、井上正仁座長の唱えた「控訴審は事後審だと位置付ければ裁判官のみで構成される控訴審裁判所による審査や破棄を正当化できる」という理由で、改革案はすべて葬られ、上訴制度に手をつけないまま裁判員法ができた。

　明らかに検察・裁判所、官僚優位である現行の上訴制度を温存すること、それは当初反対から一転して、裁判員制度を容認→推進するに至った検察・裁判所の中枢部の意に沿う方針であり、これが「検討会」の結論となって、上訴制度は裁判官裁判の古い形のままで手をつけず、一審だけの市民参加とする木に竹を接いだような現行制度がつくられた。

　＊12　本書第4部第1章参照。

8 裁判所の姿勢

　裁判所側の控訴審に対する対応は「問題点は意識されながらも、検討が進んでこなかった」が、司法研修所が2007年に裁判官ら4人に「裁判員裁判における第一審の判決書及び控訴審の在り方」について研究を委嘱し、2009年に報告書をまとめた。[13]

　同報告は、控訴審部分は全体の4分の1と少ないが、従来の控訴審は①判断主体の同質性（一審とともに職業裁判官）、②事実認定の資料の同質性（一審とともに実質書面審理）、③裁判官の真実追及志向、を前提に行われてきたが、裁判員制度により①は一審に市民が入って変わり、②も公判前整理手続で証拠が真に必要なものに絞り込まれるなら、控訴審で証拠内容に変化はないはずであることを前提に、控訴審は事後審の性格を徹底させるべきで、③は「当事者追行主義の徹底」から、事実追求ではなく、検察側の主張事実が「合理的疑いを容れない」までに立証されているかどうかの判断になる（筆者注：はずな）ので、そうなれば、控訴審は一審の判断に誤りがないか判断するだけの「事後審としてより徹底することが望ましい」との方向性を出している。

　ついで2009年4月には「東京高等裁判所刑事部陪席裁判官研究会（つばさ会）」が「裁判員制度の下における控訴審の在り方について」を発表し、上記司法研究の①～③など問題設定の枠組みを踏襲しながら、より実務的な検討を入れてほぼ同じ結論を出した。[14]

　事実上、これらの研究の結論を整理してまとめた内容になっているのが、「東京高等裁判所刑事部総括裁判官研究会」が2009年7月に発表した「控訴審における裁判員裁判の審査の在り方」で、「事後審の趣旨を徹底させ」事実誤認で原判決を破棄できるのは「論理則、経験則に照らして明らかに不合理な場合」に限るとしている。[15]

　量刑不当については「先例による『量刑相場』」は「これまで国民の承認を得てきたものと思われるから」との前提の下で「裁判員裁判の下でも維持され

＊13　司法研究61輯第2号（法曹会、2009年）。

＊14　東京高等裁判所刑事部陪席裁判官研究会（つばさ会）「裁判員制度の下における控訴審の在り方について」判例タイムズ1288号（2009年）5頁以下。

＊15　東京高等裁判所刑事部部総括裁判官研究会「控訴審における裁判員裁判の審査の在り方」判例タイムズ1296号（2009年）5頁以下。

るべきであろう」とし、「量刑の幅はより広がるであろうが、行為責任から考えられる刑の大枠を明らかに外れるものでない限り尊重する方向」としている。

しかしこのとくに「経験則」論は実は、古くからの日本刑訴法学の常道にほかならない。

長期にわたって、刑訴法学の基礎的文献の地位を占めてきた『ポケット注釈全書刑事訴訟法（下）新版』は、「心証の形成は経験上の法則及び論理上の法則に従って行われことを要する」（証拠から事実の推認は）「論理上経験上の法則に照らして不合理である場合」でも「原判決を破棄するためには、合理的だといえないというだけでは足りず、積極的に不合理だということがいえなければならないであろう」それは事実誤認を「無制限に容認すれば、自由心証主義の否定に他ならなくなるし、また、事後審査としての控訴審の本質に鑑み、事実の誤認も重大なものに限られるべきで、誤りが明らかに指摘できるようなものに限られるべきもの」とする。[*16]

ここで根本的に考えておかなければならないことは「経験則」「論理則」とは何か、である。

ベテラン刑事裁判官であった石丸俊彦は経験則をこう説く。

「経験則には、①その法則性の強弱により Ⓐ蓋然的経験則（心理学、社会学、経済学、医学、天文学、地質学、動物学、植物学などをはじめ、一般の社会で通常『経験則』と称されている道義、慣例、条理、取引上風俗上の慣習、常識、心理傾向、精神傾向、など）と、Ⓑ必然法則的経験則（現代社会において定理や公理として学界で確立している数学、物理学、化学、工学の法則、及びその法則を基礎として確立されている技術上の法則、また、人為的に法則性をもつて作成されている会計簿記上の諸原則など）に区別され、一方、②一般の社会人がその経験則を常識又は知識として理解しているが、特別な専門家（学者とは限らない。それぞれの分野の有識者を指す）によらなければその正確な経験則は理解できないかによつて、Ⓒ前者を一般的経験則と、Ⓓ専門的経験則とに区別される。この①と②の区別は比例しない。Ⓐの蓋然的経験則には、多くのⒹの専門的経験則を含んでいるし、一方、ⒷにはⒸの一般的経験則が含まれている」[*17]。

このように、一体何が経験則であるのかは、とうてい一義的に明らかになる性質のものではなく、また裁判では、「事実認定」と称される判断作用は実質

＊16　引用したのは小野清一郎他編著『ポケット注釈全書刑事訴訟法（下）新版』（有斐閣、1986 年）319 頁。旧版時代から長らく日本の刑訴法の基本的注釈書だった。

＊17　石丸俊彦ほか『刑事訴訟の実務（下）』（新日本法規、1990 年）13 〜 14 頁。

的に何らかの経験則の当てはめによって出される結論なのだが、判示文中では
ある事実認定が、経験則によって判断されたとは、明らかにされていないのが
普通の判決書だ。

　どんな判決でも、詳しく見てみれば、経験則とは、事実認定の判断には、（判
決主文から、構成要件を構成する具体的な個々の事実まで）大小を問わず常に適用さ
れているものである。その適用の事実は、よほど争われるなどしない限り、黙
示的な適用だということが理解できるだろう。

　「一般的経験則」というなら、その認識の違いこそが、まさに職業裁判官と
市民の違いであり（よく言われように、「職業裁判官は、目の前に出てくる被告人を
99％有罪だと思う」のは彼らの経験から身に着けた一般的経験則に他ならない）、職業
裁判官にはない（裁判官生活に汚染されていない）市民の一般的経験則を裁判に
生かすためにこそ、市民参加司法が行われるはずだ。

　上記した無罪判決等が、もし裁判員裁判である故に従来の基準と違った基準
で無罪の結論に至ったのであれば、それは市民の一般的経験則によってであろ
う。

　そこでこれを職業裁判官が、彼らのもっている一般的経験則と違うと見るな
ら、（判決主文が180度違うのだから裁判官の眼から見れば、当然）「明らかに不合理
であり、結論に重大な影響を及ぼす場合」になる。

　このように一審の経験則の適用を、上級審が改めるということは、事実認定
そのものを上級審の考え方でやり直すことにほかならない。

　つまり、上記の部総括研究会で「事案によっては、第一審と同様の方法で記
録から独自に心証を形成し、論理則違反、経験則違反といいながら、実際には
自らの心証と異なる第一審の認定を事実誤認として破棄することもあったので
はないか」[*18]と「一部の例」のように語られているのが、実は事実誤認による
破棄制度の本質でなくてなんであろうか、という点を正確に見なければならな
い。その心裏には「経験等で勝る控訴審裁判官の心証が、第一審裁判官のそれ
よりも優れている」[*19]という暗黙の了解が働いているだろう。

　事実誤認による破棄の制度は、上級庁の裁判官の判断の優越性という、この
前提によって、裁判官による三審制の基礎をなすルールとして作られている。

　部総括研究ではこれまで「事案によっては」「第一審と同様の方法で」「自ら

＊18　前掲注15論文6頁。

＊19　前掲注15論文7頁。

第6章　裁判員判決への検察控訴　103

事案の真相を究明するという見地から第一審の事実認定に積極的に介入することもあったのではないか」との反省も語られ、市民参加になったのだから「事後審の趣旨を徹底させる」として上記の結論に至っている。

ということは、ここでとらえられているのはつまり裁判員制度になっても、控訴審は、もともと制度趣旨であった運用に戻せばよいとのスタンスだ。

しかしそれが誤りであることは上記石丸論文引用の通り、まず一体何が経験則かも定かでないし、もしそれが定かになったと仮定してすら、どの経験則が「明らかに不合理」だと、なぜ控訴審裁判所が決められるのかを考えればわかるだろう。

たとえこの基本問題を抜きにしても、日本の裁判所実務は、もともとの制度趣旨通りの運用が運用の中で何時の間にか「事案によっては」なされなくなっていたと裁判官達も認める実態だ。弁護側からすれば、特に被告側控訴棄却事件では、どの破棄事件にも共通の傾向と見える。

その歴史の連続で、現在のような「絶望的な」状態になったことを忘れての立論であってはならない。

裁判員裁判がこれから定着して行く現代史の中で、上級審の裁判官たちが、市民の「経験則」を官僚裁判官の「経験則」で破棄することは起こらないか。

信じられる保証はない。

裁判官の出した結論である「在り方」が現在のところ示しているこうした方向性を忠実に守ったと言うべきか、福岡高裁は2009年12月14日の控訴審公判で「すべて一審の証拠で判断する。それが裁判員裁判に対する高裁のあり方だと思う」として弁護人が求めた被告人質問を却下した。[20]

これが検察側のアクションであったらどうだったか、また他の高裁、あるいは裁判官が、同様に振る舞うかも今は未知数だ。

2010年5月26日東京高裁が初の破棄自判と報じられたが、判決後の示談で量刑変更をしたもので、控訴制度の「在り方」の本質には関わらない。

2010年9月の段階のメディアは「高裁が一審の裁判員裁判による有罪・無罪の結論を覆す判断はまだないが、事実認定を変更する判決は出始めている」[21]として東京高裁が裁判員判決の誤想過剰防衛を「誤り」として退けた例をあげている。

＊20　読売新聞 2009 年 12 月 14 日付。

＊21　産経新聞大阪版 2010 年 9 月 9 日付。

104　第 2 部　裁判員裁判で適正手続が壊されて行く

これは実質的には、経験則のうち心理学的経験則のとり方によるのではないか。

　裁判員判決への控訴について、公式の統計などはまだ発表されていない。

　何よりも今後、「疑わしきは被告人の利益」・「合理的な疑い」の原則を適用した「市民参加らしい」無罪判決に対する検察官控訴に、各高裁がどのように対処するか、その結果によって、裁判員制度に対する裁判所の実際の姿勢が端的に判明するだろう。

9　三年後検証に向けて

　裁判員制度が発足して１年半、複雑な事件や全面的に無罪を主張する事件がようやく公判前整理手続を終わって、2010年度末までに判決があり、裁判員判決に対する控訴はどうあるべきかが現実のものとして意識されるようになった。

　裁判員法は、附則９条によって、施行後３年で施行状況を検討し「必要があると認めるときは」「所要の措置を講ずる」ことになっている。

　市民参加のトライアルで出された判決への控訴制度、特に無罪判決への検察控訴の是正は、最も必要な「措置」の一つであるはずだ。

　上訴制度にまったく手をつけない形で終わった「裁判員制度・刑事検討会」の議論がその後の実態を通じて検証され、是正されなければならない。

　検察、裁判所の姿勢は上記のとおりだが、一方学者、弁護士らの中にこの問題意識は必ずしも高くなく、学者がどう評価するか、弁護士が実務でどう対処するかは、現在のところ全体として見えていない。

　言論・メディア界も同様で、メディアは現在のところまで自らこの問題について見解を示すことはほとんどない。「裁判員３年目─1500件の成果と課題」と題した2011年１月６日付朝日新聞社説も上訴については触れていない。

　「極刑に向き合った市民が、感情や疑問を押し殺してまで過去の死刑の選択基準を踏襲する必要があるのか。裁判員裁判では従来と判断基準が変わっても良いのではないか」と死刑判決に関して、間接的ながら市民独自の判断の尊重を求める新聞がある程度だ。[22]

　その中で驚くべきことに無期判決が出た「耳掻き店員ら殺し事件」で控訴し

＊22　毎日新聞 2010 年 12 月 15 日付「記者の目」。

第６章　裁判員判決への検察控訴　**105**

なかった検察を非難する記者の意見を大きな記事にした新聞がある。[*23]「求刑した以上控訴が筋だ」と見出しして「検察は法律のプロとして死刑相当と判断して求刑したのだから」控訴すべきだったとする。「そうでなければ、そもそも死刑を避けるべきだったのではないか」という不思議な立論だ。

　ただ別の場面では、一審の裁判に関与した裁判員がその事件の控訴審を傍聴しての声という形で「裁判員判決　事実認定変更も　一審の"民意"高裁どう反映　経験者の男性傍聴『がっかり』」と控訴審の実態に疑問を呈する新聞もある。[*24]

　「従来の裁判はこうだったのかと驚きました」「最も違和感を覚えたのは、争いのあった犯行状況（筆者注：「一審では時間を掛けて検討した」のにとしている）について、裁判長があっさりと『どちらか決すべきとは思われない』と述べたこと」と、その経験者の声として、控訴審が市民参加の意義を減殺する「がっかり」と紹介している。

　このように「裁判員判決への控訴はどうあるべきか」は、その成り行きによっては、一審の裁判員裁判そのものにも影響する。

　三年後検証に向けて、上訴制度の市民参加に必要な改革に、法曹界は真摯に取り組まなければならない。

（「裁判員裁判への検察控訴」法と民主主義455号〔2011年〕）

＊23　毎日新聞2010年12月24日付「記者の目」。
＊24　産経新聞大阪版2010年9月9日付。

第7章

検察審査会をどうするか

1　はじめに

　小沢事件の「強制起訴」そして無罪判決、検察役による控訴で、検察審査会（以下、「検審」）制度がようやく本格的に議論できる状況になった。裁判員制度について同じなのだが、「市民参加」という建前だけでもてはやしてきた論者[*1]もあって、なぜ、何について、市民の判断が必要なのか、その必要とされる判断を市民が正しくできる制度になっているのかが、検証されてこなかった。「強制起訴事件が二件とも無罪」などという現象面ではなく、制度の本質から考えなければならない。

2　「きわめて特異な」制度

　「きわめて特異なもの」とかつて日弁連会長も言ったように[*2]、検審は他の国にはけしてない変わった制度だ。「市民参加」論者は「検審制度と裁判員制度は車の両輪」などと言うが、制度を詳細に知らない発言だ。

　裁判員制度は刑事公判に市民が参加して、有罪・無罪を審理する、つまり検察が起訴した事件の中から市民の目線で「無罪の発見」をするシステムだ。一方、検審は、検察が不起訴にした事件の中から、起訴する＝有罪方向に向けて事件をレールに乗せるシステムだ。もし「車の両輪」だというなら、その二つ

　＊1　大出良知氏ら。
　＊2　日弁連「検察審査会制度の改正案」（発行年度記載なし）の鬼追明夫巻頭言。

第7章　検察審査会をどうするか　**107**

の輪は、相互に逆の方向を向いている。

外国の起訴レベルでの市民参加と比較してみよう。

被害者が（といっても、日本で考えられる被害者以外に、さまざまな事項について関連する公益的な団体も手続できるのでその意味では「市民」とも言える）起訴方向で一定のアクションをすることが認められているのがフランスの「私訴原告制度」（フランス刑訴法２条）である。私訴原告が求めるのは、犯罪による損害賠償で、検察官が先に刑事起訴すればその公訴の手続に乗って賠償請求の訴訟活動ができるが、検察官が起訴しない事件でも私訴原告として先に賠償請求手続を起すことができ、検察官がこれに応じて後追いで公訴提起することができる。しかし、検察官は公訴提起しないこともできるから、これは「市民」の起訴を検察官が事後的にスクリーニングするのであって、日本の検審とは逆である。

イギリス（イングランド）にも私人が治安判事に告訴することによって起訴できる制度はあるが、検察官が事後的に事件を「中断」することができるので、これも検察官がスクリーニングする制度だ。

ドイツにも被害者の刑事裁判への参加制度はあるが、フランスのような市民先行の制度はない。ちなみにドイツで検察官の公訴を事後的に判断するのは裁判所であって、検察が起訴した事件でも、裁判官が「公判に付する決定」をしなければ、公判には至らずに終了する。

逆に、アメリカの大陪審制度は、検察が起訴方向で大陪審事務局に送った所定の事件（重罪事件としている州が多い）について市民選出の大陪審が起訴・不起訴（つまり、一部を不起訴とする）決定をする。イギリスが発祥の制度だが、本国では現在は廃止している。

市民の起訴への関与といっても、日本のように、検察が正式に不起訴とした判断を「市民」が覆して起訴する制度は他の国には無いのだ。

なぜこのような特異な制度ができてしまったのか、戦後日本の法制を民主化する作業をしたGHQは、憲法に続いて始めた刑事法改正作業で陪審と大陪審の制度を含む案を示した。大陪審については「昭和21年３月頃」「総司令部民間情報部保安課法律班」が日本側に示した「刑事訴訟法修正意見」20点のうちの15・16点目が起訴制度についてで、３案のうち「予審については現状維持但し重罪の時は大陪審とする」案なら「実現可能であろう」つまり、裁判官が捜査と起訴をする予審制度を残し、重罪のみを大陪審とするなら、日本側も呑め

るだろうとの妥協案だった。[*3]日本側はまず、1946（昭和21）年8月1日の「司法省刑事局別室」の「刑訴改正要綱試案」で陪審制度を削ることを主張し、[*4]その後、陪審、大陪審問題は議題にしないまま、捜査、公判法の逐条的な審議にさまざまに抵抗し交渉が長引いた。最後はGHQ側が「君たちが、私たちのいったことに賛成ならオーケーだ。しかし賛成しなくてもオーケーだ。とにかく時間がないから早くやれ」と言う状態で「直さなければならないところは幾らでもある」内容で刑訴改定を終わっている。[*5]

　終わりに近く、当時まで同じ司法省に属していた裁判所と検察を分離する検察庁法の新設では、日本側は検察官に令状発布権を持たせることを主張し、GHQが検察の民主化のために主張した検察官公選と大陪審に「代わるものとして検察官適格審査会制度と検察審査会制度がそれぞれ考案された」「その結果我が国情に適したものとして、世界にも類例が無い制度が考案されたといわれている」。[*6]国際的な制度と正反対の制度が、なぜ「我が国情に適し」ているのか不明だが、戦後刑事司法改革の時間切れによって、GHQが司法に入れようとした「民意」を、日本は、検察の起訴を減じる方向ではなく、逆に増やす方向の「特異な」制度に変えた。しかし起訴について法的拘束力を持たない検審は、検察にとって実質無害で、検察はこれもまた世界に例のない現在の起訴独占制度を得ることになる。

　その特異性が、根本問題なのだが、2004年の検審法改定で「強制起訴」が具体化された。小沢事件によって、この問題がさらに見えやすくなった。

3　不起訴の種類

　まず、「検察が不起訴にした事件を起訴する」という検審の判断とは何なのかを詳しく考える必要がある。検察審査会法（以下、「検審法」）30条は、「検察官の公訴を提起しない処分」について、申立権者（事件の告訴・告発・請求者、被害者）が適法な申立てをしたときに、検審が審査すると定めて、全不起訴事件を対象にしているのだが、小沢事件を機に、対象事件を再考し、不起訴の種類で分けて縮小すべきだという議論が表面化した。

＊3　「刑事訴訟法の制定過程（六）」法学協会雑誌92巻5号（1975年）107頁。
＊4　「刑事訴訟法の制定過程（八）」法学協会雑誌92巻7号（1975年）113頁。
＊5　座談会「刑事訴訟法の制定過程」ジュリスト551号（1974年）57頁。
＊6　最高裁判所事務総局刑事局監修『検察審査会五〇年史』（法曹会、2002年）13〜14頁。

表1

訴訟条件がない	訴訟条件がある	
	事件が 罪とならない	刑事未成年 心神喪失 罪とならず
	犯罪の 嫌疑がない	嫌疑なし 嫌疑不十分
	犯罪の 嫌疑がある	刑の免除 起訴猶予

基本から見ていこう。

検察の事件処理には、終局処分（と言っても、時効完成までは何時でも「再起」できる）と中間処分があるが、不起訴処分は終局処分で、**表1**の種類がある。

このうち検審に申立てられて問題になるのは、実際にはもっぱら「嫌疑不十分」と「起訴猶予」だ。他の種類の不起訴は形式的な判断であるし年間の処分数自体ほんの少数だ。

4 「嫌疑不十分」事件で検審は何をするのか

今回問題となった「小沢事件」は名目「嫌疑不十分」だ。

「嫌疑不十分」とは「犯罪の成立を認定すべき証拠が不十分なとき」の処分だ。

検察の公式見解と見てよい『検察講義案』[7]は「検察の実務においては、的確な証拠に基づき有罪判決が得られる高度な見込みがある場合に限って起訴するという原則に厳格に従っている」とし、さらに注として「『検察官は、主観的に犯罪の嫌疑があると認めた場合には直ちに起訴することを原則とすべきである』との見解が一部にあるが、この見解は、検察官が起訴時において『一応の犯罪の嫌疑が認められる』程度のおおまかな証拠判断に立ち、起訴後の証拠収集をも期待しつつ、公訴を提起するという在り方を一般化することになろう。これでは、犯罪の嫌疑不十分でない者が多く起訴される結果となり」として、「この見解」を否定している。この基準に照らして「犯罪の成立を認定すべき証拠

＊7　司法研修所検察教官室編『検察講義案（改訂版）』（法曹会、2002年）102～103頁。

110　第2部　裁判員裁判で適正手続が壊されて行く

が不十分なとき」には「嫌疑不十分」として不起訴裁定をする。[*8]

　検察官（「検察官同一体の原則」により、実務としては上司の、事件によっては最高検までに決済を経て決する）が、この基準に従って「嫌疑不十分」とした事件を、検審が起訴相当とするとき、その判断とは、何なのか。

　論理的にはつぎの３つがあり得る。①検審が独自に新たに「資料」を採取したことによって、上記「検察起訴基準」によっても「証拠が十分」になったための起訴、②そうではなく、同じ証拠で判断するのであれば、「的確な証拠に基づき有罪判決が得られる高度な見込みがある場合に限って起訴するという原則」を緩めての、上記検察当局の見解からすれば、「犯罪の嫌疑が十分でない者が多く起訴される」起訴基準での起訴、③検察の「嫌疑不十分」判断が間違っていて、上記基準からは起訴しなければならない事件を不起訴にした。

　①は、検審に、捜査機関である検察庁以上の証拠収集能力を期待することが前提だが、強制力も限られていた（証人喚問についての裁判所から出してもらう「召喚状」〔検審法37条〕だけである）。捜査官を抱えているわけではなく、組織として無理である。小沢事件では任意の事情聴取を申し入れたが断られている。

　②であれば、「市民参加」だからと、検審に申し立てられた事件だけ、起訴基準を変えることになって、法律上あり得ない。「一定の有罪の証拠があれば公開の裁判所で討議すべきだと議決するのです」と検審の起訴が検察起訴と違うかのように唱える論者[*9]がいるが、そんな規定はどこにもない。同じ起訴だ。

　③そこで③なのだが、検察関係者はこの枠組みも好まない。検察の証拠判断が間違うことを認めたくはないのは当然であろう。検審の対象を起訴猶予事件に限るべきだとする意見の理由はここにある。[*10]

5　「起訴猶予」事件で検審は何をするのか

　では、「起訴猶予」処分とはどんな判断によるのか。この点については刑訴法自体が、検察官の権限として「犯人の性格、年齢及び境遇、犯罪の軽重及び情状並びに犯罪後の情況により訴追を必要としないときは、公訴を提起しないことができる」（248条）と規定している。「犯人の」とある通り、証拠上有罪を前提としての事件処理である点で、嫌疑不十分とはまったく異なる。有罪だ

＊8　事件事務規程72Ⅱ⑱。
＊9　四宮談話・朝日新聞 2012 年 4 月 27 日付。
＊10　髙井康行元検事は以前からそう唱える。

第7章　検察審査会をどうするか　111

が、起訴するよりも、猶予した方が、犯罪者が更生する可能性が高いとの検察官の判断する不起訴処分で、国連「検察官の役割についての指標」でも「起訴、有罪宣告にともなう烙印、それによって起こる可能性のある悪影響を回避するためにも」として「起訴することに替わる代替措置」を推奨しているように[*11]国際的に共通の「特別予防効果」のための刑事政策だ。

日本の検察当局の見解も「犯罪者の社会復帰は、犯罪性向の初期のうちになされるほど、より効果が高い」「刑罰を科さないことが、犯人の社会復帰を著しく容易にするかどうか」で判断するとしている。[*12]この基準については、本来、矯正・保護の知識と経験が必要な処分で、現在は事実上検察官が判断しているのだが、問題なしとしない。まして、まったくの素人である市民が矯正・保護の判断ができるのか、して良いのか、は疑問なのだ。

ただ、『検察講義案』は前引用に続けて「また、刑罰を科さなくても、社会秩序の維持を図ることができるかどうか」で猶予するという法律にない記述がある。「社会秩序の維持」と何か。刑事政策とは別の理由での起訴猶予が示唆されていてひっかかる。つぎで再考する。

6 「嫌疑不十分」と「起訴猶予」の混じり合い

その起訴猶予が、検察の事件処理総数のうちどれくらいを占めるか、知って驚く人は多いと思う。2009年度の犯罪白書から挙げる（**表2**。数字は％）。

例年のことだが、起訴猶予が全事件処理の半数以上に上る。しかも起訴猶予の割合は、年を追うごとにどんどん増えている。一方「嫌疑不十分」の項目はここにはない。「その他の不起訴」4.4％の中に一緒にされている。それほど少ないのだ。嫌疑不十分の数を見ると、起訴猶予57.5％に対して、嫌疑不十分4.0％でほぼ14分の1でしかない。なぜなのか。

「嫌疑不十分」と「起訴猶予」の建前上の区分は、3に書いたとおりだが、実務では「混じり合っている」現実がある。まず、「起訴猶予」の中には、実質「嫌疑不十分」の事件が入っている。

起訴前弁護活動をした弁護士は、比較的小規模の事件で「今回限り勘弁しておく」と「起訴猶予」の形で不起訴処分を得た経験を多く持っているはずだ。

---

* 11　Guideline on the Role of Prosecution §18　拙著『テキスト国際刑事人権法各論（上）』（信山社、1997年）309頁以下に指標全文。

* 12　前掲注6書144頁。

表2　全体の事件処理の割合　（数字は%）

公判請求	略式命令請求	起訴猶予	その他不起訴	家裁送致
7.0	24.7	52.1	4.4	9.1

表3　公務員犯罪の事件処理の場合

公判請求	略式命令請求	起訴猶予	その他不起訴	家裁送致
1.9	7.8	76.9	12.7	1.9

　実際は証拠が不十分であっても、検察官は被疑者や弁護人に対して「証拠が足りないから起訴できない」とは言わず、示談などを条件に「起訴猶予にしておく」と言う。また、こうすれば、ぎりぎりまで証拠を集める必要もなく、検察官は事件をどんどん落せる。「認めれば起訴猶予にしてやれるんだが、突っ張ってるなら正式起訴しかないな」などと言って自白調書に同意させることもできる。被疑者は不満な調書でも同意して終わる。

　公務員犯罪では、**表1**の全体数に比べて、公判請求は3分の1以下しかなく、反対に起訴猶予は1.5倍もある。「公務員は一般人より起訴猶予になる」と数字は訴えている。

　「嫌疑が十分にあるにもかかわらず政治的・党派的理由から政治家や公務員の罪を見逃す検察の不起訴処分[13]」を示す統計だ。『検察講義案』でなんだか引っかかった、刑事政策とは異質な「刑罰を科さなくても、社会秩序の維持を図ることができるかどうか」という猶予基準は、「政治家や公務」に特別の「ゆるめられた」基準を適用する理由付けだったのだ。

　しかし小沢事件の検察の処分は「起訴猶予」ではなく「嫌疑不十分」だった。仙谷由人民主党政策調査会長代行が「起訴猶予だと思っていた」と語ったことは、弁護士でもある同氏が、「嫌疑不十分」ではなくて、「政治家」基準で「起訴猶予」になったと受け取る現実を示している。

　しかし検審は、これだけ「政治とカネ」で騒がれた事件を起訴猶予にすることはできなかった。「政治的・党派的理由から」であることがあまりにも露骨

＊13　今関源成「検察審査会による強制起訴──『統治主体』としての『国民』」法律時報83巻4号（2011年）2頁。

第7章　検察審査会をどうするか　113

に見えてしまう。

しかし起訴はできないと検察上層部の判断が下った。そうであれば「嫌疑不十分」名目で事件処理するほかないではないか。こうして政治的な局面では、「起訴猶予」から「嫌疑不十分」に移るという、一般事件とは逆の混じり合いも起こるのだ。

7　検察が検審を動かす

東京地検特捜部は、小沢事件について東京第五検審が1度目の起訴相当議決をした2010年4月27日直後の4月30日から5月19日の日付で作成した6通の文書を同検審に提出したという、週刊朝日によればその6通とは①検察審査会[*14]議決の考え方についての検討結果、②想定弁解の検討結果について、③田代報告書、④小沢供述の不合理・不自然性について、⑤4億円の出所に関する捜査の状況について、⑥再捜査の結果を踏まえた証拠の評価等について、だという。

「小沢氏の起訴に執念を燃やす特捜部が、検事総長ら上層部のために作成したとされる」「しかし『この程度の資料で、小沢氏のような大物の不起訴方針を覆すのは誰が見てもムリ。むしろ検審を視野に入れて、一般の人にも非常にわかりやすく書かれている』（東京地検幹部）」と同誌は書いている。

石川尋問の内容に虚偽記載を混入させた「田代報告書」も含め、6通の文書は「捜査報告書」とされているが、その性格は、検察官が一部事実報告（田代報告書はこの事実部分にも虚偽があった）に混えて検察側の意見を書いた文章である。前記週刊朝日によれば、「陸山会の不動産購入原資となった4億円の出所について」、「和子（注＝小沢氏の妻）を聴取すれば、小沢供述の虚偽性がさらに明白になる可能性があるが、小沢は和子の聴取を拒否している」等々の記述がある。

これを読んだ検審の審査員らが「裁判になれば、和子を証人に呼べるのだから、出所が明らかになるはずだ」などと判断する可能性がある記述だ。

一方検察は、そのカネの出所に関するらしいゼネコン関係者の取調べメモ70通を検審に出さないままだという。[*15]

起訴相当議決をした東京第五検審の審査補助員だった弁護士は東京地裁の石

＊14　「爆弾スクープ　極秘『捜査報告書』の全貌をついに掴んだ　小沢一郎を陥れた検察の『謀略』」週刊朝日2012年5月4日号18～24頁。

＊15　読売新聞2012年2月9日付夕刊。

114　第2部　裁判員裁判で適正手続が壊されて行く

川調書却下決定を受けて「市民は検察が出してきた資料に基づいて審査するしかない」と「検察に苦言を呈した」と報じられた。[*16]

　こういう情報操作をすれば、検察は検審の議決を思うままに操ることも可能だ。

　検察に検審「『誘導の禁止』を法律で定め」「一切の捜査資料を出すことを義務付ける」べきだとの意見がある。[*17] しかしそれには現行の検審法を跡形もないほど変えなければならない。検審法35条は「検察官は、検察審査会の要求があるときは、審査に必要な資料を提出し、又は会議に出席して意見を述べなければならない」と定める。「資料」は「全証拠」ではないし「資料」だから実質は検察官の意見書のような前記6通も形式的には違法ではなく、その上検察官は、検審に出席して意見を述べたようだ。③の田代報告書は「一部幹部から指示され」ての作成だったという。[*18] 起訴は、検察庁のある程度上のレベルまでの意思だったようだ。起訴に執念を燃やしていた様子がひしひしと伝わってくる。その熱意の情報操作もあって、「強制起訴」は実現した。

　検審法は、「検察の起訴独占への民意による修正」という建前とは逆に「検察ができないことを検審を使ってする」使い方を可能にする法律であることが今回明らかになった。

　小沢事件では検察官（実働部隊）の意見は起訴方向、とねじれていたが、事件によっては、これが不起訴方向であることももちろんあり得る。制度趣旨からすればその方が多いはずだ。

　「公訴権の実行に関し民意を反映させてその適正を図るため」（検審法1条）という目的規定に反する検察の意向に添う使い方ができるのは、ある意味「立法者意思」と言える。

　検審の議決に法的拘束力を与えず、検察の与える情報のみで判断するという基本的骨組みを除けば、実にラフにつくられているのは、本気で「民意」による検察官起訴独占のチェックなど予定していない、大陪審、陪審制を阻止するためのGHQへの名目的立法だった経緯が条文の姿となって残されていたのだ。この法律は、修正して「強制起訴」を入れてもなお、検察の望む議決が得られるという根深い本質を持っている。

＊16　朝日新聞2012年2月18日付。

＊17　山下幸夫弁護士談話・朝日新聞2012年4月28日付。

＊18　毎日新聞2012年5月11日付。

8　検審をどうするか

　検審のこうした性格が一般にも少しは見えた今回の事件から、いくつかの制度修正意見が出ている。上記した以外を紙数の限りで挙げる。

　①　検審の審査手続に被疑者の弁明や弁護人の関与を認め、あるいは密行制を変えるべしとの意見。「言い分も聞かないで決められる」ことへの不満だ。

　しかしそうすると対審構造になってしまう。審査は証拠能力を問題にしない「資料」による。そのまま被疑者側の関与だけを認めるなら、「資料裁判」といったものになる上「裁判を二度やる」ということになる。もともと検察の事件処理自体、被疑者側の弁明を聞く義務を法定していない。アメリカの大陪審も、密行であり、弁護人の関与は認められず、被疑者は「証人」となることを求められ、あるいは進んでなる以外に手続に関与することはできない。ただ、大陪審は事件を不起訴にする選択の制度であることは繰り返しておく。

　②　議決過程、審査員の年齢や性別などを明らかにすべき。

　これは裁判員制度にも共通することだ。人の刑事罰を決定する以上、責任を持つ意味でも、名前を明らかにするべきだとの議論に行き着く。

　③　審査補助員を増員し、助言できる内容を明定すること。マスメディア情報の影響を受けないようにすること。これも裁判員に正しい「説示」を正確に伝えることを法に規定するべきであるのと通じ、「あるべき民意」を正しく引き出す制度の問題だ。

　④　（特に嫌疑不十分事件を強制起訴するには）議決を審査員の全員一致とする。これらの改革は、それだけでなく、7で書いた検審法の本質を変える改革とともにしなければならない。たとえば、検察の「誘導」をなくすには検審法35条を全面改訂して、検察はすべての捜査資料を提出し、審査補助員が検察の意見にわたる部分をカットした上で審査員に見せ、しかも公判での証拠能力について的確な説明をするなど、審査手続の全体を見直し多数の条文を新設しなければならない。

　そこでもしそれができるとしたら、市民が検察のした不起訴を起訴に変えるという「世界にも類例の無い」「特異な制度」が必要だろうか。

　＊19　以上の多くは神洋明弁護士談話・毎日新聞 2012 年 4 月 29 日付。

検察関係者の、対象を「起訴猶予」に限るべきだという意見だが、起訴猶予といっても、刑訴法の建前どおりの矯正・保護についての判断が無作為抽出の市民にできるのかは疑問だし、嫌疑不十分にも小沢事件のようなものもある。もし「市民による起訴」制度が必要だとしたら、それは不起訴の種類で分けられるものではなく、日本では検察が起訴しない、あるいはできない事件に限定してだろう。

　つまり、**表3**（113頁）のような公務員（多分地位が上の）、政治家。そして大企業による事故（福知山脱線事故など）や公害事件、罪種としては贈収賄、特別公務員暴行陵虐罪（付審判による不起訴、裁判での無罪率は目を覆うばかりだ）などだ。

　それとともに市民起訴事件では裁判所のあり方が根本的に変えられなければならない。

　小沢事件で裁判所は検察が検審に「事実に反する捜査報告書」を提出し「判断を誤らせるようなこと」をしたと認定した。それなら誤った虞がある検審の議決を無効としなければならない。

　無効なら当該事件はどうなるのか。検審法には規定がない。

　上記立法の経緯からだろうが、本気で使いこなすための細部の手続を欠く不完全な法だ。そうであれば裁判所が判例でつくって行かなければならないのだが、この裁判所はそれを放棄し、結果的に検察の違法を野放しにした。

　デュープロセスを軽視して罪体判断をしたがる日本の裁判所の常だが、小沢事件では一方で検察官役の冒頭陳述中「『国民の浄財』である政治資金の使途として合理性に疑問のあるものもある」は「証拠に基づかない意見や評価」と弁護人が異議、削除を求めるとの異議を容れて削除させるという異例も見られた。

　この報道に「4億円説明必要ない」と見出しした新聞もある。[20]

　そして注目の判決、元秘書等の政治資金収支報告書の虚偽記入・被告の報告受理・了承まで認定した上「共謀について証拠不十分」との理由で無罪にした。

　多くの人が指摘しているように、この認定は共謀共同正犯の判例等に反する。[21] 反対説も根強い共謀共同正犯理論を、暴力団や名もない民間人には適用するが、大物政治家には使わないというのが、裁判所の姿勢か。

＊20　読売新聞 2011 年 10 月 13 日付。
＊21　誰もが引く最決平 15・5・1 刑集 57・5・507 以外にも大阪高判 16・2・24、大阪高平 14・10・13、東京地判 13・10・22、大阪高判平 13・6・21 等。

第7章　検察審査会をどうするか　**117**

一方、最高裁は小沢事件の検審審査員の選定に「強制起訴」が出易いよう操作を行ったとの報道もある。裁判所全体としてすることがバラバラなのだ。
^{*22}

　世界に例のない特異な「市民による起訴」制度を存続させるには検察のみならず裁判所も政治から自由になることが前提だろう。

（「検察審査会をどうするか」法と民主主義468号〔2012年〕）

＊22　サンデー毎日2012年2月26日号16頁以下。

第3部

市民の意見で判決されているか

第1章

裁判員裁判と合わない判決書

　一般市民を裁判の判断者にするという変革をした裁判員制度によって、これまで裁判官裁判のためにつくられ、運用されてきた裁判手続は、当然市民参加に必須の変革が必要だった。しかし政府・最高裁は、裁判員の選任とこれに伴う義務を主内容とする裁判員法を制定しただけで、刑事訴訟法を市民参加手続に変えることをしないまま、制度を発足させてしまった。

　事実上裁判員制度の準備として立法された316条の2以下の「公判前整理手続」条項は他の事件にも適用し得る（316条の2）し、281条の3〜5「開示証拠の不正使用禁止」は全事件を対象とする。後者は市民参加とは関係ないし、前者には、証拠開示に枠をはめて小出しに開示しながら、引き換えに被告側に予め自白を迫るという批判があり、裁判員からは整理の内容にアクセスできない不満も出ている。市民参加制度に役立つ機能を果たす適用はされていない。

　全く変えられなかった刑訴手続の重要な1つに判決（裁判）の形式がある。

　「裁判所または裁判官（筆者注：つまり裁判体）の意思表示[*1]」である判決を、どのような形で示すのか。その宣告の方式、どのような発想で何を表示するのか、そこには、単なる形式だけではない、いわば「裁判の思想」が現れる。

　日本では裁判員制発足前、裁判官裁判の判決書のスタイルは「天皇の名において」判決を下すとしいてた大審院時代から変らない基本によっていた。

　市民参加制度が実施された以後も同じで、判決書前文に「裁判員の参加する審理及び評議により」という1句が加えられたこと（その後この1句が無い形が普通になって行く）、裁判官裁判では判決言い渡し時にはできていなくても良い

　＊1　田宮裕『刑事訴訟法［新版］』（有斐閣、2003年）416頁。

第1章　裁判員裁判と合わない判決書　**121**

とされていた判決書が、言い渡しが終われば解散してしまう裁判員に示して同意を得るために、その時点までにはできている形になっただけだ。[*2]

　世界にはさまざまな市民参加制度があるが、それぞれの判決スタイルは、参加する市民に対して国家が与える性格付けを現している。

　その主要なタイプから見ていこう。

1　市民参加の判決スタイル

(1)　イギリスの陪審裁判の判決

　無作為抽出の一般市民12人が、１事件限り、裁判官の関与なしに有罪・無罪を決める。「民の声は天の声」との思想によるいわば純粋な市民参加の原型で、評決は全員一致とされていた。ただイギリスでは、1967年Criminal Justice Act 刑事裁判法によって、全員一致の評決が困難であるなど一定の場合は、多数決（12人中11対１または10対２）によることが認められるようになった。多数決に移行することが許されるのは陪審員らが評議室へ入ってから２時間10分以上経過した後でなければならない。[*3]この条件が満たされた時以後、多数決に移行するかを決めるのは裁判長の裁量である。

　判決は陪審員長が、訴因について有罪か無罪かの答弁をするだけで、判決文の交付などはなく、理由についてはどこからも示されない。ただ多数決で無罪の評決をしたときは、その数は公表されないが、多数決で有罪の評決をしたときは、陪審員長は法廷でその数を告げなければならない。

　しかし次にあげるアメリカと違い、陪審員が評議・評決について明かすことは、裁判所侮辱法Contempt of Court Act 1981の８条によって禁じられている[*4]ので、判決理由に関して、当事者も、国民も上記以外の情報を得ることはできない。

＊２　制度導入以前は、刑事判決は公判廷での宣告で成立し、宣告前の裁判書の作成は要求されないとされ、後日当事者に渡される「謄本」と宣告では理由の記述が違うのではないかという声はしばしば聞かれたが、録音は許されていないし、確かめることはできなかった。

＊３　Practice Direction（Criminal MajorityVerdicts）1967 1 WLR1198.

＊４　イギリスでは、非常に古くから、王権のコロラリーとしての裁判所の権威に対する不敬罪がコモンローとして適用されてきたが、サンデータイムズ事件についてのヨーロッパ人権裁判所の判決など国際人権から表現の自由への制限があいまいな基準でなされていることが批判されたため、明確化を計るとして制定法化された。しかしまだ様々な批判が続いている。陪審の評決の秘密漏洩を禁止する８条は、条文だけからでも「審理中慣行」＝審理の秘密保護は審理の開始から完了までとする＝に反するのではないかとの疑義がある。

122　第３部　市民の意見で判決されているか

⑵ アメリカの陪審裁判の判決

無作為抽出の一般市民12人が、1事件限り参加し、市民だけで評議・評決し、全員一致で出した訴因についての有罪・無罪の答弁をすることは、イギリスと同様だ。ただ最近は、州によっては多数決によることを認める州もある。[*5]

しかし判決理由を知る当事者と国民の権利は保障される。

まず当事者は、評決の内容を知る権利があり、法廷で弁護人が有罪か無罪かにつき「この結論を取った人は手を挙げて下さい」と求め、陪審が挙手する。[*6]

陪審員が評議・評決について明かすことは、判決後は禁じられていないので、メディアなどが群がって聴取することは広く知られている。

⑶ フランスの陪審裁判の判決

フランスはフランス革命によって陪審制度をヨーロッパ→世界中に普及させた国だが、第二次大戦中の1941年にナチの方針にしたがったヴィシー政権が刑訴法を改定、評議・評決に裁判官が加わる形になった（現在陪審員9と裁判官3だが、2013年1月からは陪審員6と裁判官3の改定条項が実施される）。しかし現在でも法律上 Jury、Juré 陪審・陪審員の名称が使われているのは、これまでは裁判官より市民の方が圧倒的多数で、判決の内容を市民だけで決められたこと、裁判体に対して「設問」が示され、評議・評決の形式も陪審制時代のままであり、答申がそのまま判決となって判決理由は示されないなど、裁判官が参加する以外の点では陪審制だからだ。

「設問」は英米のように起訴事実全体についての有罪・無罪だけではなく争点に応じて複数とすることができる。例えば「被告は×年×月×日、××において、被害者××に対して××の暴行を加えたか」「その暴行は被害者の死をもたらしたか」「被告は被害者を死亡させる意図を有していたか」など。また日本で言う縮小認定に備えて「副次的設問」を加えることもでき、こうした設問の設定次第では評決の理由がより明らかになる。

評決は秘密投票で行われ、陪審員と裁判官は全員が投票用紙に無記名で自ら

＊5　陪審裁判を受ける権利は、全員一致でなくとも侵害されないのか。連邦最高裁は、1976年のGrey v. Lucas,463 U.S. 1237 で11対1と10対2を、1983年の In re Kemmler,136 U.S.436 で9対3までを侵害にはならないと判決した。

＊6　ローク・リード他『アメリカの刑事手続』（有斐閣、1987年）293頁で「テキサス州の場合」として紹介されている。

第1章　裁判員裁判と合わない判決書　**123**

の答申を書き、折って投票箱に入れ、裁判長が全員の前で取り出して読み上げる。特別多数制であり、被告へのあらゆる不利な決定は、少なくとも8票以上の多数（2013年1月からは7票以上）でなければ決められない。これより少なければ、犯罪全体への設問は無罪答申、その他の設問は被告有利の答申となる。

　判決は法廷で宣告される。各設問ごとに「少なくとも8票（筆者注：現行）以上でウイカノンの評決結果」、適用法令、判決主文が言い渡される。理由が付されないことは英米と同じ。言い渡し後書記官が判決書を作成するが、上記に、被告の個人特定事項と弁護人氏名などの手続的な事項が付加されるだけだ。

(4)　ロシアの陪審裁判の判決

　ロシアは帝政時代陪審制度があったが、1917年ロシア革命で廃止されて参審制となった。ソ連解体後の1992年「司法改革の基本構想」に基づいて1993年に地域限定で陪審制が復活し、2001年新刑訴法によって、全国に実施された。

　陪審裁判は、対象犯罪事件のうち被告が請求した事件に適用される。

　陪審は12人で構成され、裁判官から「設問」を受けて答申する。全員一致を目指さなければならないが、評議開始から3時間経過しても一致に至らない場合は、投票による多数決（過半数）で決める。

　設問は、被告が訴追されている行為ごとに、基本的には以下の3問だ。①犯罪行為が存在したことが立証されたか、②その行為が被告によってなされたことが立証されたか、③その行為の実行につき、被告に責任があるか。

　設問は裁判官が作って書面で当事者に示す。「設問の立て方が陪審の判断に影響を及ぼす可能性があるため、当事者は、設問の内容と定式について見解を述べる権利を持ち、裁判官はそれを考慮して設問を最終的に定式化する」（以上、小森田秋夫『ロシアの陪審裁判』〔東洋書店、2003年〕による）。

　基本的3問が具体的事件でどんな設問になるのかを小森田教授が実際に傍聴して収集された実例で示そう。この事件は2人の共犯被告の併合審理で、住居侵入強盗殺人等、日本流に言えば訴因が11ある事件なので設問は全部で46になっているが、長くなるのでそのうち1人の被告（S. D.）に対する最初の訴因についての罪体・有責性・情状についての設問のみを引用する。[7]

　①　2002年4月13日23時ごろ、沿海地方パルチザン地区ニコラエフ村…通り

　＊7　2003年7月31日　ヴラヂヴォストーク市の沿海地方裁判所で行われた住居侵入罪等被告事件での裁判長から陪審への設問　小森田秋夫神奈川大学教授より提供。46の設問中10〜14は本文掲載の同氏『ロシアの陪審裁判』に収録されている。

にある M. V. のアパートの入口の扉が、M が扉を開けるのを拒絶したため、足で何度も蹴られ、そのため、扉が壊され、そののち、M の許可と同意なく壊された扉を通って彼女のアパートへの侵入がなされた、ということは立証されたか？

②　もし第1問に肯定的な答えが与えられたとしたら、そこで記述された行為は、もうひとりの者とともに S. D. が実行したということ、彼の具体的な行為は、もうひとりの者とともに、S. N. との関係を明らかにすることを欲して彼の母親である M. V. の家に赴き、扉を開けるよう彼女に要求し、彼女がそれを拒絶したあと、もうひとりの者とともに入口の扉を足で何度も蹴り、そのことによってそれを壊し、そののち、もうひとりの者とともに M のアパートに侵入した、ということであることは立証されたか？

③　もし第2問に肯定的な答えが与えられたとしたら、S. D. は、第1、第2問において記述された行為の実行について有責であるか？

④　もし第3問に肯定的な答えが与えられたとしたら S. D. は特別な情状酌量に値するか？

⑤　もし第4問に否定的な答えが与えられたとしたら、S. D. は（筆者注：通常の）情状酌量に値するか？

フランスよりも格段に詳しく、評決の理由を知ることができる。

(5)　ドイツの参審裁判の判決

以上の陪審制の判決に対して、参審制の判決は明らかに違う。例としてドイツをあげる。

第一審を担当するのは、重罪事件は日本の地裁に当たる州裁判所大刑事部（裁判官3と参審員2）、宣告刑が4年を超えない犯罪は区裁判所（裁判官1あるいは2と参審員2）法定刑2年までは裁判官裁判である。参加市民の数は1975年に6人から減らされて現状になった。

参審員は法文上 Ehernamtliche Richter 名誉職裁判官と呼ばれて、職業裁判官と「全く同等の評決権を行使」すると法文上明記されている。政党、地方自治体、行政機関などの推薦によって任命され、実際には地方議員が多いという。任命されると刑訴法などの教育を受けた上で（州によっては「継続教育」を行うところもある）、現在5年の任期で勤務し、その間に所属部に係属した全事件を担当する。

有罪判決をするには3分の2で、当然、裁判官、参審員のどちらかだけでは

第1章　裁判員裁判と合わない判決書　**125**

できない。3分の2に至らなかったら無罪という規定も、英米やフランスのように、他の陪審で審理し直すという規定もない。結局合意が図られるということなのだろうが「参審員は被告に有利な判断をする傾向が多少見られるが」「こうした参審員の反対意見が評決で通ることは稀である[*8]」といわれ、裁判官の影響を懸念する声もある[*9]。

判決は裁判官のみで書く判決書で出され、日本の判決書とよく似たスタイルで、手続事項に次いで主文、理由となる。理由には証拠の引用もされ、冒頭、被告の成育歴等と前科が記載されるところが特徴的だ。評議については守秘義務が課されているので「理由」について判決書以上の情報は出ない。

2 市民参加で判決理由を書けるのか

日本では、裁判員裁判でも、従来の裁判官裁判の判決書のままのスタイルの判決書が出されている。

裁判員と裁判官が、評議でどのような発言を交わした結果この判決になったのかは、守秘義務によって一切わからないのだが、判決書の発想・文脈の運びからして、例えばまず最高裁の判例をあげて自らの立ち位置を示すなどした上[*10]で、証拠判断を加えながら検察官の主張（必要があると考える部分では弁護側の主張も）を逐一吟味して、その成否をコメントしながら進み、主文の判断が正当であると論証する発想は、終始裁判官の思考過程であり思想だ。

判決文からも明らかだが、裁判員裁判の判決書は裁判官が書いている。

制度実施直後は「裁判員裁判は3日が原則」という最高裁の方針があったし、

＊8　最高裁判所事務総局刑事局監修『陪審・参審制度　ドイツ編』（司法協会、2000 年）177 頁。

＊9　評決前の裁判官と参審員の意見の不一致が事実認定では 11％、量刑では 20％（参審員の能力に関するカスパー＝ツァイゼル調査）だが、参審制度の課題は、裁判官の能力であり、それは「参審員を説得する能力である」といわれている。「裁判長が休廷中に参審員をカフェテリアに誘い裁判長に同意するようサインを送る」などの報告もあるという（田口守一「ドイツの裁判所における参審員と職業裁判官」比較法学 42 巻 1 号〔2008 年〕163 頁より）裁判官から不当な影響を受けたと言う参審員、東京三弁護士会陪審制度委員会『フランスの陪審制とドイツの参審制』（1996 年）107 頁、「素人裁判官には職業裁判官をコントロールする能力がないからそこで終わってしまう」裁判官は素人裁判官が反対しても「自分の法律知識や理論を使って自分の意見を通すことができる」など 156、159、160 頁等。

＊10　拙稿「裁判員制度 2 年無罪判決は市民参加の成果か──2010 年 12 月 10 日の鹿児島地裁判決を資料に」法と民主主義 460 号（2011 年）80 頁以下（⇨本書第 1 部第 1 章収録）、「事実認定とは何かを改めて考える」法律時報 89 巻 9・10 号（2011 年）76 頁以下（⇨本書第 1 部第 2 章収録）参照。

判決言い渡しの時刻まで含めて分刻みの審理日程表がマスメディアにまで配布され、結審から２〜３時間後に判決言渡しというのがむしろ普通だった。当然主任裁判官は、審理の進行中に併行して判決文を起案していかなければならない。現在「評議は最多の11日」「首都圏連続不審死事件の裁判の100日間に次ぐ長さ」などと報じられているように結審から言渡しまでの日数は増えたが、それだけ大きい事件だから、審理中から併行して判決文を起案していくことは変らないという。

　日本では司法制度改革による市民参加制度導入のため、矢口洪一最高裁長官が、裁判官100人を世界中に派遣して実態調査をさせ、その結果を多くの報告書にまとめている[11]。その中でフランスの参加制度を視察した裁判官が「そもそも参審裁判（筆者注：フランスの市民参加）では理由を記載することが不可能ないし著しく困難であるため」と書いている[12]。

　その「困難」を押して、裁判員裁判で現在のようなスタイルの文書で判決を出す以上、裁判体の構成員に内容を確認するのはまた当然だが、ほとんどは言い渡し直前に読み聞かされるだけ[13]、一部ではコピーが配布されて目視しながら聞くという[14]。

　裁判員と裁判官の評議はどのように進められているのか。

　「評議に至るまでの間の、裁判員の緊張を解くための雰囲気作りが大事である。休廷中にこまめに事件の感想を聞く等、自由に発言しやすい雰囲気を作っている」「全体の評議の前に裁判官の両隣にいる裁判員と雑談のような形のミニ評議をして、その話題の提供をしあう。そこから出た意見を出してもらって議論を進めている。いったん火がつけば意見は出てくる[15]」というように、「発言してもらう」ことを第１に「自由に」行われる評議で、現行の判決書に書くような順序と発想で評議することは不可能なのが実情だろう。

　そうした「自由な」評議を終えたあと、それとは異質な裁判官スタイルの判決書を読み聞かされる過程で、理由中の記述について「そこは評議では出てい

＊11　前掲注８書と次注のシリーズのほか「海外司法ジャーナル」シリーズなど。

＊12　最高裁判所事務総局刑事局監修『陪審・参審制度　フランス編』（司法協会、2001年）217頁。

＊13　毎日新聞2012年12月５日付（都内版）「鳥取連続不審死裁判」。

＊14　「裁判への市民参加を進める会（裁判員ＡＣＴ）」が、裁判員になった際に心に留めておくべき内容をまとめた「裁判員ノート」では、交付されたり、されなかったりしている判決文について「裁判所に真剣に議論した結果をほしいと伝えよう」と強調されていると報道された。朝日新聞2011年12月８日付（都内版）。

＊15　2010年５月21日東京高等裁判所で行われた裁判員制度に関する裁判官意見交換会記録。

なかった」などと発言することは、おそらく筆者であってもできない。まして
はじめて判決文というものを聞く一般市民は、「こういうものなのだ」と認識
するばかりなのが大勢だろう。

参審員が訓練を受けて5年も執務するドイツでも、判決書は裁判官が書き、
公判廷での判決宣告で「評議で議論していなかった事項について述べたり、評
議の結論と異なることを述べたりすることはないが、理由付けの内容について
は適宜裁判長が肉付けをしていた」「判決書の内容は、宣告時の説明を膨らま
せたもの」[16]という。

英米で陪審判決が主文だけなのは、理由について、評議・評決の結果を判決
文で正確に表すことなどできないという現実に忠実な制度だとも考えられる。

3　人はどこで判決を決めるのか

さてでは、職業裁判官は、判決書の順序で判断事項ごとに証拠評価から成否
を判断し、その論理的帰結として主文に至るのだろうか。

筆者には忘れられない体験がある。

司法修習の刑事裁判実務修習で東京地裁に配属された時、その判事室は旧庁
舎のお堀に面した部屋で、裁判官3人はお堀側の窓に向かって机を並べて座っ
ていた。

当時刑事事件は少なく、この部で合議事件が判決になったのは、3カ月の修
習中たぶん2〜3件しかなかったように記憶する。最初の1件が結審した日、
修習生は、本物の裁判官はどのように証拠評価意見を戦わすのかとわくわくす
る思いで待っていた。

法廷から帰って窓に机を並べた3人ともお堀を見たまま、部総括（裁判長）
が言った。「5年ですかね」。両陪席はうやうやしく無言。「○○君（事件の主任。
左陪席で最後に最高裁判事になった人）じゃ、その線で書いてみて下さい」「は、
はい」と左陪席。

合議はそれで終わりだった。

次の事件が結審した時、その判決の下書きを修習のため私がするように部総
括に言われた。やはり刑期を言われて「書いてみて下さい」と言われた。小学
5年の女児を中年男が何度も買春した起訴事実で、目を見張る美しさの相手少

＊16　前掲注8書160〜161頁。ドイツは日本の裁判官裁判同様、宣告後に判決書を出す。

128　第3部　市民の意見で判決されているか

女も出廷して（当時は遮蔽板すらなかった）合意だったと証言したが、13歳未満なので、罪体に影響はない。研修所の起案モデル通りに起案したら、僅かな字句修正でパスした。合意だった情状が量刑にどう影響するかは、部総括の内心で決まったことになる。

この部は特殊だったのかもしれない。合議の中で事項ごとの証拠の証明力からきちんと論戦して最後に主文を決めていた部があったかもしれない。しかし、実はそれらの個々の証拠の見方からして、有罪方向で見るか、無罪方向で見るかで信用性の認定が180度違うことは、少数意見が表示される最高裁で分かりやすいが、2012年12月の舞鶴女子高生殺事件で罪体判断の中心だった「被告を数秒間見た」目撃証言の信用性を有罪判決の一審は肯定、無罪の高裁は否定した、など下級審でも枚挙にいとまがない。

筆者は、フランス刑訴法には日本の証拠法といわれる条文がなく、裁判長が評決に入る陪審員に説示して宣誓させる304条に「良心とintime conviction『内なる確信』（法務大臣官房司法調査部訳では「心底の心証」と訳されている）に従い」とあるだけなのを初めて知ったとき、そんなラフな基準で人の運命を決めて良いのかと驚愕した。

しかしその後刑事事件を扱い、また冤罪事件に興味を持って判決を見るようになって、名張ぶどう酒事件から最近の東電ＯＬ事件まで、ほとんど同じ証拠内容で、判決が180度変わる現実を前に、裁くという行為は、結局その個人の、説明以前のintime conviction「内なる確信」できめるのだとしか言えないのだろうと考えるようになった。裁く人はもちろん法廷で証拠調べされた証拠を見て判決を決める。しかしどう決めるのかは、証拠に不変の文字で書いてあるわけではなく、見る人によって受け取り方が違う。判決を決めるのは、そうして証拠全体からその人が受けたものの総合としてのintime convictionなのだ。

フランスに証拠法がないと驚いた筆者は、実は法律を理解していなかった。日本の刑訴法には、第二編　第一審　第三章公判　第四節証拠として317条から328条まで12条ものそれぞれ長い条文があるが、319条以下はすべて証拠として良いかどうか、つまり証拠能力の条文であって、裁判官が証拠からどのように判断すべきかを書いているのは318条「証拠の証明力は、裁判官の自由な判断に委ねる」ただ１カ条だけだ。「自由」という意味は「勝手」とは違う、と言ってみても、ではどう判断するのかについて法律はない。

フランス刑訴法304条の説示の内容は2000年法516「無罪推定と被害者の保護強化法」（2001年１月から施行）によって次のように変わった（無罪推定と被害者

保護をのぞく文言は1972年以来同じだ)。

「あなた方は以下のことを宣誓し約束します。Xに対して向けられた告発について、最大に念入りな注意を持って、被告の利益も彼を告発した社会の利益も被害者の利益も裏切らず、あなた方の答申がされる前には、誰とも交通せず、憎しみにも悪意にも恐れにも感情にも左右されず、被告は無罪の推定を受け疑わしければ彼の利益に解さなければならないことを繰り返し思い起こして、彼への告発と彼の防御方法に基づいて、高潔で自由な一人の人間としてふさわしい公平さと堅実さを備えたあなた方の良心と内なる確信に従って、審査すること」。この方が日本の318条よりずっと明確に判断の法則を示している。

名張毒ぶどう酒事件から最近の東電OL事件まで、無罪判決を書いて高裁で破られた裁判官は内なる確信を誤ったのだろうか。

東電OL事件は再審で無罪となった。真犯人らしい別人のDNAが鑑定で検出されたから検察官も無罪論告をしたのだが、その「新証拠」なしでした無罪判決は間違っていたと言えるのか。

多くの冤罪事件で無罪判決が上級審で破られる中、元裁判官の木谷明氏は在任中に約30件の無罪判決を書いたが、うち29件はそのまま確定し、検察官が控訴したのはただ1件だけで、それも高裁で棄却されて、無罪が確認されている。他の無罪判決を書いた多くの裁判官は誤りを冒し、木谷氏だけが「内なる確信」を誤らなかったのか。

筆者はそう思わない。木谷氏は、裁判の論理を知り尽くしていて、検察官が控訴する隙のない判決、つまり高裁判決をも先取りした判決書を書かれたのだと思う。

現在の日本の判決書システムは上級審で裁かれるのは「判決書を書く能力」であって「事案の真相」とはズレたところで被告の運命が決まってしまうところがある。

同じ良心、同じ「内なる確信」で無罪となっても、他律的に決められてしまう担当裁判官の判決書作成の有能さの違いで死刑にすらなってしまう理不尽は終わらせなければならない。

そのことは、裁判員裁判でも変わらない。有罪に慣れた職業裁判官ではなく、曇りのない一般市民である裁判員の「内なる確信」によって正しい裁判をしたい、というのが市民参加制度導入の理由であるはずだ。

130　第3部　市民の意見で判決されているか

4 市民参加に自然な理由の表示

　判決理由を裁判書に書き表すことは、市民参加裁判では、裁判官裁判よりさらに難しいし不自然だ。

　しかし特に事実認定を理由に控訴を許し、上告審での破棄を許す日本の制度では、判決理由の記載は、当事者の要求だ。裁判員制度導入期の論争で、参審制を主張する論者の最大の論拠は「陪審制では理由がわからない」だった。

　であるなら、市民参加制度から不自然ではない理由の示し方が制度化されるべきだ。

　そこでその判断の結果の表示である判決書のスタイルだ。

　紹介した市民参加の諸制度、特に一般市民が一事件限り参加するフランスとロシアの制度が参考になる。「設問」への投票数で判決を構成して行くのだ。

　どういう設問にするのか。ここで日本の公判前整理手続の一部にも良い生かし方があるのではないか。検察官・弁護人が合意できる争点整理ができれば、その各争点について裁判体の全員の無記名投票で決める。その結果である争点ごとの正否をつなぎ合わせて、主文を導き出すのは法律家である裁判官の仕事だ。判決理由には争点ごとの正否を書く。これなら裁判体の判断と判決書の間に齟齬は生じない。「民意」をそのまま伝えられ判決理由を知ることができる方法ではないか。

（「裁判員裁判と合わない判決書」法と民主主義472号〔2012年〕）

第2章

裁判員に量刑をさせるな

1 根本問題への関心

「裁判員裁判と量刑」といえば、「裁判員裁判になって量刑は変化したか」という視点だけが論点になっているのが現状だ。そして「量刑は変化した」がマスメディアから研究者に共通の大方の見方であり、それは「性犯罪については重くなった」「殺人や傷害致死などについては、家族間の事件で介護疲れなどは軽くなったが、逆に子どもへの虐待致死、他人間の殺人では重罰化した」「保護観察をつける割合が増した」といった観察で共通しているのだが、その変化が良いことなのか、悪いことなのかに関しては何らの評価も伴なわない「観察」に留まるのが一般的だ。

「厳罰化」については「ポピュリズム」として、批判のニュアンスを含む視線が見えるが、その他の変化については評価がないのは、その背後に、量刑の変化は「民意」であり、そもそも「民意」は尊重されるべき存在であって、批判するべき対象ではないという暗黙の前提が感じられる。

当然のことながら、さらにその奥にある根本問題＝一般市民に刑の量定までさせることがいいのか、については全く議論がない。

しかしこの根本問題は、裁判員制度が定着する今後、次第にあらわになるだろう。

その前に真剣に考えなければならない。

132 第3部 市民の意見で判決されているか

2　裁判員の量刑への戸惑い

　まず、裁判員自身が、量刑をどう考えたか。裁判員経験者の発言から見てみよう。それは前稿（法と民主主義469〜471号「三年後検証」を検証する⇨本書第4部）で書いたように経験者の意見としては「上澄みの上澄み」ともいうべき限定的なものにすぎないのだが。守秘義務の壁の外ではこれ以外に情報がない。

　裁判員となった市民自身の量刑への態度は、2つに分かれる。

　一方は量刑をすることへの疑問と戸惑いであり、他の一方は、その点には何らの疑問を持たず、むしろ「裁く」立場に立ったことへの高揚感と自信だ。

　後者については、あとの7で分析するが、まず前者。

　刑を決めることについて「自分たちがそこまでしていいのかという思いがする」、意見交換会で『素人に量刑の判断は難しく、有罪・無罪の判断だけでいい』という意見が出ている[2]」、「私たちが感情に流されず判断できるのかと思った。議論には加わった方がいいが、量刑はプロに任せた方がいいのでは[3]」、「裁判は被告が犯した罪に対するもので、更生にどれくらい結びつくのかと思った。再犯をどう防ぐのか、国民がもう少し考えなきゃいけないと思った[4]」。

　裁判員裁判に関わる裁判官からも、裁判員は「自分が量刑意見を言うことで、被告人の人生を左右してしまっていいのかという気持ちを、口に出さなくても、多かれ少なかれ持っておられる」という発言がされている[5]

　裁判に携わった体験を通じて、市民が量刑をしていいのかという根本問題、さらには刑事政策の基本問題にまでに思いを至す人達がいたのであり、裁判員裁判で構成裁判官（裁判員裁判の裁判体を構成する3人の裁判官＝裁判員法6条）の経験をした裁判官らも口々に「日本人の真面目さ、責任感の強さ」、裁判員が「非常に深く考えていた」等の賛辞を述べている[6]

　根本問題まで考えるには至らないが、参加した個人のレベルとして自らが量刑をすることへのためらい、自分の判断でよかったのかと迷う人、そして実際

＊1　裁判員裁判：地裁で意見交換会　「量刑決定、負担重く」毎日新聞2012年9月20日付福岡版。

＊2　朝日新聞2011年2月26日付京都版。

＊3　「check 裁判員時代」朝日新聞2010年2月25日付都内版。

＊4　「裁判員裁判：地裁で意見交換会　量刑決定、負担重く」毎日新聞2012年9月20日付福岡版。

＊5　2010年5月20日に大阪高等裁判所で行われた裁判員制度に関する裁判官意見交換会記録。

＊6　前掲注4、後掲注11の記録。

に行われている量刑方法への疑問まで。裁判員の疑問や戸惑いには、さらにさまざまな種類や段階がある。

「判断を間違えるんじゃないかという思いがあった。取り返しのつかない失敗をする夢を見て、夜中に目が覚めた」、経験者は「自分の量刑が正しかったのか今でも悩む」、「被告人が若かったため、重い刑はどうかと思った」などと複雑な心情を吐露した。「求刑の根拠がわかりにくく、どれくらいの刑にすればいいのか難しかった」、「検察の求刑年数からの減算法でやっていいのかという葛藤もある。素人が決めるのは有罪、無罪にとどめるべきだ」。

こうした裁判員について、裁判官の中にも「不安を訴える人は責任感のある人であり，そのような方々の意見が反映されるのは望ましいことである」との認識がある。

そういう「望ましい裁判員」からの前記の感想は、その裁判員の疑問に、裁判官が解決を与えることができないまま終わった事実を物語っている。

3　量刑をどう説明しているのか

筆者は大学に勤務していた時、学生に裁判員裁判形式の模擬裁判をさせるにあたって、裁判長から裁判員に与えるべき説示を起案した。そこで、有罪・無罪の判断についての説示よりも、有罪だった場合に与える量刑の説示がより難しく、かつ膨大なものにならざるを得ないということを知った。

陪審制をとる英米などの国では、裁判官会議などで厳選した膨大な「説示集」があり、各事件ごとに、裁判長と両当事者の協議によって、陪審員に与えるべき説示を選んで決め、公開の法廷で（説示によっては何度も）与えられることは毎回書いていることだが、陪審は原則として量刑を行わないから量刑に関する説示は英米法にもフランス法にもない。日本でもし量刑に関する説示をつくるとなるとモデルがないのだ。

---

* 7 「2 人殺害『無期』判決　悩んだ末死刑回避　裁判員会見『守秘義務すごい重圧』」東京新聞 12 年 11 月 7 日付都内版。
* 8 　裁判員経験者ら意見交換、量刑判断で心情複雑／小田原ローカルニュース「カナロコ」2012 年 10 月 24 日。
* 9 「裁判員裁判：経験者と検察官ら、課題など意見交換」岐阜地裁、毎日新聞 2012 年 9 月 27 日付岐阜版。
* 10 　裁判員裁判：地裁で意見交換会「量刑決定、負担重く」毎日新聞 2012 年 9 月 20 日付福岡版。
* 11 　2010 年 5 月 21 日東京高等裁判所で行われた裁判員制度に関する裁判官意見交換会記録。

その説示には最低限必要な次の説明を入れなければならない。まず初めて刑を決める立場になった人に「何のために刑罰を科すのか」を知らせずに、懲役×年、あるいは死刑などの刑を決めさせることはしてはならないから、その基本、刑事政策の根本理念を噛み砕いて示す説明が必要だ。そして次にその罪名についての法定刑。認定した事案に従って加重減免事由の有無の判断とその法定範囲、処断刑、これらを一般市民（模擬裁判には傍聴の市民からも裁判員を募った）に理解できるように告げるのは至難の業であるし、かつ非常に長い説明文になることが、書いてみるとよくわかった。

市民参加制度を実施するなら、法曹三者の協議によって、手続の全体にわたる説示集を作るべきであることは、筆者が制度発足前から提言しているのだが、施行後3年を経ても全くその気配はない。

立証や守秘義務について、Ａ4判1枚の「39条説明例」を作った最高裁も、量刑については何も言わない。裁判員制度をつくった法務・司法官僚は、「過半数の意見になるまで」加算という機械的評決要件（裁判員法67条2項）を置いただけで、何をどう判断させるのかについては空洞のまま制度を発足させてしまった。航路図なしに、船を大海に出し、個々の裁判官に、自らができない操船を丸投げしたかたちだ。

報道や、そして筆者が個人的に得た情報では、裁判員が構成裁判官から「何のために刑罰を科すのか」などの基本的な説明から当該事件の法定刑や処断刑、そして何によって、具体的にどう量刑判断をするべきなのかという判断基準をきちんと与えられたという経験を聞かない。立法の不備から来るむしろ当然の成り行きだろう。

そもそも、従来の裁判官裁判で、裁判官らが何を理論的な根拠として量刑をして来たか。誰も答えることはできないだろう。

4 何によって刑を決めるのか

なぜ、何のために刑を科すのか。実は人類は未だにその答えを持っていないのだ。

まず刑法理論だが、古来の応報刑論、つまり犯罪者は悪いことをしたのだから、その行為に相応する苦痛を受けさせられるべきだとする理論は、そもそも死刑以外については初めから破綻していた。

窃盗でも死刑にしていた社会、鞭打ち、手足を切り落とすといった身体刑で

済ませていた社会ではなく、「懲役」であれ「禁固」であれ、近代国家が拘禁刑を採用した時から、ただ「刑期の間だけ犯罪人を社会から遠ざける」という機能しかないのであれば、社会は莫大な費用をかけて刑務所を運営する意義を見出せないという宿命にあった。拘禁刑は刑を受けた犯罪者が何時この社会に戻ってくることが前提だからだ。そこで、犯罪者のままで戻ってこられては困る。

拘禁刑は善良な市民に戻すために科すのだという建前の「新社会防衛論」が刑罰の本質となる。「懲役」、懲らしめを受けるために科される役務という日本では明治時代につくられた言葉自体にすら、すでに純粋に苦痛を与えるだけではなく「懲らしめて改心させる」という目的が含まれざるをえなかった。

罪と罰の均衡を説いた「旧派」の罪刑法定主義論は刑の目的については顕著な立論はなく、刑法理論は「新派」による「教育刑」へと移る。

これを受けた行刑理論は「応報モデル」から「教育モデル」（教育して真人間に戻す）に変り、しかし犯罪は刑務所の教育では治らない、犯罪は社会的な病気であるから刑は病気を治す治療として行われると考える「医療モデル」へと変遷した。このため刑務官が反抗する受刑者に放水をあびせることを「ウオーター・セラピー」と呼ぶといった行刑現場も出て、「教育」や「医療」はネーミングとは違って、刑務官の管理強化を正当化させる口実となった。その反省を経て現在、少なくとも国際的には、行刑を「社会復帰モデル」で行うこと、つまり個々の犯罪者について、彼／彼女を「社会に復帰させるために必要な処遇を、必要な期間行う」こととする理論で定着している。

そのためには、有罪・無罪を決める手続とは別の「量刑手続」を運営することが必須になる。

イギリスでは有罪評決を受けた被告はcondemned有罪宣告を受けた者の身分となって、その者の社会復帰のためにはどのような処遇がどの期間必要かの審理を受けて刑を決められるとsentenced既決となって受刑が始まる。この過程はアメリカでも同じで刑の決定には、condemnedの親族、近隣者、学校の教師、プロベイションオフィサー等の刑事政策専門家も参加してふさわしい処遇を決める。

それでも「必要な刑期」は難しい。アメリカで「懲役120年」などという判決があると聞いて日本人は驚くが、刑務施設での受刑態度によって、ぐんぐん期間が短縮されるグッドタイム・システム（善時制）が機能して、生命あるうちに社会復帰することも可能だ。

それでも刑が社会復帰に有効だったかは難しい。このような困難で刑事政策の知見を要する「量刑」が、日本の従来の裁判官裁判で可能だったかと言えば答えは否定的だ。

　ただ昔は自ら受刑者に身をやつして刑務所生活を体験して裁判に生かす裁判官もいたが[*12]、現在は裁判官も刑務所見学すらしなくなっている。

　量刑は「過去の事例と不釣合いになるのを恐れ、法律家は『このぐらいが妥当だ』と刑を決めてきたのでしょう』[*13]という裁判員の観測のとおりなのだ。

　個々の裁判官が具体的事件で「このぐらいが妥当」とする匙加減の中で、ある場面では「応報刑論」が、またある場面では「教育刑論」や「社会復帰モデル」もなんとなく作用し、それは裁判官の個人差によっても、犯罪によっても、大きな違いになってきたのが実情だろう。

　たとえば死刑判決は「更生の可能性がない」ことを理由に挙げる判決もあるが、「応報刑」以外の何ものでもないことを明言する人もいる。「東京高裁の裁判長として2度、死者1人で無期懲役の1審を破棄し、死刑を言い渡した」高橋省吾氏は「『犯罪行為に見合う刑罰を量ること』を貫いてきた。被告の反省の態度や更生の可能性も考慮するが『死刑と無期懲役とを分ける決定的なものではない』と言い切る」[*14]

　こうした裁判官らのそれ自体裁判員に示すことができない個々の「感覚」に替えて、実務には何か基準らしきものがないといけない。

　そこで従来の裁判官裁判の判決例から「量刑検察システム」（量刑データベース）が作られた。現在、量刑についての判断材料として公式に裁判員に与えられる情報は、その量刑検索システムによるデータ、そしてその裁判体の3人の構成裁判官によって不定時に行われることが多く、定式化されていない、従って非常に個人差があり得る「説明」だけだ。

　ちなみに、参加市民の意見を不当に形成しないために、陪審制では公判廷以外で裁判官が事件について陪審員に意見を言うことはないし、フランスは裁判官が陪審員に個別に意見を言うことを禁じているが、日本はそうした制約は全くせず、裁判官が個人的に「教えてくれる」のは、むしろ良いことだと受け取られている。

＊12　鬼塚賢太郎『偽囚記』（矯正協会、1979年）。
＊13　読売新聞2010年5月20日付都内版。
＊14　「正義のかたち重い選択」5「量刑に正解はない」毎日新聞2009年10月12日付都内版。

第2章　裁判員に量刑をさせるな　137

5 市民に量刑をさせるとは

「裁判員裁判で一番感じるのは、自分たちは悪いことをした人に会いすぎているということである。裁判員は初めて悪いことをした人を見るので、見方が違うことを感じる」。これはなんと日本の現職裁判官の発言だ。被告人を「悪いことをした人」と言う言い方に現れている限界はあるが、裁判員法1条の目的規定「司法に対する国民の理解の増進とその信頼の向上」とはうらはらに、日本の裁判官の中にも実務のなかで、市民参加司法の本質を知った人がいると言えよう。

市民参加の基本は「初めて悪いことをした（かもしれない）人を見る」一般市民の曇りない目に有罪・無罪の判断を委ねる陪審制なのだ。

陪審制が市民参加の本旨であり、ヨーロッパで現在参審制をとっている国も、フランス革命による陪審制導入に倣って陪審制の導入をしたのが市民参加の始まりだ。

その後特に二次にわたる大戦時に、ヨーロッパ大陸の国々で、市民だけで裁判を行う陪審制を、裁判官が加わって官の統制が可能な参審制に変えることが、戦時の経費削減などを名目に行われた。しかしそれらの国でもほとんどが、現在も陪審制を、利用率が多いとは言えないながら、併存させていることは、日本ではあまり知られていない。それらの国で理由を尋ねると「陪審制は民主主義の象徴だから」といった答えが返ってくる。

陪審制度では陪審は量刑を行わないが、参審制度では参審員が裁判官とともに量刑を行う。それは陪審員は1事件限り選挙人名簿等から無作為抽出されて選任される純粋な一般市民であり、参審員は政党推薦（ドイツなど）、審査（イタリアなど）等の一定の資格を前提とし、多くは執務前に研修を受けて、一定の勤務期間内（ドイツの4年、イタリアは再任制で長期）に係属する全事件を担当するいわばセミプロの裁判官であることが前提にある。

プロである職業裁判官、セミプロの参審員が、ではどれだけ行刑に通暁しているかは問題だが、少なくとも何の経験も研修もなく1回限り呼び出される市民とは違うという建前である。

日本の裁判員制度は、1事件限り選挙人名簿等から無作為抽出されて選任さ

＊15　前掲注11の記録。

138　第3部　市民の意見で判決されているか

れる純粋な一般市民でありながら、裁判官3人の入る裁判体で裁判をするというねじれた制度であり、参加市民が何ら研修を受けないばかりか、陪審制では完備されている執務の最低限度のルールである「説示」という教育も受けないまま、事実認定から量刑までを行うという異例の制度である。

フランスは、ナチ占領時代にそれまでの陪審裁判体に裁判官を入れる現在の制度に変ったが、選任の方法では日本と同じ無作為抽出で、1事件限りを担当する市民（現在でもjuré陪審員と呼んでいる）は、午前に選任されると午後いっぱいは軽罪から重罪、仮釈放の無い無期刑の各レベルの刑務所を見学して、翌日から法廷に入る。自らがする判決が被告にどのような人生をもたらすのかを裁判の前に知らせるのだ。

日本でも裁判員経験者から刑務所を見たかったとの感想が複数出ている。裁判官の中には「刑務所に行ったらどんなことをするかや、保護観察の詳しい内容等、裁判員から質問が出そうな事柄については、改めて調べた」。という人[*16]もいるが、その結果どのような説明になったのかは不明であるし、もとより裁判所全体の方針になったわけでもない。

6　司法改革審が決めてよいのか

有罪・無罪の判断こそが市民参加の本旨であり、そこから外れて「市民に量刑までさせるのか？」は刑事司法への市民参加の基本的な岐路である。もしさせるとしても「どう」させるのかは、岐路を選択するに足りる制度設計によらなければならない。

市民に量刑までさせることは、2001年の司法制度改革審議会意見書が「裁判員制度」を決め、その「基本的構造」として「裁判官と裁判員は、共に評議し、有罪・無罪の決定及び刑の量定を行うこととすべきである」としたことが根拠となった。

改革審は、もともと政府が選んで任命した13人の委員で構成された。いったい、司法制度改革審意見書に、市民参加形態の岐路を決してしまうまでの権限はあるのか。

独特の市民参加形態である裁判員制度が、国民がまったく知らず、ましてどのような制度が良いのかの選択の機会もなく、司法制度改革審意見書で決めら

＊16　前掲注11の記録。

第2章　裁判員に量刑をさせるな　**139**

れた。

　すると以後、量刑までさせることが、国民の司法参加の当然の枠組みである
かのように扱われ「意見書」の具体化をするとして設置された「裁判員制度・
刑事検討会」では、裁判員が裁判官とともに量刑を行うことは、不可触の前提
と扱われて、議論の対象にすらされず、国会では、「検討会」が具体化した制
度が、衆参わずか２カ月半の審議でそのまま立法され、施行された。

　その延長であるかのように「制度施行３年の検証」でも、「裁判員の量刑」
を検証点に取り上げるという方向性はどこからも出てこなかった。

　日弁連が2012年３月に「裁判員法施行３年後の検証を踏まえた裁判員裁判に
関する改革提案」「のうちの１つ」としてまとめた「裁判員の参加する公判手
続等に関する意見書」も、この根本問題にはふれず「公訴事実等に争いのある
事件における公判手続を二分する規定の新設」として市民が量刑をするが、量
刑判断が有罪・無罪の判断に影響を与えない手続にするようにと提言するに留
まっている。

7　量刑に積極な裁判員は

　以下に引用するのは、経験者の発言のうち、上記２で紹介した「量刑への戸
惑い」を見せる発言とは逆に、自分たち「市民」が「人を裁く」主体であると
いう地位感覚とも言うべき心情を持って、量刑に積極的な発言である。

　「最初に判例を見ると先入観ができ、そこから足したり引いたりするだけに
なる」[17]、「似ていても同じでは無い事件のデータを参考にすれば、市民参加の
意味がない」[18]という発言は、それぞれにもっともではあるが、ではこの人は、
その「先入観」無しに、何を基準に刑を決めるつもりなのか。

　さらには「自分自身と法律上の考えの間にギャップを感じた。(性犯罪に関す
る)法律は国民感情についていけないのではないか」、「この犯罪にはこの刑、
という法律に縛られている。その法律の刑期に違和感を感じた」[19]と「自分自
身の考え」が「判例」を飛び越えて「法律」にすら優位すると考える。

　その市民感覚とはいったい何か。明白に見て取れる一つの傾向が、単純に被
害者の感覚そのものだとする考え方だ。

　＊17　神戸新聞 2010 年９月７日付。

　＊18　読売新聞 2010 年５月 21 日付。

　＊19　前掲注３に同じ。

140　第３部　市民の意見で判決されているか

「自分や身内が被害者ならどんなにつらいか。裁判員はそんなシンプルな気持ちを裁判にぶつければいいのでしょう」[20]、「『裁判官は判例とのバランスを考えてしまう。裁判員こそ被害者の感情を汲み取れる』集団強姦致傷罪に問われた被告に懲役13年を言い渡した判決後、裁判員の一人はそう指摘した」[21]。

娘を強制わいせつの末に殺された父は、裁判員法廷で「普通の感覚で判断して死刑を宣告して」[22]と訴えた。「普通の感覚」は実態として、死刑を容認し、重罰化に赴いている現状であり、こうした裁判員らは、それを否定しない。

幼女に強制わいせつ致傷を犯した事件で「被害者の弁護士が懲役10年を求め、求刑は7年、判決6年」の事件の女性裁判員は、量刑データも示されたが「今までならもっと軽かった。判例を飛び越える感じがした」。男性裁判員は「性犯罪の裁判員裁判は厳罰傾向と言われるが『それが市民感覚』と納得している」[23]。野良猫の餌付けトラブルで隣人の女性を刺殺した男性被告に懲役17年を言い渡した裁判員判決では「同種の過去の裁判で示された量刑幅を検討したところ、評価は不十分。人の生命が軽んじられている現代の世相を考えると改めるべきで、従来より重い刑で臨むのが相当だ」[24]と「理論的」に厳罰化傾向を肯定する。

評議の場面では「求刑以上の量刑を出したらいかんのですか」と裁判員が「納得できない様子で切り出し」「『判決データ』が示され」「『こんなに軽いの』。裁判員から驚きの声があがった」[25]。

求刑より重い裁判員判決が積み重ねられていき、「判決は求刑の7掛け」という法律家どうしの約束事は消えつつある。こうした約束事や従来の量刑に根拠があったわけではないのだから、それを否定する重罰化が悪いという根拠もまたない。

ただ、裁判員らが、判例や法律に優位すると考える「自分自身」の考え「こういうことをしたのだからこういう刑（懲役×年、あるいは死刑）にすべきだ」と彼／彼女がする判断は、では何によって形成されるのかを見なければならない。

＊20　前掲注13に同じ。

＊21　前掲注3に同じ。

＊22　「裁判員制度1年　市民の判断は『普通の感覚』自問なお」毎日新聞2010年5月21日付都内版。

＊23　毎日新聞2010年5月24日付都内版。

＊24　毎日新聞2010年5月24日付都内版。

＊25　前掲注17に同じ。

彼／彼女がこれまで生きていた生活の中で私的に受け取ってきた（多くは犯罪報道によるマスメディアからの）「犯罪」や「刑罰」に関する情報なのだろうという現実。それが「民意」の名で量刑を決めることになる事実を。

　事実認定には、証拠からある事実があったのか、なかったのかを判断するという客観的な判断作用の性格がある。それでも、その結果被告を有罪と認定するという思考過程には「裁く」という意識が入り込む余地はある。しかし量刑は、この人間にどういう罰を与えるのかを、自分が決める、決めて良いのだという「裁く者」意識をそのまま持たせる性格がある。

　2010年11月19日仙台地裁の強姦致傷事件公判廷で、男性裁判員が被告に声を荒げて言った。「むかつくんですよね」。被告に「逮捕されて運が悪かったと思っていませんか」と聞き「思いません」、「今は二度と繰り返さないという気持ちはありますか」「はい」などの質問と答えのあと、身を乗り出して「どれくらいですか」と聞き、すぐに答えない被告に「昨日からずっと同じ答えですよね」「『もうしません』とか『反省してます』とか当たり前の答えしか返ってこない」と言って激昂しての発言だった。自分には「悪いことをした」者に真摯に謝罪させたかどうかで裁く権限があるとの心情。

　特異な例として報道されたものだが、「裁判員の質問」を裁判所が奨励し、マスメディアが市民参加の成果のように報道する中で、類似の「質問」はいろいろあるだろうことは当然推測される。

　もう一例。「全員一致というのには私は反対ですね……例えばその裁判の結果、死刑でした。そのとき満場一致ですという法律ができていれば、ああ、この人、死刑って言ったんだという意味での周りの扱いというか、視線というか」、今の多数決なら「そこを隠せるんですよ」（「こんなふうにしたいな裁判員裁判——裁判員制度3年後見直し提言と裁判員経験報告の市民集会——」）。こう発言した経験者は、「裁判員経験者による裁判員制度への提言」をまとめて全国の裁判員裁判実施地裁と支部に届けた5人のうちの1人だ。その人にして、自分が「周りの視線」という程度の不利益も避けたい。そのために死刑を全員一致ではなく多数決にしておきたいと言う。

　裁判員制度実施以来、裁判所からは、裁判の公正という言葉は1回も出ていない。出るのは「裁判員の方の負担」ばかりだ。自らのささいな「負担」が死刑の全員一致にすら優るというこの量刑感覚。

＊26　2012年6月2日東京三弁護士会共催。

これは裁判所そしてマスメディアが司法の公正よりも何よりも「裁判員の方に負担をかけない」を第1に運用することによって「制度の円滑な実施」を得ようとしてきた結果による実態だ。

　一般人に量刑をさせることには根本的な問題がある。少なくとも公正な司法への奉仕は参加国民の義務であることを教えられず甘やかされるばかりの今の裁判員に、この法と運用による「量刑」を行わせてはならない。

（「裁判員に量刑をさせるな」法と民主主義473号〔2012年〕）

第3章

裁判員裁判の死刑判決

1 はじめに

2009年5月に裁判員裁判が始まって1年となった頃、「裁判員制度は順調に軌道に乗って成果を挙げている」といったコメントが、制度推進者を中心に多く出された。

私はその都度「争いのある重大事件や、死刑求刑が予測される事件は、まだ公判になっていない。1年以上公判前整理手続で足踏みしているそれらの公判を見なければ、制度への評価は決められない」と言ってきた。

そうした複雑な事件が、今続々と公判に入っている。

特に、死刑が求刑される事件が相次いだ。2010年10月25日の東京「耳かき店員ら殺人事件」で「裁判員制初の死刑求刑」がなされたのを皮切りに「横浜経営者ら殺人事件」「石巻三人殺傷少年事件」「鹿児島老夫婦強盗殺人事件」「宮崎家族三人殺害事件」と死刑求刑のラッシュ。そして横浜、石巻、宮崎の三事件では死刑判決が出ている。

2010年7月に当時の千葉法務大臣が1年ぶりに2人に対して死刑を執行した時、メディアは「法相の決断の背景には、2009年から始まった裁判員制度があったと見られる」と書いた。[1]

「孤立無援で万策尽き」ての執行。[2]「執行してみないと死刑について考えられないか」と揶揄された千葉景子氏の「決断」に先導されて、裁判員制度は施

＊1　朝日新聞 2010 年 7 月 29 日付。

＊2　神奈川新聞 2010 年 7 月 29 日付。

144　第3部　市民の意見で判決されているか

行後１年半の今、「死刑の季節」（メディア流では「死刑　向き合う時」[3]。「死刑に向き合う時代」[4]に入ったのか。

この死刑判決ラッシュから、死刑制度の問題とともに、裁判員制度の困難な問題点も見えている。主なものを以下にあげる。

2　はじめての裁判員裁判批判

「耳かき事件」への判決（東京地裁・2010年11月１日）は無期となり、これは「無期との境目微妙なケース　求刑は割れた検察」[5]と報じられ、その後検察官控訴もなかったように妥当とみられた。「裁判員初の死刑判決」となった横浜事件は、金銭目的の殺人、しかも被害者の「殺してから切って」との懇願を無視して生きたまま電動ノコで首を切断したという残忍な犯行態様から、ともにメディア上、死刑判決が従来の裁判官裁判と全く違う結果という見方はされなかった。

ただ詳しくは後記５で検討する。

これに対して、犯行時18歳、判決時でも19歳の少年に対する石巻事件の死刑判決には、多方面からの疑問が呈された。

事案は「耳かき事件」と同じ痴情ないし恋愛関係のもつれで「元交際相手の女性」に復縁を迫り、連れ去りを阻止しようとした女性の姉と友人を殺害、もう１人の友人に重傷を負わせたというもので、死亡被害者の数も２人、横浜事件のように金銭目的ではなく、横浜事件のように残忍な態度でもない。

犯情からして、成人であっても、死刑判決で大方の意見が一致するケースではなかった。

まして少年法の保護育成理念からすれば、審理と判決は「少年の更生可能性焦点」[6]でなければならない。

これまで裁判員裁判については、翼賛的報道に終始し、また横浜と宮崎の事件については、求刑についても死刑判決についても、ほとんど批判せず、むしろ妥当感を示したメディアだが「更生より厳罰選んだ裁判員」と見出しした読売新聞の社説をはじめ、石巻事件の死刑判決には制度開始以来はじめて、批判

＊３　朝日新聞 2010 年 11 月 17 日付。
＊４　毎日新聞 2010 年 11 月 17 日付。
＊５　朝日新聞 2010 年 10 月 26 日付。
＊６　読売新聞 2010 年 11 月 25 日付。

第 3 章　裁判員裁判の死刑判決　**145**

的論調を掲げたメディアが多かった。

3　今の裁判員裁判で少年事件を扱って良いのか

その中心は「裁判員裁判で少年事件ができるのか」だった。「少年法より被害者重視」と見出しした地元紙は直截に「裁判員らが少年法の理念を理解し、更生可能性をあらゆる角度から十分に検討した上で、判決を導き出したかどうかは疑問が残る」[7]。

判決後会見した裁判員の1人は「悪いことをしてしまった少年少女に『少年だから』と少年法を適用させる法律がおかしい」と公言した[8]。裁判長が少年法の目的と手続についてどんな説示をしたのか、しなかったのか疑問を呼ぶ発言だ。

そもそも、社会記録は「厚さ五センチぐらいに見えたが、検察側が読んだ部分はペーパー三枚、弁護側は四枚だった。公判で調べに費やした時間は約三〇分にすぎず、物足りなさを感じた」[9]という審理からは、この裁判体の裁判官が、日本の司法が、家庭裁判所という特別な部署を設けて少年審判を行ってきた理念や踏むべき実務を知っていたのかと疑わざるを得ない。

こうした公判運営の結果、鑑別結果報告は「年齢が若く、可塑性がある。矯正には相当の時間がかかる」と締めくくっていて「更生不能」とは言っていないにもかからず死刑判決。

その理由に「実母による指導、監督は期待できない。少年の更生可能性は著しく低いと評価せざるを得ない」としているのを見て私は絶句した。社会的に問題のない親に心から愛された子を社会的に育てなおすために少年施設はある。「親が悪いから更生できない。だから子を死刑にする」と明言するこの判決は、本人の責任ではない「家庭環境」によって少年に死を宣告するもので、およそ少年法精神の対極にある。

これまでの家裁実務＝裁判官が入れ替わることはあっても、調査官によって継承されてきた少年の保護育成実務が、そうした組織体制もなく、理念を学んでいない一般刑事裁判官と裁判員によって行われる危険性を示している。

この事件でもメディアは相変わらず死刑判決をしなければならない裁判員の

＊7　河北新報 2010 年 11 月 26 日付。

＊8　毎日新聞 2010 年 11 月 26 日付。

＊9　河北新報 2010 年 11 月 26 日付。

心の負担ばかりを強調したが「成人裁判とは異なり『少年の未来』まで判断する負担の大きさ」に仮託して「果たして裁判員裁判にふさわしいのだろうか」と書くなど、複数のメディアが、この事件について、少年事件を裁判員裁判に付することへの疑問を、直接に、あるいは識者コメントなど間接な形で示した。[*10]

少年法の保護育成理念が、性質上市民には理解できないということはないだろう。ただ少なくとも、今行われているままの裁判員法と実務で少年事件を扱わせることは見直さなければならない。

これがまず石巻事件から得られる重要な結論だろう。

4 裁判員裁判で量刑判断ができるのか

死刑の判断は、量刑判断の一種であり、その究極の判断だ。

しかし施行から1年半、死刑に直面せずに、量刑事件を続けてきた今の裁判員裁判で、本当に量刑判断ができるのか。これまでメディアはもとより「識者」らも問題にすることはなかった。

それは、裁判員制度の成否を裁判員が「参加できているのか」（直接被告人質問をしたかが主な指標だ）と「負担が重くないか」だけで論じていて、制度の根本目的である「裁判員制度は司法の公正に寄与するのか」の視点を欠いていたからにほかならない。

3件の死刑判決、特に石巻少年死刑判決で、メディアも、ようやく本質に関わる問題に向き合わざるを得なくなったはずだ。

石巻事件で示された「更生可能性があれば死刑回避、なければ死刑」という図式が、死刑判断として正しいのか、その原理問題をここでは論じないが、「更生可能性と死刑」の論点は少年に限ったことではなく、成人にも同様につきまとう問題であることは確認しなければならない。

さらにこれは死刑以外の刑でも、「更生可能性があれば短い刑（執行猶予）、無ければ長い刑（実刑）」という、裁判員裁判でも当然として運用されてきた図式の延長線上の問題として、その正否が検討される契機だ。

これまでの量刑事件で、この「更生可能性」が本当に審理され、判断されてきたか。

＊10　毎日新聞 2010 年 11 月 26 日付。

2009年８月の裁判員裁判１号事件では評議は１日だけ。最近はやや長くなったが、予め判決日程を決めた上での短い評議で、裁判員のした量刑判断とは、まずは従来の裁判所の「量刑基準」の踏襲であるほかなく、一体「更生可能性」の論議がされたのですら明らかでない。

　そうした量刑の中での「市民目線」と言われる変化で、まず出てきたのが看護疲れからの親族殺など、市民感情から了解可能な「同情すべき隣人」には「基準」を下回る量刑、逆に「善良な市民感情」からは了解不可能な「凶悪犯罪者」（性犯罪者も）に対しては「基準」を上回る、あるいは求刑も上回る量刑だった。

　量刑の二極化が起こったのだ。そしてそのココロは、実は「更生可能性」などではなく、素朴な「やったこと」、あるいは「犯罪人」への応報感情だった。

　行刑理論上は応報モデルは遠い昔に克服され、現在は「社会復帰モデル」で判断されるはずの量刑だが、これまでの量刑事件で日本の市民参加法廷がしてきた判決は、実態として「犯行の悪質性」を主とした応報モデルによる量刑だった。

　そうなるとのはある意味の帰結だ。

　長くても僅か数日、犯行態様を中心とする審理の、被告人席で見るだけの被告に、更生可能性があるかなどの判断は誰にでも無理だ。

　アメリカでは、一部の州で（死刑の是非論にかかわる）死刑の選択を陪審に委ねる以外は有罪・無罪の判断のみを陪審が行い、有罪者についての量刑判断は、別の法廷で、更生実務の専門家であるプロベイションオフィサー、被告の親族、友人、近隣者、学校の先生などの関係者を入れて被告の更生可能性にしぼって、期間を限定することなく自由な証明で調査して決める量刑裁判が行われている。

　更生可能性は刑事政策上の判断であり、法定証拠主義、当事者弁論主義の短期集中型、そして市民参加の法廷審理にはなじまないからだ。

　さらに、更生可能性とは、被告の深い人間性への判断であるとともに、環境に応じての流動性をもっている。手続を別にしての量刑裁判方式をもってしても完全に把握できるものではない。

　そこでアメリカでは、いったん決めた刑期を受刑中のグッドタイム・システム（善時制）、つまり違反のない受刑期間の経過でどんどん短縮する。そのように二重にした判断であっても、間違うことは往々にしてある。

　刑とは何かの本質を考える機会も設けず、フランスのように刑務所見学で実態を見せることすらなく、数日間の公判や評議で「市民に刑を決めさせる」こ

148　第３部　市民の意見で判決されているか

とでいいのか。「死刑判断」の難しさの根底には、量刑を今の裁判員制度の運用のままで、市民にさせていいのかの問題がある。

5 「短期集中審理」で判断できるのか

石巻事件で仙台地裁裁判員法廷は審理に5日、評議に3日という短期間で死刑を言い渡した。

社会記録の取調べは30分のみだ。「弁護側は『法廷で話す機会が限られている中、少年がどれほど変化してきたかを（裁判員らに）伝えるのは難しかった』『少年の本当の心情、人間性が伝わらなかった』と疲労感をにじませ[11]」た。

「社会記録は全文を読んでもらうべきで、一部だと誤った判断につながる恐れがる」と経験者は語る[12]が、判決後会見に応じた裁判員の1人は「『更生の可能性を判断するための証拠は十分だった』と話し、法律家や矯正機関の関係者が懸念していた情報不足を否定した[13]」。

この裁判員は、何を根拠に「十分」と言うのか。その量刑（死刑）判断が事実上「犯行の悪性判断」だったであろうことが透けて見える。

最高裁は制度発足前「七割の事件は三日以内」と予定し、各地裁はその励行に務めた。

これまでの量刑裁判で裁判員からの「時間に追われた[14]」、「もっと判断材料ほしい[15]」などの声は多く報じられている。

石巻事件でメディアは「資料が少ないというのは成人の場合でも同じ。ただ、増やしすぎると裁判員の負担と証拠のバランスはこれからずっと付いてまわると思う」との認識を表明している[16]。

裁判員裁判は「裁判員の負担を最小限にすること」を尺度に、公判日程、したがって証拠調べの量を決めてきた。

それで良いのかというこれも根本的な問いが、石巻事件の成り行きであらわになったことの一つだ。

＊11　河北新報2010年11月26日付。
＊12　毎日新聞2010年11月26日付。
＊13　同上。
＊14　千葉の覚せい剤密輸事件につき朝日新聞2010年1月28日付。
＊15　読売新聞2010年8月28日付。
＊16　「石巻の3人殺傷：死刑判決　記者座談会　『少年と死刑』記者は…」毎日新聞2010年11月27日付宮城版。

日本では、裁判員裁判の公判運営はアメリカの陪審裁判を踏襲していると誤解されているが、アメリカでは検察・弁護の両当事者の同意によって１日で終わる事件もある一方、O.Jシンプソン公判が９カ月余り陪審員をホテルに缶詰めにして断続的に続けられたように、大きな否認事件は何カ月でも掛けて納得のいく審理・証拠調べをする。

　日本で裁判員制度導入のためとして新設された公判前整理手続、特に開廷前にすべての証拠申請を済ませ、公判では原則新しい証拠請求できない（刑訴法316条の32）などの公判活動制限はどこの国にもない。

　全員一致の陪審制では、評議・評決は先に判決の日時を決めることをせず一致に必要なだけ続ける。

　こうして公判が長期にわたったとき、裁判長は陪審員に言う。「皆さんの犠牲は司法の正義のためなのです」。

　裁判員制度は国民主権の司法への顕現だといわれる。権限の行使に伴う犠牲は、制度趣旨によって受忍しなければならない。

　「裁判員の負担」と「証拠調べ」をバランスの問題として考えるという発想を生んでしまったことに、司法関係者は根本的な反省をし、見直しをしなければならない。

6　裁判員裁判は死刑判決をできるのか

　以上見てきた疑問点は、死刑判決となれば一層深刻な問題になる。それとともに死刑事件で特記しておくべきことを以下にあげる。

(1)　多数決での評決で良いか

　死刑判決後、会見に応じた裁判員は石巻事件では２人で、うち１人は前記した「少年法を適用させる法律がおかしい」と言い、他の１人も少年に掛けたい言葉を問われて「自分のやったことをまず反省してください。なぜこのような判決になったのか考えてほしい」と言ったことから死刑を是認したと推測できる。

　横浜事件では判決後会見した裁判員は１人。「弁護側と検察側の話を聞いて公平に考え、判断した」と言ったことから同様に推測できる。判決言渡し後に裁判長が被告に控訴を勧める「異例な説論」をしたことを「全員一致でなく多

150　第３部　市民の意見で判決されているか

数決での判断だったかもしれない」とし、また「裁判員の中から高裁での判断を仰ぎたいという意見がでたと推測する」向きもあった。[*18] 死刑に納得しなかった者がいたということだろう。

　宮崎事件では評議が当初予定の6日から8日に延長されたうえ会見に応じた者はなかった。

　死刑に抵抗した意見がある程度強かったことが推測される。

　これまでの量刑裁判でも、静岡で裁判官の影響を批判した裁判員などの少数をのぞくとほかはほぼ判決に異論のない裁判員が会見に応じている印象がある。

　このことから3件の死刑判決には納得しない裁判員がそれぞれいたことがうかがわれるのではないか。

　日本の裁判員制度は無作為抽出の市民参加でありながら、単純多数で死刑判決を可能とする国際的にきわめて特異な制度だ。

　建前としては、十分に評議してもどうしても意見が一致しない時に多数決によると予め説明されているが、短い審理と判決の日程を決めて言い渡す結論で充分な評議が保障されているとは言えない。

　宮崎事件で評議を延長したのは稀有の例だ。量刑事件もだが特に死刑事件では多数決は許され得ない制度だ。

(2)　何を証拠とするか

　上記3事件は事実を争わない事件だが、量刑＝死刑選択のための証拠が不十分であることは少なくとも石巻事件では明らかだ。逆に、会見した裁判員の1人は「図書館にこもって裁判を報道する記事を読んだ」[*19] と明言している。この裁判員は法廷証拠以外の情報を判断の基礎としたことで、こんなことが許されるとは驚くべき制度だ。

　アメリカでは大きく報道されるような事件では、陪審員が法廷証拠以外の情報で判断することがないように、ホテルに缶詰にし、テレビ、ラジオを禁じ、新聞は裁判所で、関係記事を切り抜いたものだけを許される。裁判は証拠ではない情報によってなされてはならないからだ。

　一方で法廷証拠を減らし、一方で証拠ではない情報で判断することを制限し

＊17　東京新聞2010年11月17日付社説。

＊18　佐木隆三「識者はこう見る」東京新聞2010年11月17日付。

＊19　朝日新聞2010年11月26日付。

ない。

　日本のマスメディアは、被告に極刑を求める被害者親族の声を必ず大きく取り上げる。マスメディア情報で、死刑か否かを判断するなら証拠裁判主義は無に帰す。

⑶　なぜ死刑を選択

　3件の死刑判決は一様に最高裁永山基準に従ったと標榜している。

　しかし最高裁永山判決の9基準はいずれも抽象的な項目に過ぎず、解釈に大きな幅があり得る。石巻判決に際してメディアは相変わらず死刑判決をしなければならない裁判員の心の負担ばかりを強調したが、「刑事裁判が長く抱える問題点について、国民参加を機に改革していくことが主眼」と裁判員制度に意義を見出し、「これまで裁判官だけで決めてきた死刑適用の基準が徐々に変わっていく可能性もある」[20]と積極的な見方を示したメディアもあった。

　では、その変わっていく方向性を死刑適用について見るとどうなのか。

　3死刑判決について、メディアは妥当感を基調にしながらも横浜事件には「遺族感情重視」[21]、石巻判決には「厳罰化の流れを反映」[22]と見出しした。宮崎判決には、永山後である2005年に「五人を殺した事件など家族間の事件では、被害者が三人以上でも無期懲役が言い渡された例は数多くある」[23]とも書いている。

　3事件とも厳罰化の現れだとメディアは知っているのだ。

　今世界を支配している刑事ポピュリズムは量刑の面では重罰化として現れている。

　その究極の現れである「死刑」と様々な欠点をもつ裁判員制度の結合が迎える「死刑の季節」の危険性を法曹も国民も、よく考えなければならない。

（「裁判員裁判の死刑判決」法と民主主義454号〔2010年〕）

＊20　2010年11月17日東京新聞「死刑に向き合う時代」。
＊21　読売新聞2010年11月17日付。
＊22　朝日新聞2010年11月26日付。
＊23　読売新聞2010年12月8日付。

第4章

まず市民が「判断」する前提条件を
—— 評議・評決の問題点

1　市民の意見とは

「着衣から検出されたDNA型鑑定を巡り『被告と一致』とする検察官に対して弁護側は争う方針で、裁判員がどう判断するかが焦点となる」（毎日新聞2015年10月20日夕刊）、「司法に対する国民の理解の増進とその信頼の向上に資する」ことしか目的にしていない裁判員法にもかかわらず、時の経過とともに、メディアは「市民感覚を生かす」から、さらに進んで、科学的鑑定を含めて裁判員が「判断する」のだと、書くようになった。

その通り、市民が裁判で「判断する」のが市民の司法参加だ。

しかしその判断は、当然ながら、「素人裁判官」として被告という立場に置かれた別の一人の市民の、生命、身体の自由、財産（罰金や没収）を奪うという重大な責任において行う判断だ。

彼/彼女が、普段の生活の中で、テレビや人のうわさ話などから何時とはなく断片的に頭に入っていただけの情報、それに基づいて形成された意識のまま、何の責任もない市井の一人＝「在る市民」として「それはこうだよ」とおしゃべりをする時の「判断」であってはならないはずなのだが、まずその普段の生活者としての日本人の法意識を見てみよう。

(1)　「在る市民」としての日本人

裁判員制度と刑事司法について関心のある心理学の研究者らが、日本人の法意識についてした調査（第一波2008年と第二波2011年に全国成年男女を母集団として層化2段階ランダム・サンプリングで行われた調査＝松村良之・木下麻奈子・太田勝造

『日本人から見た裁判員制度』〔勁草書房、2015年〕第1部第2章「一般人から見た刑事司法」）は、詳細な調査結果を「被疑者被告人への厳しさ」と小見出しししてまとめ、「憲法上、被疑者・被告人に当然認められている手続保障ですら否定的なのである」とコメントしている。

　紙数の関係で第二波からごく少数の数字（問いについて「そう思う」と「どちらかといえばそう思う」を足した％）を紹介する。

　「凶悪な事件の場合には裁判所の逮捕状が無くても容疑者を逮捕出来て当然だ」63.64％、「弁護士は被告人に黙秘を進めるべきではない」56.3％、「真犯人でないなら、長時間にわたって厳しい取調べを受けても、自分がやっていない犯罪を自白することはない」57.48％。そして市民が参加する先である「裁判所は犯罪者に甘すぎる」は36.38％、「そうは思わない」は「どちらかといえば」を含めて11.4％と3分の1以下だ（過半数52.18％が「どちらともいえない」）。

　この調査で注目せざるを得ないのは、これらの％が、なぜか裁判員制度実施前の第一波より、実施後の第二波の方で多少だが「被疑者被告人への厳しさ」を増している点だ。

　その理由の一端は日本の「一般人」の犯罪実態への誤信だろう。「あなたやあなたの家族が犯罪にあう危険性が増えていると感じますか、減っていると感じますか」の問いに対して（『犯罪白書』によれば刑法犯認知件数は2004年をピークに、この調査の両次期も含めて一貫して減り続けているのだから）、「減っている」が正解なのだが、僅か1次2.95％　2次3.08％で、間違った答えである「増えている」が1次65.94％、2次59.17％である。こうした事実に反する体感治安意識がメディアの犯罪報道によってつくられるものであることは、欧米の社会心理学ではすでに半世紀前から指摘されている。

　日本でも2014年度『犯罪白書』では、犯罪認知件数は戦後最少になり、少年の凶悪犯罪も同様で、ピークだった1961年の10分の1に減っているが1997年の神戸「少年A」事件によって、「少年犯罪の凶悪化」が世論を占め、2001年から「厳罰化」の少年法改正が繰り返されてきた。

　しかし実は少年の凶悪犯罪は過去にも多数あり、教育社会学者の広田照幸は犯罪の実情より「メディアの扱い方の変化が世論に影響している」と言う（朝日新聞2015年11月21日夕刊「あのときそれから」）。

　宮澤節生は2007年公刊の論文「ポピュリズム刑事政策の到来と批判的立場への課題」（『社会の中の刑事司法と犯罪者』〔日本評論社、2007年〕579頁以下所収）で、どの国家でも世論は常に犯罪者を敵視し重罰を求めるが、民主主義司法は、一

般的に世論より穏やかな刑事政策をとってきた。しかし犯罪の増加や被害者感情の考慮が、より犯罪者を敵視し重罰を求める世論を生み、専門家の権威を低下させ、ポピュリズム刑事政策への転換をもたらすのだが、「日本でもその転換はすでに始まっている」と警告している。

2015年11月のオウム最後の事件で一審裁判員裁判の有罪判決を覆した高裁無罪判決を「裁判員判決をプロの裁判官が覆した」と非難する論調に対して、元裁判官で、かつてオウム幹部に死刑判決を言い渡した山室恵は「社会を揺るがした重大判決では、裁判員裁判の審理が『世間の感情』に影響される危険性が潜んでいるのを忘れてはならない」と評している（朝日新聞2015年12月10日付）。その危険性は、重大事件だけには限らない。

犯罪の減少にもかかわらず、体感的治安の悪化が増していく日本社会の中の「在る市民」が、裁判員になっていく現実があるのだ。

(2) 「在る市民」を「在るべき市民」に

裁判は実は一連の情報処理だ。起訴という情報を受けた「裁く人」たちが、さらに証拠という情報を受け取って、判決という情報を出す。

注意しなければならないのは、すべての「裁く人」たちは、その属する社会に「在る市民」以外の何ものでもなく、それぞれが、それまでに受けた情報の集積の結果である精神構造の持ち主だという事実。

実態に合わない体感治安のなかに「在る市民」が、そのままの精神構造で被告を裁くのが、司法の正義ではないことは分かるはずだ。

「裁く人」には「たとえ凶悪な事件の真犯人であっても、弁護人を付けた正しい手続きによって公平に裁かれなければならない」という司法の基本的な精神構造に立つ「在るべき市民」になってもらわなくてはならない。

市民参加司法を実施している国なら、参加してくる「在る市民」を「在るべき市民」にする責務を負うのは、裁判を主宰する裁判所だ。

そのために市民参加を実施してきた国々の裁判所は、さまざまな制度的工夫をしてきた。そのどれもが完全に成功しているとは言えないのだが、大陸系など一定の要件で選ばれ、一定期間訓練を受ける参審員とは違って、無作為抽出の一般市民が、何の研修も受けず1回限り市民裁判官を務める点で日本と同じである英米陪審制では、どうしているかが参考になる。

2 「在るべき市民」にするための裁判所の仕事

人の精神構造は何によって変わるのか。外界からの情報を含む新たな体験だ。陪審制では、それは裁判官が陪審に与える法的な情報である詳細な「説示」（instructions）、それによる陪審員期間内の思考方法と行動の管理によって行われる。

(1) 積み上げられた説示集

英米法系の「説示」は、長年にわたる裁判実務の中で、裁判官が市民裁判官にしてきた説明が、積み重ねられたもので、現在は国単位、州単位等々の裁判官会議で、定期的に再検討され、判例なども材料に討議を経て確定、改訂版が出される。

刑事裁判関係では、手続法、実体法のそれぞれが、分厚い本1冊分もあって、参照判例や、年度ごとの改定箇所も明示されている（ネットで日本からも誰でも検索できる）。

その使われ方は、公判では、事件ごとに必要な手続法、実体法の説示を裁判官が選んで、弁護、検察両側の意見を聞いて確定したものを用いる。

裁判長がまず開廷に際して必要な説示から朗読して行い、その後公判手続の中で必要な実体法、手続法の説示を行う。必要なものは何度でも繰り返し行う。現在では多くの裁判所で、その事件で用いる説示をコピーにして、両当事者と陪審員に配布する。

以下説示の紹介は、限られた紙数で、また説示は英米で、アメリカでも州によって違うので、いずれも1例として読んでほしい（詳細は拙著『説示なしでは裁判員制度は成功しない』〔現代人文社、2007年〕38～64頁。なお陪審員がどのように職務を行うか。たとえばどのような説示が何時、何回行われるかなどの詳細はアメリカの女性作家ローラ・ヴァン・ウォーマーが自らの陪審員体験を小説に書いた『陪審員の任務』＝和訳『陪審員』上下としてハーレクインMIRA文庫〔2001年〕が非常に参考になる）。

(2) 情報のインプットとアウトプット

陪審員の精神構造・思考方法、それによる行動の管理ツールとして、説示を情報の「インプット」と「アウトプット」に分けて考えて見ると分かりやすい。

インプットには積極（入れなければならない）とゼロ（入れてはならない情報からの）遮断と、マイナスすでに参加市民の思考の中に入ってしまっている「在るべき市民」の妨げになる情報や思考方法の除去がある。

アウトプットにも積極（市民裁判官が、参加体験によって得た情報を外部に出す）と遮断（出さない）がある。

説示はその多くが当然というか積極的なインプットである。

(3) 積極的なインプット

これは分かりやすい。裁判は、事件についての法的効果を発生する判断なのだから、素人裁判官は、職業裁判官のレベルとは違っても、最低限の法的枠組みに従い、その思考方法によって判断しなければならない。その法的判断方法のインプットだ。

〈刑事手続の説明〉

ⅰ　どのように手続が進行するのかの説明。

ⅱ　陪審員の任務と行動――陪審員がするべきこと、してはならないこと。

ⅲ　刑事手続の原則（「無罪推定」「有罪認定は検察官が合理的な疑いを超える立証をしたときでなければできない」等）が、たとえば「無罪推定」だけでＡ４判で２頁にわたるなど非常に詳細。

ⅳ　証拠裁判の原則（証拠＝証言と証拠ではないもの＝訴追書類、法律家（検察官・弁護人）の申立てや主張＝の区別）。

ⅴ　証拠判断の仕方――一般的な「直接証拠と間接証拠」「証人の信用性判断」から、当該事件の内容に応じて特に注意して証明力を判断しなければならないものとして「ある共犯者の供述を他の共犯者の心証に用いてよいか」「密告者の証言」「関係者の証言」「被害者の証言」「性犯罪被害者の証言」「専門家（日本で言う鑑定人など）の証言」「（犯行時の被告などの）心の状態についての（他人の）証言」「被告人の自白」など、それぞれ具体的、詳細。

〈実体法上の要件とその判断の仕方の説明〉

ⅵ　事件に応じて、当該犯罪の構成要件的判断、心神喪失や耗弱、正当防衛などについての判断の仕方。

(4) インプットの遮断

「在るべき市民」が持ってはならない情報から参加市民をブロックする。

いわば上記(3)の裏返しで、「法の枠組みに従わない、法廷で取り調べられた

第4章　まず市民が「判断」する前提条件を――評議・評決の問題点　**157**

証拠ではないものに基づいた」判断をしないための措置なのだが、これは(3)以上に難しいことで、具体的には、(3)のⅱのうち「陪審員がしてはならないこと」という形で示すことしかできず、陪審制では以下のようにしている。

ⅰ　法廷証拠以外の一切の情報が入ることを遮断——そのために、裁判期間中はホテルに缶詰めとなり、社会的情報源の当該事件の情報は、ラジオ、テレビなどは見せられず、新聞は切り抜かれたもののみが提供される。

ⅱ　個人的な情報も遮断——事件のことを話すことは、家族との電話でも、他人はもとより同じ陪審体の陪審員同士の間でも禁じられるばかりか「他のいかなる人にも、あなた方のいるところで、この事件について議論することを許してはなりません」「法廷の外で、この事件に関連するどんな捜査行為、調査行為もしてはいけません」と任務に就く前に、そして一日の審理が終わって陪審員が法廷を出てホテルに行く前にはその都度、裁判長から懇切に説示される。

(5)　すでにインプットされている情報、思考方法の除去

上記1の(1)の意識調査に現れた「憲法上、被疑者・被告人に当然認められている手続保障ですら否定的」な「在る市民」の精神の中から、これまで持っていたその否定的思想をマイナスし、憲法と刑事訴訟法に従った判断をすることができる思想に入れ替えて「在るべき市民」になってもらわなければならない。

これは市民参加システムの運用の中で最も難しいことだ。

人間の精神の中に存在している思想を取り去ろうとしてもできない。できるのは別の思想を入れることによって置き換わるのを待つだけだ。陪審制で、懇切丁寧な説示を繰り返し陪審員に与えるのはその作業なのだ。陪審員はまた、説示の一部である行動規制（事件について話さない、他人の意見を聞かない、事件報道を見ない等）を通じて「公判証拠のみによる裁判」の原則を体感するのだ。

(6)　アウトプットの消極　判決前

しかし裁判の公開（アメリカでは、公判の一部始終を流す「コートテレビ」もある）以外の当該事件の審理情報を、判決前に外部に出すことは、陪審制では(4)のⅱのように禁じられる。選ばれた陪審以外の者に、事件の判断を左右させないためだ。

158　第3部　市民の意見で判決されているか

⑺　**アウトプットの積極　判決後**

　アメリカの陪審員が、判決後に裁判所の入り口でメディアの取材に応じる風景は、日本でもよく知られている。つまり判決後の守秘義務はないのだ。あるのは一般的な名誉棄損やプライバシーの侵害などの市民的な制約だけだ。

3　裁判員法ではどうなっているか

　市民裁判官への情報の出入りについて、裁判員法には驚くべき特徴がある。「在るべき市民」になってもらうための情報の積極的アウトプットの規定が極度に少なく、有害な情報から参加市民を遮断する措置は、対個人については厳しい反面、マスメディアには規制が無いこと、反面アウトプットについては、裁判終了後も（期限無く）罰則付きの禁止の規定が多くまた詳細なことだ。

⑴　**アウトプットの規制に偏った裁判員法**

　裁判員法は、情報処理について、もっぱらアウトプットに関心があり、非常に事細かく罰則を設けている。

　まず「評議の秘密」は対象を定めず（つまり誰でも）「漏らしてはならない」（70条）としている。判決前であれば、どの国にも共通する禁止で、いわば当然なのだが、判決後も、また裁判員、補充裁判員以外の者に向けても、厳しい罰則付きで、つまり考えられるすべての情報のアウトプットを規制しているのが特徴だ。

ⅰ　裁判員、補充裁判員への規制

　　裁判員、補充裁判員に対して「評議の秘密」に加えて「その他の職務上知り得た秘密」も加えて、漏らせば６月以下の懲役又は50円以下の罰金を科している。

　　自分が認定すべだと考えたり、裁判所が認定するだろうと考えた事実や量刑を、同じ裁判体の裁判官、裁判員、補充裁判員「以外の者に」話すことも、同じ刑罰で禁止する。

　　「以外の者に」というところが日本の特徴で、陪審制では、市民参加者の意見形成に厳正な注意を向け、陪審員同士でも裁判官とも、評議の場以外で個別に意見を言い合うことが禁止されているのと違い、裁判体内の意見形成の正しさについては全くルーズで、ただ「外に漏らす」ことだけに罰則付きで目を光らせる制度だ。

第４章　まず市民が「判断」する前提条件を──評議・評決の問題点　**159**

判決後には、裁判員、補充裁判員だった者が、裁判官や他の裁判員補充裁判員「以外の者に対し」その判決の事実認定や量刑の「当否」を述べること、つまり判決についての論評も、同じ罰則で禁止している（以上裁判員等による秘密漏示罪108条）。

ⅱ　外来者への規制

　裁判員法の罰則（第8章）は、検察官、弁護人、被告人は、「であった者」を含め、つまり永久に「正当な理由がなく」とはされているが「裁判員候補者の氏名、裁判員候補者が質問票に記載した内容」、選任手続での「陳述の内容」を漏らすと1年以下の懲役又は50万円以下の罰金（裁判員の氏名等漏示罪109条）となる。

(2)　裁判員への情報のインプット規定の空白

　日本には、市民参加者にどのように裁判をするべきかの情報を与える英米のような説示はない。裁判員法にはインプットに関わる規定は、2カ条だけしかない。しかも法律用語でいえば「開かれた構成要件」＝具体的な内容は空っぽな規定だ。

ⅰ　宣誓前の説明

　まず第2章選任の39条（宣誓）の1項として、2項宣誓の前に「裁判長は、裁判員及び補充裁判員に対し、最高裁判所規則で定めるところにより、裁判員及び補充裁判員の権限、義務その他必要な事項を説明するものとする」とあるが、その裁判員法規則（36条）には「裁判長は、裁判員及び補充裁判員に対し、その権限及び義務のほか、事実の認定は証拠によること、被告事件について犯罪の証明をすべき者及び事実の認定に必要な証明の程度について説明する」との抽象的な文言だけで、「権限、義務その他必要な事項」として具体的に何を説明するのか、法律にも規則にも規定はない。

　最高裁が2007年5月23日開催の刑事規則制定諮問委員会に参考資料3として出した「39条の説明例」（以下「説明例」と略）とある。実質的な「説明」はA4判で1頁ほどしかなく、全く不十分なのだが、それすら「規則」に取り入れられてはいない。したがって、法39条の公権的解釈ではない。結果として39条1項でするべきとされている説明には、裁判所としての公的基準はなく、個々の裁判官の裁量に任されることになる。

ⅱ　評議での説明

　選任後についても、公判に入る前、途中、終結時にも、裁判員に手続や目の

前で行われる公判で、参加市民がどう行動し、何をどう見ていけばいいのか、その説明をどうするのか、法は何の規定も置いていない。

「第4章評議」まで来たところで、66条5項に「裁判長は、第一項の評議において、裁判員に対して必要な法令に関する説明を丁寧に行う」とするだけだ。3項に「必要と認めるときは、（下線筆者）……法令の解釈に係る判断及び訴訟手続に関する判断を示さなければならない」とあるのはこれらの判断は裁判官の専権事項だからだ（6条2項）。

そしてここにも何を具体的に説明するのかは規定が無い。

このように、裁判員に何を、何に従って、どう判断するのかの情報をどう与えるのかを個々の裁判体の裁判官（構成裁判官）に示す基準が法にはない。

個々の裁判官が自分で考えた手続法と実体法の説明をするほかない制度になっているのであり、どの程度までの説明をするのか、手続法にも実体法にも学説や判例に争いが全くない部分は少ないのだが、どの学説・判例に従った（どれにも従わない独自の見解で）説明をするのかも、個々の裁判官次第になっている。

そして、各事件で、裁判員はどんな説明を受け、その結果した判決なのかは、「守秘義務」によって永久に一切不明という法制だ。

英米法制で「説示集」を決め、公表しているのは、こうした個々の裁判官の恣意性によって、裁判結果に差が出ることをなくすためでもあり、両当事者の合意を得た上で法廷で読み上げるのは、「この基準で裁判をします」と公けに宣言するためだ。用いた説示に誤りがあれば、上訴、破棄理由になり、こうして裁判の公正さを担保している。

この情報が隠されるということは、裁判の公正さが担保されていないということだ。

こうした日本の裁判員法の下で、実際には何が行われているかは、このあとの4に、限られた情報からの限度で書く。

(3) インプットの遮断についての偏り

i　マスメディア報道への野放し

裁判官の説示を含む公判審理で得られる情報ではない情報で、参加市民の判断が影響を受けることを規制するのは、素人裁判官制度には当然だが、日本の法はこの点でも非常に変わっている。陪審制では具体的に厳しく規制するマスメディア報道などのインプットを遮断するための裁判員への行動規制は全くしていない。たんに上記した「説明例」で「被告人が有罪か無罪かは、法廷に提

第4章　まず市民が「判断」する前提条件を──評議・評決の問題点　**161**

出された証拠だけに基づいて判断しなければいけません。新聞やテレビなどで見たり聞いたりしたことは、証拠ではありません」とだけ注意するにとどまっている。

　日本の犯罪報道は被疑者逮捕時の捜査報道が最も多くかつ刺激的で、公判開始後の裁判報道は少ないことを、筆者は朝日新聞とニューヨークタイムスの記事比較で検証した（岩波ブックレット『犯罪報道』〔1991年〕）。あとになれば虚報だったことが明らかになる事実も含む捜査報道が視聴者・市民裁判官に与える心奥への影響は、拭い去れるものではない。

　イギリスでは陪審の判断に影響を与える犯人視報道は裁判所侮辱法2条で禁じられている。アメリカで陪審員をホテルに缶詰めにして、テレビ・新聞の視聴も厳しく制限するのは、そのことで、報道に影響を受ける判断が厳禁されるものであることを知らしめる効果もある。

　日本では裁判員制度導入に当たって、こうした対策は全く行われなかった。

ⅱ　私人の情報提供を処罰

　その一方、個人的な情報提供については、以下のように罰則付きの詳細な規定をしている。

　裁判員、補充裁判員、選任予定裁判員に対して、職務に関し「請託」をすること「裁判員として行うべき判断について意見を述べ又はこれについての情報を提供する」ことに、2年以下の懲役又は20万円以下の罰金（裁判員等に対する請託罪等106条）。

　裁判員の選任前に、選定された裁判員候補者、選任予定裁判員と「その親族」に対して「面会、文書の送付、電話をかけることその他のいかなる方法をもってするかを問わず、威迫の行為」も2年以下の懲役又は20万円以下の罰金（裁判員等に対する威迫罪107条）。

　法廷証拠ではなく、外部からの情報で判断を形成することを禁止するのは当然だが、裁判員法の特徴は、裁判員対して情報を受けることを禁止するのではなく、外部の提供者のみを罰するという偏面性だ。

(4)　すでにインプットされている情報、思考方法の除去ができるのか

　陪審制について書いた、選任された「在る市民」を「在るべき市民」にする妨げになる情報や思考方法、それによって形成されてしまっている「被告＝犯人」の予断などを除去するという市民参加司法の根幹にかかわる制度設計、つまり陪審制で行われている、説示（手続法・実体法の解釈・具体化）を懇切丁寧

に繰り返し与えて、参加市民の思想を「置き換える」手続が、裁判員法には無い。

4　問題な裁判員への情報

　こうした法律のもとで、裁判員はどのように情報を与えられ、どのように「評議・評決」を行い、判決の形成にどれだけ関与できているのか。

　最高裁は「説明例」で「みなさんが、日常生活におけるいろいろな情報に基づいて、ある事実があったかなかったかを判断していることと基本的に同じですので、事前に法律知識を得ていただく必要はありません。なお、有罪か無罪かの判断の前提として法律知識が必要な場合は、その都度裁判官から分かりやすく説明されますので、心配ありません」（下線筆者）とする。

　信じられない気軽さ、というより、参加市民への法的情報提供として大きな誤りだ。

　被告人の認否から検察官・弁護人の意見陳述、証人の証言を聞くにあたって、刑事裁判の原則から、実体法の要件も、知らずに聞いているのと刑事裁判の原則から、実体法の要件まで、予備知識をもって見聞きするのとでは、時々刻々の判断が違う。参加市民は判決に向けて法の枠内の正しい判断を形成していかなければならないのだ。

　こうした最高裁の下で、実務はどうなっているのか。実態を見ていくのだが、守秘義務の壁に阻まれて、外部からアクセスできる情報は非常に少ない。

　マスメディアには、裁判員の判決後の会見報道があるが（これも年を追って次第に少なくなっている）記者からの質問はそれぞれの事件への判断に集中していて、評議・評決のやり方についてまでの質問が出た例はなかなか見られない。個別に行われた相当詳しい体験者座談会（例えば東京3弁護士会主催「こんなふうにしたいな裁判員裁判」〔2012年6月2日〕）でも評議・評決の在り方にまで話題が及んでいない。

　そんな中少ない文献として、2012年の制度実施3年を期して、各地裁が裁判員経験者を集めて「意見交換会」を行い、その報道の中に多少の関連発言が見られるほかは、裁判員の側からの比較的詳しい報告になっている田口真義編著『裁判員のあたまの中──14人のはじめて物語』（現代人文社、2013年。以下『田口』と略）、裁判官の側からの情報として、三島聡編『裁判員裁判の評議デザイン──市民の知が活きる裁判をめざして』（日本評論社、2015年。以下『三島』と略。

第4章　まず市民が「判断」する前提条件を──評議・評決の問題点　**163**

本書の成り立ちについては、同書第3部「実務における評議デザインの展開」「裁判官へのグループインタビュー」参照。本書174頁参照）があり、この項では以下主としてこれらの文献によって実態を見る。

　裁判員経験者の報告を見ると、時期も内容も個々の裁判官ごとに違う「説明」が行われているようだ。

　本人の記憶によるので、不正確なところもあるだろう。しかし逆に見れば、裁判官がした説明が、裁判員にそのようにしか受け止められていないということであり、裁判員たちは、受け止めることができた限りでのその判断基準に従って評決し、それが判決という結果になっている現実に立って制度を論じなければならない。

(1)　「在るべき市民」にするための情報のインプットの不足

ⅰ　公判前の説明

　法では選任された裁判員が宣誓する前に裁判長が「裁判員及び補充裁判員の権限、義務その他必要な事項を説明する」（39条1項）ことになっていて、最高裁は上記のように「説明例」を出しているのだが、宣誓前にそういう説明を受けたという経験者は非常に少ない。はじめての経験に緊張して記憶に残らなかった可能性もあるのだろうが、少なくとも記憶に残るようにしっかり説示されてはいないことになる。

　39条1項の説示は、これによって、裁判員になれば課される「権限、義務その他必要な事項」を知った上で、その義務に従って裁判員になることを承諾し、宣誓するのだから、それが十分にされていないとなると、真実その承諾があったのかも疑問ということになる。少なくとも、説明のコピーを渡し、繰り返し説明して質問があれば答えるなどしなければなるまい。

　ついでながら宣誓を評議室でしたと言う経験談があった。誰に向かった宣誓するのか。担当裁判官に対してなのか。どこの国でも宣誓は公開の法廷でしている。

ⅱ　評議での説明

　法は前記のように「評議において（筆者注＝「先だって」ではないことに注意）、裁判員に対して必要な法令に関する説明を丁寧に行う」（66条5項）とする（これに先んじて3項に「構成裁判官の合議による法令の解釈に係る判断及び訴訟手続に関する判断を示さなければならない」がある）。

　心理学の実験（立命館大学大学院応用人間科学研究科院生高山知恵の研究会発表「裁

判員の意思決定過程における推定無罪原則の説示が与える影響」http://www.ritsumei.ac.jp/acd/gr/gsshs/theme/pdf/2008/2008_koudou_4.pdf）によれば「推定無罪原則の適用は最終選好で有罪を示していれば低く示し、無罪であれば高く示していた」という。原則を積極的に考えた者は無罪を、消極的に考えた者は有罪を選ぶという関係性を示し、刑事原則をどのくらい強く印象付けるかで、市民の判断に影響があることを示している。

裁判員は実態としてどう説明されているのか。

『田口』によると、体験を語った14人のうち、刑事原則の説明を受けたと言っているのは半数の7人だけで、うち1人が「選任された段階で」、他に1人が評議の最初に、別の1人は「最終的に」残る4人は評議の中での説明らしい。「評議中に折に触れて説明されたという記憶はあります」は最高裁の方針通りということか。

「刑事裁判のルールという紙も渡され」たと言う人も1人いた。

「刑事裁判の原則は、説明と言うよりも、基本は質問事項に答えるという感じで、そんなに詳しくはなかったです。守秘義務や判決文の書き方とか、一応の説明ですね」と言う人も。

説明の内容は「無罪推定」がほとんどで、「被告人の犯罪を証明する義務は検察官にあること、証明が不十分な場合は罪に問えないこと」まで説明されたのは1人。「ニュースとか外部の情報は考慮に入れずに、あくまで裁判の内容、証拠だけで判断する大前提に従ってください」も「言われた」のが1人。

被告が少年の事件で、55条移送（少年法55条「裁判所は、事実審理の結果、少年の被告人を保護処分に付するのが相当であると認めるときは、決定をもって、事件を家庭裁判所に移送しなければならない」）に関する説明は「ありませんでした。あくまでも刑事事件として扱うという話でした。それに裁判員は誰も「55条移送」の選択肢を知らなかったので、そのような疑問は浮かばなかったです」。

前記した英米説示について簡単にだがあげた証拠法則についての多数の説示に類した説明が、日本では無く、全証拠から罪体を認定する原則である「合理的な疑いを超える証明が無ければ有罪判断をしてはならない」ことの説明を受けたと言う人は『田口』の中では無い。

「説明例」では「証拠を検討した結果、常識に従って判断し、被告人が起訴状に書かれている罪を犯したことは間違いないと考えられる場合に、有罪とすることになります。逆に、常識に従って判断し、有罪とすることについて疑問があるときは、無罪としなければなりません」（下線筆者）とする。ただ「常識」

第4章　まず市民が「判断」する前提条件を──評議・評決の問題点　**165**

で判断するのなら、法的判断ではなく市井に「在る人」の判断だ。

　日弁連『法廷用語の日常語化に関するＰＴ最終報告書』（2007年）は「証拠に基づいて、皆さんの常識に照らして有罪であることに少しでも疑問があったら、有罪にはできません。そのような疑問が残っていたら、無罪にしなければなりません」と同じ「常識」を言いながらも、やや原則に近い説明にしているのだが。

　『三島』によれば、裁判官らは「裁判員の中で共有化、外在化されているのか」が議論され「説明は本当に難しいです」「あなたが『常識的に考えて間違いないと思えなければ合理的な疑いなのではないですか』という説明しかできないです」（330頁）のほか「合理的な疑いの判断は、認定的な要素もあるけれども、法律判断的な要素もあると思うので、例えば被告人が嘘をついたという場合に、それが合理的な疑いのところでどう作用するかは、法的判断で裁判官が責任を持って判断するべき問題ではないかと思うのです」（330頁）と言う人もいる。これは裁判員には意識的に説明しないということかもしれない。

ⅲ　与えられるべき量刑情報──データベースの問題

　情報のインプットが、一般的にはばらばらに行われているらしい中で、現在は（制度発足当時はそうではなかったが）ほとんどすべての裁判員参加の裁判体で、統一的に与えられている情報がある。量刑検索システム（量刑データベース）だ。

　これについて『田口』では「まっさらな状態でグラフを見せられたので頭にインプットされてしまいました。見る前のみんなの率直な意見を聞きたかった」「まっさらな状態で意見を聞くというのが市民の意見を聞く、ということじゃないのかな。誘導されてしまった感が残ります」「量刑相場で決まるのなら、あんなに時間をかけてやることないんじゃないか」（量刑検索システムと同じ懲役10年の判決になり）「データベースそのままでは私たちがいる意味が無い」の意見もあり、経験者の声として他にも同旨の発言が多い。

　では、何も示さず市民の「生の量刑判断」で決めるのがいいのか。

　それでは、法律による司法判断ではない。法律の判断基準は示さなければならない。

　筆者は、以前勤めていた大学で学生に裁判員裁判の模擬をさせたとき、そこで使う説示を作ったが、最も難しく、長文を要したのが、量刑部分だった。まず刑罰を科す目的（行刑理論の現在では「社会復帰モデル」）から始めて、法定刑刑の加重・減免事由→処断刑、執行猶予が可能な事件ならその制度目的と要件まで、一般人に理解できるように説明するのは大変な作業だ。

『三島』の研究に参加した裁判官の中には、さすがに法定刑、処断刑の説明、まれに「刑務所についての説明」をして裁判員に意見を出させてから「データベース」を示すという人もあったが、『田口』経験者には、こうした法律上の説明を受けたと言う人はなく、「量刑データベース」から入ったと言う人がほとんどだ。

「データベース」が事実上定番の量刑資料として用いられているのだが、その性格は何なのか。証拠であるなら証拠調べを経ていないので判決形成の判断資料とすることは違法だ。「裁判所に顕著な事実」あるいは「経験則」と言うのだろうか。しかしそのどちらの性格としても疑問がある。

(2)　内容が問題なインプット＝不正な説明

『田口』経験者が語る、裁判官から与えられる「説明」の中には、刑事原則に反するのではないかと思われる問題があるものもあった。

○「遺体無き殺人事件」で、「『証拠が無くて<u>どう見てもこの人がやったと思えなければ</u>（下線筆者）無罪にすること』と言われたと語る人もある。これでは「どう見ても無罪」の立証が無ければ有罪ということになり「疑わしきは被告人の利益」ではなくなる。

少年事件で「被告人が少年であることは考慮しなくていい、とも言われました」と言う人もいる。前記55条移送の説明がなかったという事件だ。

○間接証拠（状況証拠）からの判断について、非常に問題な説明がされた例も語られている。

「『前の晩に星空が広がっていたのに、翌朝起きたら一面の雪景色だとしたら、雪が降っているところを見ていなくても、夜中に雪が降ったと判断することは、不自然で不合理なことではない』と言われました。どの段階で言われたか忘れましたが、2回くらい言ったと思います」というのだ（『田口』162頁）。

英米説示と比較すると、この例え話の問題性が良くわかる。

英米説示では「状況証拠とは、どんなことの証明にも用いることができる証拠です」と前置きしてあげるのが以下の例示だ。

「もしあなたが朝起きて脇の歩道が濡れているのを見たとしましょう。あなたはその事実から、夜のうちに雨が降ったということを認定することもできるでしょう。しかし他の証拠たとえば庭に輪を描いているホースから歩道の水を説明することも可能なのです。ですからあなたが、状況証拠によってある事実が証明されたと決める前に、あなた方はすべての証拠に理性と経験とコモンセ

第4章　まず市民が「判断」する前提条件を——評議・評決の問題点　**167**

ンスの光を当てて考察しなければなりません」（前掲『説示なしでは裁判員制度は成功しない』52頁）。

「脇の歩道が濡れているのを見た」という証言だけでは、一義的に「夜のうちに雨が降った」という事実を認定してはならない、別に「庭に輪を描いているホースを見た」という証言があるなら、例えば他に「ホースで散水できる範囲を越えて地面が濡れていたのを見た」という証言が無ければならない、と分かりやすい例をあげて、状況証拠は直接証拠ではない。多義的な解釈が可能な証拠なのでありだから「すべての証拠」との関連で見なければならない。それは「理性と経験とコモンセンスの光を当てて考察」することだ。そのように正しく判断しないと、認定を誤ることになってしまう難しい証拠だと、説示しているのだ。

上記日本の裁判員裁判での「翌朝起きたら一面の雪景色」は、「一面の」と限定している以上（当然、前提は裁判員らの一般的生活空間であって、スキー場など人工雪の可能性がある特殊な場所ではないだろうから）「夜中に雪が降った」と同義で選択の余地がない。状況証拠の例ではない。

選択肢の余地のない帰結を示して見せて「2回くらい言った」意図は何だったのだろう。この経験者は「たとえ直接証拠がなかったとしても、状況証拠から分かるはず、というふうに私は捉えました」と話している。この事件は直接証拠が無い事件だ。

何かの間接証拠から、裁判官が認定すべきだと考えた事実を裁判員らも認定するように「説明」したと考えられる。それがどんな証拠からのどんな認定だったのか。被告・弁護側は知ることができない。それ次第で、判決の内容が違ったかもしれない。判決は埼玉県内初の「裁判員裁判による死刑判決」だった。

公判で弁護人が刑事原則についてどんな説明をしても、参加市民は「被告の弁護をすることを仕事にしている者の言うこと」としか聞かない。裁判員の判断を決めるのは裁判官の説明だ。

無作為抽出の素人である参加市民に対して、裁判所が示す説示の内容は、あらかじめ両当事者にも示して確定し、その通りに説示するというアメリカの制度は、同じ無作為抽出の日本の裁判員制度でも不可欠であり、実現しなければならない。

(3)　日本独自のインプットの問題点

公判で証拠調べされた証拠だけで、事件を判断しなければならないという刑

事裁判原則に反して、裁判員手続の中で事件情報を与えている実務がある一方、公判前整理手続が、裁判員が参加する公判を事実上限定しているのではないかという懸念もある。

ⅰ　事件概要

陪審制度では検察官・弁護人は陪審員候補者に質問することができ、その答えを見て候補者を忌避することができるのだが、日本の裁判員制度では検察官・弁護人に直接質問権が無い。欠格事由の調査のため裁判員は選任手続で「事件概要」の説明を受ける。

その内容が外部に知らされることはなかったが、いったい何によって作成されているのか。もし起訴状記載の公訴事実であれば、それは検察官の意見であり、裁判員は候補者の段階で、被告側の言い分を伴わない検察官の事件像のみをインプットされることになる。

たとえ「公判で見聞きした証拠だけによって判断する」と説明されても、裁判所に来て最初に公的に与えられた事件情報の印象は拭い去れるものではない。

『田口』には、事件概要の説明は要旨を配布されて行われた、という人もあった。刑事原則の配布は無いのに！

事件概要を示すなら、被告・弁護側の要望も入れて作成しなければならない。

ⅱ　公判前整理後の参加は真の参加か

『田口』経験者の１人は、分からないことがあって、「裁判官から『明日になればわかります』と言われて、おかしいな、と思いました。今思えば、公判前整理で知っていたんですね。率直に情報が平等じゃないと思います」と語っている。「私たちは、全貌を見ることなく、切り取られた事件について議論しなければならなかったんです。論点整理ってそもそもなんなの……と思いますね」と言う人も。

裁判官の中にも、公判前整理での争点が「裁判員を拘束するべきではないと思います。一応『争点はこうですよ』という話はしますが」（『三島』324頁）という扱いをしている人もいる。

それは「公判前整理手続が、自由心証主義と、概念的に対立するとは思わないのですけれども、機能的に対立する可能性をはらんでいます。公判前整理手続の争点化を失敗してしまうと、そういう問題がありうる」（『三島』331頁）、「公判前整理手続でがっちりやったときに、それと違う論理構造による認定が許されないとなると、少し縛られ過ぎてしまって困るなということが、実はあるん

です」（『三島』332頁）、「公判前整理手続が、自由心証主義と、観念的に対立するとは思わないのですけれども、機能的に対立する可能性をはらんでいます。公判前整理手続の争点化を失敗してしまうと、そういう問題がありうる」（『三島』331頁）という整理手続の基本に関わる問題がある。

　判決を構成する時になって、裁判所がから見て「争点化失敗」となった場合に裁判所がその「争点」に「縛られる」のかは、規定がないので、運用でまかなっている現状のようだ。

　しかし当事者、特に公判前整理手続の規定によって、現在も完全な証拠開示を阻まれている被告・弁護側にとって（原則として）「手続が終わつた後には、証拠調べを請求することができない」とする刑訴法316条の32、当然これにともなって争点にも「縛られる」ことは、防御の権利の制限となる。

　日本のように、公判前に公判の内容を制限してしまう制度は、立法例として無い。

　裁判員制度と関連する大きな問題だけでも２つある。

❶　見えやすい問題として、裁判官との情報の差がある田口ら経験者による「裁判員制度と周辺環境における提言書」（巻末資料３。以下「田口ら提言」と略）は冒頭に「公判前整理手続きは可能な限り裁判員に提示すること」を求めているが「可能な限り」でも、裁判官との情報量の差は残る。

　陪審制とちがって、裁判官が評議・評決に加わる制度なのだから、少なくとも法律の運用として、公判前整理手続は、担当裁判体の構成裁判官以外の裁判官が行うべきだ。

❷　より深い問題として公判を真の市民参加にすることを妨げる危険性＝事件をどこまで「整理」してしまうかで、「公判」の範囲を縮める結果にもなる事実だ。

　素人である裁判員の目から見ても「私たちは、全貌を見ることなく、切り取られた事件について議論しなければならなかったんです。論点整理ってそもそもなんなの……と思いますね」（『田口』）という指摘がある。制度の根本的な問題と受け止めなければならない。

❷-２　派生する問題が『三島』で裁判官が直面しているように、整理された争点にどこまで「縛られる」かだ。少なくとも運用で「縛られない」実務で統一していくべきだ。

❷-３　これも、立法当初から言われている問題点で「田口ら提言」（２項）も求めている完全な証拠開示の法制化だ。素人である経験者から見ても、不完

170　第３部　市民の意見で判決されているか

全な証拠開示では十分な審理が出来ていない、と感じていることで、公判前整理手続で限定されている証拠開示制度の法改正は、裁判員制度の運用としても必須だということだ。

(4) インプット規制の偏り

　市民裁判官は、公判証拠のみで判決を形成するために、事件についての、メディアはもとよりそれ以外のすべての外部情報から遮断されなければならない。

　アメリカでは、陪審員は、メディアからの隔離だけでなく「誰かがこの事件のことを話していたら、あなたはその話を聞くことを避けるために、直ちにその場所を離れなければなりません」とまで、何度も、厳密に注意される。

　しかし日本では裁判員法は上記のように、外部者に対しては裁判員らへの接触を禁止するが、裁判員が法廷証拠以外の情報をインプットすることについては関心を示さない。事実上見聞きしたことが、人の心証に与える影響には無関心で「新聞やテレビなどで見たり聞いたりしたことは、証拠ではありません」(「説明例」)と言っておけば良いという姿勢で、実務も同じだ。

　『田口』経験者の1人は「裁判時になっても新聞やテレビで連日報道され事件」で「裁判所のほうからは、調べたい心情は分かりますが、それはする必要ないですよ、と言われました。ただ「するな」とは言われませんでした。あくまで自由です、と」、他の一人は「他の裁判員がインターネットで調べて来て、実行犯だった共犯者が無期懲役で確定していることを知りました。このことは裁判官からは何も聞かされませんでした。でも私たちの中では共有していました」と、他の情報へのアクセス(と当然ながら心証形成への影響)を抵抗なく語っている。

(5) インプットされた情報を除去できるのか

　「在る市民」を「在るべき市民」にするために、大量で詳細な法律上の説示を繰り返し与ることができていない裁判員法と実務だ。

　選任の時点で入ってしまっている大量の犯罪報道を始め、公正な裁判を妨げる情報を、参加市民から取り去るインプット情報の除去からはほど遠い。

　『田口』には、経験者のこんな声もある。「一般の人は『道徳的』にどうなのか、ということしか判断できないじゃないですか。公判の過程で、ある程度の知識はついてくるけれども、一般的な人は判例なんか気にしないで、道徳的に

どうなのか、ということが判断基準になる」「裁判官が僕たちの協議を聞いていて『きびしいなぁ』ってボソッと言っていた」。

5　評議は市民参加になっているか

(1)　「裁判員裁判：評議の進め方に不満」

以上のと見出しするマスコミには珍しい記事が、発足当初には残されている。

「静岡地裁浜松支部（北村 和 裁判長）の裁判員裁判で29日、判決後に記者会見した裁判員4人全員が、再び裁判員に選ばれることに難色を示し、うち1人は『重要なところは裁判員の意見が反映されなかったと感じる』と評議の進め方に不満を述べた。28歳の男性も『裁判員制度の趣旨が伝わってこない。気持ちが反映されないと感じた。覆らないんだなって。3日間、裁判に付き合わされただけじゃないのか』と疑問を呈した。男性はさらに、裁判員の意見が反映されない点があったとして『評議や休み時間に、裁判官に『意見を聞いてください』と伝えたが、聞き入れてもらえなかった』と話した。裁判官から『法律で決められているので』と説明されてしまうので、何も言えない」と述べた」（毎日新聞2009年10月29日付地方版）。

実施3年目になっても、「判決を話し合う評議について、殺人事件の裁判員を務めた男性（49）は『裁判はマニュアル化されている面もあり、判決に市民感情を生かせたのか、不完全燃焼のような思いもある』と複雑な心境を語った」（朝日コム2012年02月25日付）と言う声もあった。

(2)　「引っ張る」手法

しかしその後、裁判員の扱いは、担当裁判官の「上からの評価」に関わると言われ、実務の中で、裁判官は非常に気を使って、習熟したようだ。現在、『田口』の経験者らにも「話しやすい雰囲気」「雰囲気は良かった」「裁判員に対する心遣いが素晴らしかったです。絶妙なタイミングで雑談を入れたり」と評判がいい。

その中で、判決後の会見で、発足当時はあった「裁判官の誘導があった」というストレートな発言も見られなくなった。

「裁判長の引っ張り方もうまかった」「裁判官はまとめ役に徹していて、自分の意見を進んで出してくることはなかったですね。裁判員が脱線すれば、軌道修正する」「評議室の中では、良くも悪くもピラミッドの頂点から力が及んで

いる感覚はあります。どうしても（裁判官に）引っ張られるのは仕方がないんじゃないかな。大体同じ意見かな、とか、まとめればそういう言い方になるよね、と納得する。『あっ、自分は裁判官と同じ意見なんだ』ということで安心する。最初にそういうスイッチが入ってしまえば、引っ張られる危険性はあると思います」（以上『田口』）と「引っ張る」手法も巧者になったということか。

(3) 参審制の合意形成とは？

　では「引っ張らない」方がいいのか。もともと、プロである裁判官と、アマチュアの市民とで、対等平等の議論ができるという建前が、不自然なのだ。

　日本と同様に裁判官と市民で事実認定と量刑もするドイツでは、参審員は、無作為抽出ではなく、選ばれた一定レベルの市民裁判官有資格者とされ、地方議会の議員なども多いのだが、東京三弁護士会陪審制度委員会『フランスの陪審制とドイツの参審制』（1996年）によれば、それでも裁判官・弁護士・検察官が「素人に分からせるためにその説明をしなければならない」ので時間と手間がかかる（112頁）（参審員の事実認定能力、法律問題に関する理解力について）「裁判官によっては疑問を抱いている人もいる」（96頁）「有罪・無罪の判断について、職業裁判官がコントロールすることはあまり問題が無いだろう」（155頁）「素人裁判官には職業裁判官をコントロールする能力が無いから、そこで終わってしまい素晴らしくもなんともない」（159頁）「職業裁判官の何人かは素人裁判官を同僚とは考えていない」「素人裁判官が反対するような場合」「自分の法律知識を使って自分の意見を通すことができる」（156頁）と口々に本音を語っている。

　日本でも、裁判官の本音からすればその通りだろう。

　『三島』には、証言の評価は「一般の方が優れていることも少なからずあると思います」（312頁）といった謙虚な発言もある。証言の評価には一種の事実評価の性格があり、事実認定は職業裁判官のバイアスを持たない素人に任せる、という陪審制の原理に通じる。

　素人と法律家を同じ裁判体に入れて裁判の結論を決めさせる「参審型」の市民参加は、どの部分について、何を目的にしているのか。21世紀になって、その目的を熟慮することなく始めてしまった裁判員制度の問題点が見えてくるのはこれからだろう。

⑷　心理学者先行の評議・評決デザイン

そんな制度導入後、裁判員制度の中心である評議について、最高裁が地裁に対して具体的に手続を示さないばかりか、法曹や学会からも研究が少ない中、評議・評決問題に関心を持って、まず取り組んだのは、心理学者たちだった。

上記で引用してきた　『三島』は、裁判員法成立の直後からコミュニケーションや心理学の研究者によって始められた裁判員裁判の予備的研究に、刑事法学者らも加わり「裁判員裁判とコミュニケーション研究会」として、2009年に文科省科研費申請、メンバーによる模擬裁判なども含む「評議の望ましい進め方」を研究、参加者らが多数の著作や研究発表をしてきた、その成果の一つである論文集であり、上記引用は、うち第3部の（たぶん裁判員裁判に意欲的に取り組んでいるのであろう）裁判官らを集めた「裁判官へのグループインタビュー」からだ。

ただそれだけに、関心が評議の方法にあり、中でも、このグループが当初から検討してきた、裁判員に意見を書かせた付箋紙をボードなどに貼り合わせて合意形成をする「付箋紙法」の話題が中心になっている。そのため、裁判体の構成員の意見を出させて合意を形成するニュートラルな方法論であって、その後の問題＝それを法律的にあるべき結論とするための裁判官の関与の在り方、また評議以前の問題＝本項で書いた「在る市民」を「在るべき市民」にするための制度設計については、当然ながら触れられていない。

それがこれからの裁判員制度の課題だろう。

⑸　市民参加型の公判前整理・評議・評決、判決の提案

公判前整理から始まるその課題は、裁判員裁判以前のままのスタイルが続けられているまま、評議・評決とは切り離された形で裁判官が書く判決書の不自然さ（詳細は第3部第1章）の是正とつながっている。

その是正策は、本書終章の「裁判員制度　ここを直さなければ市民参加司法にならない」の3以下にまとめたので、そこをお読みいただきたい。

174　第3部　市民の意見で判決されているか

第4部

裁判員制度発足と「三年後検証」を検証する

第1章

裁判員制度はこうして始められた
──市民参加・官僚と国民の見方

　国民がほとんど知らないまま立法された裁判員制度は、立場の違いによって
全く異なる視点が混在している。自らの立場に有利な制度設計を実現しつつあ
る裁判所、検察、警察の肯定的姿勢と、何の利益もないと感じる大多数の国民
は消極姿勢をとっている（迷い、両姿勢に分裂している弁護士界、明確な姿勢を示せ
ないメディア界については紙数の関係で割愛）。今この現実の立法事実から出発し
て真の市民参加司法を立法すべきだ。

1　はじめに──見る視点ごとの食い違い

　裁判員制度について最も問題なのは、実は「見る」立場によって制度への肯
定・否定、期待から拒絶反応までと、見方が全く違うことだろう。

　それはこの制度が、司法制度の「制定権力」つまり主権者であり、制度の主
役になる国民の意思で始動されたものではなく、アメリカ→財界→政権党とい
う駆動力学によって発案、容認され、官僚（とこれに協力した学者や法曹）によっ
て詳細に条文化され、政府提案による衆議院上程から僅か2カ月半で参議院本
会議までを駆け抜けるという審議で成立したことのいわば制度の本質による。

　つまり以下に分類するどの視点も、ほとんどが「出来てしまった裁判員法」
に対する後付の視点なのであり、ということは、これらの視点を総合したとこ
ろが、現在の日本の「市民参加司法制度」についてのいつわらない「立法事実」
と言えるものだということができるだろう。

第1章　裁判員制度はこうして始められた──市民参加・官僚と国民の見方　**177**

2 国家の視点

(1) 2001年刑事「司法改革」の視点

現在、国内法が国際的な要求からつくられることは珍しくないが、裁判員制度は、グローバリゼーションによる企業取引増加の中で、近代国家で唯一市民参加司法を持たない日本に対する、直接にはアメリカの財界から日本の財界への要求による立法だったと言われている。[*1]

これを受けた政権党[*2]→政府の立法方針を、当の司法府は当初激しく拒絶していた。

そもそも市民参加司法は、職業裁判官への不信を制度化したものだ。12世紀にイギリスで始まった陪審制度は、支配者から民衆へ司法を取り返す制度だった。その後西欧各国で続いている市民参加は、職業裁判官であるがゆえのバイアス＝刑事手続で言えば、被告を有罪視する偏見から裁判の公正を守るために、素人に事実認定をさせる制度だ。しかし自らにバイアスがあるなどとは考えもしない日本の裁判官たちには、自分たち裁判官の正しさを否定する市民参加などもってのほかなのだ。[*3]

だが驚くべき短期間内に、まず最高裁が刑事事件への市民参加を容認する姿勢に転じ、ついで行政府の中でも直接の刑事担当部署である法務省・検察庁・そして警察庁が容認に転じた。そのキイワードは「迅速化」だ。

裁判に時間がかかる、公判が月に1度以下。外国の法曹が目を丸くする「さみだれ司法」によって、ちょっとした事件では確定までに10年以上かかるという、異常な実態が、国際的な司法改革要求の原因の一つだったが、裁判所や法務省は、それを自ら改める気はなかった。なぜか。日本で刑事裁判が長引くのは、強要された自白調書の任意性を争う時間だった。世界に悪名高い代用監獄を使っての長期間の取調べをして捜査官が「作文」する供述調書が公判での膨大な証拠になる。

＊1 　国際組織犯罪防止条約の履行として2002年に組織犯罪防止法、OECD8原則→EUと米国の合意という国際力学によって2003年の個人情報保護法がつくられたなど、関係性が公然化されているものもあるが、裁判員法の具体的背景はまだ明らかにされていない。

＊2 　自民党「上川委員会」。

＊3 　長く最高裁長官を務めた矢口洪一氏が「裁判員制度の道を開いた」と言う人がいる（読売新聞2006年7月26日の追悼記事）。なるほど彼は陪審論者だった。しかし裁判員制度は矢口氏が主導したのでもなければ、裁判所が動いて立法化したのでもない。

その作文の一言一句について、強制の結果だ、被告の任意ではないという争いのゆえの裁判長期化。そうなるのは裁判の実態がその調書の細部に基礎を置く「調書裁判」「精密司法」だからだ。

捜査と公判に連続するこの日本的特異性は、人権侵害と不可分で、国連規約人権委員会がすでに1988年の疑問視にはじまって実態を理解した後は廃止や改善を強く勧告し続けている。国際的に悪評が定着している代物だ。この特異な手続全体を改めなければ「さみだれ司法」は改まらない。

だが捜査官憲は取調べ中心のこの手法をやめる気は毛頭なく、捜査官が作った「供述調書」を官舎に持ち帰って読んで判決を書くことに慣れた裁判所も「調書裁判」をやめる気はなかった。*4

2001年6月12日「司法制度改革審議会意見書」として国民の前に姿を現した「改革」の目標の中心は「司法の迅速化」だった。3日後に政府は「迅速化」を中心課題とする司法制度改革関連24法案の3年以内の成立を目指すために内閣官房に司法制度改革推進準備室（後に「推進本部」）を設置、裁判員法案はその「迅速化法案」の一つとして立案され、評議・評決のルール等市民参加の中核についての審議が全くないまま2004年5月に成立した。*5

本来近代司法手続は日本のような「供述調書裁判」とは相容れない。まして素人が参加する裁判は「目で見て耳で聞いてわかる証拠」つまり原則証人の法廷証言のみを証拠とする「直接主義・口頭主義」審理以外にありえない。しかしこの「司法改革」で、政府は「調書裁判」をはじめとする刑事訴訟法の改革には一切手をつけず、警察・検察・裁判所に対して、彼らが慣れ親しんだ特異な日本的刑事手続をそのまま「安堵」した「市民参加」と「調書裁判」という矛盾の始末を捜査・司法官憲に丸投げしたとも言える。ただし「市民参加イコール迅速化」という錦の御旗をつけて裁判員法1条は裁判員制度の目的を「司法に対する国民の理解の増進とその信頼の向上に資する」と言うだけで「国民の判断を司法に役立てる」とは言っていない。「見せて、理解させ、信頼させる」ためだけなら国民を裁判の場に入れてもまあ良い、という最高裁・警察庁・法務省・検察庁が「裁判員制度」を容認した理由は法律の条文として明らかになってみれば、よく理解できる。

＊4　1979年9月の法務省「監獄法改正について意見を聴く会」の代用監獄の存否についての議論では、高名な刑事裁判官が、警察が（代用監獄を使って）詳しい調書を取ってくれないと裁判官は裁判ができない旨の発言をしている。

＊5　平成16年法律第63号「裁判員の参加する刑事裁判に関する法律」。

第1章　裁判員制度はこうして始められた——市民参加・官僚と国民の見方　**179**

⑵ 裁判員制度への法務・検察（警察）の視点

法務・検察（警察も）にとって、裁判員法を見る視点は、事件を摘発して、公判で有罪を勝ち取るために有利か、便宜かに尽きる。市民参加を容認したのは、それによって従来からの取調べ中心捜査の慣習に変更を求められることはない、逆に市民参加=迅速化、つまり参加する市民に迷惑をかけないために短期の公判にしなければならないという名目によって、彼等が従来から望んではいたが、できなかった捜査と公判活動での「有罪獲得のための効率化」を獲得できると判断したからだ。その具体化が、裁判員制度実施が近づくにつれて検察庁としての方針として公にされてきた。

① 供述調書

最高検は「裁判員裁判の下でも供述によって立証すべき事項については、供述調書が引き続き重要な役割を果たすことに変りはない」と明言した。「自白事件」では供述調書は弁護側が証拠とすることに同意する「同意書証として取調べられることが最も有効・適切」であるし「否認事件では」検察官が公判で参考人や被告に「真実を語らせることができない場合もありうる」ので「捜査段階での供述」が「必要かつ重要」だ。そこで裁判員裁判では「供述調書の作成時期と方法」が重要となる。警察官調書は捜査の「紆余曲折もたどりながら」つくるので「公判での争点を意識した内容の供述調書を作成するには一定の限界がある」。それに比べて検察官は法曹なので「立証構造を踏まえ」「可能な限り簡潔に信用性の高い内容の供述調書を録取することに努める」つまり有罪立証のために法律的に必要なポイントに絞ったエッセンスだけの調書「仕上げの調書（要約調書）」をつくることができる。それを公判の証拠にするという方針だ。

事件の筋をより良く素人にわからせるには長々と要領の悪い証言（直接主義・口頭主義）などではなく要領よくまとめた「要約調書」が有効だ。

それも「裁判員には多数の調書を読ませられない」から１通にまとめたものが良い、という名目でこれによって調書の伝聞性（「捜査官の作文」性）は、い

＊６　検察庁法４条は検察官を「公益の代表者」であるとするが、無実の者を無罪にすることを職務であると考えて公判に臨む検察官はいないだろう。三井環元検事は検察官が無罪の証拠を故意に隠匿した３事例をあげ「こんな話は検察では珍しくない」と書く（『創』2009 年 4 月号 134 ～ 137 頁）。

＊７　被告側が起訴された事件を認める事件。例年 9 割を超える。

＊８　最高検 2009 年 2 月「裁判員裁判における検察の基本方針」26 ～ 27 頁、2006 年 3 月の「裁判員裁判の下における捜査・公判遂行の在り方に関する試案」32 ～ 33 頁。

180　第 4 部　裁判員制度発足と「三年後検証」を検証する

わば二重になる。はたしてこれを「被疑者の供述」と呼べるかは疑問だ。

② 取調べの一部録画

そしてこうした「仕上げの調書」を読み聞かされ、それを認める被疑者を録画して、自白が任意になされたことの証拠とする。

自白の任意性に関する争いは、これまでの取調べ捜査官を法廷に呼んでの押し問答。何年もかかるそんな攻防に、裁判員を付き合わせることはできない「市民参加＝迅速化」の錦の御旗が捜査側に与えられたのだ。弁護士会あげての「取調べの可視化」運動＝逮捕直後は否認していた被疑者が取調官の強制で自白させられる。その経過を残らず映像に残して虚偽の自白調書を争うという運動に対して、当初激しい拒否反応を示していた検察庁、続いて警察も容認に転じた。そのココロは最期の取調べのみの「一部録画」に限ることで、弁護士会の意図とは全く逆の効果を取調べ側に保障するからだ。

③ 法廷立証の方法

パワーポイントなどによる「裁判員へのわかりやすい説明」をはじめ死因立証に３次元画像を使う[*9]などの立証手段も導入される。IC機器の多用は、組織と資金を持つ検察と、持たない弁護側の法廷活動能力に差をつけるとともに、従来証拠や主張に付随していた有罪立証過程から（無罪主張に手がかりを与える）「不純情報」をきれいにカットして、有罪立証に純化・再構成する効果をもつ。

裁判員裁判に備える捜査・訴追側のこれらの方策は、これまで自白強要の痕跡を膨大な調書の相互矛盾、とりわけ警察官調書の捜査の「紆余曲折」の中から発見することで、僅かな無罪を勝ち取ってきた弁護士の手法を不可能にする。そのために費やされた長い公判「さみだれ司法」がなくなることは同時に、訴追側の有罪立証に疑問を呈し、検証する審理を切り捨てることにほかならない。

④公判前整理手続

司法制度改革によって刑事訴訟法が唯一大きく変わったのが、公判前に（裁判員の関与なしに）検察・弁護両側が、主張と立証の予定を明示して、裁判所が（裁判員を入れた後の）公判審理の計画を立てるという「整理」手続を新設したことだ。その過程で検察側の一定の範囲の証拠開示が初めて制度化されたのだが、引き換えに開示を受けるためには被告側が「主張」を明らかにしなければならない制度で、ここで申請しない証拠は公判では許されない。被告・弁護側

＊9　これを報じる朝日新聞2009年3月4日付夕刊は「検察の『工夫』進む。必要な部分に焦点、鑑定書より簡潔に」と見出しする。

第1章　裁判員制度はこうして始められた——市民参加・官僚と国民の見方　**181**

には実質的な自白強制に当たる上、無罪や情状立証に必要な審理のカットになる（第2部第2章）として刑事弁護士らの深刻な反対が起こっている。

(3) 裁判員制度についての裁判所の視点――「核心司法」と評議ルールの欠如

① 「精密司法」からの解放

日本の刑事裁判の大きな特徴は「精密司法」だと言われる。それは外国の裁判所と違って「黙秘権の保障」といった大きな原則では、決してえん罪を救済しない臆病な裁判所に対して、重箱の隅をつつく微細な争点になんとか活路を見出そうとしてきた弁護士達の闘いと、それに応えた僅かな有能な裁判官、対抗する検察と多数派裁判官も、結果として同一方向で、年を追うごとに微細化を進めることとなった。裁判実態は結果として毛細血管の絡み合う脳内手術のように膨大化した。調書制度を残したままの「迅速化」は実は書面審理を加速するのだ、という元裁判官の述懐がある。[10]多数の書証を、法廷の「証拠調べ」では「何号証取調べ」の一言で済ませれば審理時間は短くなる。自宅に持ち帰った大量の書証を読んで判決を書くために裁判官達は疲弊を深めていた。

「参加する市民に迷惑をかけないための短時間でわかりやすい裁判」が、ここまで来てしまっていた「精密司法」の呪縛から彼等を解放する。しかも以下のように使い慣れた刑事裁判の骨格だけを確実に残した上で。上記(2)の法務・検察、警察の方針は、裁判所のこの思惑とぴったり一致するものに他ならなかった。

最高裁は「規則」という公式な形式以外には下級審に対して命令を出さない。[11]裁判員制度についての裁判所の総体としての方針は、立法後示されたいくつかの「司法研究」、「資料」等の形で公表される。そこから見える裁判所・裁判官の思考は以下のようなものだ。

② 調書裁判を引きずった「核心司法」

裁判所は、まず2006年に、裁判員裁判は直接主義・口頭主義が原則だと宣言しながら、自白事件では「書証を活用した審理とならざるを得ない」、「否認事件においては」「（書証の）一部同意を活用し」、つまりは上記(2)のように検察官の用意する調書類を基礎として「尋問事項を絞」るなどの公判迅速化方針を打

＊10　小笠原淳「壊れる前に裁判官を何とかしてくれ」THE JUDICIAL WORLD 2009.No5.20 頁。

＊11　行政官である検察には「検察官同一体の原則」があるが、司法官である裁判官は憲法によって個人ごとに独立している建前だ。

ち出した。*12

　ついで2009年1月に最高裁事務総局刑事局が「制度実施後の現実の裁判員裁判で素材として活用していただけば幸い」として公表し、実質裁判員裁判の実施方針である「模擬裁判の成果と課題」では「書証の内容を犯罪事実及び重要な情状事実の立証に真に必要なものに絞る」こと、そのために「検察において工夫を重ねている供述調書」や「実況見分調書や写真撮影報告書等を抄本化したもの」「統合捜査報告書」を公判証拠に活用する方針だ。しかもさらにそれら書証の法廷での取調べは検察官がする「要旨陳述」による。被告や証人への尋問も訴訟指揮でカットする。供述調書の任意性の争いは最後の「取り調べ状況を録音録画したDVD等」の「活用」を推奨している。

　公判前整理手続もあって、被告側の無罪立証の手がかりをそぎ落とし、捜査側が整理した有罪立証で「裁判員へのわかりやすさ」と「公判の迅速化」を図る。これを「核心司法」と呼ぶ。そぎ落とされるのは従来被告側の防御の手がかりとなってきた「非核心的」なえん罪立証の証拠と審理だ。

　③「説示のない評議」

　こうして公判運営では検察・警察と歩調を合わせればよい裁判所だが、検察が関係することのない裁判員との「評議・評決」部分では、初めての制度の実務方針を自ら独自に打出さなければならない。

　市民参加司法の本質からは、正しい判決に到達するために、法的素人である市民裁判官への①詳細な手続ルール（無罪推定原則、有罪認定のための「合理的な疑いを超える有罪の心証を得なければ無罪としなければならない」等々）と②刑罰ルール（当該事件の刑事実体法上の犯罪構成要件）③量刑もさせるならそのルールが、個々の裁判官の恣意性や誤りを排して、市民の理解を確実にするまで教示されることが不可欠だ。陪審制裁判ではこのために、制度開始以来歴史的に裁判官会議などが不断に練り上げてきた市民への説明文が、公式の分厚い「説示集」になっていて、その中から事件ごとに裁判官が検察官・弁護人と協議してその事件で用いる説示を選定する。

　しかし「模擬裁判の成果と課題」の「評議の在り方」部分は僅か10頁と短い（「審理の在り方」は36頁）。何よりも市民参加であるのに上記①～③が必要だという認識がここには全くない。もちろん記述もない。市民の正しい意見をどう

＊12　平成18年度司法研究『裁判員制度の下における大型否認事件の審理の在り方』30～41頁「証拠調べの在り方」。本書は法曹会から出版されていて事実上裁判所の公式見解と見てよい。

第1章　裁判員制度はこうして始められた——市民参加・官僚と国民の見方　**183**

したら聞き出せるかに、実は関心がないことが、薄い記述から透けて見える。そればかりか「中間評議や審理の合間における裁判員との雑談で」「暫定的な心証を交換していくことが必要」と、英米陪審制はおろか政府がモデルとして望んだという大陸型参審制でも、公正な評議を妨げるとして厳に禁じていることを、平気で推奨している。

全国で630回行われた模擬裁判では、評議も公開されたので、裁判官の意見によって評議の結論が変わってしまう例が多見され、憂慮されている。

裁判員の充分な意見表明とその公正な集約は市民参加裁判の根幹だが、日本の裁判所にはその意識が全くないことがここに明らかに示されている。

2009年4月から就任する埼玉弁護士会長は裁判員制度の廃止を求める市民グループの会合に出席し「『裁判員が裁判官の意見になびき、お飾りになるのは目に見えている。誤判を防止できない』と同制度に反対の立場を明確にした」[13]。

最高裁は市民参加裁判の研究のために100人以上の裁判官を海外に派遣している。いったい彼等は見学してきたことを報告しないのだろうか。

こうした裁判所の文書の評議の部分で、やや字数を割かれているのは弁護士からすでに疑念が示されている『量刑資料』(相場)、それも裁判員に「示す時期」という些末な周縁的な部分だけだ。

以上のように、裁判所の裁判員制度を見る目は、市民を迎え入れることについての裁判というものへの根本的な視点の変化も、市民の意見へのリスペクトもない。あるのは、もっぱらこの制度導入によって、従来の手法を良い所取りして、公判を「核心」化、迅速化する方策の視点だ。

3 国民が「裁判員制度」を見る視点—行きたくない、いらない、そして

(1) 行きたくない

2008年10月の内閣府調査によれば裁判員制度の認知度は99%に上ったが、メディアはそれを「困惑の裏返し?」と報じた[14]。裁判員に選ばれても「行きたくない」が80%近いことは[15]、認知度が20%台だった立法直後から変わらない。

2008年11月裁判員候補者への初めての通知が郵送されると、裁判所には国民からの「どうしたら辞退できるか」という問い合わせが殺到し、期限までに4

＊13　毎日新聞 2009 年 2 月 15 日付。
＊14　朝日新聞 2008 年 12 月 27 日付。
＊15　例えば朝日新聞が 2008 年 12 月 27 日に実施した世論調査では 76%、同紙 2009 年 1 月 9 日付。

割からの辞退希望などの回答票が返送され、その後も返送が続いた。民衆の意識を敏感に反映する大衆系メディアは、「裁判官の目の前で『絶対死刑』『もう決めてます。無罪』などとエキセントリックに叫び『公平な裁判ができない』と判断され『不適格』として除外されるケースもあるが、質問手続きにおける虚偽の陳述は50万円以下の罰金に処される可能性も『ポーズだ』と思われないよう、叫ぶ以上は相応の信念を持つことが必要だ」などと書く。[16][17]

こうまで国民が「参加したくない」のは「なぜこういう制度が生まれてきたのかよく分から」ず、「最高裁判所は、これまでの制度に問題があったからという言い方はせず」それなら「なぜここまで負担をかけてやらなくてはいけないのか」がわからないからだ。[18]

メディアは「裁判員制度」の前置句に「国民の常識を裁判に生かす」などと振るが、前記のとおり裁判員法にはそんなフレーズはない。候補者の通知に添えられている制度の説明は「よくわかる裁判員制度Q＆A」という薄っぺらな漫画一冊だけ。そこには司法への参加が国民主権の不可欠の一形態であり、職業裁判官であるが故のバイアスから司法を守るための文明国に共通の安全装置であるという市民参加の基本、つまり「司法を自ら行うのはあなたの権利です」「私たち裁判官が誤らないよう力を貸してください」というニュアンスはかけらもない。[19][20]

「参加させて裁判所のすることを見せ、シンパシイを持たせ、信頼させる」これか国家・裁判所の真意だ。裁判員法１条を知らなくても、この国家姿勢、これから行かなければならない裁判所というところの雰囲気は、ひしひしと国民に伝わる。「行きたくない」は自然な反応だろう。識者といわれる人達も「裁判員制度はうまくいくと思いますか」の問いに「思う」が10％、「思わない」

＊16　読売新聞2008年12月20日付　辞退しない者は何も返送する必要はない。

＊17　スポーツ報知2009年2月13日付 [知ってるつもり!？裁判員制度] ④このシリーズは10回連載のうち4回までを「行ぎたくない」対策に割き、3回分を導入に否定傾向の識者インタビューに当てている。

＊18　ダニエル・フットインタビュー「『身近な裁判』は実現するか」世界2008年2月号148～150頁。

＊19　「参審員の役割は官僚裁判官を国民の代表として監視すること」2008年6月24日弁連会館クレオでの日独弁護士会友好協定調印記念シンポジウム「ドイツの参審員制度の実務」でドイツ弁護士会長。

＊20　「Q＆A」のQ1の制度説明には「裁判の進め方やその内容に国民の視点、感覚が反映されますので、その結果、裁判全体に対する国民の理解が深まり、裁判がより身近に感じられ、司法への信頼が高まっていくことが期待されています」と原因・結果にならない記述があるだけだ。

が55%で「目立ったのは制度導入方法への批判『準備が短すぎる』『何のためにやるのか、という議論が全くされていない』」意見だという。[*21]

そもそも裁判所への信頼が45.7%（アメリカ国民は73.5%）と著しく低い日本国民なのだが、[*22]国家が裁判員制度の目的としている「裁判所への信頼」は導入後も変わらないと考える国民が52%と過半数を占めている。[*23]

(2) 「いらない」運動

世論調査の裁判員制度への賛否では、いまだに反対が52%で賛成の34%を上回り、59%が「この制度は根付かない」と考えている。[*24]

「裁判員制度はいらない！ 大連合」という運動は、中心になっているのは学者や弁護士だと報じられているが、[*25]裁判員候補への通知を受けた市民3人が集会で（裁判員法の禁止に反して）自ら実名を公表して反対の意思を明らかにした。[*26]こうした運動や見方が、従来のままの裁判官裁判を容認し、保守する結果になるのは皮肉な現実だ。

(3) それでも「市民」は存在する

しかしそんな国家でも、国民は真面目で謙虚だ。どの調査でも「参加したくない理由」では、仕事や家事の都合よりも「人を裁くことに自信がない」、「正しい判断ができるか自信がない」が圧倒的に多い。自分の都合から参加をためらっているのではないのだ。前記した候補者呼び出しを受けて実名で反対会見をした人も「有罪・無罪や量刑の判断は法律の素人にはとても無理」と言う。[*27]しかし日本にも市民参加司法を担おうとしている市民、担う能力のある市民は確実にいることが、各地での模擬裁判に参加した人によって示されている。ただ残念ながらそれは一部、少数だ。NHKがテレビで公開した模擬裁判の裁判員役を務めた山本冠氏などは「12人の怒れる男」のヘンリー・フォンダになる[*28]

＊21 朝日新聞2009年3月1日付ワンハンドレッドアンサーズ「市民の司法参加　期待しますか」。

＊22 読売新聞2008年12月18日付「日米共同世論調査」。

＊23 朝日新聞2009年3月1日付「定期意識調査」結果。

＊24 朝日新聞2009年3月1日付「定期意識調査」結果。

＊25 弁護士や法律学者から司法書士、弁理士まで法的知識を持つ者は、裁判員法15条によって裁判員から徹底的に除外されている裁判員は、他国にはない「純粋素人集団」として召集される。

＊26 読売新聞2008年12月21日付。

＊27 同上。

＊28 NHKスペシャル「あなたは死刑を言い渡せますか」ドキュメント裁判員法廷、2008年12月6日放映。

186 第4部　裁判員制度発足と「三年後検証」を検証する

ことができる市民の例だ。しかし模擬裁判の中で彼の意見は葬られた。「12人の怒れる男」に裁判官3人が入り、そして評決が陪審制の全員一致ではなく、日本の裁判員制度のように単純多数決だったら——ヘンリー・フォンダも山本氏と同じになっていたのだろう。

　最高裁が2008年4月に公表した約1万人の意識調査には、参加に消極な理由に「裁判官と対等な立場で意見を発表できる自信がない」(55.9%) があった。[29] 裁判員制度が、市民に、自らの参加を生かすことができる場所だと確信を与えることができる制度になった時、日本のマジョリティの視点は、初めて近代市民のそれになるのではないか。

(「裁判員制度への官僚と国民の見方」日本の科学者Vo144 No7〔2009年〕)

＊29　MSN産経ニュース2009年1月4日付「[日本の議論] ホントに始まるの？　裁判員制度」。

第2章

裁判員制度検証の物差しは何か

　2012年5月21日で裁判員制度実施3年になり、裁判員法附則9条による「検討」の時期になった。

　各関係機関、メディア、各地での「検証」の中に、この市民参加の制度設計に内蔵されていた基本的な問題点、そして実施の問題点が見えている。

1　物差しは何か

　何かを「検証する」つまりうまく行っているかどうかを判断するには、判断の基準=物差しがあってのことだ。裁判員制度についてその物差しは制度を導入した目的であるはずなのだが、それは何か。

　実はここから問題が始まっている。何のための制度なのか。

　制度の目的を、法律の冒頭第1条に掲げるのが日本の習慣だが、裁判員法は奇妙な目的になっている。第1条は、司法そのものをどう変えるためにこの法律を新たにつくったのか、ではなく「司法に対する国民の理解の増進とその信頼の向上」を掲げる。司法を良くするとは言わない、司法の方は変わらない、変える必要はない、司法に対する国民の態度（理解不足）を変えるために、この法律を作った、と言っているのだ。

　この立法のもとになった内閣「司法制度改革審議会」の意見書（2001年）には「国民の理解」の前に「一般の国民が、裁判の過程に参加し、裁判内容に国民の健全な社会常識がより反映されるようになることによって」というフレーズがついているのだが、法律にするときおそらく次に書く裁判所の関与の過程で、カットしてしまっている。

188　第4部　裁判員制度発足と「三年後検証」を検証する

立法目的を掲げているのに「司法を良くするため」（国民の健全な社会常識を反映するため）と書かないのは「市民を参加させることで司法を良くする」と書くと「これまでの裁判官だけの裁判は良くなかった」ということになるからだろうと批判されたが、これが裁判所の偽らない姿勢だろう。

　自らも裁判員法を策定する政府「裁判員制度・刑事検討会」のメンバーであった池田修裁判官はその著書に、「一部にこれまでの職業裁判官による刑事裁判を否定的に評価し、これを改めるためには、司法を職業裁判官の手から取り戻し、国民が主権者として裁判を行う制度を導入すべきであるなどといった意見も見られたが、裁判員法はもとより、このイデオロギッシュな立場から立案されたものでない」と何か感情的な口ぶりで書いている。

　しかし、この著者が書いている裁判員法の目的は、法1条とは又ちょっと違う。「現在の刑事裁判が基本的にきちんと機能しているという評価を前提として、新しい時代にふさわしく、国民にとってより身近な司法を実現する手段として導入されたものである」というのである。司法制度改革審議会とも法律の1条とも違う。裁判所内でも「目的」が統一されていなかったことを物語っているのか。

　第1条がいう「理解増進」なら、制度を変えなくてもできる。

　法廷傍聴をもっとオープンにし、またアメリカのようにコートテレビで昼も夜も（多くの裁判所が夜間法廷を公開して多くの傍聴者を集めている）裁判の中継を流せばいいし、「信頼の向上」のためには、市民が「なるほど」と納得できる公判運営をし、判決すればよいのだから。

　竹﨑最高裁長官は、2012年度の憲法記念日の談話として裁判員制度を「3年間の運用の状況を多角的な視点から、明らかにしたいと考えています」と特定の物差しのない検証といった発言をしている。

　竹﨑長官は、導入前、裁判所内に根強かった市民参加反対の空気を押し切って変え、師である矢口洪一元最高裁長官の「陪審制導入」の方針を裏切り、「日本独特の参審制度である裁判員制度」によって裁判所内をまとめ、その過程で、

　＊1　『解説裁判員法〔第2版〕』（弘文堂、2009年）4頁の注1。

　＊2　同書3頁。

　＊3　『アメリカ人弁護士が見た裁判員制度』（平凡新書、2008年）の著者であるコリン・ジョーンズ同志社大学教授は、「公権力から個人を守るとりでである米国の陪審制度とは根本的に違う」「本当に国民のための制度なのか。裁判所が主導権を握りつつ、国民関与の形をとることで判決や司法制度への批判を免れるための仕組みではと勘ぐってしまいます」と言っている。朝日新聞2012年5月26日付東京都内版「裁判員　積み重ねた3年」。

第2章　裁判員制度検証の物差しは何か　**189**

異例の「ごぼう抜き出世」によって長官の座についたと言われる。

　しかし、立法時に裁判所内を承服させたのであろう「現在の刑事裁判が基本的にきちんと機能しているという評価を前提として」「司法に対する国民の理解の増進とその信頼の向上に資する」目的は、今事実上影をひそめた。

　今、裁判員法1条の「目的」は、竹﨑長官、あるいは裁判所ばかりではなく、誰からも3年後検証の基準とは考えられていない。

　では裁判員法がつくられた本当の目的は一体何だったのか。

2　国民的導入ではなかった

　実は、裁判員法1条のこの変な目的規定は、実際の制度導入の立法事実とは関係ないものだ。

　裁判員制度が、アメリカ財界の要求で、急遽作られることになったとき、新制度は「多くの日本人にとって青天の霹靂」だった、と日本法を外からの客観的な目で注視している一人であるダニエル・フット東大教授は書いている[*4]。

　司法への国民参加の要望は、戦時中に停止された陪審制度復活、あるいは導入の運動として一部の弁護士を中心とする市民団体が細々続けてきたにすぎず、その運動家たちは「自分の目の黒いうちに実現するとは思わなかった」「そもそも国民の司法参加が望ましいかどうかについてさえ意見が分かれるなか」（と言うより、筆者から見れば「意見が無いのに」）「まさにトップダウンで決定された」裁判員制度については、だから国民的な統一した目的などなく、多くの国民は、いつか自分たちが「裁判員」として呼び出されるようになる事態が進行していることすら知らず、「新しい制度の導入を提案した人の間でも、さまざまな動機が見受けられ」「立法が成立した舞台裏では、さまざまな思惑からなる支持が寄せられたのだった」つまり日米の財界はもとより、法1条をつくった官製目的とも違う多数の目的意識も、いわば同床異夢的に合わさってこの立法になったことを、外国人研究者は観察している。彼によれば、それらは、死刑囚再審無罪4件事件以来の誤判防止、権力の抑制、参加型民主主義の促進、刑事手続法改革の要、国民意識の反映（裁判官の量刑は犯罪者に甘すぎる、被害者や社会の関心に敏感でないなど）だという。

＊4　以下の引用ともダニエル・フット『名もない顔もない司法』（NTT出版、2007年）「第6章　裁判員制度　2　裁判員制度は必要なのか」261～274頁。

フット氏によるこの「国民意識」は一般論からは狭いと感じられるが、「裁判員判決」による量刑の変化は、まさにこの通りになった。

多数の相異なる目的は、そのまま、今「三年後検証の物差し」の「多様さ」つまり物差しの違いになって現れている。

3　弁護士、刑訴法の異常さに気付く

(1)　弁護士にも多様な立場

まず、2つのフット見解による5つの改革のライト・モチーフのうち、もっとも多くの目的を、明確にもっていたのは、「誤判防止、権力の抑制、刑事手続法改革の要」を実務の中で実感していた弁護士だった。その「三年後検証」を見ていこう。

「誤判防止」は、弁護士らにもっとも見やすい制度目的だ。しかしなぜ、市民参加が誤判防止に役立つのかという話になると、旧陪審時代の「濡れたマッチ事件」（濡れたマッチは一旦乾いても点火しないという庶民の知恵が、放火罪に問われた女性を無罪にした）を引き合いに「庶民の知恵」を語るのが定番だった。

日弁連には「司法問題委員会」、東京三弁護士会には合同で「陪審委員会」があって海外視察などを繰り返してはいたが、それ以上具体的な「市民参加」の制度構想にはこれからとりかかろうか、という段階で、突如司法制度改革・裁判員法が見舞ったというのが実情だ。

弁護士、そのうちこれらの委員会あるいは陪審運動に関わってきた者にとっても、青天の霹靂で、外在的だった裁判員法について「三年後検証」という、公的に設定された意見表明の機会を前に、弁護士のなかの「市民参加」への姿勢の違いがより可視的になってきた。

弁護士には、陪審制ではない「裁判員制度」は「真の市民参加ではない」として、現在も根強く反対している者が相当数あって、「裁判員制度は憲法違反」と制度廃止を積極的に唱導する者もある（「憲法違反」訴訟には、2011年11月16日、最高裁大法廷竹﨑裁判長が制度を「合憲」とする初の判断をした）。

こと新たに反対運動をしてまでも、例えば「三年後検証」についての意見を出すことには、たとえ制度改革の意見であっても、制度の存続を前提にするということになるから、参加しないという者も、ある程度の数が存在する。

反対に、裁判員制度を、とにかく達成できた市民参加であると積極評価し、この制度を批判することは、せっかくつくられた市民参加制度を危うくすると

考えるらしく（あるいは政府関係の委員会に関わる委員を中心に「なんでも反対の日弁連」から脱却したいというこれも根強い思惑から）３年後検証意見を小規模に、また少なくともなるべく温和なものにしようと考える派もある。

(2)　日弁連の「意見書」

　これらの多様な立場の中で、日弁連は、裁判員法制定時から対応してきた「裁判員本部」内に設ける形となった（独立委員会とするべきとの意見も強かったが）「三年後検証小委員会」が原案を作った「裁判員の参加する公判手続等に関する意見書」を2012年３月15日理事会決定して公表した（以下、カッコ内は紙数の関係で最小限の筆者による要約）。

　① 公訴事実等に争いのある事件についての裁判員裁判対象事件の拡大（争いのある事件で被告が希望する事件は裁判員裁判に）、②公判前整理手続における証拠開示規定の改正（証拠開示を主とした公判前整理手続制度の改正＝後に詳述）、③被告人側に公判前整理手続に付することの請求権を認める法律改正（②の改正を前提にして）、④公訴事実等に争いのある事件における公判手続を二分する規定の新設（「公訴事実等の存否についての審理」と「刑の量定についての審理」に分ける）。⑤裁判員及び補充裁判員（以下「裁判員等」という）に対する説明に関する規定の改正（裁判員等に対する刑事裁判の原則等についての説示を公開の法廷で、多数回行う）、⑥裁判員裁判における評決要件の改正（被告に不利な評決は裁判官の過半数かつ裁判員の過半数で）。なお、日弁連は、2011年に別立てで⑦「死刑の量刑判断における評決要件に関する意見書」（「死刑評決は全員一致で」）と⑧「裁判員法附則第９条に基づく裁判員の負担軽減化に関する意見書」、⑨「裁判員法における守秘義務規定の改正に関する立法提言」を発表している。

　ただ、これらの項目は、2012年初頭からの理事会に間に合わせるために締め切ったもので、これですべてではないという点で合意がある。このあと他の委員会で、引き続き検証点をまとめていく予定になっている。

(3)　残された論点

　同じく2011年に、日弁連の刑事法制委員会が、「委員会で話し合われている」項目として「日弁連委員会ニュース」に以下の16項目を発表した[*5]（日弁連案にないもの、内容が大きく違うもののみカッコ内で説明する）。Ⓐ被告人側に裁判員裁

＊5　2011年８月４日号。筆者によるまとめ。

判か裁判官裁判かを選ぶ選択権を認める、Ⓑ市民参加は事実認定に限定する、Ⓒ公判手続を事実認定と量刑に二分する、Ⓓ少年逆送事件は対象から外す（保護育成の手続は、裁判員裁判になじまない）、Ⓔ区分審理制度（別の裁判員法廷がした判断をもとに最後の裁判員法廷のみが全事件の量刑を決める）は許されるか、Ⓕ現行の被害者参加制度の見直し（当事者としての責任を負わずに実質的に検察官と類似効果の訴訟関与をする制度は日本だけ）、Ⓖ公判前整理手続と公判は別の裁判官の担当とする、Ⓗ公判前整理手続を見直し、予定主張明示、公判での立証制限を被告人側に強制しない制度とする、Ⓘ証拠開示の拡大（Ⓗ①は日弁連意見書②との範囲が重なるが内容は相当異なる）、Ⓙ裁判員への「説示」を法制化する（日弁連案⑤より裁判員等への説示が詳細などの違いがある）、Ⓚ直接主義・口頭主義の徹底、Ⓛ「わかりやすい裁判」の実態検討（パワーポイントによる説明などは証拠か意見か）、Ⓜ評議の客観的ルール・中間評議の禁止（第４部第３章で詳述）、Ⓝ評決は現在の多数制でよいか、Ⓞ守秘義務規定の大幅な見直し、Ⓟ上訴制度の見直し（無罪事件への、また事実誤認を理由とする検察官上訴等の禁止）。

　日弁連意見書は、一見してわかるように、裁判員関係は①⑤〜⑨だが、①は制度の適用範囲、⑧は裁判員の心理へのケア、で裁判員制度そのもののあり方についてではなく、⑦は⑥と同じ評決の問題だから、それと⑤の説示、⑨の守秘義務、３点だけが、制度のあり方に関するもの。その他は裁判員対象以外の事件にも等しく適用される刑事訴訟手続全般についての提言であることに注目しなければならない。

　刑事法制委員会でも、裁判員制度そのものについての項目は、Ⓙ説示、Ⓜ評議、Ⓝ評決ルール、Ⓞ守秘義務の４項目だけ、事項としては同じ３点だったといえる（守秘義務についても第４部第２章で、改めて詳述する）。

⑷　戦後刑訴法からの問題点を抱えて

　裁判員制度の検証として、刑訴法の改革の方が多数提案される。そのことが何を意味しているのかをまず検証しなければならない。ここに裁判員制度の根本的な問題がある。

　提案されている刑訴法の「改革」は、実は市民参加に伴うものというよりは、それ以前の近代的な刑訴手続そのものの当然の一部であるのに、日本では行われていない制度なのだ。

　裁判員制度は2001年の「司法制度改革審議会意見書」によって立法された。この意見書は司法制度の「国際化・近代化」を掲げながら、外国では普遍的な

これら諸制度を欠く日本の刑訴制度には、全く手をつけないまま、裁判員制度だけをつくってしまった。それだけではなく、さらに、「国際化・近代化」から逆行となる、公判前整理手続・証拠開示制度（刑訴法316条の2ないし32）と開示記録の「目的外使用禁止」（刑訴法281条の3～5）を裁判員制度導入の前提条件としてあらたに加えてしまった。

このようにして、現行刑訴法とその運用には、刑事弁護上、あってはならない障害が多数ある。それらのうち大きなものが弁護士側からの検証項目となって現れているのだが、そのうち、日弁連内で最も激しい議論が行われたのが、公判前整理手続とその中心をなす被告・弁護側の「主張明示義務」と証拠開示制度についてだった。

証拠開示は、捜査手続では証拠隠しや供述のねじ曲げを含むねつ造などの問題点とそれを明らかにさせない公判運営の問題点が重なり合って現れる手続だからだ。

検討項目中もっとも関心が強く、したがって激しい論議が続いた証拠開示が典型的な例だ。

まず実は、日弁連「意見書」の当初の形は、「③被告人側に公判前整理手続に付することの請求権を認める法律改正」が改正点の冒頭にあった。「②の改正を前提にして」の条件もついていなかった。その理由は弁護士らの実務からの要望だ。

第二次大戦後に制定された現行刑訴法に開示制度はなく、判例は、裁判長の訴訟指揮による開示を自ら制限していたから、「すべての証拠は検察官のもの」で「開示するかどうかは、検察官の意向しだい」であって、裁判員法を策定した「裁判員制度・刑事検討会」では、「弁護人の証拠漁りは許さない」という発言が堂々とまかり通っている。[*6][*7]

その実態からみれば、裁判員法のために新設された「公判前整理手続」で、「被告弁護側の主張開示」（自白強要との批判がある）と引き換えであり、しかも検察官の裁量に負う開示であっても、従来より弁護がやりやすいという意見があり、裁判員裁判でなく、しかも裁判所の決定がなくとも、公判前整理手続の適用をしてほしいという弁護士の声が多いというのが現状なのだ。

それだけに弁護の要であり、冤罪誤判の原因である証拠開示について外国の

＊6　最決昭34・12・26刑集13巻13号3371頁、最決昭44・4・25刑集23巻4号248頁。
＊7　証拠開示の実態については本書第2部第3章参照。

水準に近づけた制度の実現を求める意見と、現状微調整にとどめる「穏健」な意見が対立して、日弁連は、上記「提案」を2012年1月理事会で決定する予定であったが、証拠開示部分についてのみ年度末ぎりぎりまで二度持ち越しうえで、上記意見書に「今後、公判前整理手続に付された事件に限定されない全面的証拠開示制度法案を策定する予定である」と明記することによってようやく2012年3月15日の度最終理事会で決定した。

　証拠開示問題に象徴されるように、日本の在野法曹は、裁判員法立法時、実施時には気付いていなかった自国の刑訴制度に本来的に欠けていた刑事手続の重大さ、日本刑訴手続の異常さを、市民参加の裁判実務の中で実感し、「三年後検証」の作業を通じて、ようやく正視する姿勢を得た。

　フット氏のいう「刑事手続法改革の要」とは少し違うようだが、これは日本の在野法曹が始めて持った刑訴手続を基本から見直す視点だが、作業はこれからと言うのが現実だ。

4　裁判所・蜜月、「市民判断」尊重の行方

(1)　裁判所が司法改革に望んだもの

　同じ法曹であっても、裁判官の検証にかける「物差し」は弁護士とは全く違う。これが日本の刑事手続の問題を象徴するところだ。

　従来、裁判官たちは、弁護士のように刑事手続の不便さを感じることはなかった。日本の裁判手続は、先進国としては異例な、裁判所、検察官に使いやすい法制になっていた。自白偏重、調書裁判、人質司法、と国連や国際人権団体から非難され続けている日本の刑事手続の特徴は、裁判所、検察官の使い勝手のよさを追求してきた結果だった。

　では、裁判所が、当初の拒否反応から裁判員制度導入に転じた理由は何だったか。

　制度設計の段階で、裁判所が強く主張したのは「訴訟遅延の改善」だった。裁判員法は、一連の「迅速化法案」の一つとして、僅か2カ月半で衆参両院を通過したことは、この法の性格を象徴している。

　裁判所は、長引く裁判は、参加する市民に迷惑をかけるという理由で、制度導入の条件として「迅速化」を強く主張した。

　当時、諸外国の刑事裁判は、こんなに短く済んでいると、掲げた表で、実は日本の平均日数より長い国があったりしたが、この問題の秘密は、裁判官らが、

第2章　裁判員制度検証の物差しは何か　**195**

念頭に置いた「長引く事件」とは何だったのかにある。

上記1で引用した池田裁判官の著書はこう書いている。「裁判所では、これまでも連日的開廷による集中審理の実現が目標とされ、規則上の手当てや運用上の工夫が重ねられてきたところであるが、当事者の十分な理解や協力が得られず、また裁判所側の態勢の問題もあって、一部の事件、とりわけ深刻な争点を含む事件では、それを実現することができなかった。裁判員制度の導入は、このような長年の課題を克服する絶好の機会となろう[8]」。

外国では陪審員をホテルにカンズメにするような陪審裁判であっても、アメリカでは有名なフットボール選手 O. J. シンプソンの殺人事件に9カ月もかけたように、陪審員の「迷惑」は司法の正義=当事者が納得できる十分な審理=の前にゆずらなければならないと考えられている。

しかし日本の裁判員制度は裁判の迅速化のためにも導入されたのであり、それを「裁判員に負担は掛けられない」と言い換え、最優先課題として立法、運用されている。

裁判員法は、成立後実施前に、膨大な条文群が追加された異例の法だ。追加されたのは「区分審理」の第5章71〜89条で、裁判員法の中で最も長い章だ。

発足当時裁判所は、裁判員裁判は「原則3日」で終わらせるとしていた。

長引く事件をつくらないため「被告人を同じくする数個の対象事件」を区分して、裁判官は同じで裁判員を事件ごとに入れ替え事件毎の有罪・無罪の審理を行わせ最後の裁判体が全体の量刑を行うという、これも立法例がない「迅速化」制度をつくった。

しかし、2012年の「埼玉連続不審死事件」では、直接証拠がないまま、被告が同様な手口で被害者らを殺害したことを裁判員に認定させるために同じ裁判員に審理させるのが必要として区分審理を行わず、あえて「100日裁判」を実施した。裁判員制度が、裁判所の使い勝手に応じて使うことのできる制度になっている一例だ。

(2) 蜜月の中

裁判所にとって、裁判員制度発足前よりさらに使い勝手がよくなった刑事手続の中で、裁判所には上記弁護士らが裁判員制度を契機に気付いたような手続上の不満はない。

---

*8　前掲注1書4頁。

憲法記念日の竹﨑長官談話は、裁判員制度の現状について「裁判員となられた方々が、誠実、熱心に審理、評議に当たられ」たと評価し「裁判員の高い資質」と讃え、その後6月の「高裁長官、地・家裁所長会同」では、「参加する国民の高い意識、誠実さに支えられ、順調な運営がされてきた」と評価した。

　この認識は、裁判員裁判を担当した裁判官のほとんどが共有しているようだ。立法に際して司法への市民参加に頑強に抵抗した裁判所であったことが信じられないこの現象だが、実は「孤高の王国」と言われた閉鎖社会の人間関係と[*9]司法統制の締め付けに苦しんできた個々の裁判官にとって、合法的に、しかも指導者として接触できる一般人である裁判員はまさにオアシスだ。一部に「評議では裁判官はプロで誘導される印象がある」[*10]「裁判員の意見が反映されたとは思えない。一応われわれの意見を聞いたが、最終的には判例で決ったのでは」[*11]などの不協和音もいくつか伝えらているが、制度に初心な市民と裁判官の良好な関係は、いまだ蜜月の中にある。

　そして今、一線の裁判官たちにとって、裁判員裁判を担当させてもらえることは、喜びであり、「上から認められている」証であり、裁判官仲間の間のステイタスであると聞く。

(3)　市民感覚尊重の行方

　こうした裁判員への信頼と尊重は、裁判所内での裁判員判決の尊重につながるのか。

　2012年2月13日、最高裁がした「裁判員裁判で初の全面無罪となり、2審が逆転有罪とした覚醒剤密輸事件の上告審判決」[*12]いわゆる「チョコレート缶判決」を、メディアは「国民の社会常識が反映される裁判員裁判の判断を裁判官だけで構成する控訴審も尊重すべきだとの姿勢を強く打ち出した」と報じた。[*13]しかしこの判決の法廷意見の判文は「裁判員裁判の判断」だから「尊重すべきだ」とは言っていない。「第1審において直接主義・口頭主義の原則が採られ」ていることを理由として控訴審の事後審としての性格に従うべきだと言っているのであって、「裁判員制度」の文字が出てくるのは「裁判員制度の導入を契機

＊9　朝日新聞「孤高の王国」取材班『孤高の王国 裁判所』（朝日新聞、1994年）。

＊10　2012年4月25日付福島放送、同日付朝日新聞島根版。

＊11　2012年4月25日10時8分配信。

＊12　最一小判平24・2・13平23（あ）757号。

＊13　毎日新聞2012年2月13日東京都内版。

第2章　裁判員制度検証の物差しは何か　**197**

として、第1審において直接主義・口頭主義の原則が徹底された状況において
は、より強く妥当する」と一度だけだ。

　これは正しい。市民参加の判決だという理由で裁判官判決と上訴について差
を設ける理論的な理由はなく、陪審制の国でも、そんな差は設けていない。

　メディアが大きく報じた「裁判員尊重」らしきものは、白木勇判事の補足意
見が「しかし裁判員制度の施行後は、そのような判断手法（筆者注：高裁が一審
の判断と自らの判断が違えば一審の判断を変更するやりかた）は改める必要がある」
と言っている部分にあり、ほかならぬ白木判事がこの意見を？と驚くところは
あるが、これは法廷意見ではないから、判例にはならない。

　しかし、高裁が事実上「1審尊重」方針で破棄判決を控えるとしたら、被告
側、検察側のどちらの控訴棄却を減らすのか。従来検察官控訴に圧倒的に破棄
判決を与えてきた控訴審実務が変わらなければ、それは被告の不服申立権、
誤判からの救済の実質的な制限になる。

(4)　直接主義・口頭主義の後退

　もう一つ、最高裁所長官は、上記憲法記念日談話では「他方、法律家の側で
は、こうした裁判員の高い資質を前提とした過度に詳しい主張、立証が次第に
増加し、当初の分かりやすい審理という理念がやや後退している」、長官・所
長会同での挨拶では「書面への依存度が高まってきている」と述べて直接主義・
口頭主義後退をチェックしている。これは裁判員経験者の「わかりにくい」感
想が、初期より増えたこと（最高裁統計）と同源なのであり、その原因は何か
を裁判所は検証・自省しなければならない。

　前引用の池田裁判官論文のいう「一部の事件」で連日開廷、集中審理ができ
なかった理由は、何よりも検察官提出の供述調書類、とくに自白調書をめぐっ
ての任意性立証という日本独特の審理に長時間、長期間を使う公判運営が原因
だったのだ。

　裁判所が真に直接主義・口頭主義を望むなら、「法律家の側では」などと言っ
ていずに今日からでも、すべての書証申請（圧倒的に検察申請だ）を却下して、
エヴィデンス＝ウイットネス、証拠＝法廷証言である「市民参加司法」としての
通常の公判を実施すればよいのだ。

　＊14　数値については、本書第2部第6章95頁表1参照。

(5) 評議・評決の検証

　第4部第3章に書くように、守秘義務その他の制度によって閉ざされた日本の市民参加は、肝心の市民の良識が司法を正しくしているのか、つまり市民の判断を裁判官が誤導などせずに正しく発揮されているのか、は外側からは全く見えない仕組みになっている。

　評議・評決を中心とする裁判員と裁判官の「協働」がどう行われているのか。それはどう「協働」の効果をあげているのか。これが裁判員制度の検証のまさに中心的な部分ではないか。その不可欠の検証は、現在の「守秘義務」制度下では裁判所にしかできない。

　この点を含めて、裁判所の裁判員制度「検証」が、根源的なレベルで望まれているのだ。

（「『三年後検証』を検証する（上）」法と民主主義469号〔2012年〕）

第3章

裁判員制度で司法は良くなったか──「裁判員制度の運用に関する意識調査」

1　「国民の検証」は？

　日本国は、「司法に対する国民の理解の増進とその信頼の向上」（裁判員法1条）のために裁判員制度をつくり、膨大な費用をかけて3年間運用してきた。

　その目的は達成できたのか。国民は裁判員制度が施行されたことによって、司法に対して「理解を増進させ、信頼を向上させた」のか。

　あるいは、法律には書かれていないが制度の目的としてマスメディアも認め、社会的コンセンサスになっている「裁判内容に国民の健全な社会常識を反映する」（司法制度改革審議会意見書）は達成できたのか。これを検証するのは、制度をつくった国家の、そして特に制度実施責任を負う最高裁の責任ではないか。

　政府は、制度開始前はほぼ毎年していた調査を、開始後は、直後の2009年6月に内閣府広報室が「裁判員制度に対する認知度」「裁判員裁判への参加意識」などの調査をした以後の結果発表をしていない。

　最高裁も同様に、施行前には、特に参加意欲を気にして、世論調査を繰り返し、テレビCMを流し、全国紙、地方紙の全面を買い切って広報し、50カ所の地方裁判所所在地で開催したタウンミーティング「裁判員制度全国フォーラム」では、共催した産経新聞、千葉日報社が「人材派遣会社に対して有償での参加者の派遣を依頼して集めた[*1]」者が参加者の約5分の1を占めた回もあるなど、「裁判官など浮世離れした人種に裁判員制度への国民洗脳計画などできるわけ

───────────

＊1　最高裁「裁判員制度全国フォーラムにおける不適切な募集行為について」裁判員制度広報に
　　関する懇談会（第9回・平成19〔2007〕年2月16日）配布資料 http://www.saibanin.courts.
　　go.jp/vcms_lf/kondan9_1huteki.pdf。

200　第4部　裁判員制度発足と「三年後検証」を検証する

がない[*2]」と揶揄されながら、なりふりかまわずＰＲに努めていたのだが、制度実施後の効果判断に関する調査は、2010年１月に社団法人新情報センターに行わせた「裁判員制度の運用に関する意識調査」（回収数2,037人）がある。

2　国民の反応？

　１億２千６百万国民のうち回答者2,037人（0.0016％）のそのアンケートでは「国民の検証」と言えるものではなく、また「調査員による個別面接聴取」という方法は、このような熟考を要する問題に即答を求められる点、調査員の具体的な質問の仕方（言葉の選択はもとより抑揚から間の置き方など）に影響を受ける点でも「集計結果」そのままを「民意」と受け取ることはできないのだが、とりあえず法１条の目的に関連する項目への集計を見てみる。なお、新しい司法制度は、ユーザーである国民の使い勝手を問う必要があるはずだが、このアンケートにはそうした質問（「この制度で、日本の刑事裁判は良いと思いますか」、また裁判員経験者にはすることがある「もしあなたが被告人の立場になったら、裁判員裁判と裁判官だけの裁判とどちらがいいですか」などの質問）はない。

　アンケートの、まず制度実施によって司法への関心が増したかの回答を見ると、増した43.4％変らない55.5％と不変の方が多い。

　調査の中心は以下の点などについて、３回（「裁判員制度が始まる前の印象」「裁判員制度の実施により、期待すること」「裁判員制度の実施後の変化」）を尋ねるもので、「実施後の変化」の集計（一部項目を省略）は203頁の表のとおりだ。

　「調査」は、これら３回の回答を、同心円で比較する線グラフにして載せている（203頁に引用）のだが、まずすべての項目で「期待」よりも「実施後の変化」が低い、つまり期待ほどではなかったことを示しているのが印象的だ。中でも落差がより大きいのが「裁判がより公正中立なものになった」であることは衝撃的だ。司法制度改革の本来の目的である「裁判の公正中立」が改革の結果低下したということになる。

　「始まる前の印象」と「実施後」を比較すると、大幅に数値が上がっているのは「裁判が迅速になった」「裁判所や司法が身近になった」「裁判の手続や内容がわかりやすくなった」で、迅速化法案の一つとして裁判員法を立法した立

────────────

＊２　魚住昭「週刊誌の現場から 緊急寄稿 新シリーズ・スタート！ 裁判所がおかしい」週刊現代 2007・２・24号。

法者意図は達成され、また「身近になった」のだから、最高裁は満足かもしれない。逆に「始まる前」より「実施後」の数値が僅かだが下がっているのが「裁判がより信頼できるものになった」であることに驚かされる。「国民」は裁判員裁判「同輩による裁判」よりも以前のままの司法官僚による裁判を信頼できると思っているということになる。

　実施の前後で全く変らない項目が「裁判がより公正中立なものになった」（この１項は前記の通り期待より低いに加えて）「裁判の結果（判断）がより納得できるものになった」「事件の真相がより解明されている」であることにも驚かされる。つまり法律にはなっていないが、社会的コンセンサスになっている「裁判内容に国民の健全な社会常識を反映する」（司法制度改革審議会意見書）は、実現されていない、という結果が見事に数字に表れているのだ。

　裁判の内容は変らない、裁判が身近になり、迅速になっただけ、というのが最高裁が実施後はじめて行った世論調査の結果ということになるのだが、「裁判員として刑事裁判に参加したいか」の質問もあり、「したい」7.2％「してもよい」11.3％「義務ならせざるをえない」43.9％「義務でもしたくない」36.3％で、参加意欲はむしろ経年ごとに下降している。

　なお、調査には３回ごとに「その印象を持つことになった原因」（複数回答）が付加されている。３回ごとに数値が変るのはなぜかわからないのだが「テレビ報道」96.5〜89.6％と「新聞報道」74.2〜69.6％がほとんどを占めていてラジオは11％台、その他はそれ以下と圧倒的にマスメディアが原因であることは、それ以外に情報源がないのだから当然だが、このことは、２つの重要な意味を持っている。

　１つは裁判所が、裁判員裁判の実態を国民に報せるための何らの努力もしていないこと。この「意識調査」も、最高裁のホームページから探すのは厄介で、他に特別の広報もしていないようだ。最高裁が国民に実態を報せるつもりなら、裁判員の経験発表、アメリカのようにコートテレビの放映を許すなど市民参加諸国の例に学ぶところがあるのだが、日本では逆に、判決後の会見に職員を立ち合わせて、裁判所ごと、職員ごとに大きな違いがあるが、裁判員の言論を規制していることなど、むしろ制度実態を隠蔽するかのような運用だ。

　もう１つはメディアの側の問題でこれは次章で書く。

　メディアの前に、国が（経験者以外の）日本国民が制度をどう考えているのかを本気で検証しなければならないだろう。司法制度の向上のためにした改革のはずなのに、上記のように最高裁の限られた世論調査では、むしろ否定的な

202　第４部　裁判員制度発足と「三年後検証」を検証する

制度開始前・実施への期待・実施後の変化

	そう思う	やや そう思う	どちらとも	そう 思わない	あまり そう思わない
裁判所がより公正中立なものに なった	10.3	28.2	51.6	2.0	7.9
裁判がより信頼できるものに なった	9.5	31.4	48.3	2.5	8.3
裁判の結果（判断）がより納得で きるものになった	8.5	27.5	52.6	1.5	4.7
裁判の結果（判断）に国民の感覚が 反映されやすくなった	19.8	42.8	31.2	2.0	7.9
事件の真相がより解明されている	8.7	25.6	52.4	4.5	10.1
裁判が迅速になった	18.8	31.2	40.2	3.2	9.4

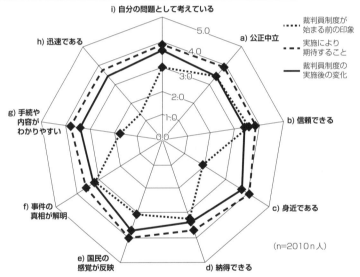

＊最高裁「裁判員制度の運用に関する意識調査(平成22年1月調査)」第7回裁判員制度の運用等に関する有識者懇談会（平成22〔2010〕年4月16日）配付資料3（http://www.courts.go.jp/saikosai/vcms_lf/80809007.pdf）より引用

反応が出ているのだ。

　スタティックな世論調査だけではなく、制度開始前には熱心にしていたタウンミーティングを、裁判員裁判を傍聴後に行うとか方法はいろいろあるはずだ。

　またもし世論調査という方法をとるとしても、前記のような面談形式やＲＤ

D方式(コンピューターで無作為に発生させた番号に電話をかけて即答させる)など「国民」に考えるいとまを与えない方法ではなく、「討論型世論調査」(あらかじめアンケートを行い、その回答者に十分に客観的な資料を提供して、回答者相互で討論会をする)で行うなど、表面的ではない「オピニオン」を探る方法でなければならない。

国民による真の3年後検証がされなければならない。

3 「経験者の声」は「経験者による検証」と違う

2012年度憲法記念日最高裁官談話は「裁判員となられた方々」が「体験を貴重なものとして高く評価しておられることが窺われ、比較的順調に運営されてきた」と「体験者」の「貴重体験」反応を、国民の反応・制度の成果と代置している。

しかし法1条の「国民」とは、いわば裁判員法の実施主体となった「経験者」ではなく、システムの受け手である国民だ。数からしても、裁判員を務めた21,298人[*3]は、総人口の1億2千6百万人の0.017％に過ぎない。「経験者」の制度への意見を全国民の意見に置き替えることはできないのだ。その0.017％の裁判員を務めた人が、全国民と同質性を持っているかにも問題なしとしない。「裁判員をやりたい人がやる」という指摘がある[*4]。それは統計からも言える。最高裁統計によるとこの間に[*5]「選定された候補者」321,378人 −(「呼び出さない措置をされた者」88,821＋「呼出後取消しがされた者」90,162)＝142,395人となるはずなのだが「期日に出頭した者」は112,623人、出頭するべきなのにしなかった者が29,772人いたのだ。その出頭した者112,623人の中から何人が辞退せずに選任手続を受けたのかは明らかにされていないが、最後に選任されたのが21,298人。裁判員法では、呼び出されたのに出頭しない者は「十万円以下の過料に処せられる」ことになっているが、これまで1人として実際にこの罰則を適用された者はいない。また辞退は、広汎に認める法(16条)のほかにも政令によって、さらに広く認められているから[*6]、「やりたくない人」は裁判員にな

＊3　最高裁「裁判員裁判の実施状況について(制度施行〜平成24年4月末・速報)」

＊4　北海道裁判員制度を考える会、2012年5月8日「私たちは裁判員制度の廃止を求めます」。

＊5　前掲注3・最高裁「裁判員裁判の実施状況について」。

＊6　「裁判員の参加する刑事裁判に関する法律第16条第8号に規定するやむを得ない事由を定める政令(平成20年1月17日政令第3号)。

らないですんでいるのが実際だ。「やりたい人がやる」といわれる所以だ。

　さらに裁判員を務めた人のうち、判決後に記者会見に臨むのは任意で、事件によって1人から6人全員までいろいろだが、全員ではない。意識のある人、言い方によってはこれはさらに「やりたい人がやる」実態だ。

　また最高裁は2010年からは、裁判員裁判を行った各地裁と支部に「裁判員経験者と法曹三者の意見交換会」を実施させていて、ここに出席するのも長官の言う「体験者」だ。

　とはいっても1回の出席体験者は各数人ずつで、すでに2巡目に入っている地方も多いとはいえ、判決後の会見に出た人よりさらに少数の意欲的な人であるといえる。

　これらの意欲的な人の意見が、現在のところ「国民の意見」と代置されているきらいがある。そして注意しなければならないのは、その「経験者意見」はメディアを濾過してのみ、われわれに伝えられているということだ。次章で詳述する。

（「『三年後検証』を検証する（中）」法と民主主義470号〔2012年〕）

第4章

メディアの「3年後検証」を検証する

1 マスメディアに見える裁判員裁判は金環食

　私は以前から、マスメディアの目に見える裁判員裁判は金環食だと言っている。

　外側の細い環だけが見えるが、内側の圧倒的な部分は暗黒である。

　見えるのは、①法廷での裁判員の振る舞い、②判決結果（判決文）、③判決後の裁判員と補充裁判員の会見での発言、④最近では「経験者と法曹三者の意見交換会」（205頁）そして⑤最高裁が発表する公式情報（通常の司法統計、「裁判員制度の運用等に関する有識者懇談会」の「検討会」に出される「資料」という形でネットに載る統計や情報、と長官談話など）、それだけだ。

　マスメディアが裁判員裁判を3年後検証しようとしても、材料はこれだけしかない。そこで「検証」は当然、この材料から得られる範囲に限定されることになる。

　裁判員法の守秘義務が制度の検証を阻んでいることは、誰しも言っていることだが、「黒い太陽」にしているのはそれだけではない。

　日本のマスメディアが得られない情報が何か。アメリカの陪審制と比較してみるとよくわかる。（⇔印は日本との違い）

(a)　陪審員は、まず選任での理由付き忌避のための公開の法廷で、弁護、検察両側の質問によって、自身の考え方を明らかにされる。⇔日本では裁判長のみが辞退事由などを質問。

(b)　ついで、裁判長は公開の法廷で、陪審員に守るべき手続上、そして当該事件についての実体法上の詳細な説示を、厳格に文章が決められている「説示集」に基づいて、繰り返し与える。これによって社会（マスメディアを含む法廷傍聴者、コートテレビが対応していればその視聴者も）は、陪審員がどのような法的枠組みの範囲内で判断を選ぶかの情報を得られる。⇔日本では、公開

206　第4部　裁判員制度発足と「三年後検証」を検証する

法廷での裁判員への説示はなく、非公開で裁判員が選任され、宣誓を行うに際して読みあげられる「最高裁39条説明例」で簡単な手続法則（「無罪推定」はない）だけだ。その他の手続上、実体法上の説明は、非公開の評議、あるいはその他随時に、裁判官らが、もっぱら自己の考えで、説明する。個人的な見解である危険、誰が、どんな説明をされたか（フランスでは裁判官は全体での評議以外でジュレ陪審員個人に説明を与えることは禁止されている）はわからない。

(c)　陪審の評決は全員一致だから、陪審の判断は陪審員が全員同意したことがわかる。⇔日本では、死刑判決でも単純多数で決められる。何人の裁判員、裁判官で、その判決が決められたのか見えない。

(d)　判決後陪審員は自由な会見で評決の理由を語れる。⇔日本では、判決後会見で、裁判員は「感想なら話しても良い」とされているが、なぜその判決になったのかは当然聞けないし、「感想」の範囲は不明確で、裁判員は守秘義務違反の危険を恐れて自粛する上、各裁判所、立ち会う裁判所職員によって、異なる基準で阻止されることもある。

2　メディアの「検証」に欠けているもの

金環食情報で、情報の量が少ない中でも最も問題なのは、制度の中心部分が見えないことだ。

司法制度改革の成否を測る「検証」の目的は、制度の導入によって「司法がより正しく機能するようになったか」であるはずだ。

そのためには「裁判員が入った方が、裁判官だけの裁判より、正しい判決ができるようになったか」が、検証できなければならない。金環食で欠けているのは、まさにその中心部分の情報＝「裁判員と裁判官が、どのようにして判決にたどりつくか」の実相なのだ。

1で書いたように、日本ではそのルールすら明かされていない。実態は守秘義務で明かされない。それでもメディアは報道しなければならない。そのとき何をどう報道するか。

日本の報道には二種類しかない、と私は言っている。皇室報道と犯罪報道だ。前者ではどんな些細なことでも褒め称え、全体を積極方向にまとめる。後者では逆で、犯罪者の悪性の証としてカウントし、全体を否定的にまとめる。司法制度改革は国の積極的な施策だから、当然前者のタイプになる。

一例をあげる。判決内容が市民参加でどう良くなったのか、について報道する材料が全くない初期の頃、目立ったのが「裁判員の質問」アイテムだ。裁判員が証人や被告に質問することが、新制度の「成果」の扱いで報道された。質問はそれが無益な質問でない限り、どちらかの当事者の主張に有利で、反対当事者には不利になる。

だから当事者主義訴訟構造のもとでは、裁判官は当事者がした質問に対する答えが分かりにくかった時に、意味を明瞭にするための補充質問しかしてはいけない。日本の裁判官がそもそもこのルールを守っていなかったのだから、裁判員にその説明をしていないと思うしかない質問が、多くの裁判員公判でも行われ、メディアはそれをこぞって取り上げた。被告に対して裁判員が「むかつく」発言をした時にはさすがに褒め称えはしなかったけれど、そういう法廷運営をあるべき司法の観点から批判することもしなかった。

3 メディアの「経験者意見」

判決後の会見に応じる人は少数の意欲的な人であり、各地裁と支部で行われた「裁判員経験者と法曹三者の意見交換会」に出席する人はさらに意欲的な人である。例えば東京地裁（本庁と立川支部）で2012年3月末までに裁判員となったのは637人、このうち2010年10月と2012年3月の2回の「経験者の意見交換会」に出席したのは各7人、計14人、経験者の0.2％にすぎない。いわば「上澄みの上澄み」だ。

そしてメディアが限られたスペースで、しかも裁判所の厳しい規制に抵触[*1]しない発言のみを伝える「経験者の声」は発言の極く一部でしかない。

最高裁長官を喜ばせた「良い経験」発言は、ほとんどの発言者から出ているが、それは当然だ。犯罪への興味は人間心理の古来不変の要素であり、実際に犯罪者が処罰される現場を見るだけでもアトラクティヴだ。東京地裁には、裁判員制度以前から、常客とも言うべき傍聴者の一群がいた。アメリカでは、刑事公判の全過程をそのまま流し続けるコートテレビが高視聴率を維持し、夜間法廷の傍聴のために、裁判所前に列ができる。

まして自らが、雲の上の人と思っていた裁判官と直接言葉を交わし、同じ法

＊1 「判決に納得しているか」との記者の質問を複数の地裁が中止させていた。「判決は妥当だと思う」との発言を守秘義務違反の疑いとするなど。自由人権協会が最高裁に情報開示を求めて開示された670件分の資料からとして朝日新聞2011年4月8日付で伝える。

壇に座って犯罪者を裁く。経験者の多くが「機会があればまたやりたい」と発言している。

　しかし個人の「良い経験」は、制度の評価・検証とは別のものだ。裁判員制度という特殊な市民参加が、司法の公正のために、良かったか。もし良かったとしたら、どの点か。改めるべき点は何か、その情報を集めるのが検証だ。

　経験者の発言を拾うのは、その観点からでなくてはならない。三年後検証の節目には、次節で紹介するその趣旨を掲げた記事もあったが、制度発足時の「ご祝儀」報道を別にしても、３年間を通してこの観点からの分析的な視点による報道はほとんどなかった。

　メディアは「事実をありのままに伝えるのが報道」と言うのだろうか。判決後30分なりの会見、２時間にも及ぶ「意見交換会」から拾い上げるせいぜい数個の「発言」は、メディアが「市民参加にふさわしい」と思う前向きな感想と補助的に「珍しい発言」だった。

　そんな中から、しかし制度改革を示唆していると思う発言を拾ってみよう（引用は2011年10月から2012年５月までの全国紙〔地方版を含む〕と地方紙だが、一々出典をあげるとあまりにも膨大になるので省略する。〈　〉内に筆者の最小限のコメントを付した）。

(1)　**公判のスケジュール**

　午前選任午後から公判については「心の準備ができない」〈フランスでは午前中に選任されると午後は様々なレベルの監獄を見学、翌日から公判〉。

　判決日まで決めていることについて「人の一生が決まってしまうかもしれないことなので、日数が増えてもかまわない」、「スケジュールの終わりが近づき、早く結論を、と思ってしまい後悔している」、「判決期日までに刑を決めなければいけないプレッシャーがあった」〈公判開始前に判決日まで決めるのは異常、市民参加の国でそんなことをしている国は無い。「日数が増えてもかまわない」としている市民の良心を容れて、期日の指定は、ゆるやかな予定とすべきである〉。

(2)　**公判運営**

　「（調書や鑑定書などを法廷で読み上げる）検察側の説明が全部で６時間半もあり、書き取るのがつらかった」、「調書の朗読が延々と続き、非常に分かりづらかった。証人から直接、話を聞きたかった」、「書類が多くなってくると、検察の資

料と弁護側の資料、いつ出た書類か分からないので色を変えるなどの工夫をしてほしい」〈「制度を運営する法曹の側で、書面への依存度が高まっている」2012年6月13日「高裁地家裁長官・所長会同」での最高裁長官の挨拶〉、「検察側の資料は図やイラストがたくさんあって分かりやすかったが、弁護側は劣った」〈同趣旨の批判は多い〉、「調書の内容が弁護士と接見後、百八十度変わり、刑を軽くするための指導が入っていると思った」〈接見前の調書への検察官の影響については多分どこからも情報がないのだろう。接見後の変化は虚偽とする先入観を正すには、調書作成の実態を裁判官が説示するべきである〉、「難しい言葉を理解するのに時間がかかった。勉強する時間が欲しかった」「証拠を減らしすぎると裁判員が納得して判断できない可能性もあり、不安だった」、「事件をよく理解したいので、負担を考慮して短くするよりも日数を確保してほしい」〈市民の良心を制度改革につなげるべきだ〉。

(3) 事実認定

被告が弁護側の質問に答えた内容と捜査段階での供述調書とが異なっていたと指摘。「物証がなく供述だけで判断しなければならず、事実認定が難しかった」〈調書と法廷供述の信用性について、説示次第で認定は変わっただろう。裁判所側が、どのような「説明」をしたのか明らかにされなければ、制度の検証はできない〉。

「無罪主張で心理的なプレッシャーが大きかった。できればもうやりたくない」〈この事件の判決は有罪。量刑についての発言は多数あるが、事実認定についてほとんどないのは、無罪主張事件が少ないこと、無罪主張事件では性質上守秘義務への顧慮がより強く働くからではないか。事実認定こそが市民参加の意義であり、市民の自由なコメントは、制度への最も貴重な資料であるはずだ〉。情況証拠だけで3件の殺人を認定、死刑を言い渡した「埼玉百日裁判」は「裁判員『常識』で判断」と報道〈英米法では「情況証拠とは他の事実を発見することもできる証拠」であることを例をあげて丁寧に説示する。[*2]裁判員裁判で、事実認定を決定してしまう証拠判断について、裁判官がどのような「説明」をしているのか覗い知ることはできない〉。

---

* 2　拙著『説示なしでは裁判員制度は成功しない』（現代人文社、2007年）52頁。

⑷ 量刑

「素人にとってはいまいち分からない。専門家の意見を聞いた上で量刑を判断したかった」、「データベースはあった方がいいが、裁判官の古い判断は今の市民感覚と合っていない部分もあるのではないか。市民の量刑感覚は変わってきている」、「検察の量刑よりも重くするのは難しいと裁判官が評議室で話していたが、民意の反映という点を考えると残念に感じた」、「一応われわれの意見を聞いたが、最終的には判例で決まったのでは」、「量刑判断はプロの裁判官だけでいいのではないか」、「自分が決めたことに今でも悩んでおり、裁判員が決めるべきではない」、「妥当な刑が分からない。（量刑を決める）一歩手前で降りたい」〈「いまいち分からない」のは当然で、データーベースがなぜ量刑基準なのかに、判例の集積以外の理由は無い。自信を持って「市民感覚」を言った発言者は、「裁判官の古い判断」より重い刑を主張した模様だ。「一歩手前で降りたい」のが市民の良心では？　量刑は、社会政策の観点と実務の知識が最も重視されるべき分野だ。一事件限り何の研修もなく市民を関与させる裁判員制度には本質的になじまないことを市民自らの戸惑いが明確に示している。「自分たちが刑罰を決める」という意識は、思慮のない市民に「人を裁く権限者になった」と誤解をさせる。2009年11月に仙台で「むかつく」発言をした裁判員は、被告に執拗に「反省」の言葉を求めたあげく「当り前の答えしか返ってこない」と憤り、「むかつ」いた。この長い「質問」を裁判長は傍観していた。「裁判員に量刑をさせる」とは何なのかの共通認識が最高裁・裁判所にもできていないのではないか〉。

⑸ 評議・評決

「全部納得できるまで話し合う時間がなかった」、「評議を十分に尽くしていても、もう少し時間がほしかった」〈「評議を十分に尽くしていても」というところに、日本国民の「謙譲」が見える〉。「評議では言いたいことが言えた」、「思っていることを自由に言えた」〈きちんとした説示がない日本の評議で「言いたいこと」が「自由に言える」評議とはどのような内容なのか、それが判決にどのように反映されるのか、むしろ寒心に堪えない〉。「知識がないこともあるが、評議では裁判官はプロで誘導される印象がある」、「裁判官の誘導とまでは言えないが、結果が見えているように感じた」しかし「多くの裁判員（の気持ち）が遺族側に揺れてしまい、裁判官の力が無かったら軌道修正できなかった」という人もある〈「裁判官の誘導」を感じる市民は、司法への知識や関心がある

程度高い層だろう。「誘導」を意識しない層への影響が検証されなければならない。さらに重要なのは、裁判官の個人的な「説明」ではなく、公式に認定された「説示集」の作成である。被害者発言への無条件の共感発言も多かった。日本のような被害者の一方的な発言のみとなる被害者参加制度はない。英米法ではさらに被害者証言への厳しい検証を陪審員に説示している〉。

(6) 守秘義務

「何を話してはいけないのかよく分からない。（意見交換会に参加している）今もそうだ」、「『話してはいけない』というプレッシャーが強い。話して良いことといけないことの線引きを分かりやすく説明してほしい」〈個人を特定して発言内容を明らかにする以外は守秘義務を外すべしとの意見は法曹内外にも多い〉。

(7) 参加の意義

「社会見学のようでお客様扱い」、「市民感覚は、役に立ってもほんのわずかと感じた。税金や時間を無駄遣いせず、もともと優秀な専門家にお任せした方がいいのでは」、「裁判員の意見が反映されたとは思えない」、「今は裁判に興味のある人だけで盛り上がっているのでは。興味のない人も巻き込む必要がある」。

(8) 自分が被告人なら

「『自分が被告人になった場合、裁判員に裁かれたいか』と聞かれると、制度を肯定的に評価していた経験者を含め、6人中3人が『嫌だ』と回答。『裁判員の方が感情に流され、刑が重くなりそう』。はっきり『裁判員に裁かれたい』としたのは1人で、残る2人は『やむを得ないと思う』などと答えた」〈「良い経験」をしたと思う経験者が、自分は裁判員裁判で裁かれたいとは思わない、このことは客観的に見れば、制度の本質についての鋭い疑問である〉。

引用の始めに「機会があればまたやりたい」発言が多かったことを挙げたが、その関与の深度が検証されなければ、単純に評価はできない。少数だか、「もう参加したくない」発言を報じた新聞もあった。「考え込むタイプなので、本当に色々悩んだ。次の機会があっても断ると思う」という発言をする人が、評価する制度でなければならない。

第4部第3章2でふれた討論型世論調査では、電話調査では33%だった「原

発依存度０％」が、意見聴取会では68％となった。「良い経験をした」レベル
で裁判員制度を評価する危険を再度指摘しておく。

4　メディアの三年後検証

⑴　「記者会見」

ニューヨーク・タイムズ日本支局長は、福島の原発がメルトダウンする「国
家存亡の一大事でも」「日本の新聞の報道」は「記者会見で語られる内容以上
でも以下でもない」と驚いている。「権力を監視する立場にあるはずの新聞記
者たちが、むしろ権力側と似た感覚を持っている」「似たような価値観を共有
していると言ってもいい」「政治家に対してはわりと批判的なのに、行政のバッ
シングはなるべく避けようとする」。[*3]

しかも日本のメディアがもっとも「バッシングを避けようとする」のは、司
法に対してだ。裁判批判はしてはならないことだと思っているらしい。行政行
為が司法判断の対象になるという制度を誤解し、司法は立法・行政の上に立つ
権力と扱い、三権はチェック＆バランスで成り立っていることを忘れているの
ではないか。[*4]

というわけで、裁判員制度３年後検証も、総体として「記者会見」で示され
る枠内にあった。

メディアは、新しく導入された「市民参加司法」が、司法をより公正にした
か、少なくとも「裁判内容に国民の健全な社会常識が反映されたか」について、
自らの見解を社説や解説記事で述べることをせず、裁判所、検察庁、法務省「裁
判員制度に関する検討会」、日弁連、経験者団体などの公表する検証意見をダ
イジェストすること、有識者の論評、あるいはせいぜい経験者へのアンケート
（朝日、読売、毎日、日経など）結果で紙面をとることで「三年後検証」に替えた。

裁判員制度の情報が、この章の冒頭に書いたように「金環食」状態でしかな
いとしても、それだからこそ、一線の記者たちは、３年間裁判を取材してきて、
考えることはなかったのか？　一線の記者の声を、編集が取り上げないのか？

裁判所による直接監視がない分、また質問項目の設定によって、間接的にメ

＊３　マーティン・ファクラー『「本当のこと」を伝えない日本の新聞』（双葉新書、2012 年）。以
　　　上引用順に 58 頁、150 頁、151 頁。
＊４　日本では不思議なことに弁護士界にも「司法を批判することは許されない」と信じている人
　　　が多い。「ましてマスコミに於いておや」と言うべきか。

第４章　メディアの「３年後検証」を検証する　**213**

ディア意見を反映する性格もある経験者アンケートは、判決後会見や「意見交換会」よりは、幅広く、率直な意見を載せることができる。

裁判員裁判対象事件の変更　政治家事件、脱線事故のような業務上過失事件を加え、暴力団抗争事件、性犯罪、覚醒剤事件を外す（読売新聞2012年5月21日付）「裁判員これが言いたい！」（朝日新聞2012年5月21日付）「裁判官は『自分たちは知っているんだ、昔からやっているんだ』という目線でしか見ていなかった」「『被告は無罪かも』という思いを抱き続けている」など。

(2)　社説

その風潮の中で「三年」に際して、社説で「検証」をした社は限られていた。そうした社説でも、扱ったテーマはほとんどが、上記官庁や団体、経験者の声をダイジェストする内容であり、自らの視点での検証は稀だった。

例えば「審理の改善が必要だ」とのタイトルを掲げた毎日新聞三年目＝2012年5月21日の社説だが、3年の成果を挙げたうえで「心配な点」として「最高裁の調査では」「分かりやすかった」が年々減少、「証書の朗読が長かった」を紹介。最後の2行「プロの側に慣れがないかチェックする必要がある」だけが自らの意見だった。

最高裁の膝下にある東京の司法クラブに所属する中央紙に比較すれば、地方紙の社説にはメディア自らの意見がやや多く見られた。

【河北新報】2012年5月24日社説「評議をもっと公開すべきだ」は「裁判を積み重ねることで多くの課題が浮かび上がってきたのは事実」との切り口で「本当に定着させるためには、改めるべき点は思い切って改めるという姿勢で臨むべきだ」として守秘義務の緩和を「全員一致か多数決か、どんな意見があったのかはどうしても必要な情報だ。公開しても、誰の意見か特定できないようにすればいい」「判決までの経緯と理由をそれなりに明らかにできれば、裁判員（6人）と裁判官（3人）の人数は適当なのかどうか、それぞれの役割分担をどうすればいいのかといった制度の根幹についても議論が深まる」と明確に提言した。死刑求刑事件では「量刑は裁判官に委ねる方法が考えられるが、重大な職責の一つを放棄する結果にもなる」とはっきり主張している。

【琉球新報】2012年5月22日社説「司法の透明性を高めよ」は「司法の扉は、着実に開かれつつあると言える」とまず評価した上で守秘義務は「『表現の自由』が保障され、裁判が終われば何を話してもよい米国の陪審制度とは対照的だ。話してもよいとされる『感想』の線引きもあいまいだ」と批判する。最後は「裁

判所、検察、弁護人の法曹三者は制度導入時の初心に帰り」「市民本位の審理の在り方に心を砕いてほしい」と結ぶ。

(3) 無罪評価

「裁判員制度によって無罪判決が増えた」ことを、すべてのメディアが、判決成立経過の分析も示さずに積極評価することは、実は驚くべきことだ。正しい無罪だったのかの検証はもとより、それが裁判員の意見によるのか裁判官の変質が原因なのかの考察も抜きだ。日本で無罪率が増えることは、それ以前の問題だということを示しているのだと言える。これまでの99.9ｘ％有罪がどれほどおかしい司法作用であったかを、メディアは、「過去のこと」としてはじめて間接的に表現したのだ。

　その欣喜雀躍のはずみ？　から不正確な評価も生まれる。読売新聞は2012年５月９日に最高裁発表を受けて「裁判員判決破棄6.7％　制度導入で大幅減」と見出しする記事を一面に掲げたが、加えて「今年２月に控訴審での破棄に慎重な判断を求める最高裁判決が出て以降破棄の割合は全事件で6.4％から5.1％に低下した」と書いた（「全事件で」の意味は文脈から「覚醒剤事件を含む裁判員判決」らしい。当時まで覚醒剤事件一審を高裁が破棄する例が報じられていた）。車の生産台数ではない、裁判は事件の内容が一件毎に大きく違い、裁判官も違う。僅か３カ月の間に結審した裁判員判決への控訴審結果で、統計的な見解は出せない。

　メディアはまた、すべての積極的な変化は裁判員によるものと決めてかかる。朝日新聞2012年５月25日付「制度３年プロも変った」見出しの識者意見記事は、日弁連裁判員本部副部長談として「『無罪推定』という原則に忠実であろうとする裁判員の姿勢は、裁判官にも影響を与えていると感じる。老夫婦を殺害したとして男性が死刑を求刑されながら、無罪となった鹿児島地裁判決が印象的だ。現場で見つかった被告の指紋などから『現場には行っていない』との弁解はうそだと評価しつつ」無罪判決をしたのは「裁判官だけなら、正反対の判断もあり得たはずだ」とした。

　この事件を筆者は傍聴したが、指紋などは偽造との弁護団の主張に対し偽造は認めない以上、むしろ市民だけなら有罪判決だったろうと思う。「現場に行った」と認定しながら「起訴状記載の日時に行ったとの証拠が無い」というテク

ニカルな理由での無罪はまさに「プロ」の手法だ。[*5]「プロも変った」とすれば、変りたかった裁判官らが「市民参加」の枠組みの中で少しだけ自己実現の機会を得た、というところだろう。

　メディアの3年後検証は、この国の司法制度の成熟度の指標とも、言える。

　裁判員制度はまだささまざまな「ご祝儀」の中にある。すでに指摘が出ている厳罰化傾向に加えて、上記で指摘され、あるいは、されかかっている問題点が、顕在化した時点になってしまってから、修正が可能なのか。「三年後」の直後からこの課題が現実化するのだろう。

　　　　　（「『三年後検証』を検証する（下）」1～6、法と民主主義471号〔2012年〕）

＊5　拙稿「裁判員制度二年無罪判決は市民参加の成果か──2010年12月10日の鹿児島地裁判決を資料に」法と民主主義460号80頁以下（⇨本書第1部第1章に収録）、同「事実認定とは何かを改めて考える──最三判平22・4・27と鹿児島地判平22・12・12を題材に」法律時報83巻9・10号76頁以下（⇨本書第1部第2章に収録）参照。

第5章

検証されない基本的な問題点

　立法例としてきわめて特異な裁判員法には、市民参加の基本に関わる問題点が多い。官はもとより学者や民間運動もほとんど取り上げないそれらのうち[*1]紙数の関係で重要な二点だけ挙げる。

1 「裁判員＝国民」か

(1) とくに法律知識の排除

　裁判員法は、多くの点で市民参加の立法例と大きく異なるのだが、選任の母集団から排除する「参加させない者」の広汎さにおいても、世界に例のない法律だ。

　法14条「欠格事由」は、義務教育未終了者、禁固以上の刑に処せられた者、心身の故障で職務遂行困難な者のほか「国家公務員になれない者」を規定するし、「事件に関係する、又はした者を除外する「不適格事由」（17条）も細かく広汎だ。ただここまでは外国と比べて、発想が少し違う（義務教育未終了者ではなく母国語が使えない者とするなど）のと対象者が広いことを除けば、それほど異常ではない。

　問題は、この法律で一番長文の条文である15条裁判員への「就職禁止」だ。

　「禁錮以上の刑に当たる罪で起訴されている者、逮捕・勾留されている者」（2項）と並べて、18種類の社会的地位にある者を「裁判員の職務に就くことができない」として「国民」から外す（1項）。長文のそれを分類してみるとはっきり2系統になる。

　〔公務員系〕　自治体の長と警察以外排除されるのは国家公務員で、司法が国

　＊1　例外的に矢次眞「裁判員法における国民とは何か」中央学院大学法学論叢 24 巻 1・2 号（2011
　　　年）61 頁以下、北海道裁判員制度を考える会「私たちは裁判員制度の廃止を求めます」（2012 年
　　　5 月 8 日）など。

の事務だからとして、国の行政機関で働いている個人が具体的裁判での評議・評決に参加すると司法の独立が害されるという奇妙な理屈だ。[*2]

〔法律知識系〕 裁判官、検察官、弁護士つまり法曹は「であった者」を含むので、一度資格を得れば生涯裁判員になれない。さらに将来「判事、判事補、検事又は弁護士」となる「資格を有する者」、これとは別に「司法修習生」のほか、弁理士、司法書士、公証人。その上「学校教育法に定める大学の学部、専攻科又は大学院の法律学の教授又は准教授」つまり実務家であると学究とを問わず、法律知識を持つ者が徹底的に排除されている。他の法制と比較するとその異常さがわかる。

(2) なぜ排除するのか

アメリカ連邦法典（1865条）では、刑事陪審員の欠格事由は、18歳未満、英語の読み書き会話ができない、精神か身体の障害により陪審員を務められない、州又は連邦犯罪により訴追中か1年以上の拘禁刑の判決を受けている者、のみ。それ以外の欠格事由はなく、あとは本人の申出による辞退か免除だけだ。裁判官はもとより、大統領でも執務に支障があるなら免除されるだけで、本人の意思次第でキャンプデイヴィッドで休暇をとる替わりに陪審員を務めることもできる。

アメリカがこのように簡単で、僅かな除外例しか決めていないのは、忌避制度が実効性を持って運営されているからだと言えるかもしれないが、国家が陪審員になる者をあらかじめ大幅に制限することをしていないのは、陪審員と「国民」の同質性を損なわないためだ。

フランスは、無作為抽出の市民が、一事件限り、職業裁判官と共に評議・評決する点で日本の裁判員制度に最も近い法制だが、基本的に23歳以上の両性のフランス市民で、フランス語の読み書きができ、フランスの公民権、私法、親族法上の権利を持つ者（刑訴法255条）がジュレ陪審員になるのであり、除外されるのは、「無資格者」として、重罪の訴追を受けている者、罷免された公務員、終局的職務停止を受けた裁判所補助職、刑法により陪審員の職務を禁止された者、精神病院入院中の者（256条）などで、忌避制度を重用していないフランスは、裁判を受ける被告側に公正な裁判を保障する視点で、誤った判断をする可能性のある者を避ける配慮だ。

＊2 「裁判員制度・刑事検討会」の15回会議で「三権分立の観点からいって、他の国権すなわち司法以外の行政と立法に直接携わっている方が裁判に関与するというのは適切でない」との酒巻委員発言が、井上座長ペーパーとなり、法律になった。

心身健全な者には「就職禁止」はなく、その地位に有る間は本業への専念を求める「兼務禁止」つまり本業専念義務である。従って、自営業である弁護士avocatや代訴人avouéその他の法律職は現職でも排除されていない。日本の「法的知識を持つ」ために「市民参加」から排除されるという条件とは全く違う。

日本の裁判員法は、法律知識を持つ者をあらいざらいリストアップして裁判員に入れない。

裁判員の選任母集団となる「衆議院議員の選挙権を有する者」（13条）は「総務省選挙関連資料」によれば現在1億123万6,029人だ。この中には、裁判官3,566人、検察官2,667人、弁護士3万2,096人、弁理士9,308人、司法書士7万3,686人、公証人543人、計12万1,866人、ざっと1,000人に1人の法職実務家がいる（数値はネット検索による）。司法修習生や法曹に「なる資格を有する」「であった」者、法学教授、准教授などの統計は無いが、これらの立場にある人を入れれば、選任母集団の数百人に一人くらいになるか？

これらの人々は、まぎれもない日本国民だ。逆に言えば、日本国民とは、国家公務員もこれらの法律知識を持つ者も含んだ集団だ。

市民参加司法にはfair crosssectionof the community（その社会の住民構成を公正に代表する選任）という原則がある。特に法によって人を裁くという司法の場に法律知識を持つ者の存在は貴重だ。

裁判員法策定時に、これを裁判員から締め出すことを望んだのが実質的に誰であったのか今は明らかではないが、公式記録としては「裁判員制度・刑事検討会」の15回会議での「入って来られた方の中に法律関係者がいるということの持つ意味ですが、それによりそうでない方たちの自由な議論とか実質的な関与が妨げられる」という井上座長発言などで決まっている。なぜ「裁判官がいること」は「自由な議論、実質的な関与が妨げ」られることにならないのか。前章3にあげた裁判員経験者の「裁判官の誘導」経験は性質上むしろ当然だろう。

(3) 法的知識独占で何が起こるか

興味深い実験結果がある。大阪弁護士会が2002年5月に実施した模擬裁判の結果を、関西大学の藤田政博氏が正しい社会調査の手法で分析したデータだ。[*3]

---

*3 藤田政博『司法への市民参加の可能性』（有斐閣、2008年）203頁以下「第2章 日本人の「国民性」と裁判員制度。

模擬裁判は法律家を入れない「陪審制」と弁護士や裁判官が裁判官役を務める「裁判員制」の計23合議体で行われ、模擬裁判の前と後に参加者にアンケートしたもので、裁判員制型への参加者について「専門勢力認知尺度・正当勢力認知尺度と法曹の意見を重視するかどうかに関連があったことは、法曹を目の前にした評議においては、このような傾向性が法曹の意見の承認に関係しているということを示唆している。つまり他者との社会関係において、専門性や正当性の認知をしやすいほど、法曹の意見を重視しやすいという傾向性である」[*4]と分析している。

　裁判官のすべてが、法的知識について同レベルではないし、見解の相違もあることは、裁判官によって出る判決が違うことに現れている。

　同じ法曹としての地位にあり知識をもつ弁護士（あるいはアメリカのように参加市民から裁判官も排除しない制度なら裁判官も）が、裁判員に入っていたら、裁判官に対して「専門勢力認知尺度」は当然低く、裁判官の発言について「その法解釈には別の見解もあるのではないか」と考えれば「正当勢力認知尺度」が低いことも起こり得る。

　法律知識のある彼／彼女がその意見を評議の場で言えば、他の裁判員の「専門勢力認知尺度・正当勢力認知尺度」も一気に下がることが起こり得る。このデータは、裁判員法の実質的推進者が法律知識を持つ者を根こそぎ排除した理由を、逆の側から雄弁に物語っている。

2　説示なしでは

　英米では、陪審員に対して裁判官は丁寧は法的説明を公式の詳細な「説示集」に従って行う。裁判官個人の法的解釈やその事件への当てはめには個人差がある事実を修正するため制度化したものだ。そしてその説示は、その公判廷の共通のルールとして、公開の法廷で、事件により、説示事項によっては何度も読み上げられる[*5]。

　もし裁判員制でもこのシステムがとられれば、裁判員はそこから得た知識をもとに、裁判官の発言についての「専門勢力認知尺度・正当勢力認知尺度」を形成することが可能になる。何の知識もなく「裁判官は法律の専門家で、自分

　＊4　前掲注3書219頁。
　＊5　拙著『説示なしでは裁判員制度は成功しない』（現代人文社、2007年）参照。

たちは何の知識も無い素人」という認識だけで裁判に臨み、評議・評決に臨むのとは違うはずだ。

「裁判員制度・刑事検討会」では「職業裁判官が公判廷で説示しなければならないという考えは、意見書が提言している裁判員制度の基本的な構造と両立しないと思われる」と理由も示さず葬られ（第6回議事概要）、現在「説示」は、裁判員の宣誓に先立って非公開で行われる「最高裁39条説明例」の僅かな一般論（無罪推定の文言すらない）だけであり、「裁判官の説明」に関する見直し案は、3年後検証でも、日弁連からきわめて概括的な意見が出ているだけだ。

2012年9月、3年後検証は、少なくともメディアからは消えてしまった。問題が現実化するのはむしろこれからなのだが、真の制度改正に取り組むのは誰なのだろうか。

（「『三年後検証』を検証する（下）」7以下、法と民主主義471号〔2012年〕）

第 5 部

日本的司法の中で裁判員制度は

第1章

司法とは何だ そこで裁判員は何をするのか

1 司法とは何か

　フランス映画の往年の巨匠アンドレ・カイアットにJustice est faitという作品がある。当時、邦題を「裁きは終りぬ」（1950年）として公開されたが、文字どおりには「裁判は行われた」「正義がなされた」の2つの意味がある。弁護士出身のカイアットが、実在の事件をモデルに脚本を書き、裁判（当時のフランスの陪審システム）の実態を描いて「これが"正義"として行われていることなんですよ」というアイロニーを込めてレポートした作品だ。

　明治維新で欧米の司法制度をまねた日本政府が、裁判は、フランスでも、英米でもJustice、伊藤博文らが憲法を学んだドイツ・プロイセンでもJustiz＝「正義」という言葉であるのに、全く違う「司法」＝「法を司る」という「訳語」にしたこと、裁判システムを作る前に「司法省」という行政機関を設置して、裁判と検察をその下においたことは、日本の裁判制度にとって象徴的だ。

　日本では、裁判を「正義にかなっているか」という観点で見るということがほとんど行われていない。裁判所は「法を期待されているように適用して（つかさどって）いるか」を最も気にしている。特に世間の注目を集める個々の裁判を題材に、それが「誰の」「どんな」期待か、を見ていくと、日本の司法の実像がクリアに把握できる。

　筆者の司法修習時代（1966〜68年）裁判所にはまだ自由な空気が残っていて、裁判官は自分の部の配属以外の修習生とも親しく接してくれた。「新刑訴派」の理論家としても知られたある有名な刑事裁判官が誘って下さり、食事に行くときだった。旧庁舎のお堀に面した正面ロビーへの広い階段を降りながらのことでその記憶が今も鮮明に残っている。「裁判所は世間の先を行こうと思ってはいけない。世間の一歩後をついて行くものだ」と話された。そうなのだろうか？　とずっと反芻し続けている。

アメリカの60年代公民権運動の中で、ある裁判官が、その地域で白人だけが通っていた小学校と、黒人だけが通っていた小学校の生徒を半分ずつ入れ替える命令を出して、人種差別の教育現場を強制的に変えた。まさに世間より何歩も先を行った裁判所が、公民権運動の推進に大きな役割を演じたのであり、このようなことが、アメリカでは大小さまざまに行われていることを聞いていたからだ。

　身分制の歴史を持たないで建国したアメリカではjudge は社会的に非常に尊敬される対象で、陪審裁判のために裁判所に呼び出された市民は、このような司法環境に置かれて、その裁判官から詳細な説示を繰り返し受けて、その枠内で「有罪か・無罪か」の判断をする。

　日本で裁判員として裁判に関わる市民は、どのような司法環境に置かれて、どのように判決に関与していくのだろうか。

　これまで、裁判員制度の問題点を随時あげてきたが、問題の原因は大別すると次の3つになる。

　①まずは裁判員法自体が市民参加に必要な法としてつくられていない。②旧裁判官裁判制度のまま温存している裁判の手続が市民参加の手続になっていない。③日本に特殊な裁判所・司法の実態・裁判官の意識。3つのうち、実は最も根源的な原因はここにあって、①と②もこのことと深く関係している。これまでは、主として①と②の問題を取り上げてきたが、今回は少し大きな観点から、この③の問題から考えていきたい。

2　最高裁の憲法判断

まずは違憲性が争われた最近の最高裁の裁判例から見ていこう。

⑴　婚外子の相続分差別違憲訴訟

１）遅すぎた司法判断

　2013年9月4日「婚外子の相続分差別違憲訴訟」で最高裁大法廷がようやく初の違憲無効決定を出した。本来、戦後の民法改正によって親族法が新設されたとき入れるべきではなかった明治以来の差別規定（現行民法900条4項但書）には、国連からも度重なる批判があり、1993年にはこれを受けた東京高裁の「違憲決定」があったが、それから20年間、最高裁は1959年の大法廷判決をはじめ小法廷で4回、「合憲」を繰り返してきた。同様に旧家族思想による尊属殺に

226　第5部　日本的司法の中で裁判員制度は

対する法定刑差別（刑法200条）については、最高裁はすでに1973年4月4日に
違憲判決をして規定が削除されている。

　1996年には、政府（法務省）の諮問機関である法制審までもがこの相続差別
条項の撤回を答申したが、政権党の反対論にあって、法改正の動きはすぐに消
えた。

　以来20年後の最高裁のようやくの変化、メディア各社は「主要国では相続差
別の撤廃がほぼ実現し、今回最高裁が重ねて合憲判決を出す余地はなかった。
外堀を埋められた末の結論だった。[*1]」「遅すぎた司法判断」とし、「早期法改正
を[*2]」などと促した。

2）「統制なき保守[*3]」

　わずか1項の但書きを削除するのに、政府は2013年12月4日まで丁度2カ月
かかっている。自民党内保守派の強硬な抵抗があったからだ。

　党内では、（最高裁の判決を見越して？）前月に保守系議員20人で「家族を守る
勉強会」を発足させていて、判決に対して「司法の暴走だ」などと声が上がり、
5日に開かれた自民党法務部会は「大荒れ」となり「家族の絆を守るための諸
施策を1年をめどにとりまとめる」ことを部会幹部と法務省に約束させてやっ
と終わったという？[*4]。

　自民党幹部がそうしてでも削除法案を通したのは、相続差別撤廃を明確にし
ている公明党には、すでに攻防がはじまっていた「特別秘密保護法」での協力
を得ることが不可欠だった事情があったからだ。

　「家族の絆を守るための諸施策」としてはさっそく、出生届で「嫡出子」「嫡
出でない子」のチェックをさせて戸籍の記載に差別する戸籍法や、未婚の母に
は寡婦控除がない税法、婚姻していない夫婦の子にはどちらか一方の親権など
の差別は「最高裁の決定の既判力はない」としてそのまま残すことが決定され
たほか、法律上の妻の権利を強固にする措置が、策定中だ。

3）最高裁の遠慮

　最高裁の決定は「全員一致」とされたが「全員」とは14人だ。寺田逸郎裁判
官が、民事裁判官出身だが、法務省民事局長の経歴があることを理由にこの違
憲決定をするについて「自ら除斥、または忌避の理由があると認める」（裁判

＊1　朝日新聞2013年9月5日付。
＊2　毎日新聞2013年9月5日付。
＊3　毎日新聞2013年11月11日付。
＊4　同上。

第1章　司法とは何だそこで裁判員は何をするのか　**227**

所法80条）として「審理を回避」したからだ。民事局長の経歴がなぜ理由になるのかわからないが。

　決定当時もう１つわからなかったのは、違憲決定要旨に奇妙な記述があることだ。「最高裁は、1995年以来規定を合憲としてきたが、1995年決定でも反対意見や補足意見が述べられた。2003年３月31日の同種訴訟の判決以降は、合憲判断を辛うじて維持したとみることができる」と他人事のような言い方。「みることができる」とは何たる言辞。

　客観的なもの言いがしたいのなら、再三の国連勧告にも、日本の司法がなぜ背を向け続けたのかについての自己分析・自己批判をするべきだろう。国際人権規約を批准している日本では、それは国内法の効力を持ち、国際法上、憲法と同等説は別としても、少なくとも国内法には優越すると説かれていることを司法の最高機関が知らないはずはないのだ。と思ったのだが、数日後の新聞記事で上記2）の自民党内の動きを知って、これが最高裁の政権党（その一部？）への「お手紙」だったことがわかった。

　「最高裁は、95年以来規定を合憲としてこんなに頑張ってきました。裁判官らの違憲意見をこんなに長いこと抑えてきたんですよ。もう限界であることをどうかご理解ください」。

⑵　「性変更の夫は父」判決

１）第３小法廷の誤判

　最高裁は2013年12月10日、性同一障害で男性に変更した元女性が結婚し、その妻が人工授精で生んだ子を嫡出子「自分を実父」と認めるよう求めた事件で、家裁・高裁の判断を覆して請求を認容する判決を言い渡した。

　「相続分差別」事件では、20年にわたって変化を拒否し続けたのとは打って変って、たった一度の提訴に、第３小法廷は３対２で親族法の大転換（というより誤判）を判決してしまった。

　判決理由は「特別法で婚姻を認めながら、妻との性的関係により子をもうけることはあり得ないことを理由に、嫡出子としての推定が認められないとすることは相当でない」（判決要旨）というのだが、そんな理由でいいのか。性転換者に婚姻を認めるのは、欧米の国のいくつかでは既に制度化している同性婚と同様、男女間の婚姻とは違い子をもうけて世代を継承していくことができなくとも、当該の世代だけには婚姻世帯と同じ市民的保護を与えようという政策ではあるが、それと、生物的親子関係がない者どうしの間に生物的親子関係を与

えてしまうことは全く別のことだ。

　生殖医療の進化によって、ⓐ他人の精子で妻が子を産むＡＩＤ、ⓑ他人の卵子を使って夫の精子で受精卵をつくって妻の子宮に入れる、ⓒあるいは他人である女性にそのまま生んでもらう、など夫婦の一方とは生物的親子関係がなくもうけた子を、夫婦の嫡出子として届け出るケースが増えている。生物的親子関係がある点でこれらと異なるのが、ⓓ夫の精子と妻の卵子で体外受精し他人の子宮に入れて産んでもらう　という方法がある。

　いずれもことの性質上露見しにくいのだが、親がみずから公然化したⓓの事例で、最高裁は2007年に「母は生んだ女性」との判決をしている。民法772条は「妻が婚姻中に懐胎した子」としているからで、「実際に産んだのは妻ではない」という理由だ。

　今回の第3小法廷の判決理由は、同じく民法772条なのだが、そこでいうのは「嫡出子としての推定」、あくまで推定であって、反証があれば破られるのだから、第3小法廷は、夫が性転換者で、生殖能力がない事実（「妻との性的関係により子をもうけることはあり得ないこと」）＝「推定を妨げる事由」を認定した以上、推定規定を適用することはできない。「踏み込み過ぎ」[*5]というレベルではなく、この判決は法令違反の誤判以外の何ものでもない。

2）第3小法廷誤判の思想

　生殖医療の「発達」で、生物学的親子ではない親の子として育てられた子は、その事実を知った時に、「自分はいったいどこから来た何ものなのかわからない」と苦しむという。

　その事実がようやく社会問題になって、精子を提供した男は、自分が誰なのかを提供時に明かし、もの心ついた子が求めれば面会する責任を持つべきだという運動が出てきている。勝訴した原告の男性自身「こどもに重いものを背負わせているのはわかっている。だから……精一杯愛情を注いでいる」と言っている。[*6]「自分は何者なのか」という子の苦しみは、愛情不足とは別の苦しみだ。「かわいがれば済む」問題ではない。

　これは、生物学的親子関係がなくても（「養親」ではなく）「実の親」と呼ばれたいという「おとな」の願望とその対象とされた子の苦しみとの葛藤の問題なのだ。

＊5　読売新聞 2013 年 12 月 12 日付。

＊6　朝日新聞 2013 年 12 月 12 日付。

第3小法廷は、そのことを知っているのか。どこまで知ろうとしたのか。民法772条は、親と子との関係を規定した条文なのだ。しかし「婚姻を認めながら、その主要な効果である嫡出推定の規定の適用を認めないのは相当でない」と判示した第3小法廷には、「親の権利」だけしか書かれていないと映ったようだ。その見方に問題の基底がある。

　「生殖医療の発達」を丸呑みしたのか、親族法の解釈を、通常の法解釈のルール（推定規定の解釈方法）に反して解釈したこの判決は、「世間の数歩先を行く」判決なのだろうか。「行き過ぎだ」というコメントは、実は皮相だ。

　生物学的親子関係に「嫡出子」というブランドを与えて家制度を守ってきた親族法が、守ろうとした枠（非ブランド品排除機能としての「推定」規定）を破ってまでも、この判決は「多様化する家族のありかた」に直面して、やせ細っていく日本の法律婚主義を、法解釈のルールを破壊してでも、非生物学的親子関係にまで拡大して守ったのだ。という根本の思想によって、実は婚外子の相続分差別違憲訴訟の20年の棄却判決伝統の忠実な（過ぎる？）遵奉者だった。

⑶　一票の格差違憲訴訟

1）違憲と言えない

　2013年11月20日最高裁大法廷は、2つの弁護士グループが、2012年の衆院選の選挙無効を求めた16件の「一票の格差違憲訴訟」で「選挙無効」請求を一括棄却した。16件の高裁判決は、12件が「違憲」2件が「違憲無効」2件が「違憲状態」だった上、大法廷が2011年3月の判決で、最大格差2.3倍だった2009年判決を「違憲状態」とし、「1人別枠方式」の廃止を求めていたのに、国会では政党間の利害対立で、「0増5減」という弥縫策にとどまった上、区割りを変えないまま、最大格差を2.43倍とする結果となっていたから、メディアは「大法廷は今回、『違憲』判断を示す可能性が高いと見られている」しかも「迅速に」と予測していた。

　しかし、最高裁は「違憲状態」を繰り返すだけだった。「違憲」といえば無効を判決しなければならない、それはできない、という判決、判決擁護の読売新聞さえ、コラムニストは「高裁に比べると最高裁の判断は甘い」と書いた。

＊7　朝日新聞2013年12月12日付。

＊8　朝日新聞2013年12月12日付。

＊9　2013年11月21日夕刊「よみうり寸評」。

「高裁段階から一転」[*10]「高裁段階から後退」[*11]のこの判決は、日本語を変える判決になった。

2）「状態」とは「一歩手前」

この判決を子ども向けのページで大きく扱った読売新聞は「最高裁が『違憲状態』憲法違反の一歩手前」と見出しした。

「脳死状態」とは「脳死の一歩手前」、津波で「壊滅状態」とは「壊滅の一歩前」ということになる。そんな日本語が作られたことになる。

しかし、贔屓の引き倒しというべきだろう、判決は「一歩手前」だなどとは言っていない。違憲無効とすることは司法の役割ではないと言っているのだ。

「前回の平成21年選挙と同様に、本件選挙区割りは憲法の投票価値の平等の要求に反する状態にあったものといわざるを得ない」と言い、「要求に反する状態に至っているとする当裁判所大法廷の判断が示されたのは、平成23年3月23日であり、国会においてこれらが上記の状態にあると認識し得たのはこの時点からであった」と言い「選挙を無効とすることなく選挙の違法を宣言するにとどめるか否かといった判断の枠組みに従って審査を行ってきた」。それは「単に事柄の重要性に鑑み慎重な手順を踏むというよりは、憲法の予定している司法権と立法権との関係に由来するものと考えられる」つまり違憲であっても是正は国会のするべきことで、裁判所は遠慮しなければならない、その「考慮すべき諸事情に照らすと」国会がまだ是正しなくとも「憲法上要求される合理的期間を徒過したものと断ずることはできない」と言うのだ。

これはこの判決の3日後の23日付読売新聞が「是正『司法の役割ではない』」と見出しして「解説」するところと一致する。

記事は「参院選を巡る一連の訴訟の審理でも各裁判官の参考となることは間違いない」とその後に続く高裁の裁判官らにあらかじめ釘を刺している。

2 「司法国家」

国民国家についての国家論の1つでは、国家は次のように「進化」すると説く。国民国家が成立した当初の国家は、チープガバンメントつまり最小の事務

---

* 10　朝日新聞 2013 年 11 月 21 日付。
* 11　同上。

だけを行う「夜警国家」だが、行政は次第に肥大し「行政国家」となる。肥大した行政の一つには福祉行政も含まれるから「福祉国家」を標榜するが、増大した官僚機構は、集権体制、軍事・警察権限の強化を必然として、国民支配を強める。しかし文化の発達は、国民の人権意識を高めるから、肥大した行政機構をもってしても、政府への服従は、政権者が満足するまで勝ち取れるものでなくなる。

そこで次に現れるのが「司法国家」だ。ネイミングから、国家三権のうち司法が指導的な地位をもつと誤解してはならない。強大な行政権力をもってしてもなお不足を感じる政権者が、直接実現できなかった政治的な方針の実現を裁判のかたちで達成する。司法機構はその道具となるのだ。

当然三権分立は崩れる。というより、チェック・アンド・バランスという三権分立論は、もともとイデアルタイプに過ぎない。日本でも明治以来、司法は政権者の従属機関にすぎなかった。

一票の格差違憲訴訟に合わせて、「昭和20年の翼賛選挙」に無効判決をした裁判官の姿を描く演劇が上演されたが、それは「唯一」の例としてだ。終戦前無数の治安維持法事件で、無罪判決をした裁判官は1人もいなかった。

3　統治行為、政治問題と言わない理由

裁判所が、行政に従う判決をする「理論」に「統治行為論」「政治問題論」がある。

重大な国家の方針に関わる問題には、司法は判断をしないという「理論」だが、日本では、日米安保条約に基づく刑事特別法違反事件（砂川事件）で、地裁の違憲判決（伊達判決）に対して行政権＝検察が跳躍上告という異例の手続をとって、1959年12月6日最高裁が破棄判決をすることによって知られた。

この「司法」は、当時の政権者はアメリカであり、最高裁長官田中耕太郎が、アメリカ側との緊密な連絡のもと、その「手腕と政治力」によって行ったものだ。その事実が最近、アメリカの大使マッカーサーと米国務長官との間の電報類を、米国立公文館の開示文書によって、一書にまとめられた。

一連の一票の格差違憲訴訟で、しかし最高裁は統治行為とも、政治問題とも

＊12　俳優座「気骨の判決」。
＊13　布川玲子他編著『砂川事件と田中最高裁長官』（日本評論社、2013年）。

言わなかった。相手が国会だから？　いや、実際に司法の独立を冒すのは、政府・行政権でも国会立法権でもなく、政権者・多数党であることがこれで明らかになった。現行一票の格差で総得票数に見合う議席を得られない少数党への投票者、そのことによって、民意による政治を奪われている「日本という国家」の不利益は裁判所の知るところではない、というのが司法国家日本の姿なのだ。

4　下級審

(1)　一票の格差違憲訴訟（参院選）
1）見直す必要性を否定する者

　前記した最高裁一票の格差衆院選「違憲状態」判決で「自民党内にはむしろ安堵感すら広がっている」「1人別枠方式」について自民党幹事長の「細田氏は『ご注意は受けたが、憲法に反することではない』と直ちに見直す必要性を否定」（朝日新聞2013年11月21日付）した。「直ちに」ではないとして何時なら「見直す必要性を肯定」するのか。それは政権者の意の赴くときまでだ。

　その「意」は、23日付読売新聞が代弁している。「是正『司法の役割ではない』」。「国会が崩す三権分立」と書いたのは、秘密保護法案に関しての朝日新聞社説（2013年12月4日付）だが、少なくとも国会に関しては、公職選挙法で小選挙区制導入以来すでに三権分立を崩して久しい。

　現在の小選挙区制では、総得票数を超える議席を獲得する自民党は、2013年の衆院選で「20億円、候補者の大半」の供託金を「税金が原資の政党交付金で賄っていた」（毎日新聞2013年12月2日付）。落語でいう「低いとこから土とって高いとこへ土盛り」となる選挙制度を、多数党が改正する気になるはずはなく、もし野党が提案することがあっても、議論によって決めるのではなく「数で負ける」のがこの国の国会の常道だ。「人々が問題にとりくみ、おたがいに交渉しあう過程で、自分の目的を再発見し続ける。そうした試行錯誤の営みに『民主主義』の本質」を見る（宇野重規『民主主義のつくり方』〔筑摩書房、2013年〕）ことなど起こりえないこの国の「国権の最高機関」（憲法41条）だ。

　国会がその責務である「国民の代表」の機能を果たさないときに、チェックするのが司法の役割なのだが……。「司法の役割はどこへ」（朝日新聞2013年11月21日付社説）「今回のように小手先の対応で国会が違憲判決を免れるのであれば、国会による『司法の軽視』を司法自らが見過ごすことになりはしないか。国民の司法への信頼も損なわれかねない」（小林良彰慶応大教授朝日新聞2013年11月21

第1章　司法とは何だそこで裁判員は何をするのか　**233**

日付）のだがこうした批判をよそに、読売が政権者を代弁した「是正『司法の役割ではない』」を自ら具現して見せる最高裁のもと、下級審裁判官らはどう振る舞っているかを次に見よう。

２）「急いだ」大法廷の意図

　最高裁は2012年の衆院選について前記「違憲状態・選挙無効請求棄却」判決を急いでいた。「過去の一票の格差訴訟では、選挙から最高裁判決までに参院選訴訟で２年以上、衆院選訴訟は１年以上かかるのが通例だった」（朝日新聞2013年９月６日付）が、僅か11カ月で判決を出すという。この朝日新聞記事は判決を急ぐ「「大法廷は今回、『違憲』判断を出す可能性が高い」と希望的観測をしたのだが……。

　内部の見方は逆だった。「民事裁判官の一人は『各高裁判決の前に大法廷が今回の期日を入れたのは、考え方を参考にしてほしいとのメッセージだ』とみる」（最高裁判決の翌日2013年11月21日付朝日新聞）。この大法廷意図のとおり、翌12月までに参院選についての格差訴訟16件のすべての判決が出揃い、うち13件までが「違憲状態」２件が「違憲・有効」として、「違憲・無効」としたのは唯１件のみだった。最高裁判決とは別の、そして格差倍率がはるかに高い2013年７月の23回参院選の格差についての訴訟であるのに。

３）違憲無効判決

　「違憲、無効」とした唯１件、それが最高裁判決の直後の、2013年11月28日、16件のうちの最初に出された広島高裁岡山支部判決だ。

　前記最高裁判決の原判決群にあたる2012年12月衆院選選挙無効を求めた16件の「一票の格差違憲判決訴訟」中、同年３月の２件（広島高裁とその岡山支部）で出された「違憲・無効」判決と合わせれば、３件目になる明白に選挙無効を宣言する判決だった。

　1971年から国政選挙のたびに提訴されてきた多数の「一票の格差違憲訴訟」について、あるものはせいぜい「違憲状態」いわば国会への「ご注意」判断しかしてこなかった裁判所が、40年以上を経てようやく司法本来の機能を取り戻した判決だった。

　「司法が発した強い警告」「参院選正統性に疑問」「国会の怠慢断罪」「当然の責務を果たせ」（朝日新聞2013年11月29日付）、「抜本改革遅れ批判」「民意反映に是正を」（毎日新聞同年11月29日付）と当然の反応を示すメディアの中で読売は当日28日の夕刊から社会面では、「『無効』評価と疑問」「『気骨ある判決』『混乱招く』」と両論併記報道の形をとりながら、判決をした裁判長について「衆

234　第５部　日本的司法の中で裁判員制度は

院選も『無効』判決」という小見出しで「大戦中に中国から強制連行された中国人男性らに国の賠償責任を認める初の判決を出した（２審で原告が逆転敗訴し、最高裁で確定）」と非難めいた解説を加えた。毎日も同衆院選日付でこの裁判官が２件の無効判決を出した事実を書いたが、読売のように中国人男性らの国賠でその判決が破られたなどあたかもこの裁判官の判決は上訴で破棄されるものと言わんばかりの記載はない。読売は一面では署名入り解説記事の形で「最高裁判断あまりに軽視」と明確に批判キャンペーンを開始、翌29日には「選挙無効判決は乱暴に過ぎる」との社説を掲げて「最高裁の判断『度外視』」「即時『無効』強い批判」と全面の記事を出したが、その中に「与党から疑問の声も」の小見出しのもと「政府・与党内には『最高裁と岡山支部では判断に相当ギャップがある。最高裁では、今回ほど厳しい判決にはならないのではないか』と早くもこの違憲無効判決が最高裁で破られると行方を既定するかのような口振りをしている。

４）高裁判事らの処世

2013年末に集中した高裁判決16件は、最高裁衆院選判決の事件とは別の2013年７月参院選挙が訴訟物であり、「一票の格差」は4.77倍と最高裁事件の衆院最大格差2.43倍よりもさらに２倍ほども多い格差選挙の無効を求めた事件に対する判決だ。にもかかわらず、2012年の衆院選については、16件中12件までが「違憲（有効）」２件が「違憲状態（有効）」、２件が「違憲・無効」としたのに比べて最高裁判決後の参院選事件では、高裁判決は前記(1)の1)のように「違憲状態」と「違憲」が逆転となり、全体として大きく後退している。

前引用の2013年11月21日付朝日新聞に談話を載せた「民事裁判官の一人」は「高裁も（筆者注：この大法廷判決を）考慮するはずだ。自分だったら、先に大法廷判決を知りたいと思う」と話している。その通りだった。「先に大法廷判決を知った」高裁判事らの大勢＝13件までが「違憲状態（有効）」に後退して、40年を越える「一票の格差訴訟の歴史」にようやく訪れるかに見えた「前進止めた」（2013年11月21日付朝日新聞の大見出し）判決をして「大法廷の意向」に忠実に従ったのだ。

(2)　判例拘束性ではなく「空気」

１）高裁らの判決理由

判例法の国である英米法には「先例（判例）拘束」の法理＝上級裁判所または同列の裁判所で前になされた判決のratio decidendi（判決で主要事実を理由付け

ている法理）には従わなければならない＝があり、日本でも英米法ほどではないが、この法理が適用されることになっている。

しかし、下級審のこの高裁「違憲状態（有効）」判決群は、先例拘束性に従ったと言ってはいない。

各高裁判決の理由は、それぞれ独自に格差について「看過しえない程度に達しており、著しい不平等状態」（札幌）、「投票価値の不均衡は、違憲問題が生じる程度の著しい不平等状態」（名古屋）、「参院選発足当時を超えるような格差が残る改正では、憲法上許容されない」（広島本庁）、「国会に与えられた裁量権の限界を超えている」（東京）などと、実態としての違憲を認定している。

ではなぜ違憲・選挙無効としないのか。

「事情判決の法理」と明言するかどうかは別として、違憲無効判決とすることによって「生じる弊害」が大きければ、それを避けるために、司法は他の二権力（行政・国会）に、対応を任せるべきだ、という「司法権の遠慮」という姿勢において最高裁と共通しているのだ。しかし最高裁でも永久に遠慮するとは言えないし、また、では「いつまでなら」とも言えない。言ってしまっては、国会がその時期を徒過した場合には、違憲判決をせざるを得なくなるが、それができるかどうかの腹ができていないのだ。

だから各高裁も「是正のための合理的な期間」というしかない。この期間の設定は、短いほど「司法権の遠慮」ぶりが目立たなくなり、長いほど目立つことになる。起算点＝対象となる13年の参院選の時期＝は動かしようがないから、（少数の例外はあるが）長くしたい高裁は、「07年参院選について『選挙制度の仕組み自体の見直しが必要』とした2009年９月の最高裁判決」を起算点とし国会が是正できる期間を３年９カ月あったとするが、短くしたい高裁は、「10年参院選について『違憲状態』とした2012年10月の最高裁判決」を起算点とすることにして、国会の自浄アクションを待つという「最高裁判決踏まえた判断」（読売新聞2013年12月５日付夕刊）にしている。

２）先例拘束か

ここで2007年参院選、2010年参院選、2012年衆院選という計３件の「先例」＝最高裁判決のどこに拘束性があるのか考えて見よう。

それらは「一票の格差」で違うので、「何倍までなら違憲状態」（それ以上何倍までは「違憲・有効」さらにそれ以上の格差なら「違憲・無効」）とは言っていない。また国会が定数是正をなし得る期間が何年までなら同様に「違憲状態」「違憲・有効」「違憲・無効」とも言っていない。

236 第５部　日本的司法の中で裁判員制度は

そして前記のとおり、2013年11月の最高裁判決は、12年衆院選挙の最大格差
2.43倍についての判決であるのに、これら16件の高裁判決群の対象となるのは
格差2倍ほども多い選挙の無効を求めた事件に対する判決だ。

　格差と是正期間の関係は、相対的に関係する問題だから「何倍までなら、是
正までに何年までは無効としない」という明確な最高裁判決があるなら、それ
が先例として拘束性を持つということは、理論上はあり得る。

　しかし、いずれの最高裁判例にもそうした明確な判示はなく、その意味では、
先例性はない。そのことを各高裁判決もわかっていての判決であることは、「何
年何月何日の最高裁判例によって確立しているところである」というお決まり
の文言は判決文に出てこない。

　ではなぜ、2013年末の高裁判決群は、2012年衆院選についての判決群より後
退するのか。「高裁も（筆者注：この大法廷判決を）考慮するはずだ。自分だった
ら、先に大法廷判決を知りたいと思う」と話す前記匿名の裁判官の談話がそれ
を物語っている。

　2008年から慶応大学で「日本の司法の内部事情に関する研究に没頭」したディ
ヴィド・S・ローは「ほとんどの民主主義国は、これらの要件（筆者注：その
前の段落で書かれている「政治家は選挙で選ばれたのだから自分たちの望むことは何で
もできるという浅薄な考え方の危険性」「民主主義とはあらゆる人びとの自由、平等、
尊厳、および法の支配を政府に要求するものだ」という要件）を「個人の権利を保障
する憲法を採用し、憲法への政府の服従を確保する特別の責任を裁判所に割り
当てることで満たそうとしてきた」とし、日本国憲法81条が最高裁に与えてい
る「この権限には、日本の立憲民主主義を支える重大な責任が伴う。しかしな
がら日本の最高裁ほど違憲立法審査権の行使をためらう裁判所を世界中で見出
すことは困難であろう」と書いている（ディヴィド・S・ロー『日本の最高裁を解
剖する――アメリカの研究者がみた日本の司法』〔現代人文社、2013年〕iv～v頁）。

　読売新聞が代弁しているように「是正『司法の役割ではない』」として度重
ねて司法による立法権へのチェックを遠慮する。「違憲立法審査権の行使をた
めらう」そのために「違憲ではない『違憲状態』」という日本語までつくって
しまった最高裁の「司法国家の中での司法官の身の処し方」という空気。その
「空気」という「書かれていない先例」こそが高裁裁判官らの多数派がした「違
憲状態」判決の理由なのだ。

　その空気の中で、唯一違憲・無効判決をした広島高裁岡山支部は、先例拘束
性理論からして当然なのだが、政府・政権者のみでなく、司法界をも深く浸す

第1章　司法とは何だそこで裁判員は何をするのか　**237**

日本的な「司法国家」モードの中では、逆に「異端」にされてしまう。

「最高裁におもねる判決」「一票の格差訴訟30年の原告弁護士」の談話を大見出しにしたジャーナリズム（朝日新聞2013年12月５日）も、なぜ、どのように「おもねる」のかまでは分析しないままだ。

３）先例拘束の羈束力

ここで、上記２(1)に書いた2013年９月４日「婚外子の相続分差別違憲訴訟」で最高裁大法廷が出した違憲無効決定のことを思い起こしていただきたい。これは1959年の大法廷決をはじめ小法廷で４回、「合憲」を繰り返してきた最高裁が、54年ぶりに自ら先例を覆したのだが、それをさせたのは、提訴した当事者本人の「市民感覚」とそれを手続にのせた弁護士、それに対して「先例違反」を冒して違憲決定を出し、最高裁まで事件を持ち上げさせた高裁の決定（1993年東京と2011年大阪）があったからだ。

「日本の裁判所は、上に行くほど悪くなる」。長いことそう言われてきた（ごく最近の変化については第５部第３章２(2)で書く）。しかしその中でも、下級審が最高裁に判例変更を迫らなければ、司法界はいつまでも変わらず、世の中の変化とは無関係のガラパゴス島になってしまう。

本章の冒頭に書いた有名裁判官の考える「世間の一歩後をついて行く」ことすらできない。

そのことを下級審裁判官がどこまで主体的に考えられるか。

一国の司法は、ごく少数の最高裁判事よりも多数である、下級審裁判官の司法感覚により掛かっているのだ。

5　諫早湾干拓・政権者と司法の迷走

2014年１月９日、政府は前年11月12日に長崎地裁が出した「諫早開門差し止め命令」仮処分決定に対する異議申し立てをしたが同時に、2010年12月に確定している福岡高裁の開門命令判決に従って開門することを怠っている国に対して間接強制を求めている漁民らの訴えに対しても異議申し立てをするという「開門派・反対派双方と争う」（朝日新聞2014年１月10日付見出し）訴訟主体としておよそ考えられない分裂的な行動をはじめた。そこには、政権者の迷走と、それに伴走する司法の迷走があった。

(1) 「国」の迷走

　当然というか、迷走は政権者から始まった。1952年の「長崎大干拓構想」。米の増産・水田開発を謳った構想だったが、工事が具体化しないうちに、1970年には早くもコメ余り→減反政策が始まる。ここで構想を中止しなかったのは、計画してしまった大公共工事に群がる利権の構図を止める勢力がなかったからであることは、ダムなど他の大型公共工事と同様だろう。目的を灌漑(かんがい)用水の確保や畑地の開発、さらには「防災」水害防止とくるくる変えて37年間干拓事業の継続をねばり取った。

　「動き出したら止まらない大型公共事業の典型例」と言われ、文部科学省所管の科学技術振興機構も、水産業振興の妨げになった事例として「失敗知識データベース」にあげている。

　1989年着工、計画面積は当初約11,000ヘクタールその後縮小されて3,500ヘクタールとなったが、総事業費2,533億円をかけて完成したのは、干拓造成面積が約942ヘクタールうち農地は約670ヘクタールで、その4倍にあたる約2,600ヘクタールが「調整池」とされて、干拓されない水面状態で工事を終わっている。農地の開発という干拓目的は当初の十数分の一、灌漑用水の確保には全く不必要な大調整池。いずれも名目すら満たさない結果で、2007年11月、干拓事業の完工式が行なわれた。

　調整池は、灌漑用水確保の名目のため真水とされ、海水との間には全長7キロメートルに及ぶ潮受堤防(「ギロチン」と仇名された)とその南北2カ所に排水門が設けられ工事中の1997年に閉じられた。

　既に着工直後の1990年には、高級貝のタイラギ貝の大量死が発生、続いて海苔、アサリなどの被害が次々訴えられるようになり、環境保護団体による干潟の減少による浄化機能の喪失などが原因だとする調査報告が発表されるなど反対運動が高まった。

　こうした反対運動を受けて、2001年に当時の武部農水相が干拓事業の抜本的な見直しを表明し、2002年4月短期間の開門調査を実施したが「有明海の海洋環境の影響は検証できない」として、農水省は2006年「今後は開門調査は行わない」との方針を表明した。

　しかし2009年9月民主党政権が誕生、2010年4月、民主党の検討委員会は「開門調査を行うことが適当」との見解をまとめた。同年12月15日、当時の菅首相は、福岡高裁の開門判決(後記)について上告を断念すると表明。これについては干拓工事を推進してきた長崎県から知事が不快感を示したほか、政府内で

も反対論があった。

そして政権が自民党に戻って、「国」は2014年、この行政上の迷走に続いて、裁判上の迷走をはじめる。

(2) 「国」の迷走はなぜ起こるか

その迷走を考えるには、メディアなどで「国」と表示される主体は、実態として何であるのかを考えればよくわかる。

それはそれぞれの局面で、その問題に決定的な影響力を及ぼすことのできる政治権力者であり、行政官僚、利権によってそれらを動かすことのできる企業や利益団体、その都度、これらのさまざまな割合で組み合わされた複合体だ。

複合体内の各勢力のベクトルがすべて、同じ方向を向いているときは、迷走は起こらない。

たとえ、複合体の外に置かれ、力を持たない「国民」がどんなに被害や迷惑を被ろうと「国」は決めた「行政」を「粛々と執行」し、そして立法・司法はそれについていく。「国」の迷走が起こるのは、複合体内部の乱れである。外からもっとも見えやすいのが政権交代で、八ッ場ダムも同じだが、諫早では「上告しない菅首相」が自民党への政権再交代によって、その後、社会的にも批判の的となる。

(3) 司法の迷走

①　諫早湾干拓工事に関して、2002年有明海沿岸の漁業者らが、漁業被害を訴えて佐賀地裁に工事中止とその仮処分を求め、地裁は2004年被害との因果関係を一部認め、工事中止の仮処分決定もした。国が控訴し、福岡高裁は2005年仮処分を取り消し、干拓工事は再開された。

しかし本訴では、2008年、佐賀地裁が漁業被害との関連性を一部認め、調査目的で潮受け堤防排水門を5年間開放することを命じる判決をした。国と漁民双方が控訴した福岡高裁では、2010年、高裁が一審判決を支持し、国に対して、2013年12月までに開門調査を始めることを命じる判決をし、当時の菅総理が上告断念を表明して判決は2010年12月に確定した。

②　だが国は司法が命じた2013年12月20日の開門期限後も開門せず、福岡高裁で勝訴した漁民49人が開門のための間接強制を求めた提訴に対して、佐賀地裁は2014年4月国に対して、2カ月以内の開門と、開門しない場合は遅滞1日、1人当たり1万円の支払いを命じる決定をした。

③　一方で長崎地裁は、2013年11月開門に反対する農民らが起こした仮処分申請に、開門差し止めの決定をしている。

　国は②と③の裁判の双方に対して争う、という訴訟主体としては支離滅裂な訴訟行為をしている。

　有明海干拓に関連しては、前記のほかにも、福岡高裁には、堤防の撤去と無期限開門については却下した確定判決を不服とする漁民が当初の請求通り即時そして期間を限定しない開門を請求している訴訟が係属しているほか、②に対して農民らが佐賀地裁に起こした「間接強制請求異議」「間接強制執行停止」長崎地裁に起こした「開門差し止め間接強制」、漁民らが長崎地裁に起こした「開門訴訟」第一陣と第二陣があって、訴訟の乱立と司法判断の食い違いという迷走は深まるばかりだ。

　こうした司法の迷走は、もとはと言えばこの干拓がコメの増産＝農地拡大の目的であり、海水流を大規模に変えてしまうという影響への配慮はおろか認識すらなしに着手され、1997年に潮受け堤防の水門が閉じられるとすぐに明らかになった漁業被害を顧みることなく、2007年まで工事を続けたこと、コメ余りとなって農地拡大の目的が失われても、工事を続けるため、名目を「灌漑用水確保」「水害防止」と変えて、そのために「調整池」を真水化する、つまりはただ大規模土木工事の利権を維持するためだけに行われた工事「一度始めたら止まらない公共事業の典型例」（「混迷する諫早湾干拓事業」毎日新聞2013年12月20日付）だったことが原因なのだ。

　そもそも「灌漑用水確保」「水害防止」とは工事続行のためのご都合主義の名目だった。その対象とされる地域（諫早市小野地区・守山町地区）は江戸から昭和にかけて行われてきた干拓によって作られた水田が集水域面積に見合わない広さになってしまった無理な実態だった。

　そこで不足な灌漑用水をクリーク網に溜めるという方法をとってきたのだが、そのため集中豪雨が起こると水害になってしまう状態にあった。これを改善するには、本来、水田を他の農業用に転換するか、灌漑用水を他の地域から引いてくるなど大規模な行政の対策が取られなければならない。しかも逆にそうした抜本的対策をとることをしない状態を、「灌漑用水確保」「水害防止」との口実に使って、干拓工事を継続したのである。

　干拓工事続行の方便として、海だったところを一部区切って真水化する「調整池」工事が行われた。その地区の「住民、特にその中の水稲農家は事業遂行の人質的な立場にある」と言われる所以だ。

こうして、必要ない干拓工事を継続するために、開門しなければ被害を受ける漁民と、開門を阻止しなければ被害を受ける農民とが作られてしまった。

　しかし干拓が終わってしまえば、諫早湾は、大規模事業の利権に群がった政治権力の関心外となり、その後始末をしなければならない農水省は、無関心とサボタージュを露わにする。

　裁判所が与えた３年間の猶予期間のうち２年を徒過して、2012年11月になってから、抜本的対策をネグレクトするために、対応策としてやり出したことは「海水淡水化装置を柱とする農業用水確保策をまとめたが『工事予定地に反対派所有の私有地があり、地元の理解が得られないと着手できない』などとして及び腰だった。今年（筆者注：2013年）９〜10月、国はようやく３回にわたり、国有地で対策工事に着工する構えを見せたが、終結した反対派住民らに『阻止』された。メディアの前で九州農政局の職員が説得して見せたものの、いずれも30分ほどで引き揚げ、開門派、反対派双方から『茶番だ』と批判を浴びた」（「混迷する諫早湾干拓事業」毎日新聞2013年12月20日付）。

　干拓工事の恩恵を被ったはずであり、開門に反対してくれている政府は味方であるはずの農民にしてからが「『国は開門で被害が出れば補償するというが、信じられない』と国への不信感を隠さない」（「混迷する諫早湾干拓事業」毎日新聞2013年12月20日付）。

　漁民と農民の双方が、「出口見えぬ訴訟合戦」（読売新聞2014年４月11日夕刊）の中で、司法と行政の双方、日本という国に対して持ったのは不信だけだった。

　先に出された判決に対して、他の裁判所が、事実上その効力を否定する仮処分決定をすることができるのか。しかも先に出された開門判決は、管轄上、長崎地裁の上級庁にあたる福岡高裁の判決であり、そのうえ確定して、裁判上効力を争えなくなっている。

　判決後に、事実関係が変化したのであれば、「事情変更」として後の仮処分決定が許されるが、このケースでは、漁業被害それに開門されれば、「調整池」が塩水化して灌漑用水に使えなくなるという事実関係に変化はない。それなのに逆の仮処分決定をするのは異常だ。

　こうした状態に対して佐賀地裁は、間接強制の決定の中で、国は長崎地裁の開門差し止め義務を負っているが「異議申し立てで対抗することは可能で、間接強制の妨げにはならない、と判断した。開門のための事前対策工事が地元の反対で出来ないことについても『可能な限りの措置を講じるべきで、国にその余地がないとは認められない』と指摘。開門をめぐる国の姿勢に疑問を突き付

242　第５部　日本的司法の中で裁判員制度は

けた」（朝日新聞2014年4月12日付）という。「国の姿勢に疑問」というよりは、上記したように国の「開門派・反対派双方と争う」（朝日新聞2014年1月10日付見出し）訴訟主体としておよそありえない分裂的な迷走の結果、司法全体が陥った迷走（違う裁判所によって逆の裁判＝決定や判決＝が出されたら一体どちらに効力があるのか）に、いわば当該司法の迷走の一方当事者である裁判所が、裁判書の中で、自らの側を優位とする議論を表明するといった、これは珍現象なのだ。

そしてもう一方の「当事者」である長崎地裁の動きはさらに異常だ。開門反対派の干拓地営農者らに開門賛成派を提訴するかどうかの意思確認を求める求釈明をしている。まるで「提訴するという道がありますよ。しませんか？」と誘導するかのような、中立であるはずの裁判所としておよそ考えられない一方への介入であり、「賛成派の漁業者らが21日（筆者注：2013年11月）『違法だ』として求釈明の撤回を求める意見書を同地裁に提出した」（「混迷する諫早湾干拓事業」毎日新聞13年12月20日付）のは当然だ。

6 「司法権」を認めない政府　日本的司法国家はここまで来ている

(1) 司法の自己規制

2014年1月、元最高裁判事による講演「裁判官の国際人権意識」を聴いた。講演の中で元判事が「裁判所は判決で自己規制する」と語り、司会者が「なぜですか」と質問した。答えは「判決が守られないと裁判所の権威が落ちるから」だった。

日本では「国」は気に入らない判決には従わない。だから裁判所は政府・政権党の気に入る判決、従ってもらえる判決であるかどうかを考えて判決する。

そう聞かされると、「一票の格差訴訟」で、最高裁が「違憲」とは言わず「違憲状態」を何度でもくりかえす理由も、諫早湾干拓訴訟で、漁民寄りの判決をしているかのように見える、佐賀地裁、福岡高裁も、開門仮処分は認めず、本訴でも即時・期間を限らない開門判決などしなかったことがよくわかる。

重ねてきた自己規制のあげく、「試験的開門5年間」判決をした裁判官らは、「国」の応訴態度について、あまりにも腹に据えかねるところがあって、判決をしたのであろうことも。

しかしそこまで自己規制しても、「国」の満足は得られなかった。

第1章　司法とは何だそこで裁判員は何をするのか　**243**

⑵ 「国」は気に入らない判決には従わない

　最高裁の「違憲状態」判決にもかかわらず、政権が選挙の定数是正をせず、判決に従わないことは３、４に書いたとおりだが、諫早湾関係訴訟では、政権の司法軽視は、さらに露骨だ。

　「司法の確定判決に国が従わないのは、法治国家としてのあり方を問われる異常事態だ」（「混迷する諫早湾干拓事業」毎日新聞2013年12月20日付）が、諫早湾干拓工事関係で、行政が司法に従わなかったのは、それだけではない。

　そもそも裁判所は、政府に遠慮して、漁民が求める無期限開門ではなく、開門の結果のいわば後追いのアセスメントとして、生態系が回復するのに２年、その調査に３年の計５年という期間限定で調査のための開門のみを判決した。

　これにも従わない行政に対して、高裁は判決中で「大型公共工事による漁業被害の可能性がある以上、率先して解明し適切な施策を講じる義務を負う」として、「中・長期開門調査は不可欠で、これに協力しないのは立証妨害である」と言って憤っている。

　国はなんらの科学的調査もせずに、事実主張として漁業被害を否定し、農民が申請した長崎地裁の仮処分でも、形の上で異議申し立てをしながら、勝訴のために必要な漁業被害の主張も立証もしない。それで裁判所のした決定だけには形だけ従わないという態度だ。

　「国はそもそも開門したくない。仮処分は国がわざと負けた出来レースだ」と漁民は言う（上記毎日新聞2013年12月20日付）。その結果を受けて国は「正反対の法的義務の間で身動きが取れないとして判断を棚上げしている」（朝日新聞2013年12月20日付）。国は上級審である福岡高裁の確定判決を長崎地裁の「仮」処分と同等に置くことをあえてして、開門しないことを選んだ。これら一連の訴訟への国の対応は、利権に群がった政治権力がした「失敗の見本」である大規模土木工事を、失敗であると認める形にしたくない、ただそれだけのための行政による司法の否定だろう。

　これらは、国が具体的な訴訟の当事者となったときの行政の司法軽視の行動だが、個々の違憲判決を受けた後の行政措置を見ると、政権者が裁判所の判断＝司法に従って行政を変えるということをできるだけしないで済まそうとする態度が露骨だ。

　３、４で書いた選挙権訴訟で問題とされた「１票の格差」是正を国会・政権党は違憲と言わず「違憲状態」という最高裁の「配慮」を良いことに、2014年４月にいたってもいまだに法案策定すらしないままだ。

244　第５部　日本的司法の中で裁判員制度は

政権者が、司法のあるべき権威を権威として従うことをしない例は、数少ない違憲判決の中でいくつか出た家族法関係の判決にも見られる。

「成年後見が付いた人」に選挙権を認めた2013年3月の東京地裁判決を受けて、5月に公職選挙法が改定され、6月末には施行された。にもかかわらず、当時勝訴判決を得ていた4人の原告に対して、国は当然即座にするはずの控訴取り下げをせず、なんと7月になってから原告らに和解を申し入れ、1人の原告の父は「無駄な時間とエネルギーを使うよりも」と語り、原告らは和解に応じたが、「国のやりかたは大人気ない」と評されたこの動きは「一審で違憲判決が確定することに行政側は抵抗があり」坂本哲志副総務相は「判決が確定すると今後の立法裁量に影響を与える恐れがある」からだと言った（以上毎日新聞2013年7月16日付）。一審判決だけで、政府が政策を決めてしまうことが定着してしまうことを恐れる。ということは、上級審の方が、政府寄りの判決をしてくれるという政府の期待にほかならない。

一方「婚外子の相続差別撤廃」判決に「自民党の保守派から『家族制度を崩壊させる』と批判が相次ぎ」子のかわりに「正式に結婚している妻」の相続上の権利を拡大するための「保守色にじむ」（朝日新聞2014年1月29日付）「有識者会議」を法務省内に早速立ち上げている。

しかし自民党保守派は、生殖能力がないことを判決理由中で認定しながら、性転換した「夫」を、妻が他人の精子を使って産んだ子の戸籍上の実父とした判決には、対策をしないようだ。

2014年1月、自民党「生殖補助医療に関するプロジェクトチーム」は第三者から提供の精子、卵子、受精卵を含めて、他人に産んでもらう「代理出産」を限定的に容認する法案の素案をまとめたが、生まれた子が自らの生物学的両親を知る権利については「検討課題」にとどめている。

2012年、自民党野田聖子議員の主導で超党派の議員を中心として、特別養子の養子縁組斡旋試案が作られた。国内の特別養子縁組を活性化させる目的という。

民法親族・相続法は、現在の家族の実態には合わなくなっている。戦後の改正で、時代に合わせるはずだったのに、家制度の存続に固執する政府に対して、「我妻栄は当時の司法大臣に『家制度を残すのなら審議会の委員を辞任する』と迫り」現行の姿にしたと言われている（読売新聞2014年4月6日付）が、事実婚が多くなり、一人親、同性婚が市民権を得て、「社会や医学の移り変わりを考慮し、いろいろな家族があっていいと堂々と言える」社会が望まれる現在（「多

第1章　司法とは何だそこで裁判員は何をするのか　**245**

様な家族　現行法で守れるか」〔朝日新聞2014年4月8日付〕）時代に合わなくなっていることは明らかだ。

その社会の中で、政権自民党が、家族法の判決への対応と立法準備としてしている動きを見れば、「家」を補充し、維持していくことが、政権自民党の思想基盤であることが見やすく浮かび上がってくる。

政権の強権的政治が、ますます拡大する中で、司法の行政への追随が進む一方、行政は気に入らない裁判に従わない、という「日本的司法国家」の姿が、色濃くなっていくのではないかと思わせる昨今の状況だ。

(3)　最高裁長官に何が望まれるか

異例の昇進で最高裁長官になった竹﨑氏が任期を残して退任し、竹﨑氏の推薦を政府が容れて、寺田逸郎氏が「司法トップの座を射止めた」。任官以来40年のうち20年以上は法務官僚として過ごし、「法務省時代の活躍は、省内で今でも語り草」（以上「ひと」朝日新聞2014年4月7日付）という新長官に朝日（4月7日付）と読売（4月3日付）の2つの社説は、全く反対の方向性で注文を付けた。

「試される司法の役割」と見出しした朝日は「司法が是正を求めても、国会や政府が軽んじ、受け入れない姿勢もまた明らかになっている」、婚外子相続差別違憲判断を受けての法改正について「自民党内には『選挙で選ばれたわけでもない最高裁になぜ従うのか』といった反対論が出て、手間どった」、一票の格差訴訟では「むしろ『違憲』ではなかったことに胸をなで下ろし、選挙制度の抜本的な見直しを棚上げしてしまった」、「これまで最高裁は国会や政府のやり方に違憲判断することに積極的だったとはいえず、法令の違憲判断は9件にとどまる。国や自治体を相手に裁判を起こしても勝訴の見込みは低いとされ、原発設置をめぐる訴訟のほとんどは反対住民の敗訴に終わった。司法はどこを向いているのかという漠とした疑問も、国民にはあるのではないか」「司法は立法や行政に遠慮する存在であってはならない」「むしろ日々の裁判を通じ、国民の側に立つ信頼感を高め、発言力と存在感を強めるべきだろう」と書いた。

一方読売は「違憲審査権の適切な行使を」と題して「新長官にまず期待されるのは、寺田氏自身が法務省時代に関与した司法制度改革の定着だ」と「身近で使い勝手の良い司法を目指す改革」の一層の推進を求め、裁判員制度の「理解しやすさ」などに注文を付けたあと「憲法判断が絡む裁判は、15人の裁判官全員による大法廷で審理され、寺田氏が裁判長を務める」「違憲審査権は法治

国における重要な権限だが、行使には、三権分立の立場から、国会や行政の裁量権への目配りが欠かせない。その観点で疑問なのは、『1票の格差』を巡る判決の中で示された最高裁の姿勢である。2009年の衆院選を『違憲状態』とした判決で、大法廷は、まず各都道府県に小選挙区の1議席を割り振る『一人別枠方式』が格差の主因だと指摘し、速やかな廃止を求めた。2012年衆院選を違憲状態とした判決でも、別枠方式の構造問題は解決されていないと言及した。格差が合憲か違憲かの判断にとどまらず、立法府の裁量の範囲にまで踏み込んだと言える。議席配分に関する仕組みの存廃は、国会が判断すべき事柄だろう。最高裁には、違憲審査権の適切な行使が求められる」と明確に「立法府の裁量の範囲にまで踏み込」むなと注文している。

別枠方式の構造によって格差が生じる以上、違憲判断の対象になるのは当然で、そこに踏み込むなということは、選挙の定数には口をはさむなということになる。この意見は、すでに自民党から出されている。社説はそれを報道機関の意見でもあるとの装いで言っているのだ。

この社説の最後は「最高裁は、三審制における『最後の砦』でもある。万が一にも冤罪の被害者を出さぬよう、寺田新長官の下、最高裁の各裁判官は、下級審の結論をしっかりチェックすることが肝要だ」と結んでいるのだが、社説の大半を占めている違憲審査権の「適切な行使」つまりは自己規制要求からして「下級審の結論をしっかりチェック」は、裁判官らには、下級審がするかもしれない違憲審査権を「しっかりチェック」するようにとの注文も読み取られるだろう。

7　外国とどこが違うか

(1)　司法の自覚

行政が肥大すると、権力を強めた政権者・行政が、それでも直接できないことを司法の判断の名によって実現する「司法国家」になることは、本章2で書いた。

日本より早く近代化している西欧各国でも、国家論的レベルとしては司法国家になっている。

しかし欧米の裁判所が権力に対してもはっきりと言うべきことを言うのは、権力を行使する政府から、権力を持たない人を守るのが司法の役割であることを自覚し、それは正義を実現することだと誇りをもって裁判を行い、そのこと

第1章　司法とは何だそこで裁判員は何をするのか　**247**

によって司法の権威、三権分立を保つという自覚をもって仕事をしているからだ。判決が行政によって守られないと権威を失う、などと自己規制しないのだ。

　紙数もないので先進国と途上国の、裁判所が政権の行動をきっちり批判している例を各一つだけ挙げる。日本では失われている、司法の独立、三権分立が堂々と実行されている見本となろう。

　アメリカ首都ワシントンの連邦地裁は、2013年12月、スノーデン元職員が暴露したNSA国家安全保障局のアメリカ市民の電話記録の収集について、「保守活動家の弁護士」2人が原告となって起こした電話記録収集差し止め訴訟で「不法な捜索・押収を禁ずる合衆国憲法修正4条に違反する疑いが強い」として、原告らに対する電話記録の収集を禁止し、既に保管している記録の廃棄も命じた（命令の履行は政府が上訴するまで保留はしたが。毎日新聞2013年12月17日付）

　2014年1月「前年から続く反政府運動で揺れるタイで」は、デモの参加者が「『俺たちはデモで首相を崖っぷちに追い込む。仕上げは司法の仕事だ』とまくし立てた」「タイの裁判所の判事は、政府ではなく各裁判所に選出権があるのが特徴で、裁判所寄りの人選が可能」で、裁判所が「インラック政権の違法行為や汚職の追及を強めているためだ」（読売新聞2014年1月31日付）という。

(2)　国民からの批判と司法の反省

　日本では、裁判所のした判断には批判をしないことが正しいとする暗黙の前提があるようだ。

　日弁連で、国に対して「えん罪原因究明第三者機関設置を求める」委員会を立ち上げるよう要望書を書いた。特に英米法系の国では、誤判による冤罪を検証することによって、刑事手続法を見直すことが組織的に行われていて、イギリスでは、1972年以来個別の冤罪事件を調査する「王立委員会」を設置し、その膨大な報告書から、1986年に世界に誇る「警察及び刑事証拠法」とその「実務規範」が立法、施行されている。

　カナダでも同様に、1989年以来、各冤罪事件検証の調査委員会が調査報告書を作成刊行して、法改正を主導し、アメリカでは、ロースクールの教員と学生が作った「イノセンス・プロジェクト」が冤罪事件の調査をして具体的に冤罪事件の被害者を救済し、特に冤罪死刑事件の調査活動から、イリノイ州知事ライアンの任命した特別委員会が冤罪調査を行って「ライアンレポート」を作成、知事は全死刑囚の死刑停止を実施するなど、各州での法改正にも寄与している。

　そこで、わが国でも冤罪検証の第三者機関の設置を求める運動を始めたのだ

が、それが日弁連理事会で引っかかった。裁判所を批判することになってはいけないというのだ。

これは「法曹仲間」である日弁連だけの気風ではなく、日本ではメディアも裁判批判をしない。まして国民が自分が直接関係しないことに、正義のためにと裁判批判をすることはない。しかし、それでは裁判所の誤りを指摘するものが何もない。裁判について陰に陽に影響を及ぼすのが、政府・政権党だけだということが、日本の裁判所を「自己規制」に追い込み、裁判を時の政府の道具にしてしまうのだ。

外国の民衆は、自分のことではなくとも、裁判の間違いにははっきりと反応し、抗議する。

最近のニュースからでも、アメリカ・フロリダ州で12年に、無防備の黒人高校生マーチン君が白人の自警団員に銃殺された事件で、現地サンフォードの裁判所の陪審が、射撃は自衛目的だったとして自警団員に無罪評決をしたことに対して、全米で抗議デモが起った。参加したのは、黒人だけではなく、白人も多数参加して、ニューヨーク市ではデモは一時数千人に達し、オバマ大統領が沈静化を呼びかけなければならない事態となった。市民が自分たちの裁判所を自分たちで正すことによって、国家の正義を守ることを国民の権利と義務だと考えるのだ。

ニューヨーク市長は「自衛目的の発砲を正当防衛として認めるフロリダ州法を『安易な発砲を促し、殺人を正当化させるものだ』などと批判した。無罪評決の波紋は、銃規制の是非にまで広がりつつある」（読売新聞2013年7月16日付）。日本では、自治体のトップが、他の自治体の法制度に口を出すなど考えられないだろう。

メディアも同様だ。スノーデン元職員から提供を受けたＮＳＡの市民の個人情報や各国指導者への通信傍受について報道したワシントンポストと英ガーディアンに対して、コロンビア大学はピュリッツアー賞公益部門を贈った。

問題は、正義のために発言する自由を国民が重視し、自ら実行するかどうかという深いところからの違いだ。

日本では、戦時中に治安維持法などによる弾圧に加担した裁判官が、戦後もそのまま裁判所を運営し、戦時中の過ちを認めることはなく、戦後も戦前の裁判所体制が継続されたが、そのことについて一般国民が反対したり、裁判官に反省を求めることはなかった。

しかし外国では民衆が裁判所に謝罪を求める。

軍事独裁政権による大量の拷問・虐殺が行われたチリで、発端となった軍事クーデターが40年前に始まった記念日を迎えて、ピニェラ大統領が「人権侵害の責任は、実行者や命令者だけでなく、一定の立場にありながら何もしなかった者にもある」と演説し、「裁判官の団体が弾圧の被害者に対して謝罪声明を出し、最高裁も『司法機能の放棄で怠慢だった』と認めた」（朝日新聞2013年9月17日付）。当時軍事独裁政権は、令状などなしに市民を拉致し、裁判などなしに虐殺したので、裁判所はこうした行為に積極的に加担したのではない。こうして拉致された「行方不明者」の家族などから出された「保護申請」に対応しなかったといういわば不作為の罪なのだが、それを司法は謝罪したのだ。

⑶　「奇岩城」

　国民からの批判も、逆に正しいことをしても称賛もなく、孤立して政治勢力の動向のみから自己規制を続ける日本の裁判所は「奇岩城」と仇名されている（山口進・宮地ゆう『最高裁の暗闇』〔朝日新聞出版、2011年〕）。その孤立とそれゆえの閉鎖性、そこから出される判断の問題性については、これまで多くの経験者によって語られてきた。

　最近『絶望の裁判所』を出版した元裁判官瀬木比呂志氏は「裁判所は、精神的に抑圧された収容所のような場所になっている」とまで言い、その中で出されて行く判決の問題性を語る（東京新聞2014年3月25日付インタビュー記事）。

　そうした場所に入って刑事事件について判決をすることになる一般市民である裁判員に何が求められ、何ができるか、次に、第5部第2章以下で考えてみる。
（「司法とは何だ　そこで裁判員は何をするのか（上）、（中）、（中）②」法と民主主義484号〔2013年〕、485号〔2014年〕、487号〔2014年〕）

第2章

そこで裁判員は何をするのか

1 刑事司法の特質

　前章では、近代国民国家のおそらく最終の段階として、政権者が、肥大した行政をもってしてもなおあきたりない権力行使を司法権に行わせる「司法国家」の日本的な実態を見てきた。

　その司法の中で、裁判員が関るのは、現在のところ刑事裁判に限られている。

　刑事裁判は、司法全体の中でも特殊な分野だ。裁判員が入っていくその世界がどういうところなのかをまず見て置こう。

(1) **得意客**

　前章で見てきた刑事以外の裁判例で、裁判官が相手にする当事者は誰なのかを考えて見る。

　婚外子相続、親子関係確認などの親族相続法訴訟では直接の当事者は私人同士で、婚姻や相続など旧家族制度の維持に強い関心を持っている政治的勢力は、法廷には現れない。議員定数是正裁判でも、被告となるのは実質的には利害関係のない都道府県選挙管理委員会であって、自分の議席が掛かっている政治家や政党は、裁判官の目の前にはいない。諫早湾干拓訴訟でも、実際に経済的利害が掛かっている政治権力は、法廷に立つ「国」や「県」の官僚や訟務検事の背後に隠れている。

　第5部第1章6で元最高裁判事が「裁判所は判決で自己規制する」と語り、その理由は「判決が守られないと裁判所の権威が落ちるから」と語ったことを紹介した。

第2章　そこで裁判員は何をするのか　**251**

判決を守らないのは国民個人ではない。個人は、判決の執行力で有無を言わせず守らせられる仕組みになっている。民事・行政事件では、たちまち強制執行、代執行を受け、刑事事件では、刑務所に収容され、飯塚事件のように冤罪であっても死刑まで執行されてしまう。

　裁判所のした判決や決定を守らない。守らないでいられるのは、直接当事者とはならない政府・行政機関と政治家、そこを占拠している政治権力であることは前章までで例をあげてきた。

　こうした勢力＝親族・相続法を変えることに抵抗し、定数是正をいつまでも遅らせ、諫早開門と営農への対策をサボる政治的勢力が裁判官の前に直接出てこなくても「判決を守らない」ことを裁判所は知っている。だから「守られない」でも「権威が落ち」ないで済むように「違憲無効」と言わず「違憲状態＝無効ではない」という変な日本語を作ることまでしてしまう。

　しかし刑事裁判での構造はこんな間接的なものではない。

　国家が常に「被告人の処罰」つまり「有罪」を求める刑事裁判という手続では、国家は「検察官」という直接その任務だけを担う行政官を法廷に派遣して、当事者として、日々直接裁判官に対して訴訟行動をする。

　検察官は「公益の代表者」であって「裁判所に法の正当な適用を請求」することを職務とする（検察庁法4条）ことになっているが、2014年3月の袴田事件再審開始決定について、「国家が無実の個人陥れた」（決定文から引用した朝日新聞2014年3月28日夕刊の見出し）結果48年も苦しめられた袴田さんを早期に裁判から解放するようにとメディア各社が求める中、検察はこれまでの冤罪事件同様、開始決定への異議申し立てを行った。

　様々な冤罪事件でも、とことんまで有罪判決を求める。検察にとって裁判官の「法の正当な適用」とは、彼らが有罪だと考えて起訴した事件に有罪判決をすることだ。

　各地の検察庁では、無罪判決や再審開始決定などを「取られ」ると、部内で「研究会」が持たれる。事件を担当した検察官は、そこで「針の筵」の思いをするという。

　無罪判決や再審開始決定などにどう対応するかは、もちろん公判部長などの上司が決めるのだが、直接の検察官個人としても、そのまま認めることなど考えられない実態だ。

　恒常的に有罪を求め続けることを職務とする検察官と、毎日の法廷で向き合う裁判官。弁護士や、まして被告のように「イチゲンの客」ではなく、検察官

は、どちらかが転勤しない限り、同じ法廷の中の同じ顔触れ、裁判官にとっていわば「なじみ客」「得意客」として迎えなければならない相手が検察官だ。

(2) 歴史的環境

　裁判官と検察官の関係は、特に日本ではこれだけでは済まない深い歴史的な因縁がある。

　日本では、明治政府が裁判システムを作る前に「司法省」という行政機関を設置して、裁判と検察をその下に置いたことは、第5部第1章の冒頭で書いたが、当時「判事」と「検事」の地位は平等ではなく、検事の方が上だった。明治5年の「司法職務定制」によって、検事は単なる訴訟当事者ではなく「裁判ノ当否ヲ監スル」職とされ、罪囚（被告人）はもとより、裁判官をも含む法廷関係者（罪囚のいわば監督責任者としての「保長」「里老」など。罪囚は弁護人依頼権を認められていなかったので弁護士＝当時は「代言人」＝は法廷関係者ではなかった）を監視・監督する職として裁判そのものを「統制」していた。

　検事は法廷では、判事とともに壇上にいて、しかも判事のやや背後、一段高い場所に座っていた。

　現在のように検察官が平土間に下りたのは、戦後（現行）刑訴法になってからだ。

(3) 準司法官

　こうした前時代のDNAが、まさか現在まで検察官の中に残っているなどということではないだろうが、検察官らは自分たちのことを「準司法官」と呼んでいる。

　筆者は司法修習時代、検察教官が「準司法官」と言うので、どういう意味ですかと聞いた。「それは後で」と言われたが、結局その時間でもその後も答えてもらえないままになった。

　ただ、現在では、統計の中に、その答えがあるのではないかという気がする。

　2012年度の犯罪白書で検察官のした事件処理（1,421,514人）の内訳を見る。最も多い起訴猶予789,392人（55.5％）、略式起訴347,702人（24.5％）、その他の不起訴71,745人（5％）＝合計85％までの事件の処罰を検察は、裁判官＝司法の関与なしに自らの行政裁量だけで決めている。

　事件の処分を法廷の審理・裁判官にゆだねる公判請求は、日本では僅か96,263人（6.8％）にすぎないのだ（上記白書。85％との残差中多いのは8.2％の少年

第2章　そこで裁判員は何をするのか　**253**

事件の家裁送致）。

　アメリカは司法取引で事件処理をしてしまう割合が90％に上るとして日本などでは批判的に論じられている。この％は、確かに日本の上記数字よりやや高い。しかし検察の処分が、裁判所の判断を受けるかという観点からすると見方が逆転する。

　検察官と被告側との間だけで行われるアメリカの司法取引だが、そのいわば出口にあたるアレインメント手続で、裁判官が関与する仕組みになっているのだ。

　ここで無罪答弁をすれば、当然公判に進むし、有罪答弁をした被告に対しては、裁判所が、以下の３点の「有効要件」を確認しなければ有罪の答弁は受理されない。

　①「答弁の知悉性」（連邦刑事手続規則で、有罪を認める罪の性質・法定刑、弁護人依頼件、無罪答弁をする権利、からはじまる刑事人権、有罪答弁が受理されれば公判なしに有罪となること等を知っての答弁であること）、②「答弁の任意性」、③「答弁の事実的基礎」（犯罪が実在したこと、事実関係の確認）、これら全ての確認がされることが受理の条件とされる。有罪答弁は、こうして司法の判断を経てはじめて有効になる。

　日本の85％以上の事件が、裁判官の関与なしに、全くの検察官裁量だけで処理されるのが、異常であることがわかる。

　このように犯罪の結果の処罰を検察官がさまざまに実質的に決める、その割合が非常に高い制度実態は、検察官から見れば、自ら「裁いている」「司法を行っている」という意識、「準司法官意識」を生むだろう。

⑷　準司法のブラックボックス

　しかし、その「裁き」が、裁判官はもとより、他のなんらの第三者のチェックなしにいわばブラックボックスの中で行われることから、当然疑義や弊害が生じ得る。

　前記した事件処理の内容だが、検察のする事件処理は、「終局処分」だけで25種類あり、うち「公訴の提起」（起訴）は「公判請求」（正式起訴）「略式命令請求」「即決裁判請求」の３種類だけで、残る22種類は不起訴だ（司法研修所検察教官室編『検察講義案（改訂版）』〔法曹会、1998年〕103～104頁）。

　不起訴の中で実体（被疑事実の有無）に関係する重要なものが「罪とならず」「嫌疑なし」「嫌疑不十分」で、「罪とならず」は、刑罰法規が無い（犯罪ではない）

行為を理由に立件してしまった事件で、多くはない。問題は他の2区分だ。

「嫌疑なし」は「被疑者がその行為者でないことが明白なとき、又は犯罪の成否を認定すべき証拠のないことが明白なとき」、「嫌疑不十分」は「犯罪の成否を認定すべき証拠が不十分なとき」「にする処分をいう」とされている（前記『検察講義案』142〜143頁）。そこには次のような問題がある。

1)「起訴猶予」の暗数

2012年で最多の55.5％を占める「起訴猶予」は、「犯罪をしていることは明らかだが、今回は起訴せず社会内で更生を試みさせてみよう」という刑事政策的な処分だ。

しかし弁護士は実務体験として、実際には、本来「嫌疑不十分」として処理すべき案件、時には「嫌疑なし」として処理すべき案件、つまり誤認逮捕などの冤罪事件が起訴猶予として処理される経験をしている。

実質的には「証拠のないことが明白」「被疑者がその行為者でないことが明白」「起訴しても有罪を主張できるだけの証拠が十分ではない」ことを伏せて、この者は犯罪者なのだが、今回は起訴しないでおいてやろう、という「温情」を示す形の「起訴猶予」として処理することが行われているのだ。

被疑者も弁護士も、この別をあえて争って検察官の気分を損じ、せっかくの不起訴を失う危険は冒さない。検察官のする事件処理の半数以上を占める「起訴猶予」に含まれる暗数だ。

近年、「嫌疑なし」「嫌疑不十分」の2区分の数値は犯罪白書にはなくなった。検察統計年報でも「嫌疑不十分」だけで「嫌疑なし」の項目はない。「その他の不起訴」とまとめられてしまっている。

2) 無罪率を決めるのは準司法官か

無罪率（有罪率）も、検察官裁量で決まっていると検察官らは考えている。

有罪率99.9ｘ％という数字の異常さは、外国の法曹や学者から驚きをもって久しく非難されて来たのだが、日本の検察は、それは自分たちが「的確な証拠に基づき有罪判決が得られる高度の見込みがある場合に限って起訴するという原則に厳格に従っている」からだと言う（前記『検察講義案』102頁）。

アメリカなど無罪率が20〜30％台となるのは、検察のセレクトが緩いからだ、ラフ・ジャスティスなどと彼らは言う。

そうだとしたら、検察官らは、彼らが考えて、有罪か無罪かのグレイゾーンにあると思う事件を裁判官に判断させることなく、起訴しないで落としている、つまり司法官のすることを事件処理の段階でやってしまっている、ということ

第2章　そこで裁判員は何をするのか　**255**

になる。

　グレイゾーン事件を落とす名目が、「嫌疑なし」「嫌疑不十分」「起訴猶予」のどれなのか、統計からは判らない。

３）暗数の他の意味

　ここには別の暗数も含まれているかもしれない。

　日米の司法に通じていて、その違いを書いた『アメリカ司法戦略』（毎日新聞社、1999年）で著者の浜辺陽一郎弁護士は、日本は「刑事司法中心の法治国家であり」「警察は間違ってはならないという完璧主義」があって「そういう一種の官尊民卑的な風潮は、官はつねに正しく、民はひたすらに官の寛大な処置をお願いする、という構図を生み出す。他方、もっと積極的に摘発すべき事案に対しても間違いがあってはダメだということで消極的になる」として企業や金融の不祥事をあげている（137～143頁）。

　政権に近い政治家の事件は、財界人よりもさらに「間違いがあってはダメ」だろう。

　政界の超大物を頂点とする大汚職事件で、超大物には検察の手が及ばず「トカゲのしっぽ切り」で終わった事件は過去にいくつもある。そこで行われた検察の事件処理の名目が何であったのかは、外部には知られていない。

(5)　逆立ちする無罪理由

　日本ではそもそも刑事事件に裁判所が実質的に判断の権限を持つのは、6.8％にすぎない（前記2012年度分の司法統計だが、この数値はほとんど一定している）。24.5％に上る略式起訴は、検察官と被疑者の間で、「罰金20万円にするからいいな？」「はい」のように事実上合意して決めるので、裁判所は形式的にそれを認証するだけだ。アメリカのアレインメントのよう裁判官が「有効要件」を確認するという関与すらない。略式に付された事件で「略式不能又は不相当」「略式命令発布前の公訴棄却」とされた事件は５年にさかのぼってすべて0.0％だ（「平成24年における刑事事件の概要」法曹時報2012年２月号154頁）。

　では僅か数％の公判請求「司法判断」の範囲で、刑事裁判官たちは何をしているか。まず統計から見よう。

　2012年度分の司法統計では、通常一審の無罪率（全部無罪人員／判決人員）は地裁で0.15％、簡裁で0.09％だ。地裁は前年より0.01％高くなったのだが、被告側が犯罪事実を正面から争った「否認事件」での無罪率は逆に前年の2.91％から減って2.57％になっている。日本の無罪率は率の統計が公表されるように

なった1957年以来0.0ｘ％で推移してきた。

　無罪率が低い理由は、起訴率が低いからだというのは、前記のように検察側からの言い分だが、裁判官らの側からはどうだろうか。

　木谷明元裁判官は在職中30件を越える無罪判決を書き、ただの１件も破られなかった。それだけではなく、そもそも検察官が控訴したのは、そのうちだだ１件だけで、それも高裁が検察官の控訴を棄却して無罪が確定したという。まことに超人的なこの成果は、氏が、完璧な無罪理由を判決に書いたからだ。検察官が控訴しようとしてもできないまでに、先回りして控訴理由になるところを全部証拠に基づいて潰してある判決。

　多くの元裁判官が言うことがある。無罪判決の理由は本来「犯罪の証明が無い」と一言書けば良いはずなのに、現実には非常に長文になる、検察官控訴されても、高裁で破棄されない理由を書かなければならない。

　この事件は有罪ではなく、無罪でなければならないという理由を高裁に納得してもらえるだけ十分に書かなければならない、と言うのだ。しかし実務的には、その前にまず、検察官から控訴されないように書くことが必要なのだ。

　刑事事件での控訴申立ては、圧倒的に被告側からが多い。しかし、高裁での審理の結果、一審判決が破棄される割合は、2012年度で、被告側申立て事件では7.9％だけなのに検察側申立て事件では71.9％、一審無罪から有罪になるのをはじめ、検察官の言い分で一審判決が覆る結果がなんと10倍なのだ。

　裁判官らは多数の事件を抱えて、事件処理の件数でも人事評価を受けなければならない。その中で木谷判事のような無罪判決を書ける裁判官は稀だろう。

　逆に有罪判決は、簡単に書ける。有罪の判決理由で証拠とのすり合わせに苦労する「罪となるべき事実」（事実認定）の部分は簡単な事件なら「起訴状公訴事実記載の通り」と書いて済ますこともできる。

　というのも、有罪判決では、被告を納得させることができるかどうかに気を遣う必要は、検事や上級審の裁判官に比べて全く低い。

　一審判決が控訴審で破棄される率は、被告側の申立てに対しては検察官申立ての10分の１というのは2012年統計だが、この％の開きは、この５年間だけ見ても2008年の11.6％対68.8％から年々確実に漸増している（前引用の「平成24年における刑事事件の概要」135頁）。

　一審裁判官にとって、検察官から見て被告側に有利だと思われる判決を書けば控訴審で破棄される蓋然性が年を追って高まっている。そんな判決は、ますます書きにくくなっているということになる。

第２章　そこで裁判員は何をするのか　**257**

日本に特有な、有罪と無罪では違う「判決書」にまつわるこの事実上の「法則」は、ひいては被告・弁護側にとっても「法則」になる。

　被告・弁護側が裁判官に無罪判決を書いてもらおうとするなら、無罪を完全に主張・立証しなければならなくなるからだ。

　裁判官は証拠に基づいて判決を書くのであり、職権主義ではない現在の公判制度では、裁判官は検察と弁護、両当事者のどちらかが証拠申請しなければ、法廷の証拠とすることは原則としてできない。

　無罪判決をすることができるためには、被告側が「無罪の証拠」を用意するつまり検察官の開示を得ることも含めて法廷証拠にすることに成功しなければならないからだ。

　2014年3月に再審開始決定が出された袴田事件をはじめ、多くの重大冤罪事件で、一審の弁護が悪かったという事実がある。多くの再審開始は、きわめて優秀な刑事弁護士がついて、誤って出された有罪判決の後始末である困難な弁護活動を何年もかけて専念して続け事実上無罪証拠を法廷に出すことができたときに、そして困難な判決書をあえて書こうと決意した裁判官と出会うことができた。そういう僥倖が重なって、はじめて再審開始決定が出されている。

　この構造は通常審での無罪判決でも同じだ。弁護士と裁判官の超人的な能力と努力が揃った事件ではじめて無罪判決になる。

　逆に考えれば、そうした稀有な条件が揃わなければ無罪にできない。こうして誠意ある法曹が築いた実務が、実は逆に無罪判決のハードルをさらに高くしてきたとも言える結果だ。

　長年0.0ｘ％という無罪率はこうした日本に固有の裁判実務の中で維持されてきた。

　「無罪の推定」という近代刑事裁判の基本原則は、絶大な国家権力と無力な個人である被告との力量の差を考慮するというだけではなく、「無の証明は悪魔の証明」といわれるように「やってない」ことを証明するのは、不可能を強いるものだという事理に基づく。

　日本の無罪判決が、判決理由を逆立させて、「無の証明」を被告側に課している現実は、前章で書いた政治権力・行政が望まない判決をすることをためらう同じ水脈が、刑事裁判には、さらに色濃く流れていることを示しているだろう。

⑹　証拠の検察独占

1）1つの証拠が有罪無罪を分ける

袴田事件がそうであったように、多くの冤罪事件で検察の証拠隠しが冤罪を生んでいるのだが、冤罪・誤判を生むのも、冤罪から救うのも、たった1つの証拠で済む、という例が、事件当時の法務大臣によって語られている。

元法務大臣の小川敏夫氏が、政治資金規正法の収支報告書の「虚偽記載」で強制起訴された小沢事件について書いている（小川敏夫「検察の暴走と『指揮権発動』の真相」鳥越俊太郎他編『20人の識者がみた「小沢事件」の真実』〔日本文芸社、2013年〕186頁以下）。

「虚偽記載」について、当時小沢氏の秘書だった石川氏が小沢氏本人との「共謀」を認めたという2010年1月19日付の供述調書があったのだが、5月17日の取調時に石川氏が密かに録音した取調実態によって、裁判所が1月の調書の任意性・信用性を否定する結果になり証拠排除され、小沢無罪判決に至った。

この録音は、検察の小沢不起訴に対して、検察審査会がした第1回の起訴相当決議を受けて、本当は小沢起訴に持ち込みたかった東京地検が、5月17日に石川秘書からさらに小沢有罪とすることに向けて有効な調書を取ろうとして取調べをした際に秘密録音されてしまったものが、逆に1月19日付の石川供述調書に任意性・信用性がないことの証明になったのだ。

だからもし、小沢事件が、検察審査会の決議を待たずに、検察が自ら起訴していれば、5月17日の石川補充取調べも録音もなく、1月19日付調書で小沢事件は有罪になったというのだ。

被疑者が密かにとっていた取調べの模様の録音が、被疑者を救ったという例は、2010年2月の大阪府警東署で窃盗容疑を否認した男性に暴言を浴びせた事実を男性が隠し持っていたICレコーダーで録音していたために立件されなかった例などがある。

国連などから度重ねて批判を受けている日本の「取調べ」「供述調書」が、どれほど危ういものかを示すとともに、有罪無罪がたった1つの証拠で左右される裁判での検察の証拠独占（証拠開示の拒絶）が冤罪をつくる現実を物語る。

2）開示制度の基本理念

刑事事件の証拠は、そのほとんどを、捜査を行う警察・検察が持っているのは当然で、被告側が証拠を持っているのはむしろ稀だ。国家が行う裁判が、正しい認定に達して、正義を実現するためには、判断に必要なすべての証拠を判断者（裁判官・裁判員）が見ることが条件だ。警察・検察は、国家が正しい裁判

第2章　そこで裁判員は何をするのか　**259**

を行って、正義を実現するために、公務員の身分と強制力、膨大な予算を使って、捜査と公訴を行う義務を負う公務員だ。

世界の法律学者と実務家でつくる国際法曹委員会は第2回大会で「検察側の義務として、関連性のある証拠は、フェアに法廷に提出しなければならず、決して有罪判決を得ることに固執してはならない。もし検察側が、被告人に有利な証拠を持っていて、それを自ら使用することを申し出ないときは、被告人もしくはその法的援助者に、その証拠を使用することが出来る十分な時間をもって、それを自由に使えるようにしなければならない」（第三部会決議「デリー宣言」検察側の最小の義務＝拙著『テキスト国際刑事人権法総論』〔信山社、1996年〕に全文の翻訳を載せている）と決議し、現在は主要な先進国では、この決議を具体化する証拠開示法を定めている。検察官手持ちの全証拠開示が原則で、開示の制限は、法廷への正しい情報提供を目的とする時期の制限など限定的だ。

紙数がないので詳細な引用ができないが、一例として、イギリス1996年「刑事手続及び犯罪捜査法」Criminal Procedure and Investigations Act 1996の条文見出しだけでも紹介しておこう。第1章が開示で始まり、21カ条もある。第1条（本章の適用範囲）、第2条（定義）、第3条（検察官による第1次開示）、第4条（第1次開示―追加規定）、第5条（被告による義務的開示と適用除外）、第6条（被告による任意的開示）、第7条（検察官による第2次開示）、第8条（被告による開示の申立て）、第9条（検察官の継続的開示義務）、第10条（検察官による開示期限の不遵守）、第11条（被告の開示手続違反）、第12条（期限）、第13条（期限―読替え）、第14条（公益―簡易公判手続における再審査）、第15条（公益―簡易公判手続以外の場合の再審査）、第16条（申立て―聴聞の機会）、第17条（開示された情報の秘密保持）、第18条（守秘義務違反）、第19条（裁判所規則）、第20条（開示に関する雑則）、第21条（開示に関するコモンロー上のルールの効力）。

日本の公判前整理手続の開示と条文見出しが似ているものでも内容は非常に違って特に検察官と被告・弁護側の証拠についての権限と義務の差に応じて、司法の正義を実現するべくきめ細かい規定になっている。アメリカの連邦刑事規　則RULE 16. DISCOVERY AND INSPECTIONRULES OF CRIMINAL PROCEDURE 18 U.SCode PartⅡCRIMINAL PROCEDUREとともに、インターネットで取れるので、日本の刑事裁判に興味のある人はぜひ読んでほしい。

3）公判前整理の開示の実態

これに反して日本では「捜査で得られた証拠は検察の所有物」という思想で刑事手続法がつくられている。

裁判員制度にともなってつくられた公判前整理手続での証拠開示制度は、それまで裁判官の訴訟指揮に頼るしかなかった日本の弁護士には、それ以前の開示よりも良くなったと歓迎する者もあって、裁判員裁判事件以外にも弁護士が望む事件では全て（現行は裁判所の決定が要る＝刑訴法316条の2第1項）利用させてほしいとの要望を弁護士会が出している。

　しかし実際には、争いのない事件では段階を追って以前より容易に開示に応じてもらえるというだけであって、検察官が出したくないと思う証拠は出されない仕組みが、何重にも重ねられている。（英米法を含めて詳細は拙稿「証拠開示──裁判員制度のためにつくられた世界に例のない『開示制限』制度」〔法と民主主義467号〕⇨第2部第3章収録）

　この制度での開示が、本当に必要な開示にどのくらい役立っているのかを物語る統計がある。

　開示制度の最後の担保である裁判官による証拠開示命令請求に対する裁判所の「裁定」（刑訴法316条の26第1項）が、どう運用されているかについての裁判所の集計だ。

　裁定での却下を見ると、被告側の請求については、2008年130件中80件、2009年109件中46件、2010年199件中127件、2011年141件中74件、2012年100件中77件と過半数だったのに対して、検察官請求に対する裁判官の却下決定は、全年度ともゼロだ（「平成24年における刑事事件の概要」法曹時報2014年2月号125頁）。

　つまり、弁護側が、それ以前の三次の開示請求をしても、検察官がどうしても開示しなかった証拠について、裁判所に開示命令を求めたのに対して、裁判所はこれだけの拒否裁定をしているということで、圧倒的な証拠を持っている検察官の証拠隠しに裁判所がお墨付きを与えたという見方をされても仕方がない統計だ。

　これでは開示されない証拠のために誤判を受けて生涯の多くを刑務所につながれたり、あるいは死刑を執行されてしまった冤罪事件が、この証拠開示制度でなら発生しないと言うことはできないだろう。

　一方で裁判所が、私人が集めた僅かな弁護側手持ち証拠については検察官が要求するものはすべて出せと命じたとも見られる統計だ。

　公判前整理手続の開示制度は、全てが被告側にも検察官と同じ義務を課していて、それだけでも特異な制度なのだが、裁判官の軍配である裁定は、常に検察官側に挙げられていることがわかる。

　前記した公判審理全体への結論である判決についてと同じ検察優遇の裁判官

の傾向が、一部の弁護士が歓迎さえしている「公判前整理手続」でもはっきり現れている一例だ。

(7) 行政に浸食された司法

日本の検察庁に机をもらい、1年間観察を続けたデイヴィッド・T・ジョンソンハワイ大学準教授は、『アメリカ人のみた日本の検察制度——日米の比較的考察』（シュプリンガー・フェアラーク東京、2004年）で「捜査段階であれ、公判中であれ、あるいは起訴の決定に関してであれ、検察官はごくわずかな例外を除き、ほしいものは何でも裁判官から得られるのだ」と書いている（78頁）。

日米で取材した経験から、ニューヨークタイムズ東京支局長マーティン・ファクラー氏が言う言葉は「アメリカでは、検察と裁判所にそれぞれ強い権限があり、司法における権限は一つに集約されず、日本の検察のような強大な権力が生まれない仕組みになっている」（「官僚機構の一部と化したメディアの罪」前記『20人の識者がみた「小沢事件」の真実』303頁）。

検察官という行政機関によって、公共財である証拠を独占され、完全に無罪を論証しなければ、無罪判決をすることができない。司法判断の権限を狭められた日本の刑事司法。それが裁判員が入っていく刑事裁判という環境なのだ。下記で、裁判員に与えられた権限について見ていこう。

2　司法風土の中の裁判「員」制度

(1)「市民の判断」は目的ではない

1）裁判員法1条は言う

何が市民参加の目的か。実はここに以下に書くさまざまな問題の元凶がある。

裁判員法（裁判員の参加する刑事裁判に関する法律平成16年法律第63号）1条は「国民の中から選任された裁判員が裁判官と共に刑事訴訟手続に関与することが司法に対する国民の理解の増進とその信頼の向上に資することにかんがみ」「必要な事項を定める」としている。『アメリカ人弁護士が見た裁判員制度』は「『本来日本の司法制度に問題はないが、国民がそれを十分に理解していないから、理解させるためにイヤでも参加してもらう』と、国民側に落ち度があることが出発点になっている」（コリンP．A．ジョーンズ〔平凡社、2008年〕16頁）と見ている。

「司法に対する国民の理解と信頼」を増やすためで、「司法に市民の判断を入

れる」のは「法の目的」ではない。

世界で行われている市民参加の原理＝職業裁判官であるために陥る「被告人を見れば真犯人と思ってしまう」バイアスをもたない素人の判断を入れて正しい司法を行う＝とは全く違う「法の目的」だ。

法律の第1条の見出しは通常「目的」とするのだが、裁判員法では「趣旨」となっている。

実はこの「趣旨」は、アメリカ財界からの「市民参加司法のない国とは良い経済関係を築けない」という要求に従って、なんらかの市民参加制度を採らなければならなくなった時に、それまで市民参加に強硬な反対があった裁判所内部を、導入派がまとめるための譲れない一線だった。

これに先立って、青木英五郎門下生で、陪審論者であった矢口洪一最高裁長官は、100人の裁判官に西欧諸国を視察させて、陪審制度の立法を企図していた[*1]が、信頼して司法制度改革審議会を委ねた佐藤幸治は、2001年の「司法制度改革審議会意見書」で「一般の国民が、裁判官と協働」するという「日本型」参加の答申を行い、ついで愛弟子であったはずの竹﨑博允が市民参加で裁判所が裁判のやりかたや中身を変えることはしない「裁判員法」の具体化に働くことによって異例の「ごぼう抜き」長官就任を果たし、矢口は失意のうちに死んだと言われている。

もともと、当時市民参加の要望は、国民の中にないに等しかった。戦前に廃止された陪審制度復活や創設を求める小さな市民団体が全国で3つほどあったが、裁判員法はこれとは全く無関係に突如「上から」つくられ、民間団体のどこも立法について何らの主張もするまでに至っていなかった。

その裁判員法は第1条のとおり、後記のように「市民の判断を司法に生かす」ことが、極力抑えられた、世界的に特異な「市民参加」になっている。

2）「員」と名付けられた

「裁判員」という名称は司法改革審の途中で、松尾浩也現法務省特別顧問が考えたという。裁判「官」ではない「員」という「区別」。「員」は、人員、員数、兵員、作業員、など、「官」など上から目線で、能力や個性を持たない「数」として数えられる人間に使われる。

＊1　視察結果は、財団法人最高裁判所判例調査会「海外司法ジャーナル」に相次いで掲載され、特に英、独、仏の三カ国の制度については、最高裁判所事務総局刑事局監修「陪審・参審制度」シリーズとして、各400頁に上る大著として司法協会から刊行（2011年）されたが、それらの制度が裁判員法に取り入れられることはなかった。

第2章　そこで裁判員は何をするのか　　263

実は「陪審員」「参審員」も日本だけの造語だ。

参審制度（これも日本的造語）の日本では典型と見られているドイツでは、日本で「参審員」と訳されているのはEherenamtliche Richter。「名誉職裁判官」と学者は訳しているが、裁判官と訳されているRichterは動詞Richten「まっすぐにする、争いを調整する」に「人」の語尾を付けた名詞で、「正す人」「争いを調整する人」であって「官」ではない。

フランスは、1941年に、陪審に裁判官を入れて事実認定と量刑を共にするようになったあとも市民参加者はJuré「誓った人」（証拠法など確立していなかった中世に土地の人望ある人などが正しい判断をすると誓約して今でいう事実認定と量刑も行った）の呼称のまま現在まで用いられている。

国連用語では職業裁判官でない人は、すべて含めてLay Judge 素人ジャッジだ。

ドイツのRichterは上記のとおりだし、英仏のJudgeにも「官」の意味はない。日本でもスポーツでは「審判」と訳している。裁判になると「官」と「訳す」のがおかしいのだが（陪審・参審をはじめ語弊がある用語なのだが、普及してしまっているので、外国についての「裁判官」呼称と共にやむを得ず本稿ではこれを用いる）。日本では、21世紀の司法改革でも、第5部第1章冒頭に書いた官制司法制度の流れのままに、市民参加者を「員」として「官」と区別しているのだ。

日本だけ「員」と名付けられた市民参加は、その権限の限定性を良く表している。

(2) 裁判員制度は陪審か参審か

1）陪審から始まった

陪審制度は、12世紀イギリスで始まったが、フランス革命の司法改革で、これに学んで、罪刑法定主義、適正手続保障、無罪推定と共に、それまでの「権力者による裁き」ではなく、「同輩による裁判」をと陪審制を創設した。

その陪審制が、フランスの人権宣言・民主主義思想と共に大陸全土に広く普及した。

しかし二次にわたる大戦中に大陸諸国の多くが、戦時の国家統制の一環として、市民のみの判断で有罪無罪が決められることを嫌って、裁判体に裁判官を加え「参審制」とした。

それでも大陸の多くの国が、今も陪審制も残して、陪審と参審の並存型である。

一方、英米をはじめ、旧英連邦の国々は、現在でも市民参加は陪審制のみである。

もともと、法律的な判断である裁判に、なぜ素人の市民を参加させるのか。

刑事裁判で言えば、毎日のように目の前に引き出されてくる被告のほとんど（特に日本では99.9％以上！）が有罪となる日常を送っている職業裁判官は、「被告人を見れば真犯人と思ってしまう」バイアスを免れず、そのため有罪・無罪を構成する個々の事実を有罪方向で判断する危険性をもっている。

だからそのバイアスをもたない素人の汚染されていない目で、個々の事実を判断し、その総合としての有罪・無罪を判断させることが、司法を誤らないためのセーフガードとして必要だ。

これが世界共通の一般市民の司法参加の理念だ。

他方、参審制のドイツ裁判所構成法30条は、公判手続について参審員が裁判官と「裁判事務全部につき、全く同等の評決権を行使」すると定めている。つまり出身は非法律家であっても、その法律知識や経験をもって、職業裁判官と対等に議論し、合議して法的判断（判決）を形成するのが制度目的だ。

そのために陪審員より法律知識を高く資格設定することになる。一般市民以上の一定の能力があるとして政党の推薦などを受け、就職に当たっては裁判所のトレーニングを受ける。

実務についてからは、任期（ドイツでは４年など）中に係属する多数の公判に関与し、再任もあり得るので、法律知識や経験を増し、セミプロとなって、イタリアでは中には裁判官との評議で裁判官を言い負かす人もあると言う。

こうした「参審制」の市民裁判官は、果たして素人なのか、プロなのか。

一般市民の判断を司法に生かすという市民参加の基本原理からは、少なくとも遠くなる。英米法系の国が陪審制を堅持し「参審制」を取らないのはこのためだ。

「参審制」では、「市民参加」の意義はどこにあるのかと思ってしまうが、ドイツで聞くと「司法の中に市民が入って監視する」をあげる人が多いという。

2）陪審と参審を分ける基本的要素

陪審と参審を、どこで分けて考えるのか。

日本では、その区別が理論的に理解されず、裁判体の構成（裁判官が評議に加わるかどうか）だけで単純に区別されているきらいがある。

しかし二つの制度の違いを概観する（次頁の表１）と、どこが両制度を分ける基本的要素のかが見えてくる。

第2章　そこで裁判員は何をするのか　265

こうして比較してみると、ⓑ以下の違いは、それぞれⓐの参加市民の性格に対応した必要な制度としてつくられていることがわかる。

参加市民が無作為抽出の一般市民である陪審制であれば、ⓑ、ⓒ参加市民は、長い期間の多数の事件で事件慣れしてしまうのは、制度目的と逆であり、ⓔ「被告人を見れば真犯人と思ってしまう」バイアスを免れない裁判官と「協働」して判断するのは、折角の市民判断を阻害する以外の何ものでもない。ⓓ量刑はもともと行刑・刑事政策的な判断であり、職業裁判官であっても、公判審理とは別の専門性が要求される判断で、最低限公判とは切り離して、行刑専門家の関与などによる別の手続として裁判官のみで行っている（手続二分）国も多い。素人ではさらに、犯罪の重大さにのみ目を奪われる応報的判断以外の判断はできないので陪審にはさせない。

これに対して参審制は、ⓔ裁判官と共に評議・評決して、ⓓ「事実認定」と量刑もするであれば、ⓐ一定の資格審査を経て、トレーニングを受け、ⓑⓒ長期在任して多数の事件を扱って知識・経験を増すことが必要、ということになる。

陪審と参審を分ける基本的要素は、ⓐ無作為抽出の一般市民であるかセミプロの資格者であるかの別なのだ。

表1　陪審と参審の違い

	陪審	参審
ⓐ**参加市民の性格**	無作為抽出の一般市民	一定の資格審査を経て、トレーニングを受けた市民
ⓑ**参加の期間**	一回限り	一定期間（4年など）再任もある
ⓒ**参加する事件数**	一事件限り	その期間の多数事件
ⓓ**判断対象**	事実認定のみ	「事実認定」と量刑もする
ⓔ**裁判官との関係**	市民のみで評議・評決	裁判官と共に評議・評決

3）変形型陪審制

ヨーロッパ大陸の国々が参審制に傾く中、フランスは、最後まで陪審制を保持してきたが、第二次大戦中の1941年に無作為抽出の一般市民で構成してきた「陪審」裁判体に裁判官を入れて、事実認定（結論として有罪か無罪か）と量刑もする現行制度に移行した。陪審制に裁判官を参加させる変形型になったのだ。

日本では、裁判官が加わったことを理由に、フランスの今の制度を「参審制」

だという人が多いが、フランスは、法律のjury陪審、juré陪審員の呼称を変えていない。なおフランス刑訴法で陪審（団）と呼ぶのは、参加市民だけの集団を指すのであって、裁判官も入れた裁判体のことではない。

　名称を変えないのは、面倒といった理由ではない（フランスはほぼ毎年、足軽く刑訴法を改定している。変える気ならとっくに変えている）。

　呼称を変えていないのは、現行制度を参審制とは基本的に違う無作為抽出の一般市民の司法参加＝陪審制と考え、その素人の司法参加者の判断を尊重するために、さまざまな制度設定（後で詳述する）をしているからだ。

　古くからフランスの制度を研究してきた日本の学者（沢登佳人、白取祐司等）も、その現行制度から見て「参審ではない陪審だ」と言い続ける。

　そして日本。無作為抽出の一般市民に裁判官を加える点ではフランス同様の変形型陪審制だ。しかし素人の参加者の判断を尊重する制度に、どの程度なっているのか。

　日本の裁判所は、1993年以来国連から非難され続けているように、自白強制の結果つくられた供述調書による書面審理・捜査側証拠の非開示というきわめて特異な公判を、第5部第1章で書いた閉鎖的な司法官僚制の中で行ってきた。

　市民参加を法制化するなら、改めることが必然なこの司法環境に一切手を付けず、逆に参加制度の方をその環境に合わせたのが裁判員法だ。

　だから裁判員制度は、第5部1章であげてきた日本の司法の現状の中にある裁判官らにとって、何らの不快感もなく受け入れられているのだが、それはそのまま、市民参加制度として、あるべき機能を持たないことの裏返しなのだ。

　以下一般市民による司法参加を行っている他の国、英米の陪審はもとより、特に日本と同じ変形型陪審制度のフランスの制度と比較すると、それが良く見える。

3　裁判員に「できる」のは？

(1)　裁判員法のいう「権限」

　戦後初めて制度化された市民参加。しかし裁判員に法律上何ができるかは、きわめて制限的かつあいまいだ。

　裁判員法は、裁判員ができることについて、第6条（裁判官及び裁判員の権限）僅か1カ条しか置いていない。

　その条文はこうなっている。

第2章　そこで裁判員は何をするのか　**267**

「1（項）（筆者注……判決等々の……）裁判所の判断のうち次に掲げるもの（以下「裁判員の関与する判断」という。）は、第二条第一項の合議体（筆者注＝つまり裁判員裁判の裁判体）の構成員である裁判官（以下「構成裁判官」という。）及び裁判員の合議による。

　　一　事実の認定
　　二　法令の適用
　　三　刑の量定

2　前項に規定する場合において、次に掲げる裁判所の判断は、構成裁判官の合議による。

　　一　法令の解釈に係る判断
　　二　訴訟手続に関する判断
　　三　その他裁判員の関与する判断以外の判断

3　裁判員の関与する判断をするための審理は構成裁判官及び裁判員で行い、それ以外の審理は構成裁判官のみで行う。」

　つまり裁判員（6人）は、裁判官（＝「構成裁判官」3人）と一緒に「評議」するが、「法令の解釈と訴訟手続に関する判断」は裁判官3人の「合議」の結果に従い（66条）、判決内容などの判断は9人の多数決だが裁判官が一人以上入らなければ、「評決」できない"特殊多数決"なので（67条）権限とされている事実認定、量刑も市民の判断がそのまま通ることはない。

　法令の適用はもとより、事実認定、量刑も、あくまでもその裁判体に属する3人の「構成裁判官」の掌の上で、「評議に参加し」裁判官が賛成しなければ実ることのない「"特殊多数決"の1票になる」だけだ。

⑵　「法令に従う」のと裁判員法の違い

　裁判が「法令に従って」されるのは当然だ。法律の素人である市民が、勝手に法解釈をしてはならないのも当然だ。

　裁判員法がおかしいのは、「裁判長は必要と認めるときは、第一項の評議において、裁判員に対し、構成裁判官の合議による法令の解釈に係る判断及び訴訟手続に関する判断を示さなければならない」としているところだ。つまり①解釈を「示す」かどうかが、裁判長の判断次第とされていること。②示される「判断」つまり法令の解釈が、その裁判体3人の固有の意見であって、裁判体を越えた、その時点の裁判所全体の公的見解ではないこと。③何時示すのかも裁判官らの判断次第で、実務では評議の中で陪席裁判官も含めて自由に法解

釈を発言しているようだ。④どういう解釈を示したのか、その判決の有罪無罪・量刑を決めてしまうその内容が、外部社会にはもとより、とくに訴訟当事者（被告・弁護人と検察官）にわからないこと。密室で行われ、裁判員は守秘義務（70条）によって口外できないからだ。

大きく分けるとこの４点だ。陪審制の実務と比較してみるとその危険性がよくわかる。

①について＝外国の陪審員も素人であり、事実認定のみを任務とし、自ら法解釈をしてはならない。

そのことは日本の裁判員法よりももっと厳格で、裁判長の個人的な「必要かどうか」の判断によってではなく、不可欠の手続として必ず公判開始にあたって陪審員に申し渡される。

「陪審メンバーの皆さん、ここで行われるいかなる陪審裁判にも、要するに二つの裁判官がいます。私がその一つ、もう一つがあなた方です。私は法の裁判官、あなた方は事実の裁判官です。

私は公判全体を統括し、あなた方の考察にとってどの証拠が正当な物かを決定します。公判の最後に、あなた方が、あなた方の評決に到達するについて、従い、適用しなければならない法律の定めについての説明をするのも、私の義務です」（米連邦刑事裁判説示101審理開始前の最初の説示）

②について＝その上で、裁判長は、当該事件で陪審員が従わなければならない法令（適用すべき実体法と手続法について必要なすべてについて）の解釈を説示する。これはその裁判長（その裁判体）の個人的見解ではなく、たとえばイギリスでは全裁判官の団体である「裁判官会議」、アメリカでは各州と連邦ごとに各裁判所の共同によって厳密に編集され、時代の変化に合わせ、判例に合わせて、刻々と改定される膨大な「説示集」の中から、裁判長が当該事件に合わせてどれを使うか提案し、両当事者が合意した複数の説示が選ばれる。

③について＝それらの説示は公判開始と結審に当たって、法廷で全文裁判長が読み上げ、陪審員はコピーも渡され、その法令解釈の枠内で判断することを厳に言い渡される。

④について＝両当事者は合意した説示であるかを確認することができ、違っていればその場で指摘して、再度法曹三者の協議を繰り返えし、もし協議違反の説示をすれば、数少ない上訴理由になる。

法廷傍聴者も、この裁判がどういうルールに従って行われるのかを確認でき、もちろん取材のマスメディアを通じて社会にも知らされる。（アメリカでは関心

第2章　そこで裁判員は何をするのか　**269**

の高い事件などで行われているコートテレビでは、全審理過程がそのまま放映される）

(3) 事実認定と法令の解釈

1）その不可分性と日本の審級制

　裁判という人間の行う営為において、有罪無罪や量刑を決める法の枠組みである法令の解釈は、裁判する個人の心裏において、実質的には当該事件の具体的な事実についての判断と不可分だ。

　社会で起こった具体的な事件の具体的な事実を罰するか、罰しないか、罰するとしてどういう刑にするか、を判断しなければならない個々の裁判の中で、判例がつくられ、法解釈がつくられていく。

　裁判官会議でつくられる英米法の説示集は、たとえば刑法1つだけでも非常に分厚い本にもなる量になる。こうして具体的事件でつくられる判例が、個々の事件の性格、個々の裁判官の性格の結果であることからくる偶然性を止揚して、法解釈を普遍性を持った裁判の公式ルールとして、単に陪審員に対する説明としての機能だけではなく、裁判官に与え、裁判官が「従うべきもの」として確認する法解釈となっている。裁判官は、日々説示をすることによって、そのルールを自らのものにしていく。

　またこの結果、同時期に裁判を受ける者らに、同じルール・法解釈によって裁かれるという裁判の公平性を保障している。

　一方日本の裁判では、控訴審も上告審までもが、事実認定をすること（事実誤認の判断）ができるという特殊な制度になっているから、下級審が具体的な事実の認定に伴ってした法解釈を、上級審が同じ具体的な事実の認定に基づいて見直す。審級が変わっても、違うのは判断する裁判官の個性だけだ。そして上訴制度は、上級審の裁判官の個性が下級審裁判官より優れていると見做す制度になっている。

　後記する「裁判員裁判の判決を上級審が覆す」問題の根本は、市民参加を取り入れた裁判員法が、市民に法解釈を公正に与える方法を全く無視してつくられたことと共に、日本の特異な審級制度が、そのまま温存されたことにある。

2）解釈をどこで「示される」か

　われわれは会議の中で、途中で良い意見が出ていながら、最終的には取り上げられずに終わることをしばしば経験する。それはある意味で議論というものの宿命なのだが、裁判官が裁判員に法解釈を審理あるいは評議のどこで示すのか、には一般的なこの宿命以上のものがある。

　事件の中でのある事実について裁判員Aが発言したとする。

「被告は、包丁を突き出した時、被害者を殺そうとほんとうに思っていたのかなと考えてしまいます」。その時裁判長がすかさず発言する。

「出来ていた傷の状態から、その傷でなら被害者が死ぬだけの傷であれば、殺人の故意があったということになっています」（これはある模擬裁判でのある元裁判官の発言である）。裁判員Ａの疑問発言は、被告は「どこをどう刺すという意識的な行為をしたのだろうか」から「前に出てきた被害者の動きと合わさって深く刺さってしまったのかもしれない」「殴りかかってきた被害者の攻撃を避けるためにとっさに何も考えずそうしたのかもしれない」「恐怖から無我夢中でしたのかもしれない」などなどのさまざまな可能性（有罪無罪、最低でも犯情への評価を左右して量刑に影響するそれぞれ違う条文の適用になる）について議論する方向性を秘めていたかもしれない。しかし裁判長の上記発言は、それらの評議を未発に終わらせてしまうことにもなり被告の行為を確定的故意による殺人罪にあたるとの評決を導くことにもなる。

どのような法的解釈を、どの段階で、どのような形で示すのかを法律が定めず、個々の裁判官にいわば野放しにしている恐ろしさだ。

⑷　陪審裁判体の判断事項

無作為抽出の一般市民が参加する裁判体の仕事は、判決をまとめることではない。「裁判長から与えられた設問に答申する」ことだ。

英米の陪審はもとより、日本と同じく一般市民に裁判官が加わった今のフランスでも、陪審制のまま、裁判長が与えたいくつか（簡単な事件なら１つ）の設問に（裁判長も陪席裁判官２名も入るのだが）裁判体が答申する制度だ。

設問は簡潔で、評議・評決がしやすいように、表にされる。

表２はその１例だ。

設問は、既に法解釈を前提にした事実認定の要求であるから、評議で裁判官個人の意見・法解釈や事実解釈を陪審員に押し付けない保障にもなっている。

表２　フランスでの“設問”例

1　被告人は（年月日）（場所）で（被害者）に対して暴行を加えたか
2　この暴行は被害者に死をもたらしたか
3　被告人は被害者を死亡させる意図を持っていたか

日本も設問と答申制にすれば、評議・評決の透明性が増し、市民の意見が活きることは目に見えているし、結果として無駄な時間がなくなるのだが、裁判員法にその発想は全くない。

(5)　評議は市民を尊重しているか

評議について、フランスでは、陪審員のうち若い者から発言させ、陪審員の発言が終ってからでなければ裁判官は発言してはならないことになっている。セミプロ「参審制」のドイツでも同じだ。しかし初めて裁判所の中に入る日本の裁判員のためにこうしたルールもない。

裁判員法は「裁判長は、第一項の評議において、裁判員に対して必要な法令に関する説明を丁寧に行うとともに、評議を裁判員に分かりやすいものとなるように整理し、裁判員が発言する機会を十分に設けるなど、裁判員がその職責を十分に果たすことができるように配慮しなければならない」(66条5項)。と一般論的な抽象的なことを言うだけだ。

日本では設問・答申式にしていないから、どこから何を議論するのか雲をつかむようだ。

裁判員は、起訴状はもとより、検察の冒頭陳述、論告・求刑、被告の法廷陳述、弁護人の意見や冒頭陳述、弁論、それに証拠調べと、整理しきれない情報の中から何か言えることを考えて言うことになるだろう。実務では「どなたでもなんでも気が付いたことをおっしゃってください」と言う「進め方」が「民主的でよい」と考えている裁判長がいると聞くし、少なくとも裁判員が誰も発言しないと、裁判官が発言することになると聞く。「欧米人は日本人のことを権威主義的であるとしばしばいう。権威主義とは威張っているということではない。自分以外の権威に依存して生きていることをいうのである。――他の人の意見を聞きながら自分の意見をそれに合わせたりすることをも権威主義と呼ばれるのである」(阿部謹也『「世間」とは何か』〔講談社、1995年〕24頁)。

「日本人は皆世間から相手にされなくなることを恐れており、世間から排除されないように常に言動に気を付けているのである」(同上書15頁)。

「時に自分を恃み、正しいと自分が考えることのために大勢と異なった行動に出ようとする者がいるが、そのような人はその行動のために『世間』からはみ出ることを覚悟しなければならない」(阿部謹也『日本人の歴史意識』〔岩波書店、2004年〕8頁)。

こうした日本で、裁判員が、生まれた初めて、1度だけ、入れられる「裁判

所」という社会は、僅か９人の狭く、そして内３人は裁判官という「権威」があまりにも厳然と目の前に存在する「世間」だ。評議のまず最初にその権威から「なんでも気が付いたこと」をなどと言われても、その権威とは雲泥の差の法律を知らない素人である自分が、またこの未知の小世間がどういう世間かもわからない中で、言えることは、「法律を知らない素人」としての素朴な、そしてその後どういう成り行きになっても、「はみ出者」にならない、つまり当たり障りのないことだけだろう。

「元裁判員候補者らでつくる大阪の市民団体が、裁判員になったときの心構えを７項目にまとめた」その「裁判員ノート」では「裁判官への遠慮は不要」「納得できるまで評議しよう」という項目があるという（朝日新聞大阪版2011年12月８日付）。

しかし実はこれも現行の「評議」の中では正しいことではない。十分に正しく法解釈＝説示を与えられていない裁判員の中で、「遠慮は不要」「納得できるまで評議」だけを行おうとする者があれば、評議ではなく世間談義になってしまう。裁判官は勢い、専門性を振りかざして対抗することになり、結果は「裁判官の誘導」となって終わるだろう。

裁判員経験者の感想として「裁判官の誘導」はそれほど多数出ていない。

「自分を恃み、正しいと自分が考えることのために大勢と異なった行動に出ようとする者」は、日本人には非常に少ないからかもしれない。

こうした社会で、市民参加の実質を得るには、欧米よりさらに確実に法解釈を示し、市民参加者の発言をさらに保障するルールが必要だ。しかし逆に欧米で実行されているルールすら皆無のまま日々「裁判員対象事件」として最も重い事件への裁判が行われている。本当に恐ろしいことだ。

「あらかじめレールが敷かれているようだった」という感想（「裁判員制度への提言　経験者の感覚　尊重すべき」福井新聞2012年２月19日付）は、この制度の根幹にかかわる問題だ。

⑹　評決は市民を尊重しているか

日本と同じ一般市民に裁判官で構成するフランス陪審法廷は、評決において最も学ぶべきところがある。

評議が終わると、各人が設問ごとにハイかイイエの答えを紙に書いて秘密無記名投票するのだ。

たとえ評議の場面では、言いたいことが言えなかった人も、言い負かされた

人も、誰にも知られることなく全く自由に自分の意見を評決にすることができる。

フランスの陪審法廷は、2012年まで、市民9、裁判官3で構成されていたが、2013年1月1日から市民6に減らされて、日本と同じ構成になった（刑訴法296条の改定）。

評決は日本のように単純多数ではなく、「被告人に不利な評決」は6票（3分の2）以上でなければできない（刑訴法359条の改定）特別多数制だ。裁判官が1人以上入らなくてはならない、といった日本のような制約はないから、市民全員が一致すれば特別多数になる。裁判官3人がどれかの設問で有罪方向の意見でも、市民が2人しか賛成しないなら、評決できない。

逆に「被告人に有利な評決」は、単純多数でできるので、市民5人の意見で答申できる。

設問への評決で有罪が決まると刑の量定について同様に投票する。単純多数で決める（フランスの法定刑の幅は日本より狭い）が、法定刑の最長期の刑を言い渡すためには6票（3分の2）以上でなければできない（刑訴法362条の改定）。

日本の裁判員法は、このような規定はなく、有罪・無罪を決めるのも、死刑を決めるのも単純多数であるばかりか、たとえ6人の多数であっても市民だけでは評決と認められず、裁判官が入らなければ決定できないという大きな制約付である。市民の判断を信用しない制度だ。

(7) 裁判員は必要な情報を受けているか

1）直接主義・口頭主義は後退した

フランス陪審法廷は完全な直接主義・口頭主義であるし、ドイツも同じで参審員は一切の書面を見せられない。起訴状さえ最高裁によって見せることを禁じられている。

悪名高い日本の「調書裁判」は市民参加にとって最も危険な制度だが、全く改めず、竹﨑長官すら年頭談話で危惧を表明するほどに、裁判員制度「定着」とともにむしろ使用が増えている。

さらに「裁判員にわかりやすくする」口実で、調書を PDF 化して法廷で見せながら、検察官が印象付けたいところを強調して読むという伝聞性の強化が何の規制もなく行われている。

2）裁判員が望む量刑情報

同様に市民が量刑もするフランスでは、選任手続を終えた陪審員にさまざま

な種類の刑務所を見学させる。日本でも裁判員経験者から刑務所見学の要望が多いが、全く考慮されていない。少年記録も同様だ。

(8) 参加市民は制度発展を期待されているか

どこの国でも仕事を休んでの司法参加は市民から敬遠されがちだ。

アメリカで判決後に行われる陪審員の会見は、司法が何を行っているのかを広く社会に知らせ、自らした仕事に誇りをもって語る陪審員の姿が、市民の中に陪審員となる意欲を与えると言われている。

日本では施行5年、世論調査で参加意欲は低下している。裁判員経験者が世界一厳しい守秘義務を負う法制は、裁判員の心理的負担としてばかり報道されていて、制度を国民から目隠しする効果になっていることを誰も言わない。

次章では、裁判員制度改革の動きがどうなったかを検証して、制度の行方を考える。

(「司法とは何だ　そこで裁判員は何をするのか（下の①〜②)」法と民主主義488号〔2014年〕、491号〔2014年〕)

第3章

「裁判員」はどこへ行くのか

1　やりたくない

⑴　候補者らの拒絶

「大きな混乱もなくおおむね順調に運用されている」（読売新聞2014年5月21日）「おおむね順調に進んできたと言えるだろう」（朝日新聞2014年5月23日）「国民の司法参加は、おおむね定着しつつあるといっていいだろう」（毎日新聞14年5月19日）施行5年にあたって、三大中央紙の社説は、足並みを揃えて裁判員制度を「順調」な「定着」と言った。

しかし最高裁の統計「裁判員裁判の実施状況について（制度施行〜平成26年7月末・速報）」の数値から「国民参加」制度の実態を見ると、次頁の表3のように、まず制度の担い手「裁判員になる人」のところから、衰退の途をたどっている姿が見える。

候補者として選任された者のうち、まず何％が言われたとおり裁判所に出てきたか。年間統計の揃う2010年と2013年を抽出しただけで、2010年の38.3％→2013年30.6％、7月までの統計のみが計上されている2014年度では28.5％にまで落ちている。

この中には、候補者とされながら、出席しなかった者が、2010年度11,651（19.4％）→2013年度13,563（26.0％）と、これも顕著に悪化の途をたどっている。

結局選任された者は、2010年度8,673、2013年度8,633とほぼ同数なので、その数の裁判員を確保するために、候補者として通知を出す数を126,465から135,207と、3年で8,742人、6.9％増やして対処しているのだ。

この傾斜のまま悪化が続くと、事務費の肥大ばかりでなく、候補者の大多数が拒絶する事態になりかねない。

276　第5部　日本的司法の中で裁判員制度は

表3

	2010年	2013年
選定された候補者数	126,465	135,207
調査票で辞退が認められた数	32,245	39,666
質問票で辞退が認められた数	34,147	43,451
期日に出頭を求められた数	60,073	52,090
期日に出席した数	48,422	38,527

⑵　裁きたい者が裁く

　候補者「通知」を受けたがその後のどこかの段階で、外れて最終の抽選まで行かなかった者の中には、仕事など、制度で「ならなくとも良い」正当事由がある者ももちろんいるが、それがなく「なりたくない」者もあることは目に見えている。

　周知のように裁判員法では、通知を受けた裁判員候補者が質問票に虚偽の記載をする、呼出しを受けても出頭しない、選任手続で質問に対して陳述を拒む、虚偽の陳述をするなどに対しては、罰金や科料を課すことになっている（110～112条）。

　しかしこれまで、これらの処罰を受けた者は1人もいない。

　それどころか「正当な理由」があったかどうかの調査すらされていない。ここで、罰則を適用したら、問題が明らかになって、ただでさえ不人気な裁判員制度が立ち行かなくなること、いわば火に油を注ぐことになるのを、最高裁は恐れているのだろう。

　必要な人数を集めるために、通知を出す候補者数を増やして、選任率の低下を糊塗している。その傾向が年を追って強くなっていることが、**表3**から見えるのだが、そのことが知られるにつれて、安易にいわば「無作為の拒絶」をする国民はますます増えるのは事理の当然だ。この傾斜が急角度を続けることになるとどうなるか。

　「裁判員になりたくない者は出ていかない」相対的に「出ていくのは裁くことに積極的な者」という傾向が強まることを意味する。

　「裁くことに積極的」には2つの精神構造があるだろう。

① 　裁判の公正を実現するために自らの時間を差し出して寄与しようとする者。

② 　悪いやつを裁いて罰を下してやろうとする者。

③ 　②の亜種というべきか、②を裁判の公正＝あるべき司法だと信じている者

第3章「裁判員」はどこへ行くのか　**277**

もいる。

市民参加制度の推進・支持者は、市民は①の志向をもって裁判に参加するという（時として安易な）前提に立っている。②とか③についての思考・対策は空白のままだ。

2009年11月仙台地裁で裁判員が、被告人質問の枠で「逮捕されて運が悪かったと思っていませんか」などの質問を続けたあと「昨日からずっと同じ答えですよね」「『もうしません』とか『反省しています』とか当たり前の答えしか返ってこない」と憤って「むかつくんですよね」と言ったことは、さすがに大きく報道された。「裁判員になった自分は、被告の心も裁く立場になった」その心象が表に出た事例だった。

裁判員裁判では、重罰化が起こっているという指摘もある。

性犯罪や子どもへの虐待死など、特別な犯罪類型については、後述するように、それが「一般人の感情的な量刑」なのか「正しい司法の在り方」なのかは難しい問題だ。

しかし「裁きたい人」だけが裁くのが、司法なのか。それは、司法を歪める深刻な問題ではないか。

(3) 国民の拒絶

「裁判員をやりたくない」。これはたまたま候補者に抽出された者だけの傾向ではない。国民一般の参加意欲がその基盤にある問題だということがアンケート調査に現れている。

①　まだ制度の内容も知られていない施行前の2008年3月の最高裁の「裁判員制度の実施状況（統計データ・アンケート結果）及び裁判員制度の運用に関する意識調査」では「参加したい」4.4％「参加してもよい」11.1％又は「あまり参加したくないが義務なら参加せざるを得ない」44.8％「義務でも参加したくない」37.6％。

②　施行直後の2009年6月の内閣府大臣官房政府広報室「裁判員制度に関する世論調査」でも「義務であるか否かにかかわらず、行きたいと思う」と答えた者の割合が13.6％、「義務であるから、なるべく行かなければならないと思う」と答えた者の割合が57.9％、「義務だとしても、行くつもりはない」と答えた者の割合が25.9％。

このあたりまでは「義務だから」との条件であっても参加方向の答えの方が多かった。

表4　最高裁　司法についての意識調査

裁判員制度が始まる前の刑事裁判の印象		現在実施されている裁判員制度の印象	
ⓐ公正中立である	×	ⓐ裁判がより公正中立なものになった	×
ⓑ信頼できる	×	ⓑ裁判がより信頼できるものになった	×
ⓒ裁判所や司法は近づき難い印象がある	○	ⓒ裁判所や司法が身近になった	○
ⓓ納得できる裁判（判断）が行われている	×	ⓓ裁判の結果（判断）がより納得できるものになった	×
ⓔ国民の感覚が反映された裁判（判断）がされている	×	ⓔ裁判の結果（判断）に国民の感覚が反映されやすくなった	○
ⓕ事件の真相が解明されている	×	ⓕ事件の真相がより解明されている	×
ⓖ裁判の手続や内容が難しい、わかりにくい	○	ⓖ裁判の手続や内容がわかりやすくなった	×
ⓗ裁判に時間がかかる	○	ⓗ裁判が迅速になった	×
ⓘ国民の関心が高く自分の問題として考えている	×	ⓘ国民の関心が増して自分の問題として考えるようになった	×

表5　裁判員制度への期待と実施後の実感

裁判員制度の実施により期待すること	最高値だった 年度　　％		実施後の実感
ⓐ裁判がより公正中立なものになる	11	70.0	40.6
ⓑ裁判がより信頼できるものになる	11	66.3	40.7
ⓒ裁判所や司法が身近になる	09	73.6	54.0
ⓓ裁判の結果（判断）がより納得できるものになる	12	59.3	33.3
ⓔ裁判の結果（判断）に国民の感覚が反映されやすくなる	11	74.3	56.1
ⓕ事件の真相がより解明される	10	55.9	31.3
ⓖ裁判の手続や内容がわかりやすくなる	09	64.3	32.4
ⓗ裁判が迅速になる	09	58.7	31.7
ⓘ国民の関心が増して自分の問題として考えるようになる	10	71.7	49.3

　③　最高裁が裁判員制度実施の2009年から、調査会社を使って毎年行っている「裁判員制度の運用に関する意識調査」では、2013年の調査で「参加したい」4.9％「参加してもよい」9.1％「あまり参加したくない」40.6％「義務であっても参加したくない」44.6％と、なんとも悲惨な結果が出ている。

(4)　なぜ嫌われるのか

　その原因を制度運営の責任者である裁判所・国は、考えようとしているのか。
　あとで書くように、全く対応策をしていないと言うほかないのだが、国民に嫌われている原因は、実は最高裁のデータにはっきり表れている。
　表4は、前記最高裁の意識調査で国民に「裁判員制度が始まる前」（Q4）と「現在実施されている裁判員制度」（Q7）の各「印象」を尋ねた数値から簡易化して作成したものだ。
　分かりやすくするためアンケートの5選択肢のうち「⑤そう思う」「④ややそう思う」の肯定的回答の合計が50％に満たない場合を×、50％以上になった

第3章「裁判員」はどこへ行くのか　**279**

ものを○と表した。

　まず制度が始まる前の司法の印象が、全設問で一貫して悪い方印象であることに驚く（○がついて問いを肯定しているのは「近づきがたい」「わかりにくい」「時間がかかる」のみ。つまり否定評価に賛意を示しているのだ）。日本国民は、司法を全く信用していなかった。

　「実施」によって改善したのは「司法が身近になった」54％「国民の感覚が反映されすくなった」56.1％と２項目が、各50％をわずかに超えただけで、司法の中心的課題である「公正中立」「信頼」は半数に満たない。特に「公正中立」40.6％で員制度開始前の43.8％より僅かとはいえ落ちているのが印象的だ。

　この数字で見ると、裁判員制度は、司法を僅かに「身近」にはしたが、日本国民はもともと司法を信頼していなかったのであり、**表5**（前頁）を見れば、裁判員制度によってその不信がむしろひどくなったことが見えてくる。

　そんな司法のために、会社を休むなどのデメリットを受けてまでも、あるいはそれすらなくても、裁判員になるのは嫌だという国民意識が、調査結果に数字として表れたことになる。

(5)　司法不信の原因を

　こんなにひどい司法不信は何が原因なのか。まずそれを解決しなければ、裁判員になり手が増ないことはおろか少数の「裁きたい人」だけがなっていく歪んだ司法への途を落ちて行くことになる。

　最高裁は、毎年大枚の予算を使って行っている「意識調査」を、さらに丁寧に行う必要がある。

　世は「討論型世論調査」の時代だ。そこまで行かないとしても、せめて「公正中立」や「信頼」に否定的評価をした回答者に、その理由を具体的に尋ねるのだ。

　日本の刑訴学者を代表する平野竜一が日本の「刑事裁判は絶望的」と言ったことは歴史的事実だが、意識調査に応じた国民が、刑事裁判だけを念頭に回答したわけではないだろう。

　元裁判官の瀬木比呂志は、「民事裁判を利用した人々が訴訟制度に満足していると答えた割合は、わずかに18.6％」というアンケート結果を引用して「庶民のどうでもいいような事件、紛争などはともかく早く終わらせるにこしたことはなく、冤罪事件などいくらかあっても別にどうということなく」「『ささやかな正義』はしばしば踏みにじられている」日本の裁判所は「『民を愚かに保

280　第５部　日本的司法の中で裁判員制度は

ち続け、支配し続ける』という意味では、非常に。『模範的』な裁判所なのである」と書いている（瀬木比呂志『絶望の裁判所』〔講談社、2014年〕5～7頁）。

　第5部第1章で書いてきた日本の裁判所のありかたが、最高裁意識調査の司法不信に影響しているとしたら、裁判員の選任だけをどうしようと、すむことではない。

(6)　裁判員制度への失望

　上記(4)で紹介した国民の司法への不信をいわば基底に持っている国民意識だが、市民が司法に参加する制度には、当初相当の期待を寄せていたことが、前記した最高裁「裁判員制度の運用に関する意識調査」の「裁判員制度の実施により期待すること」という質問（Q6）への回答に現れていた。

　「いた」と過去形で書くのは、この項目についても、制度開始の2009年から毎年同じ調査がされているのだが、その回答で、年を追うごとに「期待」が目立って減ってきているからだ。

　この章のはじめに示した**表3**は、左欄にそのQ6への回答で5選択肢のうち「⑤そう思う」「④ややそう思う」の肯定的回答が最も多かった年度と、％の合計を示し、右欄に「現在実施されている裁判員制度の印象」（Q7）の同じ⑤④の％の合計を示した。同じ項目で示されていた「期待」が、裁判員制度の現実を見てどのようにしぼんで行ったかが見える。

　たとえばはじめには、裁判がより公正中立なものになると実に70％が期待していたのだ。それが制度の実態を知って、半数割れの40％に落ちてしまった。

　市民参加によって、司法に本来あるべき役割の実現を期待した国民を裏切った裁判所の罪は重い。

　なぜ、どんな具体的な事実によって、期待が持てなくなったのか。この点についても最高裁判所は早急に詳細な世論調査を実施して、その結果に応じる制度改革をしなければならない。

2　見えてきた不具合

　前記1では、裁判員になることを要求される候補者、そして国民一般の双方から見えてきた制度への不人気「やりたくない」と「司法への不信」を見てきた。

　以下では、裁判所内部、裁判そのものから見える制度の不具合を検証しよう。

第3章「裁判員」はどこへ行くのか　**281**

(1) 長官談話の翳り

　裁判員制度発足以来、最高裁長官は、毎年5月の憲法記念日や新年の談話で制度の運用についてふれてきた。

　当初、裁判員経験者のほとんどが「よい経験をした」と言っていることをあげて「順調」を繰り返してきたそれが、まず2013年には、直接主義・口頭主義が十分に実施されていないことをあげるようになり、竹﨑長官が退任を控えた2014年の「新年の言葉」では「裁判員制度は、今年5月で施行後満5年となります。概ね順調に運営されているということができますが、運用を重ねるに連れ、様々な課題が明らかになってきております。とりわけ、判決書からはうかがえない評議の実情、あるいは控訴審との関係など制度そのものに内在する問題点については、刑事裁判の基本的なありようという原点に立った上での検討が早急に進められなければなりません」と「概ね順調」の前置きとは反する危機感を述べるようになった。

　続く5月の憲法記念日談話で、新任の寺田長官も「概ね順調に運営されており、我が国の刑事司法の中心をなす裁判として少しずつ定着してきているように思いますが、様々な課題も指摘されており、制度導入の理念や刑事裁判の基本的なありように常に立ち返りつつ、中長期的な視点からも不断の改善を進めていく必要があります」と言っている。

　寺田談話では「様々な課題」と抽象化されたが、退任を控えた竹﨑「新年の言葉」の「判決書からはうかがえない評議の実情」「控訴審との関係」は、こうした挨拶の中での発言としては異例な具体的言及だ。

　とりわけ「判決書からはうかがえない評議の実情」は、市民参加判決の形成過程なのだから、制度の根幹にかかわる問題だ。

　また「控訴審との関係」は、筆者が第2部第6章でも指摘したように、市民参加とは真っ向から反する、立法例としても特異な三審制との制度的あつれきであって、現行の公判法制全体を変えなければ、問題はどんどん深刻になっていくしかない。

　裁判員制度を推進した竹﨑長官みずからこの2点をあげて「制度そのものに内在する問題点」で「刑事裁判の基本的なありようという原点に立った上での検討が早急に進められなければなりません」と外部に向かって言ったことが、どれほど大きなことか、国民は知らなければならない。裁判所が、いわば自らだけで解決できる問題ではないと公言したのだ。

　その実態を国民の目から隠してきた「守秘義務」制度の弊害がどれほど大き

いかも改めてわかるというものだ。

　裁判員法附則９条による施行３年の見直し、また2014年５月、施行５年の節目にも、この「様々な課題」がどう処理されてしまったかは以下に書く。

　その中で少なくとも日々実務で問題に直面している弁護士界が、法改正の機会であった「法制審議会新時代の刑事司法制度特別部会」や「法制審議会刑事法（裁判員制度関係）部会」でどう振る舞ったかも驚くべきことだ（前者については法と民主主義477号「特集・法制審「刑事司法改革」の狙い」参照）。

　この状態で、この章の冒頭にあげたメディア各社の「おおむね順調」報道は、ただ長官談話の前置き部分だけを取ったものだったことがわかだろう。

　しかし実はメディアもこれまで、守秘義務や裁判所の閉鎖性の壁の中から僅かに漏れてくる「様々な課題」をその時々に報じてきてはいたのだ。

　以下、主として報道にすら現れた限りの「様々な課題」から、大まかに、事実認定、量刑、法廷運営の三つにわけて、見ていこう。

　竹﨑「控訴審との関係」は、上告審も含めて事実認定と量刑の双方に関わる根本的な問題だ。まず事実認定から見ていく。

⑵　事実認定と「上訴審との関係」
１）チョコレート缶事件

　市民参加の実質的な意義は、職業裁判官が免れないバイアスを持たない素人の事実認定にあることは繰り返し書いてきた。

　その事実認定で市民参加の意義を示したと受け取られたのが、千葉地裁2010年６月の裁判員裁判として初の無罪判決だった。

　チョコレート缶に入った覚せい剤の中身を知らずに、託された土産品として持ち帰ったという密輸事件への無罪判決は、それまでの密輸事件への裁判所の対応としては考えられなかった画期的な判決で、何よりも捜査当局にショックを与えた。

　裁判員裁判へのこれも初めてとなった検察官控訴を受けた東京高裁は、定石通りというか2011年３月、破棄自判の有罪判決をした。

　この事件を最高裁がどう扱うか。メディアの注目度は非常に高く、法律関係者にもそこに裁判員制度の命運を見る者もあった。

　その中で、最高裁第一小法廷は2012年２月13日、画期的な判決をした。「この際、当審において自判するのが相当である」として、「原判決破棄、控訴棄却」の判決で、千葉地裁の無罪判決を確定させた（刑集66・４・482）のだ。上告か

第３章「裁判員」はどこへ行くのか　**283**

ら短期間で詳細な判決書を仕上げたこととともに、第一小法廷がこの事件に掛けた姿勢が見える。

2）市民の判断尊重か

最高裁判決に対して、メディアは一せいに「裁判員裁判・民意を尊重する最高裁の姿勢」といった論評をした。

しかし判決文（法廷意見）は全くそのようなことは言っていない。

控訴審は「直接主義・口頭主義の原則が採られ」ている「第1審と同じ立場で事件そのものを審理するのではなく」事後審であって「刑訴法382条の事実誤認とは、第1審判決の事実認定が論理則、経験則等に照らして不合理であることをいうもの」で、「不合理であることを具体的に示すことが必要」だ、と刑訴法の基本原理を述べて、高裁判決がそれを示していないことを各争点ごとに具体的に述べているだけだ。

裁判員制度という文字は、最後に1カ所「このこと（筆者注＝事後審の原理）は、裁判員制度の導入を契機として、第1審において直接主義・口頭主義が徹底された状況においては、より強く妥当する」と出てくるだけだ（判決書4　当裁判所の判断）。

裁判員裁判についてより多くふれているのは白木勇裁判官の補足意見だが、これも控訴審の本来の在り方に反する実務についての批判が基本だ。大切なことなので少し長いがほぼ全文を引用する。

　　「これまで、刑事控訴審の審査の実務は、控訴審が事後審であることを意識しながらも、記録に基づき、事実認定について、あるいは量刑についても、まず自らの心証を形成し、それと第1審判決の認定、量刑を比較し、そこに差異があれば自らの心証に従って第1審判決の認定、量刑を変更する場合が多かったように思われる。

　　これは本来の事後審査とはかなり異なったものであるが、控訴審に対して第1審判決の見直しを求める当事者の意向にも合致するところがあって、定着してきたといえよう。

　　この手法は、控訴審が自ら形成した心証を重視するものであり、いきおいピン・ポイントの事実認定、量刑審査を優先する方向になりやすい。もっとも、このような手法を採りつつ、自らの心証とは異なる第1審判決の認定、量刑であっても、ある程度の差異は許容範囲内のものとして是認する柔軟な運用もなかったわけではないが、それが大勢であったとはいい難いように思われる。原審は、その判文に鑑みると、上記のような手法に従っ

て本件の審査を行ったようにも解される」。

本来の在り方と違うこの「手法」が「第1審判決の見直しを求める当事者の意向にも合致するところがあって、定着してきた」というくだりは、控訴審で一審判決が破棄されるのは、圧倒的に、無罪判決や軽い量刑を指弾する検察官控訴においてであるという実態（拙稿「裁判員判決への検察控訴」法と民主主義455号⇨第2部第6章）を知っている者にとっては、特に意味深長だ。

白木補足意見が裁判員制度にふれるのはこれに続く部分だ。

「しかし、裁判員制度の施行後は、そのような判断手法は改める必要がある。

例えば、裁判員の加わった裁判体が行う量刑について、許容範囲の幅を認めない判断を求めることはそもそも無理を強いることになるであろう。

事実認定についても同様であり、裁判員の様々な視点や感覚を反映させた判断となることが予定されている。そこで、裁判員裁判においては、ある程度の幅を持った認定、量刑が許容されるべきことになるのであり、そのことの了解なしには裁判員制度は成り立たないのではなかろうか。裁判員制度の下では、控訴審は、裁判員の加わった第1審の判断をできる限り尊重すべきであるといわれるのは、このような理由からでもあると思われる」そのあとに法廷意見を繰り返した上で「私は、第1審の判断が、論理則、経験則等に照らして不合理なものでない限り、許容範囲内のものと考える姿勢を持つことが重要であることを指摘しておきたい」と終っている。

「論理則、経験則等に照らして不合理なものでない」と、裁判する者が考える判断に幅がある、つまり複数ありうることを述べているのであって、裁判官がこういうことを言うのは画期的だろう。

そもそも、論理則や経験則と呼ばれるものが、何であるのかは雲をつかむようなものだ「太陽は東から出る」[*1]など万人の経験則が一致するものは、経験則とは言わず「公知の事実」として証明の対象にはならないのだから、経験則とは、そこまでには至らないものということになるのだが、では何か。

一例をあげれば、上記1⑵で書いた最高裁の意識調査で、司法が公正かの設問に「そう思わない」と答えた人にとっては「司法というものは公正ではない」が経験則なのだし、「そう思う」と答えた人にとっては「司法というものは公

＊1　石丸俊彦は『刑事訴訟の実務』〔新日本法規、1990年〕13〜14頁で事実認定に用いる経験則が極めて多岐にわたることを詳細にあげている。

正なものだ」が経験則なのだ。この中間に「どちらかと言えば」というものもあって、それが白木意見でいう「許容範囲内のもの」になるのか。

　これまでの裁判官裁判では、（白木意見でいう「柔軟な運用」を除く多数の裁判では）経験則は、上級審の判断するもの、あるいは最高裁では多数意見のとったものを、1つしかない経験則として、それに反する下級審や少数意見の判断を否定、下級審判決を破棄してきた。[*2]

　そうしたこれまでの日本の審級制の実態がようやく裁判所で議論の対象になったかと思う。

　ただ、白木意見のこのくだりは「論理則、経験則等に照らして不合理なものでない限り、許容範囲内のものと考える姿勢」が、裁判員判決についてだけなのか、刑事裁判全般についてなのかはっきりしない文脈になっていて、前者であれば、裁判官裁判の実態を許容することになってしまう。

　そういうあいまいさを持ちながら、この第一小法廷判決は、少なくとも、法廷意見もふくめて、裁判員制度の導入を、日本の審級制の病態を改める契機にしたいという意向が感じられる判決だった。

3）チョコレート缶最高判は継承されたか

　この判決について、捜査関係者から「これではやっていけない」という声が上がったという。産経新聞は判決の翌日、覚せい剤密輸事件で前年末までに「1審の裁判員裁判で無罪が言い渡されたのは6人」（筆者注：その後もう一人）の裁判状況を詳しく報じて「警察庁危機感募らす」との小見出しをつけた。

　薬物などの密輸事件は多くは空港で発見されるので、外形的事実は争えず、被告に、持ち込み品の中に違法薬物が入っているという認識があったかどうかの認定が有罪・無罪を分ける。これまで裁判官は、この事件程度の状況であれば、故意を認めてきたのだが、それが覆されるようでは、薬物捜査の危機だと

---

*2　例えば「共犯者の証言の信用性判断につき、最高裁が詳細に説示し、控訴審判決を破棄した数少ない事例の一つ」（判例時報 2061 号の解説文）とされる最高裁平 21・9・25 二小法廷判決では、九州の暴力団による殺人事件で「若頭代行の被告が実行犯だった」との組員の証言の信用性を認めた1・2審判決を否定した多数意見より、ほぼ同じ頁数と詳細さで、1・2審判決通り信用性を認めるべきとした古田少数意見の方が、暴力団社会の実情＝経験則＝に即した事実認定で、はるかに説得力がある、と筆者などは見るのだが、それは古田が暴力団事件を扱った経験がある（そして筆者も少しは経験している）から、その経験則が他の裁判官と違うのだとしたら、複数ある経験則のどれが判決になるのかは、どの経験則が事実に沿っているかではなく、その裁判体で、どちらが多数だったかの偶然によって決まることになる。

　さらに古田意見は、この事件の第一審以来の裁判官の数にしてみると7人対4人の多数だと見ると、審級制の効力として、全体としては少ない4人の最高裁意見で判決が確定したことになる。

286　第5部　日本的司法の中で裁判員制度は

いうのだ。

　そうした中、最高裁から、裁判官らに対して違法薬物密輸事件の被告の故意についての判断基準が示されたという。

　それを受けてチョコレート缶最高裁判決が、その後の高裁あるいは最高裁で、継承されたかを見てみよう。

　その後２年間で、覚せい剤密輸事件で一審の裁判員無罪判決を高裁が事実誤認を理由に破棄し、最高裁がそれを是認した事例（いずれも決定）が３件続いた。最三決平25・４・16刑集67・４・549、最一決平25・10・21刑集67・７・755、最一決平26・３・10刑集68・３・87で、特にこの最後の決定が興味深い。

　2014年３月大阪地裁裁判員裁判の無罪判決を事実誤認として破棄、一審に差し戻した大阪高裁判決への被告・弁護側の上告を、最高裁第一小法廷（裁判官の構成はチョコレート缶事件とは変わっている）が棄却した。

　中心的な争点は、実行犯２人の証言の信用性で、被告が密輸の指示（共謀）をしたかについて２人の証言が分かれる中で、被告の指示を証言した方の実行犯の証言の信用性を通話記録との矛盾などから否定して、被告に無罪を言い渡した地裁の事実認定を誤認とした高裁の事実認定を最高裁が支持した。

　これら３決定は、チョコレート缶判決を冒頭に掲げながら、地裁の「判断は明らかに不合理であり、経験則に照らして不合理な判断といわざるを得ない」として、まさに「経験則」の違いの名において、最高裁が有罪認定の高裁に軍配をあげた事例だ。

　最後の第一小法廷決定にも補足意見があり、これが注目に値する。

　一審判決が「本文だけで43頁」で「異例」であり「裁判員が一読して直ちに理解できたであろうか」や公判前整理や公判審理の在り方なども批判している。メディアは「横田尤孝裁判長は補足意見で、裁判員裁判による大阪地裁の審理を厳しく批判した。異例ともいえる最高裁判事による『一審批判』に、現場の裁判官らから、驚きの声が上がった」と書いた（朝日新聞2014年５月20日付）。

　判決文が長くなるのは、本来「有罪の立証が無い」と書けばすむはずであるところを、上級審で破られない無罪判決をするためには、無罪の理由を、事細かに書かなければならない日本の裁判所の特殊事情であることは、第５部第２章の１(5)に書いた通りだ。

　横田補足意見の文章を見ると、チョコレート缶判決白木補足意見の言った「裁判員裁判においては、ある程度の幅を持った認定、量刑が許容される」というその「許容範囲」論には全く関係なく、まさに「控訴審が自ら形成した心証を

第３章「裁判員」はどこへ行くのか　287

重視」して「ピン・ポイントの事実認定、量刑審査を優先する」構成になっている。

その上で、職業裁判官による上級審が、市民参加一審法廷の判断を批判したというのではなく、職業裁判官どうしの関係で、上級裁判官が下級裁判官を叱責している感がある。

チョコレート缶判決に見られた裁判員制度の導入を日本の審級制の病態を改める契機にしたいという意向は、もはや完全に消え失せている。

その後一審裁判員裁判での覚せい剤密輸事件で無罪判決が出されることもなくなった。

4）その他の裁判員判決否定

裁判員制度発足2年目、新聞は「プロの裁判官だけで審理する控訴審が、裁判員裁判の判決を破棄するケースも出始めた」と書いた（東京新聞2012年12月31日付）。

覚せい剤事件以外でも、一審の裁判員判決を高裁・最高裁が事実誤認を理由に破棄した例は次第に積み重ねられていった。

それらは「検察官（弁護人）の上告趣意は上告理由に当たらない」としながら「しかしながら所論に鑑み職権をもって調査すると」として事実誤認を理由に判決している（外国ではこういう破棄は考えられないことだ）。

2014年3月20日の第一小法廷判決が、保護責任者遺棄致死事件で、被害者の衰弱状態についての医師の証言に信用性を認めて有罪とした一審判決を事実誤認で破棄した高裁判決を「第一審が論理則・経験則に照らして不合理であることを十分に示したものとはいえず」として破棄した事件等々だ。

チョコレート缶判決直後の無罪方向への決定[*3]などもあるが、やはり多いのは有罪方向での破棄だ。

一様にチョコレート缶判決を枕詞にしながら、実質的には旧来の、上級審が下級審の論理則・経験則を否定する「ピン・ポイント」方式だ。

陪審制としなかった日本の市民参加制度は、市民参加法廷の有罪・無罪の判断を「プロの裁判官だけで」覆すこと、事実認定を変えることに、何らの制約も設けなかった。

こうした裁判の方向に沿ってメディアからも判決を評しての「裁判員判決・

＊3　例えば第一小法廷は12年3月15日、第一審福岡地裁の被告の4回の暴行認定を3回とした福岡高裁の認定を是認している。

民意を尊重する」といったフレーズが消えつつある。

5）一審の事実認定は市民参加に対応しているか

では、上級審による「市民判決」破棄は、上級裁判官らの旧態依然の体質だけか。そうとも言えないのは、固い守秘義務の壁からわずかに漏れてくる情報からだ。

犯行動機が強く争われたタクシー強盗事件の熊本地裁2012年1月27日判決後、裁判員6人が会見に応じ、うち「30代の女性は『真実を知るため、もっと多くの関係者から直接話を聞きたかった』と話した」とする熊本日々新聞の翌日付報道が気になって、その判決を検索してみると、「被害者がC倉庫の敷地内にあった棚から果物ナイフを持ち出し自分に向かって突き付けた」「被害者が持っていた果物ナイフを取り上げようとした際に指に切り傷を負い、頭に血が上って暴行に及んだ」などという被告の主張を否定するのに、裁判所は反対事実をあげることをせず「被害者が被告人に果物ナイフを突きつける必要など全くない」などと抽象的な「経験則」を並べて被告の主張を否定することを繰り返すだけの判決文になっていた。タクシーを乗り回されたあげく、変なところで停車させられて危険を感じた被害者が果物ナイフで防衛に出た可能性はなかったのかなど、疑問の多くに応える判旨は無く、裁判員法廷公判運営については後に検討するが、この判決には審理不尽ではないかとの疑いが強く残る。

裁判員裁判は当初5日以内が標準とされ、その後も「裁判員の負担を減らすため」の迅速な裁判が求められ続けている。

熊本地裁の上記事件で「もっと多くの関係者から直接話を聞く」ことがどのような訴訟運営で封じられたのか知り得ないが、判決文が個々の争点に具体的な反対事実をあげていないことと、裁判員の感想は符合する。

竹﨑長官は定年前に退職する直前まで、裁判員裁判について細かい指示を繰り返していたと言われている。「判決書は原則A4二枚以内」などもあるという。精密司法からの脱却「核心司法」を目指したのかもしれないが、外からは知り得ないその全体像が判明すれば、長官が危惧を抱いていた「様々な課題」が見えてくるのだろう。

(3) 量刑と民意

1）「民意」は厳罰主義か

事実関係に争いのない事件も裁判員事件とした制度のため、裁判員事件の圧倒的多数が量刑事件であるし、事実認定については、前記覚せい剤事件のほか

に、裁判員裁判になって判決が変わったと見られた事件はあまりないので、マスメディアが「民意」を言うのは、ほとんどが量刑に関してだった。

その「民意」。「裁判員判決で厳罰化が進んだ」という人が多い。

しかし量刑が旧来の裁判官裁判より重くなったのは、性犯罪、子ども虐待致死、他人（成人）間の殺人などで、反対に、介護疲れのあげくの親族の殺人などは刑が軽くなっていることは拙稿「裁判員に量刑をさせるな」（法と民主主義473号⇨第3部第2章）に書いた通りだ。

2）性犯罪の重罰化

上記二類型で、刑が重くなったことは、深いレベルで刑罰の意味を考えるべきことを示している。

まず性犯罪への量刑は、その国・その社会での女性の地位の反映であることの認識が必要だ。

先進国とくにアメリカなどでは性犯罪は詳細な類型化とそれに則した構成要件が規定され、法定刑は類型ごとに細分化され、重い類型では法定刑に終身刑もあり、終身刑の量刑もされている。

日本ではもともとは単純強姦罪1罪のみで、戦後集団強姦罪などが分化したが、性犯罪の行為類型が乏しく、従って構成要件が抽象的で、「抵抗要件」の明記もなく、法定刑は単純強姦罪が3年以上の有期懲役と極めて低い。

財産犯である強盗罪と比べると、驚くべきことに、単純強盗は5年以上、強盗致傷は無期又は6年以上、強盗致死は死刑または無期なのに対して、強姦は「致死傷」とひっくるめては無期または5年以上で、死刑はない。

同じ暴行・脅迫を用いて、奪う対象が、物ならば重く、性的被害なら軽いというまさしく物質主義的、男尊女卑の刑法だ。

裁判所社会もその思想に留まったままだとしか言えなかったのは、強姦罪成立の認定には厳しく、量刑は下限に集中していた。

裁判員判決で強姦罪の量刑が従来より重くなったことは日本社会の近代化の司法への反映と言える。

ただ、欧米特に英米では、性犯罪被害を訴える女性の証言への信用性を予め疑ってかかる伝統があって、被害者は強姦を立証するために自分の証言に関して補強証拠が必要とされ、また裁判官は陪審員に対して強姦の被害証言は疑ってかかるべきだという趣旨の「警告的説示」cautionary statementをする伝統があった（そのうちいくつかは拙著『説示なしでは裁判員制度は成功しない』〔現代人文社、2007年〕61頁に収録）。

裁判員制度施行後の日本では逆に、いったん捜査機関に被害者と認められると、公判での弁護人の突っ込んだ反対尋問も非難の対象とされ、特に「民間人が入る」裁判員公判から常態化して、証言はビデオリンクになるなどの強い保護措置が行われるばかりか、被害者の氏名を伏せた起訴すら行われはじめている。

　安倍改造内閣の松島法相（その後辞任）の「強い希望で設置された」（読売新聞2014年11月5日夕刊「性犯罪厳罰化へ議論」）法務省有識者検討会が、性犯罪法について8つの論点について来春をめどに結論を出す予定だ。

　8つの論点は、行為類型の多様化と法定刑の段階の細分化につながるのか、また中には西欧では当然とされているルールに関係したもの「被害者に男性を加えるべきか」（例えば米連邦刑法などでは被害者はwemanではなくpersonだ）もあるが、「夫婦間強姦の規定」の導入などは抜けている。反面、被害者が未成年の事件では、公訴時効の停止または撤廃という、性犯罪法に止まらない刑事手続原則上の問題も含んでいる。

　性犯罪への量刑の変化が時代に即したものであるとしても、今企てられている立法には注意が必要だ。

3）子ども虐待致死

　子ども虐待致死にも同じように社会の変化が表れている。

　日本では、江戸時代には子や孫と共に雇人も含めて「卑族」とし、親や雇い主が殺傷しても「お咎めなし」であった。逆に「尊属」への殺傷は厳しく罰されたのが、戦後まで「尊属殺」条項として残っていた。

　現在、刑法上はこれらの旧時代の刑罰制度はなくなったが、子殺しへの量刑は軽いという裁判の伝統はその残滓だったろう。

　抵抗できない子どもへの虐待や殺傷は、抵抗可能な成人に対するものより犯情が重いという考え方もあるが、これまで裁判所はその逆の量刑をしてきた。

　しかし2012年3月の大阪の地裁裁判員判決は幼児虐待致死で両親に求刑10年の1.5倍にあたる懲役15年を言い渡した。「親にしかすがれない子供を虐待するのは殺人より悪質」という判決後裁判員の談話からも、裁判員の意向が反映したことは明らかだ。

4）裁判員判決の重罰化

　他人（成人）間の殺人の重罰化には、性犯罪、子どもへの虐待や殺傷とは根本的に異なる「裁判員制度にともなう重罰化」問題がある。

　上記求刑の1.5倍判決は、幼児虐待致死事件だったが、「厳罰化に懸念も」と

新聞（毎日大阪版同月22日付）が書いたのは、制度開始最初の隣人同士のトラブルによる殺人事件から量刑の重さが関心を集め、翌2010年からは求刑を越える判決が当時までに10件出ていたからだ。

　周知のように、従来、量刑は求刑の３分の２が相場で、だから求刑は検察官が目的とする量刑の1.5倍が実務だった。その暗黙のルールが裁判員裁判では通らず、文字通りの求められる刑の基準となり、求刑越えも初期の１～２年から５～６年に増えつつある。

　制度開始から５年で「求刑越え判決42件」（日経新聞2014年５月21日付）、「裁判官判決の10倍」（毎日新聞2014年５月30日付）、「求刑を越えるような判決には検察側からも『理由が分からない』との指摘が出ることがある」（毎日新聞2014年６月26日付）、「市民感覚との調和必要」（求刑の１・５倍判決を最高裁が破棄した読売新聞2014年７月25日付）とメディアも厳罰化に関心を寄せるのだが、読売新聞の世論調査で「求刑を上回る判決をどう思うか」に対して「裁判員の国民感覚が反映された結果なので問題ない」が58％で「過去の裁判との公平性を欠くので問題だ」の28％の２倍以上にのぼっている（2014年７月11日付）。

　この世論も含めて基本的な問題は、何のために刑を科すのか、その目的に合った量刑判断が、市民にできるのかだ（第３部第２章を参照されたい）。簡単にいえば、刑を選ぶのは、受刑によって社会復帰させるため（社会復帰モデル）なのか、犯した罪の重さに応じた罰を受けさせるため（応報モデル）なのか、新旧２つの考え方がある中、行刑や社会政策の知識や訓練がない一般人に「民意」のまま量刑をさせれば、応報感情だけで量刑することになることは免れないということだ。

　性犯罪や子ども殺傷への処罰感情、介護疲れ殺人への同情などは、一般人の日常感覚からの了解は容易だ。しかし成人間の殺人（特に被害者多数の事件では被害者が親族であっても）加害者は一般人の感覚からは了解不可能な異常な存在・怪物でしかない。

　自分達の近くにいるのが不安な異分子である犯人は「社会からの排除＝死刑か、それが出来ないならなるべく長く刑務所に入れておくべきだ」としかならないのは、行刑の目的はおろか刑務所の実態も知らされていない一般人に、応報感情のまま量刑をさせる裁判員制度の当然の成り行きだろう。

　もっとも、裁判員に示されている「量刑データ」（過去の裁判例）は、ただこれまでの量刑の史実を示しているだけで、それがその罪に対する正しい刑だという根拠は何もない。「公平性を欠く」は、一般人からすれば、法曹だけが考

292　第５部　日本的司法の中で裁判員制度は

える「正義」にすぎないのかもしれない。

5）裁判員の量刑はどこに行くのか

つまり裁判員の量刑で問題なのは、単純に先例と違う結果になったということより、裁判員法廷の量刑審理の在り方、裁判員が何によって量刑を決めるのかにあるのだ。

「被害者1人の事件では3件目だが、前科のない被告では初めて」の岡山地裁2013年2月の死刑判決について「発生直後から、この事件を取材」してきた記者は「言い渡しはわずか10分間ほど」「判決文は簡潔すぎて死刑を選んだ理由を説明し尽くせていない」「年齢や社会的な影響を『酌量すべき事情ではない』と判断した理由など、説明不足」「裁判員裁判で行われた審理で、被告の更生可能性が十分に検討されたのか、疑問が残った」と書いている（「記者の目：裁判員裁判の死刑判決」毎日新聞2013年3月27日付）。

オウム最後の被告となった二人のうち一人の裁判員公判で毎日新聞は「空前のテロを起こした事件の背景を解明するとともに、信者を呪縛から解放する役割も求められていた」オウム裁判が、長期化を招いた反省から迅速化され、この事件では約2カ月で予定通りの判決となったことを報じて「審理急ぎ内心迫れず」と見出しした（2014年5月6日付）。

「裁判員に負担をかけない」迅速裁判のため、多くの事件で、成育歴など量刑事実に関する証拠請求が制限され、少年事件で調査官記録が証拠調べされない実務が定着しつつあると弁護士らは訴えている。

裁判員裁判の応報判決は、進行するばかりのようだ。

もう1つ新しい問題は、竹﨑長官が指示した「判決書は原則A4二枚以内」が、長官交代後も、現場で履践されるとしたら、それはまた量刑に関して、一審と上訴審の間にさらに大きな問題を発生させることになるだろう。

「罪となるべき事実」を起訴状の公訴事実程度に収めたとしても、判決書の他の定型的書式部分と合わせればA4判1枚は使ってしまう。残りの1枚に情状を収めなければならない。事実を争わない事件であっても、1人の被告が重罪である裁判員事件を犯すに至った成育歴や犯行の背景、とりわけ殺人などでは上記の記事のように、犯情が量刑を左右する。

量刑判断は「厳格な照明を要しない」とされているが、量刑「事実」の認定だ。今後、量刑不当で上訴された上級審は、一審が1枚程度にまとめた情状事実の認定を、「論理則・経験則に照らして不合理」かどうか判断することになるのか。

第3章「裁判員」はどこへ行くのか　**293**

一審は「不合理」でない量刑事実認定を1枚で書けるのか。裁判員判決だけ（あるいは一審判決だけ）がそうなるなら、上訴審との関係はどうなるのかも大きな問題だ。

英米では、手続二分で量刑は別の手続となるから、判決書は陪審への設問と答申の記載であって日本式に言えば公訴事実と有罪・無罪の宣告だけで、自然に「原則A4二枚以内」で終わる。しかしそれは事実誤認、量刑不当を上訴理由としない制度と不可分なのだ。

控訴審で最多の破棄理由が量刑不当。上告審までが事実認定について審査し破棄判決できるという日本の特異な三審制度の中で、一審判決書の量を制限して、上級審がこれまでどおりの審査をするということなら、量刑上の事実認定も含めて、不十分な一審判決の記載を上級審が「ピン・ポイント」で（チョコレート缶事件：最一判平24・2・13の白木補足意見：第2部第6章参照）言いたいだけ批判することになるなら、実体的真理と外れた上級審による下級審支配が、さらに深刻化することにならざるを得ないだろう。

(4) 公判法の実質的改変

市民参加裁判を開始するにあたって、必要な刑事手続の改正がなされないまま施行されたことによる問題点は別にして、ここでは現行の裁判員制度があらたに生み出した公判原則の改変にしぼって述べる。

1）キイワードで直接主義・口頭主義が後退

守秘義務の固い壁にはばまれて知り得ない制度の不具合を記事にするにあたってマスメディアが依存するのは「裁判員の負担軽減」と「わかりやすさ」というキイワードだ。

これが、検察が裁判で有罪の主張立証をするために好都合になっている。

裁判員に長い裁判で負担をかけないためとして、証人を呼ぶよりは供述調書の朗読で開廷時間を節約する。

「わかりやすさ」のためとして、パワーポイントを駆使しての冒頭陳述や論告はもとより、供述調書を大写しにして、強調したい部分を文字の色やゴシック書体にしながら、声色を変えて読んで聞かせる。証拠も図面化したりイラスト化して大写しにしながら、立証目的に応じて強調して見せる。

こうすれば「わかりやすい」のだから裁判員の負担にならないという建前をとって、本来市民参加法廷ではありえない供述調書の使用をやめるどころか「調書朗読6時間」という例（上毛新聞2011年12月17日付）も報道されている。

すでに裁判員制度施行 3 年目の2011年の長官・所長会同での挨拶で、竹﨑最高裁長官は「書面への依存度が高まってきている」と、直接主義・口頭主義が、施行後日を追って後退していることへの危惧を表明しているが、談話の実務への影響は見られないどころか、前記（第 2 部第 4 章）のように、かつてなかった証拠への加工など弊害は深刻化している。

2）伝聞法則の潜脱

メディアが、問題視した最大の事件は、被害者の遺体写真によって裁判員女性が PTSD になり、国に対して損害賠償を求めるという前代未聞の展開となった事件だ。裁判所の対応が注目されたが、福島地裁は2014年 9 月30日、裁判員を務めたことと PTSD の因果関係を認めながら、裁判員は辞退が認められているし、国家公務員災害補償法で補償を受けられるから「裁判員の負担は合理的範囲」として訴えを棄却する予定調和的判決をした（第 2 部第 4 章参照）。

その流れで「裁判員の負担を軽減する」ために「白黒写真やイラストで代替するケースが増えている」（読売新聞2014年11月 4 日社説）中で、直後の10月28日、母親を暴行死させた息子の事件で、検察官がした母親の遺体イラストの証拠請求を東京地裁は「イラストでも負担は大きい」として採用せず、異議申し立ても却下した。

被告側は行為を争ってはいず、犯情判断のための量刑証拠にすぎないのだが、読売新聞（10月21、28、11月 1 日付）は、「イラストを見た方が、正確に判断しやすかったと思う」などの裁判員と被害者遺族の談話を引き合いに出して、裁判所を批判した。

イラストは本来証拠ではない。写真も伝聞証拠ではあるが、イラストは作成者が写真を観察した結果の主観に依って描写した再伝聞証拠である。

イラストは量刑証拠にすぎないこの事件で、伝聞性を却下理由にすることができず、裁判員の負担を理由とした裁判所の腰が引けた姿勢も問題だが、市民に量刑をさせる制度の問題性を知らず、イラストを見せないことを批判するメディアの姿勢はさらに問題だ。こうして進む伝聞法則の潜脱は、直接主義・口頭主義の後退の反面だ。

3　裁判員はどこへ行くのか

(1)　欠陥法のための 3 年後検証と政府案

1943年に大正陪審法が施行停止されてから、半世紀余を経て不十分な形で再

開された司法への市民参加＝裁判員制度はあまりにも拙速に立法された。

本稿でも度々書いてきたように、裁判員法は、市民参加司法の法制としては、欠けている規定＝穴だらけの法律だ。まず司法への市民参加制度として中心をなすはずの評議・評決＝市民が予断なく、法的に誤りのない意見表明をし、相互に意見交換するため、そしてその結果、市民らが到達した判断を判決そして判決文に正確に反映するために必要なきちんとしたルールを定めた規定がない。

市民参加の判決を、上級審でどういう理由でどこまで変更できるのかについての規定もない。

前記した竹﨑最高裁長官の「評議の実情、控訴審との関係など制度そのものに内在する問題点の検討が早急に進められなければ」とは、制度推進に関わった彼が、病気退官を前に、はじめてこの事実を公に認めた言だったのだ。

拙速で穴だらけであることを暗黙の前提とした「（施行三年で）施行の状況について検討を加え、必要があると認めるときは、その結果に基づいて所要の措置を講ずる」という附則９条の規定付きで裁判員法は国会を通過した。

「所要の措置」とは、実施状況から見えてくる制度の不備を是正して、本来の市民参加司法の制度に近づけるための、法改正か、少なくとも運用の改善策だ。

その３年後検証に向けて民間からのまとまった形の提言としては、巻末に「裁判員経験者ネットワーク」提言（⇨巻末資料３）「市民参加で裁判員制度をより良くするための提言書」（⇨資料４）と在野法曹としての日弁連の「裁判員法施行３年後の検証を踏まえた裁判員裁判に関する改革提案」（2012年３月15日法務大臣に提出⇨資料２）があるが、国としての検証と「所要の措置」は遅れ、施行５年を過ぎる間に新たな問題点も次々と露わになってきた。

５年時点に、本章の冒頭にあげたように「おおむね順調」と言ったメディア各社説もその前置きに続けて、実は複数の制度の問題点を指摘している。朝日社説はまず「裁判員制度はいまだ、完全なしくみとはいえない」とし、小見出し「冤罪を防ぐ市民の目」で、対象事件の狭さ、量刑よりも有罪・無罪の判断を市民の目で、争いある事件を裁判員で、死刑は単純多数決ではなく、と提言、ついで裁判官と裁判員が対等に議論できる評議、裁判員の心理ケア、守秘義務の緩和も加えている。毎日社説は「冤罪防ぐ法整備を急げ」のタイトルで、証拠開示、可視化、死刑は全員一致で、などを提言している。地方紙などは、さらに率直かつ突っ込んだ提言をしているものもあり、またすべてのメディアの

日常的な裁判報道でも様々に問題が浮き彫りにされている。

　法律学者などからの問題点の指摘も多い。

　本章では、制度改革を必要とする問題点の一端を提示してきたが、問題点はまだまだ尽きない。

　2014年10月24日政府の３年後検証の結果として裁判員法改正案が閣議決定され、次期通常国会に提案される。その中身は驚くことに、僅か以下の２点だけだ。

　１点目は裁判員除外規定。裁判員対象事件であっても公判が長期にわたる事件は裁判官裁判で行う。災害時には裁判員候補者の「呼出しをしないことができる」とごく少数の事例に限っての「裁判員の負担軽減」。２点目は、裁判員選任手続で、一定の場合には、裁判官・検察官・弁護人は、事件被害者を特定する事項を裁判員候補者に明らかにしてはならず、明らかにされた場合、候補者はこれを公にしてはならないという「被害者への配慮」だけ。

　次にあげるように、さまざまな方面から出ている、あるべき市民参加に向けての改善策は一切無視した政府の３年後検証だった。

⑵　すべての問題点を無視した法案

　法案を前記２つの民間提言と比較して、共通する問題点ごとの一覧表（次々頁掲載の**表6**）にしてみると法案が市民参加制度の基本には全く無関係なことがよくわかる。

　もちろん民間からの２つの提言も十分なものではない。

　まず、筆者も「３年後検証小委員会」委員として策定に関与した日弁連提案だが、このほかにも多数の問題点が議論されていたが、提言原案を作った上で都道府県弁護士会（単位会）に意見照会をしなければならない手続のため、原案作成も中途で打ち切り、単位会の議論も期限切れで、はなはだ不十分なまま、一致できた最低限の項目しか盛り込めていない。

　裁判員経験者提言には、「民事・行政事件にも裁判員制度を」という、司法参加導入の当初にはあった大きな制度案もあって一般国民からの司法参加制度への期待が感じられる一方、「裁判員から弁護士・検察官への質問」など近代法の公判原則からは無理な要求もある。

　こうした不十分さはあっても、公的にされた２提言、また最高裁長官やメディアなどの提言でも共通する市民参加にふさわしい制度への改正意見に対して、一顧だにしない法案で、法が定めた見直し＝「３年後検証」は徒過された。

(3) 検察だけで作られた法案

法務省が設置した「裁判員制度に関する検討会」（以下区別のため「法務省検討会」と略）の結論がそのまま、法制審「刑事法（裁判員制度関係）部会」への諮問97号とされ、部会→法制審の答申→法案となったのだが、それが他の誰でもない検察庁の方針そのものであることは、すでに2012年の３年後検証時に「制度設計に携わった但木敬一元検事総長」が「現行制度は当面維持されるべきものだと考える」（毎日新聞2012年５月18日付）と明言していたことでもわかる。

このままがいい。現在の裁判員制度は、検察にとって使いやすい制度だったのだ。

但木方針通りの結論を出した「法務省検討会」は、裁判員制度施行の僅か３カ月余で発足している。

刑法学者の故中山研一は、つとに2010年９月のブログで「法務省の刑事局が事務局として議論に積極的に参加し、法務省における検討作業に協力するという趣旨のものであれば、当局に対する批判的な意見は最初から出ないように出来ている」と危惧を示していた。

その「検討結果」が中山没後、あまりにも露骨な形で、しかも一挙に法案にまでなったのだが、法務省が選んだ委員が、井上正仁座長をはじめ2002年に裁判員法を策定した政府「裁判員制度・刑事検討会」（以下区別のため「政府検討会」）の委員だった弁護士やメディア関係者の再任という人事を見れば結果は初めから明らかなことでもあった。

「法務省検討会」は、一応「対象事件の範囲等、裁判員等選任手続、公判・公判前整理手続、評議、評決、被害者等、上訴、裁判員等の義務・負担に関わる措置等　その他」について「検討し、法制上の措置の要否に関する検討をした」結果「裁判員制度は施行以来大変うまく運用されているとの意見が多く示される一方で，制度の基本的骨格自体に変更を加えるべきとの意見はなく」と頭記する「取りまとめ報告書」として前記改正法案となった２点以外の項目については改正について「消極意見が大勢を占めた」として排除したものだ。

もっともこの「大勢」は決を採ったのでもなく、誰がなぜ大勢と判断したのかはわからない。

その消極意見でも「制度立案時に議論の上否定された」「制度立案時の整理と矛盾しない」といった意見が多数回出てくるのは、上記した両「検討会」の重複人事の効果か。

298　第５部　日本的司法の中で裁判員制度は

表6　法改正提言と法案

日弁連提言	裁判員経験者提言	裁判員法改正政府法案
	民事・行政事件も員制度を	
争いある事件を対象に		
	選任手続原則公開	
証拠開示の拡大	検察の全証拠開示	
被告に公判前整理請求権		
	公判前整理議事録を員に提示	
争いある事件の手続二分		
	被害者参加否認事件は 有罪決定後に	
員への説明規定の改正		
	員から弁・検へ質問可能に	
	証人・被告に再質問可能に	
評決要件改正		
	期日超えても評議充実	
	死刑についての情報公開徹底	
死刑は全員一致		
裁判員の心理負担軽減策		
		長期審理事件の除外 災害時の辞退等
	員経験者意見交換会を定例化	
	員希望者に刑務所見学	
守秘義務緩和		
	員希望者に上訴期日通知	
	裁判官も判決後会見を	
		被害者特定事項守秘義務
少年法理念規定の新設 科学主義理念の明記 少年法固有の説示		
裁判員制度検証機関設置		

(4)　行政が立法をする

　戦後はじめてつくられた国民参加司法の検証と改革の作業は、すべての勢力から独立し、中立のいわば国民的な立場でされなければならないのは当然だろう。

　三年後検証に際して具体的な改正提案をしなかった読売新聞社説（2012年5月16日付）だが「経験者の声を生かした改善を」と書いている。

　社説は裁判員経験者を言っているのだが、日々制度に携わっている法曹三者、そしてそれによって裁かれる被告らも経験者＝いわば制度の同じユーザーだ。

　これら実務の体験者からの問題点の指摘、改正意見こそが三年後検証に必要な資料であるはずだ。

　その視点は、この制度で「公正な裁判ができたか」「より公正にするにはど

う改正すべきか」でなければならない。

しかし単独で改正法案をつくってしまった法務・検察当局の2009年以来の周到な戦略に対して、他のユーザーの制度改革への取組みは著しく出遅れたままだ。

1）裁判所・裁判官

最高裁は2009年から「裁判員制度の運用等に関する有識者懇談会」を設け、ホームページの「設置について」では、法103条の「制度の実施状況に関する資料を公表する」義務を挙げ「その後のよりよい運用に反映させていく責務を負っています」としている。

であれば、これまで25回にわたる懇談会に報告してきた膨大な実施状況の資料から見える不具合（本章1(3)で紹介した裁判員逃れ現象なども）法改正意見にまとめて3年後の立法に提供しなければならなかったはずだ。

しかし「（裁判員法）施行から5年という時間が流れて、一人一人の裁判官が数十件というような規模での裁判員裁判の体験を重ね、その中で裁判官の個人的な印象を超えて、一般論として裁判員裁判をどうするべきかということを考えることができる段階に入りつつあると思う」（第24回「有識者懇談会」の議事録「大谷直人最高裁事務総長のプレゼンテーション」）とは、「法務省検討会」では既に改正を前記2点のみに絞る「とりまとめ報告書」をほとんど仕上げていた時期に、なんとも悠長なことだ。

もっとも制度導入以前は、大都市では黒塗りの車で官舎と裁判所を往復するだけで外部社会との接触がなく「仕事で会う人は事件当事者しかいなかった。裁判員裁判を毎回違う人と一緒にやることは新鮮だ。これまでなかった楽しさを感じる」（「裁判官10人インタビュー」毎日新聞2012年5月18日付）と今はまだその喜びに浸っている蜜月期なのだろう。

裁判員裁判を担当できることは、「上」からの評価の証しであって、ステイタスでもある。「裁判官10人」には、自らの実務上の反省や検察や弁護士のやり方への批判はあっても、制度への批判的意見は「書面主義がなお根強い」程度しか出ていない。法改正など念頭にないのかもしれない。

はじめて本音を語ったかに見える竹﨑長官談話は、彼だけの焦りだったのか。

2）弁護士会・弁護士

「改革提案」の全てを否定された日弁連だが、それに対して何らの対応もしていない。

もともと裁判員制度は、政府の司法制度改革審議会の2001年「意見書」で始

められたものだが、以来2つの「検討会」最高裁の「有識者懇談会」まで、弁護士委員を推薦してきたのは日弁連だ。その中で弁護士委員は、一応日弁連がまとめた意見書にしたがって意見を言うが、それに反する結論が出されることには抵抗しないという「伝統」にある。すると会としての日弁連も反対しなくなる。法務省は安心して日弁連提案を無視するのだ。

　本章1(3)であげた「やりたくない」統計が示す裁判員制度の衰退は留まるところを知らない。このまま裁判員候補者として呼び出す数を無限定に増やし続けるのか。

　なぜ不人気なのか。裁判員は何をしているのか。自分がなれば何ができるのかが国民に見える制度になっていないからだ。

(5)　裁判員はどこへ行くのか

　最後に、この国で制度を維持していくためには、前記した各方面からの改革提案に加えて、市民参加制度の真髄である評議・評決のきちんとした制度化であることを項目だけをあげて言って置く。

　①　素人である市民に法律の枠組みを正確に与える「説示」を裁判所として統一モデル化し、事件ごとに両当事者合意の上、公開の法廷で朗読して確定する。

　国民は事件報道で知った出来事が裁かれる具体的な法を知ることができる。まさに「司法に対する国民の理解の増進」だろう。

　被告・弁護、検察側も裁判官の個人差を危惧せずに攻撃防御できる。

　②　評決は、公判前整理手続で両当事者が合意した争点ごとに無記名の投票として、その争点と票数を示して判決書とする。

　日本に最も近いフランスを参考に、日本では公判前整理手続でより詳細に争点を設定できるので、どこでどう判断されたかが、当事者にも国民にも見え、無記名の票数なので裁判員の個人情報は洩れない。当事者は（現行上訴制度のままでも）不服な争点事実に誤認の主張ができる。①と②で判決書と評議・評決の乖離もなくなる。

（「司法とは何だ　そこで裁判員は何をするのか（下の③～⑤）」法と民主主義492号〔2014年〕、493号〔同年〕、494号〔同年〕）

終章

裁判員制度　ここを直さなければ、市民参加司法にならない

1　はじめに

　ここでは本書各章の結論だけをまとめて一覧できるようにした。理由となる論述は、ここで特に付加した以外は、それぞれの項目ごとに「第〇部第〇章〇〇頁」として付記するので、その部分を読んでいただきたい（なお、＊は、当面運用上の改革としての意見で、それ以外は法改正意見）。

　また、下記の文書で同じ趣旨の改正意見があるときは、以下の略号で付記する（本項では「裁判員」は「及び補充裁判員」の意味で用いる）。

　国連——国際人権規約を批准し、その国内実施を約束している日本政府が、5年ごとに提出する「実施状況報告書」に対して、規約人権委員会の審査が行われ、その結果を、委員会がまとめた総括所見（巻末資料1）。

　それ以前も出されているが、最近の第5回と第6回の2回分から引用する。国連の次の数字は回、末尾の数字は所見の項目番号。

　日弁——日弁連が、これまでに出してきた、決議や意見書など。多数あるが、ここでは次の2文書から引用する。2011年5月27日第62回定期総会「取調べの可視化を実現し刑事司法の抜本的改革を求める決議」（「62回総会決議」と略。〔巻末資料2〕）、2002年8月23日理事会決定「『裁判員制度』の具体的制度設計にあたっての日弁連の基本方針」（「具体的制度設計」と略）。

　裁周提言——裁判員経験者らによる「裁判員制度と周辺環境における提言書の提言部分〔巻末資料3〕）。

　アクト提言——社会福祉法人大阪ボランティア協会・“裁判員ACT”裁判への市民参加を進める会「市民参加で裁判員制度をより良くするための提言書」

の提言部分（巻末資料4）。

　以上、いずれも略称末尾の数字は項目番号である。

2　刑事手続を改める

　現在の刑事訴訟手続は、戦後、占領軍のGHQの民主化主導で改正作業が始められたが、作業半ばで、アメリカが冷戦構造によって対日政策を変え、改革を放棄したため、最後は日本の司法省の意図どおりにまとめられた（拙稿「日本刑訴の被疑者・被告人を読み直す」新潟大学法学会『澤登佳人教授退官記念号』法政理論25巻4号〔1993年〕125頁以下⇨拙著『刑事訴訟法を実践する』〔日本評論社、1996年〕318頁以下）。そのため近代的原則のあとに旧刑訴法（大正刑訴）の規定をそのまま例外規定の形で残す混合体の法律になった。刑訴法320条の伝聞禁止原則のあとに321条以下の捜査官作成の供述調書許容規定が続くのがその1例だ（詳細は拙稿「二一世紀の刑事司法」東京弁護士会司法問題特別委員会編『21世紀の司法の構想』〔日本評論社、1996年〕16頁以下）。そのまま70年、実務で例外規定の適用を原則化し、部分的な法改訂を続けて来たが、捜査、訴追、裁判機関の使い勝手の良さに資する改訂で、現行の刑訴法は、いまだに民主国家で当然保障されるはずの適正手続になっていない。

　日本の法状況は、市民参加制度を始めるには、まず刑訴法を近代化した上に、市民参加に必要な手続規定を設けなければならなかった（拙著『刑事司法改革初めの一歩』（現代人文社、2002年）。

　1999年から始められた司法改革だが、2001年「司法制度改革審議会意見書」は、市民参加を提案しながら、当然提案されるべき刑訴法の抜本的改革には口をつぐみ、政府は刑訴法に公判の管理強化を盛り込んだ公判前整理手続と開示証拠の目的外使用禁止などを新設した以外は従前のままで市民参加を始めてしまった。

　2009年の検察不祥事による検察改革の要求を受けて、2011年6月法制審新時代の刑事司法制度特別部会で審議された「時代に即した新たな刑事司法制度」は、2016年5月「刑事訴訟法の一部改正する法律」として成立したが、内容は検察改革とは真逆の、検察に新たな武器を持たせるだけの「改正」で、市民参加に必要な改革はみじんもないままだった。

　その上実務では、裁判員への「負担軽減」「分かりやすさ」を理由に、逆に適正手続が、侵害されて行く実態になっている（序章）。

本書で、刑訴法全体の必要な改正をあげる紙幅はないので、収録した論稿で述べた限度で、裁判員制度のあるべき運用のために必要な手続の改正点をあげる。

１　被告の裁判を受ける権利

①　アレインメント制度を導入して、刑事訴追を受け、無罪を主張する者は、裁判員裁判を受ける権利があり、裁判員裁判か裁判官裁判のいずれを受けるかを選択することができる制度に改める（⇨第３部第２章）。

②　有罪答弁をした者は、行刑・刑事政策の十分な研修を受けた裁判官が担当し、自由な証明による、量刑裁判のみを受ける（⇨本書第３部第２章、第２部第４章）。

２　直接主義・口頭主義

近代の刑事公判制度では、直接主義・口頭主義が当然の原則として行われている。これと大きく反する日本の刑事手続だが、少なくとも市民参加の公判とは、性質上相容れない書面審理は行ってはならない。

裁判官向けの最高裁の方針と見てよい『裁判員制度の下における大型否認事件の審理の在り方』（司法研修所、法曹会、2008年）も、冒頭「裁判員制度における審理についての基本的な考え方」で「公判中心主義、直接主義、口頭主義に立脚して集中審理を行うことが必要になる。このようにして刑事手続きの在り方はこれまでとは大きく変わることが予想される」「裁判員が法廷で目で見て耳で聞いたものだけで心証をとれるようにするべき」（１頁）としている。市民参加の手続として当然の原理を裁判所当局も当然言明しているのだ。

しかし同書は、その後に「検察官は、朗読によって裁判員に簡潔明快に理解してもらえる証拠書類を用意すべき」（５頁）とし、「書証の在り方とその取調べ方法」として、全文朗読と従来の「要旨の告知」（「乙×号証自白」と言えば陳述したことになる）とを併記して「原則として」全文朗読によるべきだと言う（32頁）に留まる。「裁判員が法廷で目で見て耳で聞」くのは、検察官の書面を朗読する姿でよいとしてしまっているのだ。

現在行われている検察官の調書朗読実務は、なんと最高裁の容認する方針の結果だったのだ。声色朗読でも、全文ならまだ良い方、と言うべきか。

記述はさらに進んで、書証の「作り方」に「検察官は供述調書を作成するにあたり、録取内容を、過不足なく、簡潔に１通にまとめた上、事項ごとに項目

を分けて記載することとし、公判段階において、立証に不要な項は不提出（抄本化）しやすくするなどの工夫」を求める（33頁）。

日本型供述調書は、従来から刑訴法文の「供述録取書」ではなく、「調書」捜査官の作文であることが国際的にも知られているが、この「工夫」＝「仕上げ調書1通」方式によって、「お調べ書き」つまり「取調べ官の意見書」の性格がより増幅する。

これまで取調べごとに積み上げられた膨大な供述調書の中には、多少残されていたあいまいな記述や変遷から、強制された自白への抵抗や、調書化へのためらいを見ることができる証拠調べは、参加市民には「負担の軽減」の名のもとに閉ざされるのだ。

検証調書などその他の書証についても「ダイジェスト版を作り直してもらい、それを書証として請求する（最高検指針案18頁）」ことを「歓迎すべき態度」としている。

伝聞証拠の再伝聞化。ここでも被告に有利な部分が削られることは必定で、第2部第4章であげた検察の書面パワーポイント化などとともに、「裁判員に分かりやすい」を口実に、日本的書面審理公判の実態が、より捻じれ、深化して連綿と継続して行くことになる。

これでは検察官の意見が証拠化される実務になる。

これらの実態では公判は「証拠による裁判」ではなくなる。

① 直接主義・口頭主義の原則通りの公判運営をする。

＊法改正までの間、少なくとも裁判員裁判では、すべての書面証拠による立証（書証の朗読を含む）を許可しない（伝聞例外規定＝刑訴法321，322，324，326，328条を適用しない）。

次の②、③は、英米の実務である（⇨第2部第4章）。

② 鑑定意見は鑑定人の証言で行う（鑑定人は、裁判員が理解できる説明を行えるように訓練されなければならない）⇨第2部第5章。

③ 実況見分や検証は、ナレーションなしのVTRで行う。

④ 被害者参加は、有罪・無罪を争う手続（後記の通り全裁判員事件）では行わない 裁周提言12 ）。

③ 捜査制度についての最小限の改革

① 取調べと供述調書 国連 6 － 18 － C

終章 裁判員制度　ここを直さなければ、市民参加司法にならない　**305**

ⓐ　取調べ時間と方法について人権侵害にならない継続時間と尋問方法を法律で規定する（英米法系の国では1回2時間、殺人事件などでも午前・午後に分けて2時間を2回で終わらせる）。

ⓑ　取調べには弁護士の立会いを必須条件とする。

取調べの録音・録画記録媒体は、違法取調べがなかったことの証拠としてのみ用いることができ、実質的な身体拘束＝「逮捕の瞬間から」全ての取調べについて録音・録画がされていないときは、証拠能力が無い（五十嵐二葉「今市判決で見えた新たな冤罪原因=『取調べの可視化』とどう闘うか」季刊刑事弁護87号〔2016年〕参照）制度とする。

ⓒ　被疑者の供述は、供述調書ではなく、録音・録画によってのみ記録する。

②　保釈制度

ⓐ　保釈を起訴後に限っている保釈制度を改め、起訴前との差をなくす（刑訴法207条1項の但し書きを削除する。国連18⒜　日弁62回定期総会決議4）。

ⓑ　*保釈について自白者と否認者への保釈の差をなくす（刑訴法89条4号の「罪証隠滅」を限定的に解釈し、特に「否認」を「罪証隠滅」の疑いと解釈しない（⇨本書第2部第1章）。

④　証拠開示

①　公判前整理手続の証拠開示手続を廃止して、全刑事手続に共通の以下の全証拠開示条項を刑訴法に設ける。

②　司法警察職員は、送致に際して所持する全証拠を、またその後取得した証拠はその都度直ちに検察官に送付する。

③　検察官は、起訴後直ちに、弁護人又は被告人に対し、検察官が所持する全ての証拠の目録（標目）及び内容（要旨）を記載した書面を交付する。

④　検察官は、③の全証拠について、弁護人の請求により謄写に応じなければならない（⇨本書第2部第3章、国連6－13－、日弁「具体的制度設計」1～5、日弁「62回定期総会決議」3、裁周提言2）。

⑤　公判前整理手続

①　予定主張明示制度を廃止する（刑訴法316条の17、22。⇨本書第2部第2章）。

②　手続は、担当裁判体の構成裁判官以外の裁判官が行う。

③　争点整理はより大まかなレベルにとどめ、公判になってから両当事者・裁

判官の申し出によって、3者が協議して合意ができれば変更できるように改める。

④　整理手続の結果（刑訴法316条の31）は、裁判所と当事者双方の協議によって整理手続の経過が具体的に明確になるように作成し、公判で裁判官が朗読して、裁判員から質問があれば、裁判所と当事者双方が手続の経過を答える（⇨ 裁周提言1 ）。

6 裁判員判決を含む一審判決への検察控訴 （⇨第2部第6章）

①　無罪判決に対する控訴は許さない

②　量刑不当を理由とする検察官控訴を許さない。

3　裁判員法を改める

1 制度の目的規定

市民参加が主権者である国民の権利であり、市民の健全な意見を司法に活かすことが制度の目的であること、国民は刑事訴追を受けたときは市民参加の裁判を受ける権利があることを明記する。

2 対象事件

現行の裁判員対象事件の規定を廃止し、刑訴法の規定（前記1の 1 ）を受けて、被告が裁判員裁判を選択した事件を扱う旨規定する（⇨本書第3部第2章・第3章）。

3 区分判決条項の削除

4 裁判員の選任 （第4部第5章）

①　就職禁止事由を限定し、就職禁止は、以下の者だけを対象にする（15条1項の改定）。

　　当該事件に関わった裁判所の職員（非常勤の者を除く）、当該事件に司法警察職員としての職務を行った者のみにする アクト提言4 。

②　「その他の不適格事由」として、裁判所のみの判断で、特定の者を裁判員から排除するのではなく、両当事者の意見を聞くことを要件にする（18条に

終章　裁判員制度　ここを直さなければ、市民参加司法にならない　**307**

「裁判所が〔被告・弁護人及び検察官の意見を聞いた上〕を付加して、42条（異議の申立て）を準用する」）。

③　裁判員選任手続は原則公開で行う　裁周提言4。

5　審理日程

　現在「裁判員の迷惑」への軽減として裁判所は審理日程を分刻みで設定し（予定表、本書序章末尾参照）、それを守るために、審理も評議も、実態として中途で打ち切る運用をしている。前記『裁判員制度の下における大型否認事件の審理の在り方』も、反対尋問の制限まで示している。これは被告とされた者が、十分な裁判を受ける権利の侵害であり、憲法37条違反の疑いもある。

　＊審理日程はあくまで目安として、裁判所は日程に拘泥しないで十分な審理、評議、評決をする　裁周提言7　アクト提言5。

6　裁判員への情報管理

①　報道機関による犯罪報道コードの作成

②　説示（⇨第3部第4章）

　ⓐ　裁判員に与える説示を、手続法、実体法ともに、法曹三者が協議して作成する。

　（ⓐ-2）＊裁判員に量刑判断をさせる制度を続ける間は以下の説示も同様に作成する。刑罰の目的と意味、現行の行刑の実態、犯罪ごとの法定刑、適用することのできる加減の種類と加減枠、執行猶予の制度。

　ⓑ　裁判員への手続、実体法の説明は、以下で公式に行う説示に限定し、これ以外の機会、方法で、裁判官が裁判員に個別の法的説明をすることを禁止する。

　ⓒ　裁判員に与える説示は、全て公開の法廷で、裁判長が朗読し、そのコピーを裁判員、被告、弁護人、検察官に交付する。

　ⓓ　全ての手続に共通する一般的な手続に関する説示は宣誓に先立って裁判員となる者にⓒの方法で与える。

　説示に従って任務に就くことを望まない者は、その場で選任を辞退することができる。

　ⓔ　事件ごとに必要となる説示は、ⓐの中から裁判所、弁護人、検察官の協議によって確定し、公判開始に先立って、裁判員となる者にⓒの方法で与える。

ⓕ　公判開始後、さらに説示が必要となったときは、ⓔと同様の協議によっ
て確定して、裁判員にⓒの方法で与える。

③　説示以外の裁判員への情報提供

説示以外に裁判員に対して裁判所から情報提供を行わない。

＊選任に先立って裁判員候補者に対して行っている事件概要の説明は、当事
者双方と裁判所が協議して内容を確定する。

協議で一致が得られないときは、当事者は各自、自ら事件概要を説明する
ことができる。

7　評議

①　評議の対象

＊評議の対象は、（上記2の5の③の）公判前整理手続で確定した争点とする。

②　評議の方法

以下の評議のルールを6②の説示の後で裁判員に与え、コピーを渡す。

ⓐ　評議は①の争点ごとに行う。

ⓑ　裁判員から、特定の争点について、発言者を秘匿しての評議にしたい旨
の希望があり、裁判員の過半数が賛成した場合には、発言を白紙に無記名
で記載して投票する方法によることができる。

ⓒ　評議での発言は裁判員の発言がすべて終わった後に裁判官が発言する。

④　評議は全員が終結を納得するまで継続する。

8　有罪・無罪の評決

①　評決は、争点ごとに、全員が白紙に無記名で記載して投票して行う。

②　被告に不利な争点は、投票の結果の3分の2以上でなければ評決できない。

③　争点ごとの投票が全て終わり、その結果で、被告を有罪とすることができ
ないときは、評決を無罪としなければならない。

④　争点ごとの全投票で、被告を有罪とすることができるときは、裁判長は、
被告を有罪とするか、無罪とするかについての選択肢で、再度投票を命じ、
被告を有罪とする票が3分の2以上のときは有罪の評決として評決を終わ
る。

⑤　④の投票で、被告を有罪とする票が3分の2に満たないときは、裁判長は、
評決を争点の投票からやり直し、その結果に従って、なお被告を有罪とする
票が3分の2に満たないときは無罪の評決とする。

終章　裁判員制度　ここを直さなければ、市民参加司法にならない　**309**

⑨* 量刑の評決

　市民に量刑をさせることは厳に避けなければならないが、制度が変わるまでの暫定的措置としては以下の方法によるべきである⇨本書第3部第2章、第3部第3章）。

① 　裁判長による量刑説示
　前記有罪無罪の評決が終わって、有罪の評決となった後に、裁判長は、行刑の実態を（該当する可能性がある事件については死刑の実態も）を示す資料を配布して、当該事件に従って必要な（⑥-②）の説示を行う。

② 　その後に⑦の方法に従って、適用することのできる加減の種類ごとに適用の有無を評議・評決し、その結果の処断刑の範囲を示し、執行猶予の可能性があればその旨を告げて、執行猶予の適用を含めて量刑意見を全員で投票する。

③ 　執行猶予意見が過半数を占めた場合は執行猶予つきを前提に、過半数に満たない場合は実刑を前提に、再度刑期の投票を行い、一致しない場合は現行裁判員法67条2項に従って刑期を決定する。

④ 　死刑の評決は全員一致でなければすることができない。

⑩ 判決書

　判決書の理由は、争点ごとの評決結果と、有罪無罪の評決結果、有罪の場合は⑨の評決結果を記載して理由とする（⇨本書第3部第1章）。

⑪ 守秘義務

　裁判員の守秘義務は、評議・評決に関して、個人を特定してする発言内容のみに限定する。その他は名誉棄損等、他の法令に従ってのみ責任を負う（第3部第4章、参照 アクト提言5 、 裁周提言-3、11 ）。

⑫ 日本の司法を直さなければ

　裁判員裁判の問題は、第1で書いた日本の刑事司法の問題、さらには、司法全般、司法に関係する法律家の問題に原因があり、そこを直さなければ、根本的な解決にはならない。その問題については本書第5部第1章「司法とは何だそこで裁判員は何をするのか」、第4部「裁判員制度発足と『三年後検証』を検証する」、第2部第7章「検察審査会をどうするか」をご覧いただきたい。

●資料1

国連規約人権委員会第6回日本政府報告書審査総括所見
(2014年7月24日〔刑事関係部分〕)

13. 死刑制度

締約国は,

(a)死刑の廃止を十分に考慮すること,即ちその代替策として,死刑を科しうる犯罪の数を死の結果を含む最も重大な犯罪に減少させ;

(b)死刑確定者とその家族に対し予定されている死刑執行の日を予め合理的な余裕をもって告知すること,及び,死刑確定者に対して非常に例外的な事情がある場合であり,かつ,厳格に制限された期間を除き,昼夜独居処遇を科さないことにより,死刑確定者の収容体制が残虐,非人道的あるいは品位を傷つける取扱いまたは刑罰とならないことを確保し;

(c)直ちに,弁護側にすべての検察側資料への全面的なアクセスを保証し,かつ,拷問あるいは違法な取り扱いにより得られた自白が証拠として用いられることがないよう確保することよって,誤った死刑判決に対する法的なセーフガードを強化し;

(d)委員会の前回の総括所見(CCPR/C/JPN/CO/5, パラ17)の観点から,再審あるいは恩赦の申請に執行停止の効力を持たせたうえで死刑事件における義務的かつ効果的な再審査の制度を確立し,かつ,死刑確定者とその弁護士との間における再審請求に関するすべての面会について厳格な秘密性を保障し;

(e)死刑確定者の精神面の健康に関する独立した審査のメカニズムを確立し;

(f)死刑の廃止を目指し,規約の第二選択議定書への加入を考慮するべきである。

18. 代用監獄(代替収容制度)と強制自白

締約国は,代替収容制度を廃止するための全ての方策を取らなければならない。言い換えれば,規約9条,規約14条で保障されている全て保障を完全に実施することであり,それは特に次に掲げる事項を保障することによって行わなければならない。

(a)勾留に代えて、保釈などの代替措置等が、起訴前の勾留中にも当然のこととして考慮されること。

(b)すべての被疑者が身体拘束をされた瞬間から、弁護人の援助を受ける権利を保障され、尋問の間中弁護人が立ち会うこと。

(c)尋問の継続時間のタイムリミットと尋問方法について厳格な制限を設定する立法措置をすること,および,尋問は完全にビデオ録画されなければならない。

(d)都道府県公安委員会から独立し、尋問中に行われた拷問や違法取り扱いについての不服申し立てについて、迅速、公平かつ効果的に調査する権限を持つべく、不服審査メカニズムを見直すこと。

●資料2

日弁連第62回定期総会「取調べの可視化を実現し刑事司法の抜本的改革を求める決議」

(2011年5月27日)

1　遅くとも来年度の通常国会までに、被疑者取調べの可視化（取調べの全過程の録画）を、対象事件の範囲を段階的に拡大することを含め、法制化すること、及び触法少年調査の可視化（調査の全過程の録画）を法制化すること。

2　上記1の法制化がなされるまでの間、各捜査機関の捜査実務運用において、取調べ・調査の全過程の録画を、できるだけ広範囲で実施すること、特に知的障がい者、少年、外国人等のいわゆる供述弱者及びいわゆる特捜事件については、弁護人等の求めがあれば原則として取調べ・調査の全過程の録画をすること。

3　捜査機関が収集した証拠リストの弁護人への交付を含む全面的証拠開示制度を早急に整備すること。

4　勾留・保釈の運用を抜本的に改善するとともに、出頭等確保措置を導入し、あわせて勾留及び保釈除外事由の要件の厳格化、起訴前保釈制度の創設を行うこと。

5　速やかに被疑者国選弁護制度の対象事件を身体拘束を受ける被疑事件全件に拡大するとともに、逮捕段階の被疑者を国費による弁護制度の対象とする制度を創設すること

6　国選付添人制度の対象事件を少年鑑別所に収容されて身体拘束を受ける少年の事件全件に拡大すること。

●資料3

裁判員制度と周辺環境における提言書

（2012年）

　裁判員経験を通じて実感した制度の課題と社会における真の正義と公平で公正な裁判の実現のために 提言いたします。あくまで一市民であり裁判員経験者でもあるという立場から現在の司法制度に対する 前進的な提案であり、今後も司法に国民が関わり続け信認を得るためにも虚心坦懐に耳を傾けていただけることを願います。

  1. 公判前整理手続は可能な限り裁判員に提示すること
  2. 検察は証拠を原則すべて開示すること
  3. 希望する裁判員候補者には刑務所見学を実施すること
  4. 裁判員等選任手続は原則公開で行うこと
  5. 裁判員からの検察官・弁護人に対する質問を可能にすること
  6. 証人・被告人に対する再尋問・再質問を可能にすること
  7. 期日を超過したとしても評議時間は充実したものにすること
  8. 希望する裁判員経験者には上級審の公判期日を知らせること
  9. 裁判官も記者会見を開くこと
  10. 裁判所主催の裁判員経験者の意見交換会を定例化すること
  11. 死刑についての情報公開を徹底すること
  12. 被害者等参加制度の運用改善をすること
  13. 民事・行政訴訟にも裁判員制度を運用拡大すること

　各項目について補足説明をいたします。

【補足1：公判前整理手続は可能な限り裁判員に提示すること】

　ある裁判員裁判の控訴審にて、高裁裁判官が公判前整理手続を基に一審で十分に審理が尽くされている旨の発言を受けて違和感を覚えました。そもそも公判前整理手続は裁判の迅速化という表紙に隠された現実的な作業だと受け止めております。たしかに公判前整理手続から裁判員を参加させるのは時間的な負担が大きいので、せめて公判前整理手続の議事録などを提示するようにしてください。

　自分たちが一審時に見たのは争点整理表であり、公判前にどのようなやりとりがあったのかは不明です。公判前整理手続が心証形成の場ではないにしても裁判官と裁判員との間に情報の格差が生じることは公平性、公正性に疑問が残ります。知り得る情報を可能な限り吟味して判断したいと願います。

【補足2：検察は証拠を原則すべて開示すること】

前項と重複しますが公正な情報や証拠を基に正しい判断をしたいというのが心情です。事実として検察による証拠の不当な不開示という報道を散見いたします。検察は公判前整理手続にあたって弁護人に対して保持する証拠リストをすべて開示していただき、弁護人は公平公正な裁判に適当な証拠を適切に開示請求する運用が望ましく、国民はあらゆる可能性を網羅できる土壌で裁判に参加できることを期待しています。唯一の公訴権を持つ公機関として国民からの信頼を得るためにも正義を貫いてほしいです。

【補足3：希望する裁判員候補者には刑務所見学を実施すること】

　量刑も含めた判断をする裁判員制度は多くの国民に刑行に対する関心を呼び起こす貴重なきっかけになっていると高く評価いたします。そのうえで自分たちが判断したその結果を知ることはとても重要で有用なことと考えます。具体的には裁判員候補者登録通知に希望するかどうかを問い、指定期日に裁判所に参集した方に対して裁判所主催で刑務所見学を行う。または呼出状を送付する段階で対象者に対して、指定する期日に裁判所に参集した方には刑務所見学を行う旨の通知を同封すれば実務的な絶対数になるはずです。ただし、刑務所見学にあたっては受刑者の方たちに誰が何のために見学をするのかの趣旨を必ず伝えるようにしてください。管轄違いと頑なに拒絶せずにご検討いただけることを願います。

【補足4：裁判員等選任手続は原則公開で行うこと】

　裁判員等選任手続を公開にすることこそ、裁判員制度に対する信用を確たるものにする近道だと考えます。報道機関も含めた一般公開までは拙速だとしても、選任決定手続（裁判員の参加する刑事裁判に関する法律第三十七条）だけでも当日出頭した裁判員候補者に対して公開で行うことを望みます。一方で、理由を示さない不選任の請求（同法第三十六条）や裁判員候補者に対する質問等（同法第三十四条、以下「質問手続」）は従来通り非公開であるべきです。

　また、質問手続に際しては検察官、弁護人からも質問ができるようにするべきです。裁判官に質問要旨を伝えて訊いてもらうことが可能だとしても、例えば最低限の議論に欠かせない適切なコミュニケーション能力を備えているか、などは多少踏み込んだ質疑応答の中で見出せるものであり、容姿や表面上の言動程度しか判断材料がない中で理由を示さない不選任の請求を行使することは公正性に欠けます。どちらも裁判の当事者または代理人であり、公平公正な判断を求めるのであればこそ裁判員に適格かどうかの素地を問うのは当然の権利であり、この場において裁判員候補者はあくまで選ばれる立場なのです。裁判員等選任手続こそ裁判員裁判の核心であり、たとえ数日間かかったとしても、そこに時間と注意を最大限払うことで判決に対する支持は格段に上がると確信いたします。

【補足5：裁判員からの検察官・弁護人に対する質問を可能にすること】

　裁判員の疑問は時に証言台に立つ証人や被告人だけでなく、検察官や弁護人に対して

も湧き起こります。裁判官が双方に立証の趣旨や尋問の趣旨を訊ねることがありますが、裁判官が指摘しない内容や疑問を裁判員が抱いていることが多々あります。正しく判断するためにも、ぜひ裁判員からも検察官や弁護人に対する疑問を自由に訊けるようにしてください。

　また、補充尋問や補充質問の前に10分ほどの休廷を設ける裁判体が多いですが、この間に裁判官が事前に尋問や質問の内容を裁判員から聞き取り、その場で答えてしまったり、不適当な質問だからと抑制されたりすることもあるようです。裁判員が感じた疑問はまず裁判官にではなく、証人または被告人に向けられるべきです。

【補足6：証人・被告人に対する再尋問・再質問を可能にすること】

　ある裁判の証拠調べ後に再度証人に尋ねたいことがある旨の要望をしたところ、裁判官から極めて困難であるという説示を受けました。従前の裁判では証人や被告人に再度出廷してもらい、再尋問、再質問を繰り返すこともあったはずです。たしかに裁判の迅速化という目的とはあまりに乖離してしまうので、原則ではなくそういった要望が噴出し、公平公正に判断するためにやむを得ない場合のみの運用でよいと考えますが、たとえそのために公判期日が伸びたとしても裁判員は無用な負担とは決して思いません。

【補足7：期日を超過したとしても評議時間は充実したものにすること】

　前項とも連関しますが、ごく制限された時間枠の中で人の人生を左右するような答を決定しなければならない重圧は時にぶれを生じさせることもあります。時間制限のない議論は生産的ではありませんので、せめて一定程度の予備的期日を事前に設けるか、たとえ期日を多少超過するようなことになっても裁判員が納得して評議が成熟するのであれば、それを受容するような柔軟な運用姿勢を構えてください。

　また、専門知識ではない刑事裁判の原則などのいわゆるルールは選任時だけでなく、随時わかりやすく説示を行い、時間に追われて基本的なルールが抜け落ちたまま議論が始まることがないように全員への理解を徹底してください。さらに見やすい書面などを評議室に貼り出しておくとより効果的です。統一された説示以外については各裁判官の技量次第であるところが現状です。特に少年事件の場合には、その可塑性を重視した少年法の理念を適切に丁寧に説示する必要性がことさらに求められます。

【補足8：希望する裁判員経験者には上級審の公判期日を知らせること】

　裁判員経験者から自分たちが関わった裁判のその後の情報がまったくないと憤慨している声があります。上級審の情報が必要かどうかを裁判員解任時のアンケートで訊ねておき、一審に対する控訴申立ての受理がなされた場合、必要と回答した方には公判期日などの情報を提供できるようにしてください。または作業量は多いですが裁判所ホームページに全裁判の公判日程を公開する形でもよいと思います。

【補足9：裁判官も記者会見を開くこと】

　自分たち裁判員は記者会見をするのに、なぜ裁判官合議体は会見を開いて「裁判員裁

判を担当した苦労話」や「裁判員と議論した感想」などを披瀝しないのだろう、という純粋な疑問と関心からです。裁判官に課せられている守秘義務規定は理解しておりますので、もちろん感想の範囲でよいので裁判官も記者会見に臨んでほしいと願います。裁判員経験者だけでなく国民の関心事でもあるはずです。また、これは裁判員経験者にも課せられる守秘義務の境界線を計る試金石にもなりますので、有用性、公益性は極めて高いはずです。

【補足10: 裁判所主催の裁判員経験者の意見交換会を定例化すること】

2010年10月に東京地方裁判所が主催した裁判員経験者の意見交換会はその後各地裁で順次行われているようです。このような裁判員経験者同士の結節点となる役割を裁判所が担うことを大変評価いたします。俗にいう裁判員経験者の心理的負担などに対する極めて効果的な取り組みであり、このような機会は定期的に設けられるべきです。少なくとも数ヵ月に一回程度の定例化を希望いたします。

【補足11: 死刑についての情報公開を徹底すること】

死刑については裁判官をも含む日本国民にとって未知の部分があまりにも多く、その究極の判断を下すことは情報が乏しい現段階では時期尚早と考えます。死刑事案における裁判員の位置付けや判断方法に対する再考も必要であると思いますが、それ以前に国家権力による究極的な刑の行使に対する情報の公開が絶対的に大前提であり、裁判員が死刑にふれるのであればまさにその必然性があるはずです。願わくは死刑のない国を目指すために国民一人ひとりが究極の刑罰に正面から向き合い、是非も含めた多様な議論の口火が切られることを希求いたします。そのような国民的議論を醸成するためにも徹底した死刑情報の公開をするべきです。

【補足12: 被害者等参加制度の運用改善をすること】

犯罪に巻き込まれた被害者の悲しみや苦しみは十分に理解したうえで、被害者やそのご遺族が同制度を利用した裁判は概してその峻烈な処罰感情が先鋭化してしまい、こと裁判員裁判に関しては裁判員に与える影響を慮ると公平公正さを欠く結果につながるように思えます。法廷は有罪かどうか、有罪の場合はその量刑判断を冷静に形成する場であり、怒りの感情をぶつける場であってはならないと考えます。例えば否認事件については事実認定と量刑判断の審理を分けて、有罪という判決が出た場合には量刑判断の審理に被害者等参加制度の利用を認めるなどの運用であれば影響を最小限に止めることができるのではないでしょうか。せめて検察官席には座らないことが公平公正な裁判のために望ましいと考えます。加えて、制度を利用する被害者またはご遺族の位置づけの説示が裁判員に対して十分になされることも肝要だと思います。

【補足13: 民事・行政訴訟にも裁判員裁判を運用拡大すること】

刑事訴訟は比較的馴染みやすく法曹界に市井の風を送り込むのに適した運用方針だと評価します。一方で、重大事件などでは凄惨な証拠写真などを見ることに対する批判も

316 資料3　裁判員制度と周辺環境における提言書（2012年）

散見します。拙速は承知のうえで民事や行政訴訟への裁判員制度運用拡大を期待いたします。

　薬害や公害など自分たちの生活に直結するような裁判にこそ国民の感覚や意見を取り入れるべきで、そのような運用にこそ世論からの評価は高いはずです。具体的な方策などもなく雲をつかむような提案ですが、あるべき姿、向かうべき方向は正しいと確信いたします。

　以上、13項目を謹んで提言申し上げます。

【終わりに】

　私たちは裁判員として裁判に参加し、国民生活と司法がこんなにも密接していたのかと開眼いたしました。こんなに身近にこのような世界が存在していて、国民誰もが手を伸ばせば届くところにあるのに誰もが関わりのないこと、語弊を恐れずにいうと目を背けてきたのではないか、とすら考えております。だからと言って裁判員経験者やこれから裁判員になるかもしれない多くの人たちが絶望的なのではなく、ただ関わる機会がなかっただけのことであり、本質としては皆真剣に取り組み、真摯に向き合う素養を持っております。だからこそ現在取り組まれている司法制度改革の一端に裁判員制度導入が盛り込まれたことをとても評価し歓迎しております。提言の中には国民の負担が重くなるものもあります。しかし、どうか私たちを信頼していただき公平さと公正さ、そして真の正義のために運用の見直しと周辺環境の整備をお願い申し上げます。

　新学習指導要領に基づき法教育が子どもたちに施される時代にすべての国民が司法の現状を直視し、一人ひとりが主体性を持って関わり、正しいこと間違っていることを是々非々で議論し合いより充実した正義ある社会と司法環境が実現することを願ってやみません。

（文責）田口 真義

●資料4

「市民参加で裁判員制度をより良くするための提言書」
（2012年10月1日）

　社会福祉法人大阪ボランティア協会は、市民参加で問題解決に取り組む自治や協働の精神を大切に活動する民間団体です。市民が裁判官と協働して裁判員を務める裁判員制度についても、司法への市民参加を進めるものとして評価しています。制度が始まった2009年には「"裁判員ACT"裁判への市民参加を進める会」を結成し、裁判員経験者の話を聞くなど、市民の立場から制度の実情や課題について学び、議論を重ねてきました。これまでの活動の中で私たちは、誰もが裁判員に選ばれるかもしれないというだけではなく、被告人や被害者の立場になることも含めて、自分たちの問題として裁判員裁判を考えるようになりました。

　裁判員法附則第9条の規定に基づく「施行3年後の見直し」においては、司法における市民自治と協働を進める観点からも、専門家だけではなく私たち市民も積極的に議論に参加し、制度の在り方を考えることがより良い裁判員制度の実現につながると考え、以下の通り提言します。

　⑴　制度の意義、市民参加の目的を明確にし、広く市民が理解し、共有できる施策をとる
　⑴　社会教育や学校教育をはじめ地域で裁判員の経験を語り合える機会を増やす
　⑵　守秘義務を緩和して裁判員が各自の責任において自分の意見を話せるようにするまた、誰もがわかりやすいように守秘義務の範囲を説明する
　⑶　より多くの人が参加できるように、就職禁止事由の緩和などの参加を容易にする環境作りをする
　⑷　全員が十分に納得できる評議時間を確保した上で、多数決になる場合は過半数より全員一致に近い特別な多数決に改める
　⑸　今後も継続的に基盤整備の努力を続ける
　⑹　裁判員法見直しの過程には、多様な市民が参画する機会を作り議論を充実させる

2012年10月1日

社会福祉法人大阪ボランティア協会
"裁判員ACT"裁判への市民参加を進める会

※社会福祉法人大阪ボランティア協会について

　大阪ボランティア協会は、1965年、全国に先駆けて誕生した市民活動サポートセンターです。「ボランティア・NPO推進センター」「企業市民活動推進センター」の2つの部門を持ち、のべ約200

人のボランティアスタッフと約 20 人の職員が協働し市民参加型で事業に取り組んでいます。詳細は
ホームページをご覧ください。

　□大阪ボランティア協会の HP　http://www.osakavol.org/

(1)　裁判員制度の意義と市民参加の目的を明確にし、広く市民が理解し、共有できる方策をとる

　裁判員法 1 条には「刑事訴訟手続に関与することが司法に対する国民の理解の増進と、
その信頼の向上に資する」ことが趣旨とされていますが、「なぜ市民参加が求められて
おり、どのような役割を果たすことで裁判に貢献するのか」については述べられていま
せん。ほとんどの裁判員経験者が「良い経験だった」というのに反して、一般の市民は
大多数の人が「やりたくない」と考えているのが実情であるのは、なぜこの制度が始まっ
たのか、何が市民参加の目的なのか等が伝わっていないことも、原因の一つではないか
と考えます。

　市民が裁判に参加し主体的に考えることは、地域のことを人任せにしない、自治を実
現する取り組みの 1 つです。裁判官の視点だけでなく、多様な立場や経験を持つ人たち
が参加して十分に議論を尽くすことで、より良い結論が導かれることが期待されていま
す。民主主義の諸外国においては、裁判への市民参加は当たり前のこととして長く行わ
れているようですが、裁判員裁判の経験は、裁判を通して市民が「自分たちの地域社会
に起こっている問題」と向き合い、多くの気づきが生まれる「民主主義の学校」です。

　裁判員制度の「趣旨」として、市民が司法の主人公であり、司法への参加が市民の権
利であると明記すること。また、裁判員や市民向けの説明会はもちろん、裁判官の研修
においても、市民の司法参加の意義や重要性を説明し、市民との共通理解を図ることが
必要です。

(2)　学校教育や社会教育など、地域で裁判員経験を語り合える機会を増やす

　裁判員経験者の多くは、その経験を「話したい気持ちはあるのに、話す機会や場がな
い」と感じているようで、私たちが話を聞いた裁判員経験者からも、報道で見聞きする
コメントからも同様の意見を耳にします。一般市民が、裁判員経験者の声を身近に聞く
ことができず、裁判員の経験が社会的に共有できない現状のままでは、「司法に対する
国民の理解の増進」さえも達成することができません。

　自治体や市民団体が協力しながら、学校教育や社会教育のさまざまな場面において、
裁判員経験者が語り、市民が身近にその話を聞けるような環境づくりがなされるべきで
す。

(3)　守秘義務を緩和して各自の責任において自分の意見を話せるようにする

　また、誰もがわかりやすいように守秘義務の範囲を説明する

　被害者や被告人など当事者のプライバシーに関わる守秘義務は必要ですが、裁判員の

資料4　「市民参加で裁判員制度をより良くするための提言書」(2012年10月1日)　**319**

生の声は、制度を改善していくためにも貴重なものであり、一人ひとりが、自分の意見や考えを語る表現の自由は保障されているはずです。裁判員経験者が各自の責任において自分自身の意見を話すことを制限すべきではないと考えます。裁判員はもちろん、広く市民が裁判員の守秘義務の範囲を理解できるよう、明確な規定を整備する必要があります。

　また、法廷で公開された内容や感想は述べてよいとされているものの、守秘義務の範囲がわかりにくいために、何も話さず黙っているという裁判員経験者は多いようです。知人友人が「聞いてはいけない」と誤解しているため話ができないという例も聞きました。このような現状を改善するためには、守秘義務の範囲や基準について、裁判員だけでなく一般市民向けにもよりわかりやすい具体的な説明が必要です。

　裁判員経験者が、「経験者同士でなら安心して話が出来て心の負担が軽くなる」と言うのは、話し手・聞き手双方が話して良い範囲をおおむね理解していることからくる安心感があると思われますが、経験者同士が出会う機会はまずありません。家族や友人などの聞き手側も守秘義務についての正確に理解することができれば、裁判員経験者が話しやすい環境が整い、裁判員の心の負担軽減につながります。また、司法参加の意味や目的が明確に規定された上で、市民が身近な人から生の体験を聞き、裁判員裁判がどのように行われているのか、裁判員がどのように参加しているのかの実感を持つようになれば、裁判への市民参加がより進んでいくでしょう。裁判員の貴重な経験が話されずに埋もれてしまうのは、大きな社会的損失です。

(4) より多くの人が参加できるように、**就職禁止事由の緩和や参加を容易にする環境作りをする**

　裁判員法 15 条に規定されている「就職禁止」の職種は多すぎます。どのような職業もみな平等であり、仕事を離れれば誰しも一市民であることに変わりありません。陪審裁判の国では、国家元首や裁判官などの法律家、警察官らが陪審員を務めている例もあり、その経験が制度の理解を深めています。裁判員裁判にはできる限り多くの市民が参加すべきとの考え方から、これら現状の就職禁止事由を減らし緩和する方向で見直すべきだと考えます。

　同じく、より多くの人が参加すべきという理由から、視覚や言語、身体などに障害があり介助が必要な人が参加しやすい環境をさらに整備する必要があります。たとえば視覚障害者が裁判員に選ばれた場合は「裁判官が個別に配慮するので問題はない」とされていますが、裁判官には専門的な介助者と同等の介助はできないことが予想されます。障害者もしっかりと裁判員の役割を務められるような十分なサポート体制が整備されるべきです。

　また、中小企業や自営業者らの参加を進めるためには、社会全体で「裁判員を務めることが、市民の大切な役割である」と理解されるように事業者向けの広報啓発を行うこ

320　資料 4　「市民参加で裁判員制度をより良くするための提言書」（2012年10月1日）

とはもちろん、休暇制度などの仕組み作りも含めて、地道な取り組みが続けられる必要があります。

(5)　全員が十分に納得できる評議の時間確保をした上で、多数決になる場合は過半数より全員一致に近い特別な多数決に改める

裁判員裁判においては、裁判員一人ひとりの意見が尊重されるように議論が進行されるべきで、審理計画ありきの拙速な進行を避けて、全員が十分に納得できるまで議論を尽くすべきです。裁判員には、たとえ予定の日程を超えたとしても議論を尽くしたいという声があり、より慎重に評決を出すべきです。

そしてこのように十分な議論を経てもなお、全員の意見が一致しない場合、現状の制度では、事実認定については裁判員法第 67 条 1 項により単純多数決とされていて、裁判員及び裁判官の 5 人が有罪で一致すれば、他の 4 人の意見が無罪であっても有罪となります。しかし被告人の利益の視点からも、裁判員の心の負担の大きさの面からも、より全員一致に近い多数決に改める方向で見直すべきです。

また量刑についても、死刑については、生命を奪う、取り返しのつかない刑罰であることから全員一致とすべきです。

(6)　継続的に基盤整備の努力を行うこと

裁判員法附則第 2 条では「施行前の措置」について、「裁判員の参加する刑事裁判の制度についての国民の理解と関心を深めるとともに、国民の自覚に基づく主体的な刑事裁判への参加が行われるようにするための措置を講じなければならない」旨を規定していますが、一般市民にとって刑事裁判の基本原則や裁判員制度の趣旨について身近に学ぶ機会は少なく、裁判員制度施行後も、市民にとって裁判員裁判が初めての経験であることは変わりありません。裁判員がその役割を十分に果たすためにも、施行前と同様に市民向けの研修の機会を作るなどの措置を講じるべきです。

また、裁判官自身も、多様な市民との議論をよりよいものにする進行や、専門用語をわかりやすく言い換えるなどの「スキル」にとどまらず、裁判員裁判の意義、協働のあり方等について常に研修を重ねる必要があると考えます。

市民向けの研修や法教育および裁判官の研修の他にも、以下のことを要望します。

○刑罰の実態を知る…裁判官や、希望する裁判員が、刑務所での処遇や死刑の実態をきちんと知った上で裁判に臨むようにするべきです。

○判決文の開示…市民が参加した裁判員裁判の判決は、市民にフィードバックし、検証していく意味で、すべてを裁判所のホームページで公開すべきです。

○裁判長の会見…裁判員裁判を通じた市民の声の裁判への反映の方法や従来の裁判との違いなどについては、実際に裁判員の働きに接している裁判官が積極的に語るべきです。裁判員裁判の実情を伝えることは、裁判官の仕事の 1 つであるはずです。

(7)　裁判員法見直しの過程には、多様な市民が参画する機会を作り議論を充実させる

資料4　「市民参加で裁判員制度をより良くするための提言書」(2012年10月 1 日)

裁判員法の見直しには、裁判員経験者はじめ候補者であった人の意見を聞くことや、市民団体との意見交換など、多くの市民が議論に参加できるプロセスが必要です。

　施行3年後の制度見直しを行うために、裁判所から独立した第三者機関を設置し、裁判員経験者だけでなく、たとえば冤罪被害者など、多様な市民が議論に参加できるプロセスを作るべきです。

以上

執筆者プロフィール

五十嵐二葉（いがらし・ふたば）

弁護士（東京弁護士会所属）。1968年弁護士登録。1991年九州大学法学部非常勤講師、1991年新潟大学法学部非常勤講師、1994年〜2001年一橋大学法学部非常勤講師、2002年〜2003年大学評価学位授与機構法学系研究評価専門委員、2004〜2007年山梨学院大学大学院法務研究科教授。

主な著作：ベッカリーア『犯罪と刑罰』（共訳、岩波書店、1959年）、『代用監獄と市民的自由』（共著、成文堂、1980年）、『代用監獄』（岩波書店、1991年）、『犯罪報道』（岩波書店、1991年）、『国際人権基準による刑事手続ハンドブック』（共編著、青峰社、1991年）、『テキスト国際刑事人権法総論』（信山社出版、1996年）、『刑事訴訟法を実践する』（日本評論社、1996年）、『憲法の刑事手続』（共著、日本評論社、1997年）、『テキスト国際刑事人権法各論 上』（信山社出版、1997年）、『刑事司法改革はじめの一歩――裁判員制度導入のための具体的手続モデル』（現代人文社、2002年）、『説示なしでは裁判員制度は成功しない』（現代人文社、2007年）、『刑事司法改革と刑事訴訟法』（共著、日本評論社、2007年）など。

こう直さなければ裁判員裁判は空洞になる

2016年8月30日　第1版第1刷発行

著　　　者／五十嵐二葉

発　行　人／成澤壽信

発　行　所／株式会社現代人文社
　　　　　　〒160-0004 東京都新宿区四谷2-10 八ツ橋ビル7階
　　　　　　振替 00130-3-52366
　　　　　　電話 03-5379-0307（代表）
　　　　　　FAX 03-5379-5388
　　　　　　E-Mail henshu@genjin.jp（代表）／ hanbai@genjin.jp（販売）
　　　　　　Web http://www.genjin.jp

発　売　所／株式会社大学図書

印　刷　所／株式会社ミツワ

ブックデザイン／ Malpu Design（清水良洋＋柴崎精治）

検印省略　PRINTED IN JAPAN　ISBN978-4-87798-634-6　C3032
© 2016 Igarashi Futaba

本書の一部あるいは全部を無断で複写・転載・転訳載などをすること、または磁気媒体等に入力することは、法律で認められた場合を除き、著作者および出版者の権利の侵害となりますので、これらの行為をする場合には、あらかじめ小社また編集者宛に承諾を求めてください。